"大学堂" 开放给所有向往知识、崇尚科学，对宇宙和人生有所追问的人。

"大学堂" 中展开一本本书，阐明各种传统和新兴的学科，导向真理和智慧。既有接引之台阶，又具深化之门径。无论何时，无论何地，请你把它翻开……

后浪
大学堂 072

Eleventh Edition

RELIGIONS OF THE WORLD

世界宗教

（第11版）

［美］刘易斯·M.霍普费（Lewis M. Hopfe）
马克·R. 伍德沃德（Mark R. Woodward） 著

辛岩 译

北京联合出版公司
Beijing United Publishing Co.,Ltd.

目 录

序　言　7
简介与概览　9

第一部分　基本宗教　1

第一章　基本宗教与世界宗教　5
1.1　关于基本宗教的知识来源　7
1.2　基本宗教的史前开端　8
　　尼安德特人的宗教　8
　　克罗马农人的宗教　9
　　新石器时代的宗教　10
1.3　基本宗教的共同特征　12
　　万物有灵论　12
　　巫　术　13
　　占　卜　15
　　禁　忌　15
　　图　腾　16
　　献　祭　17
　　神　话　18
　　礼　仪　18
　　过渡礼仪　19
　　祖先崇拜　20
　　需要研究的问题　21
　　参考书目　21

第二章　美洲本土宗教　23
2.1　神灵世界　26
2.2　万物有灵论　27
2.3　与灵界的接触　29
　　献　祭　30
　　禁　忌　30
　　宗教庆典和礼仪　31
　　对幻象的寻求　33
　　宗教领袖　34
　　与灵界接触的其他途径　36
2.4　死亡和死亡之后的生活　39
2.5　今天的美洲本土宗教　40
　　需要研究的问题　42
　　参考书目　43
　　原始资料　43

第三章　非洲宗教　49
3.1　本土宗教　51
　　至高神　52
　　较小的神　54
　　祖　先　55
　　献　祭　57
　　过渡礼仪　60
　　宗教领袖　63

3.2 非洲的非本土宗教　67
3.3 今天的非洲宗教　67
　　需要研究的问题　68
　　参考书目　69
　　原始资料　69

第二部分　起源于印度的宗教　73

第四章　印度教　79

4.1 印度教的起源　81
　　雅利安人到来之前的印度　81
　　雅利安人的到来　82
　　雅利安人的宗教　84
4.2 吠陀时代　86
　　《吠陀》　86
　　《奥义书》　90
　　《摩奴法典》　94
　　耆那教与佛教　99
　　《薄伽梵歌》　100
4.3 古典时期之后的印度教　103
　　对三位主神的虔信　104
　　对知识的热爱　108
4.4 穆斯林在印度的影响　114
4.5 现代印度教　115
4.6 印度教节日　120
　　霍利节　120
　　排灯节　120
　　杜尔迦女神节　120
4.7 今天的印度教　120
　　需要研究的问题　122
　　参考书目　122
　　原始资料　123

第五章　耆那教　131

5.1 大雄的生平　133
5.2 耆那教的教义　134
5.3 耆那教的宗派　138
5.4 耆那教的节日　139
　　持斋节　139
　　排灯节　140
5.5 今天的耆那教　140
　　需要研究的问题　141
　　参考书目　141
　　原始资料　142

第六章　佛　教　145

6.1 乔达摩的生平　147
6.2 佛陀的教义　151
6.3 佛教的发展　153
6.4 上座部佛教　154
6.5 大乘佛教　157
　　大乘佛教的信条　157
　　大乘佛教的传播　159
　　大乘教派　160
　　藏传佛教　164
6.6 佛教节日　167
　　新　年　167
　　佛诞节　167
　　盂兰盆节　167
　　供僧衣节　168
6.7 今天的佛教　168
　　需要研究的问题　170
　　参考书目　170
　　原始资料　171

第七章　锡克教　177

7.1　那纳克的生平　179
7.2　那纳克的教义　181
7.3　锡克教的历史发展　182
7.4　锡克教内的派别　184
7.5　锡克教徒的宗教生活　185
7.6　锡克教的节日　186
7.7　今天的锡克教　187
　　需要研究的问题　187
　　参考书目　187
　　原始资料　187

第三部分　起源于中国和日本的宗教　193

第八章　中国宗教　197

8.1　基本的中国宗教概念　199
　　承认众多神灵的存在　199
　　阴和阳　200
　　孝悌与祖先崇拜　201
　　占卜　201
　　上帝信仰的发展　202
　　封建制度的衰落　203
8.2　道教　203
　　老子的生平　204
　　《道德经》　204
　　早期道教哲学家的教义　205
　　与早期道家相抗衡的学派　208
　　道教后来的发展　210
8.3　儒教　212
　　孔子的生平　212
　　孔子的教义　214
　　儒家的发展　217

8.4　中国传统节日　220
　　春节　220
　　清明节　220
　　端午节　220
　　中元节　220
　　中秋节　221
　　冬至　221
8.5　今天的中国宗教　221
　　需要研究的问题　222
　　参考书目　222
　　原始资料　222

第九章　神道教　227

9.1　日本的神话　229
9.2　神道教的历史　230
　　公元300年之前的神道教　230
　　中国对神道教的影响　231
　　神道教的复兴　233
　　现代　236
9.3　神道教的三种形式　237
　　国家神道教　237
　　教派神道　238
　　家庭神道教　239
9.4　日本人的节日　240
　　新年　241
　　佛诞节　241
　　盂兰盆节　241
　　新尝祭　241
9.5　今天的神道教　241
　　需要研究的问题　242
　　参考书目　242
　　原始资料　243

第四部分 起源于中东的宗教 247

第十章 琐罗亚斯德教 255

10.1 前琐罗亚斯德时期的波斯宗教 257
10.2 琐罗亚斯德的生平 258
10.3 琐罗亚斯德的教义 260
 神的本性 260
 邪恶之神 262
 人类的本性 263
 人类的命运 264
 琐罗亚斯德教的伦理学 266
 琐罗亚斯德教的崇拜 267
10.4 琐罗亚斯德教的历史发展 269
10.5 琐罗亚斯德教的节日 271
 每月的节期 271
 新 年 272
 季节性节日 272
 万灵节 272
10.6 今天的琐罗亚斯德教 272
 需要研究的问题 273
 参考书目 273
 原始资料 274

第十一章 犹太教 277

11.1 《圣经》中的族长 279
11.2 《出埃及记》 281
11.3 西奈山与律法 283
11.4 西奈山之后的宗教制度 284
11.5 希伯来君主时代的宗教 285
 圣 殿 285
 先知运动 285
11.6 流放和回归 287
11.7 犹太人大流散 289

 犹太教会堂 289
 《密西拿》 291
 《塔木德》 293
11.8 中世纪的犹太教 295
 犹太教与伊斯兰教 295
 西班牙的犹太教 296
 其他欧洲国家的犹太教 297
 十字军东征 297
 卡巴拉 298
11.9 犹太教和现代世界 299
11.10 对现代化的回应 301
 沙贝塔伊·泽维 301
 门德尔松 301
 美名大师 302
 改革派犹太教 303
 犹太教目前的变种 308
11.11 犹太教的节日 311
 安息日 311
 逾越节 311
 五旬节 311
 犹太新年 312
 赎罪日 312
 住棚节 313
 修殿节 313
 普林节 313
 成年礼（戒律之子） 313
11.12 今天的犹太教 314
 需要研究的问题 316
 参考书目 317
 原始资料 317

第十二章 基督教 325

12.1 公元1世纪的世界 328

12.2 耶稣的生平和教义 330
12.3 早期基督教 339
　　耶路撒冷教会 339
　　保罗的生平 340
　　早期教会的敬拜 341
　　早期教会的领导人 342
　　《新约》的产生 344
　　早期神学争论 345
12.4 罗马教会的发展 348
　　基督教成为罗马帝国的国教 348
　　奥古斯丁 349
　　修道运动 350
12.5 中世纪基督教 352
　　东方基督教与西方基督教之间的分歧 352
　　中世纪的教皇统治 353
　　托马斯·阿奎那 355
12.6 新教改革 356
　　早期改革运动 356
　　马丁·路德 357
　　茨温利 359
　　加尔文 359
　　其他改革领袖和运动 360
12.7 现代基督教 362
　　天主教的反宗教改革运动 362
　　自反宗教改革以来的天主教义 365
　　第二次梵蒂冈公会议 366
12.8 现代运动 366
　　现代新教运动 366
　　传教运动 368
　　普世教会运动 369
12.9 基督教年历和节日 370
　　主日 370
　　基督降临节、圣诞节和主显节 370
　　复活节 371
　　圣灵降临节 371
12.10 今天的基督教 372
　　需要研究的问题 375
　　参考书目 375
　　原始资料 376

第十三章　伊斯兰教　387

13.1 伊斯兰教兴起前的阿拉伯宗教 390
13.2 穆罕默德的生平 391
13.3 《古兰经》 396
　　神的本质 397
　　宿命论 399
　　末世论 399
13.4 宗教制度 400
　　清真寺 400
　　五 功 402
　　伊斯兰教与女性 404
　　伊斯兰教的禁忌 406
13.5 伊斯兰教的传播 407
13.6 哈里发制度 409
13.7 伊斯兰教内部的教派分歧 410
　　逊尼派 410
　　什叶派 411
　　神秘主义派别 412
13.8 现代世界的伊斯兰教 415
13.9 伊斯兰教历和节日 418
　　开斋节 418
　　宰牲节 418
　　新 年 419
　　穆罕默德诞辰纪念日 419
13.10 今天的伊斯兰教 419

需要研究的问题　420
　　参考书目　421
　　原始资料　421

第十四章　巴哈伊教　427

　14.1　巴哈伊教的起源和发展　429
　14.2　巴哈伊教的教义　430
　14.3　巴哈伊教的宗教实践　434
　14.4　巴哈伊教的教历和节日　436
　14.5　今天的巴哈伊教　438
　　需要研究的问题　438
　　参考书目　438
　　原始资料　439

词汇表　441
出版后记　457

序　言

当我于20世纪80年代中期开始教授"世界宗教"这门课程的时候，我与其他许多人发现，很有必要向大学生们解释为什么研究宗教这一问题。我们经常讲一些话来肯定宗教在世界文化中的重要地位，以及促进持不同信仰的人民之间的和谐与理解的必要性。在2001年9月11日之后，已经没有必要对宗教学术研究的必要性提出质疑了。政策的制定者、学生和广大民众很快认识到，宗教已取代经济，成为冷战之后意识形态上最强大的力量。正像宗教包含着和平的种子，它们也为仇恨和暴力提供了潜在的可能。觉得大家只要相互理解，就能（在最基本的人性的层面上）宽容和接受彼此，这种想法是幼稚的。大多数宗教的一些解释本来就是不宽容和具有暴力倾向的。但不管怎样，对阴暗面的理解对于战胜它来说是必要的。如果我们要避免因少数人的暴力行为而误解该信仰之下的所有信徒，理解其他民族的宗教而不是仅仅理解我们自己的宗教——即使我们自己什么宗教也没有——也是必要的。

在准备刘易斯·霍普费这部著作第11版的出版时，我已经利用了在过去十年中我向数千名大学生教授世界宗教的简介课程的经验，以及在亚洲的基督教、佛教、儒教和伊斯兰社会中长期生活与工作的经验。从亚利桑那州立大学宗教与冲突研究中心主办的学术研讨会和研究项目中，从与印度尼西亚日惹的加查玛达大学的宗教与跨文化研究中心和新加坡南洋理工大学的拉惹勒南国际研究院——近年来我在这里持有客座教授的职位——的教员与学生的对话中，我也获益匪浅。

我试图将这本书与对世界宗教的研究带入"9·11"以后的时代，并跟上在世界其他传统和地区的宗教变革的步伐。这里的内容经进一步的扩充和增补后，涵盖了更广范围的"新兴宗教"与传统宗教的新变种。在中国与海外华人中发生的迅疾变化使我对第八章做了较大的修订，这一章是关于中国宗教的。本书也对全球宗教之本土形式与上座部佛教之世俗形式的内容进行了扩充。我不幸地发现有必要增加对宗教与暴力问题的阐述，"简介与概览"中的一部分便是关于这一可悲主题的学理性解释。每一章中也包含了对宗教与暴力问题的讨论。选读书目的单子已做了修订。这一版中，我加入了更多叙事性的历史和历史故事，以使这本书更易于非专业读者阅读。

《世界宗教》的这一版献给世界各地的这样一些信徒：面对那些频频以大多数——如果不是全部——宗教之名进行传播的偏执和仇恨，他们从根植于其自身宗教里的同情之理念中寻找解毒的试剂。这本书也是为了纪念努尔霍利什·马吉德博士（Nurcholish Madjid，1939—2005），他是一位印度尼西亚的穆斯林学者，将自己人生的最后十年献给一个被种族和宗教暴力折磨的民族的和平与和解事业。在我与努尔霍利什的最后一次谈话中，他说："马克你知道，我希望不再当政治家了，而是回家著书立说。"不幸的是他再也没有得到机会。

马克·R.伍德沃德

简介与概览

为什么要研究宗教？从事世界宗教研究的学生——无论是研究一学期、一学年还是一生——都必定会提出这个问题。毕竟我们通常被告知，宗教是个人的私事，虽然我们应该知道我们自己的宗教的性质，但是我们几乎无须关注其他人的宗教。我们听到人们说，宗教是不太重要的东西，如果我们把时间花在学习具有直接、实际价值的学科上以谋求职业，那么我们会获益更大。而且，在一个科学日新月异的世界上，宗教正在变成明日黄花。那么，为什么学生应从学术生涯里抽出一部分时间来研究世界宗教呢？

我们用以证明莎士比亚或艺术史研究之合理性的方式，也可被用来证明宗教研究的合理性，即：只是因为学生对它感兴趣，这门学科就值得研究。对世界史感兴趣、并对自身文化的经历感兴趣的任何人，一定会发现研究世界宗教是绝对必要的。一位讲授16世纪和17世纪欧洲艺术的艺术史学者展示那一历史时期的一幅又一幅艺术画作，而每一幅都被宗教主题占据。他对他全班的学生说："请不要因为你们本身可能对宗教不感兴趣，便假设过去时代的人也没有这方面的兴趣。"的确，如果我们不知道世界文化中的宗教主题，我们就不能理解其中90%的艺术作品。同样，学习世界文学的学生也必须懂得宗教。如果我们不懂印度教，我们就不能理解《薄伽梵歌》；如果我们不懂佛教，我们就不能真正把握赫尔曼·黑塞（Hermann Hesse）的《悉达多》(*Siddhartha*)；如果我们不通晓基督教的主题，我们就不能理解赫尔曼·梅尔维尔（Herman Melville）的文学作品；如果我们不懂犹太教，那么即使是像菲利普·罗斯（Philip Roth）这类当代作家的文学作品也会被我们误解。

21世纪的世界已把我们从相互隔离的境况中推出，并把我们推入与其他宗教越来越密切的接触之中——在从前，我们将这些宗教视为异邦的和遥远的。电视已可直播在地球的遥远地区发生的事件。工业化使我们聚集在城市中心。在欧洲与北美，由于土耳其人、阿拉伯人、伊朗人和巴基斯坦人的涌入，也由于欧洲和北美人民信仰的改变，发展最快的宗教是伊斯兰教。在印度以外，印度教徒的最大集中地是英国的莱斯特。美国犹太人的数量比以色列本土的数量还要大。好莱坞的电影人物宣

宗教与暴力

对 21 世纪的公民来说，了解世界宗教最大的好处可能就在于能够更清晰地认识世界政治。无论是在国内还是在国际上，宗教在政治冲突中都发挥着越来越重要的作用。正如在历史上几乎所有其他时代一样，就在我写这本书的时候，主要的政治冲突的根源也是在于宗教差异。在当代美国关于公民权利、堕胎和性关系的争论背后，宗教的差异是基本的问题。在世界的其他地区，有天主教徒反对新教徒的战争、印度教徒反对穆斯林的战争、佛教徒与印度教徒的战争、穆斯林与基督徒的战争、犹太人与穆斯林的战争。当然，这些冲突具有其他的维度，但是宗教差异最为显眼。如果我们要充分理解这些冲突，就必须知道穆斯林、基督徒、犹太人、印度教徒和佛教徒所持信仰之间的基本哲学差异，而且宗教既可以带来理解，也可以带来冲突。在 2001 年 9 月 11 日的悲剧发生之后，我们显然不可能再奢侈地无知下去。宗教能够加剧或缓和地区与全球冲突，对政府和民间行业的领导人及广大民众来说，认识到这一点已十分必要。

布他们皈依了佛教，演唱流行歌曲的歌星皈依了伊斯兰教。舞蹈俱乐部播放信奉苏菲神秘主义的歌唱家录制的唱盘。而在我们看来，曾是遥远的、只能通过书本或电影才能知道的异邦人——如印度教徒、佛教徒、穆斯林或正统的犹太人——今天很可能就是我们的邻居、同事或同班同学。如果不了解这些宗教，人们就不可能成为这一时代中知识渊博的公民。

如果要在世界的各民族之间、各文化之间和各宗教之间实现和平，我们就必须了解和尊重不同宗教之间的差异。20 世纪 60 年代初，一位年轻的教授（刘易斯·霍普费）与他的妻子在一个星期五的晚上举办宴会。客人包括犹太人、天主教徒和穆斯林。主菜是火腿肉！犹太人和穆斯林的宗教禁止他们吃猪肉，而那一时代的罗马天主教徒在星期五任何肉都不许吃。无须多说，这绝不是一次愉快的晚宴。食品的选择是出于无知还是傲慢并不重要。客人确实因自己所信仰的宗教而感到了冒犯。这次宴会只是一个缩影，在宴会之外的世界上正频繁地发生着因这种无知而导致的类似事件。更为敏感、见闻更广的主人会问他们的客人是否有任何"饮食上的禁忌"，或上一道在宗教层面"安全"的正菜，如鳟鱼。我们中的大多数人都熟悉犹太教的洁食（kosher）这一概念，保守的犹太教徒可以食用这种食品。我们在美国城市的超市和餐厅中也日益频繁地遇到"清真"（halal）的招牌，伊斯兰教中的清真食品便对应着犹太教的洁食。2002年8月，纽约美国自然历史博物馆附近的一位卖食品的街头小贩贴出一张招牌，说他的食品既是犹太教的清洁食品又是伊斯兰教的清真食品——在一个磨难深重的世界上，这真是一张充满希望的小招牌。

虽然在北美和西欧，宗教可能是个人的私事，但是在世界的其他大多数地区却绝不是这种情况。在非洲、俄罗斯和大部分东欧国家，在中东和亚洲大部分地区，宗教在公共生活中起着重要的作用。在许多地方，社会和政治生活中的集体身份就是围绕宗教构建的。冷战的结束和东欧剧变已极大地提升了宗教在世界事务中的重要性。对于那些试图理解地区与全球政治、经济和冲突的人来说，现在把一切筑基于宗教研究之上是非常必要的。

宗教的定义

如果我们对宗教有兴趣并愿意研究它们，那么是什么构成了"世界宗教"课程的主体呢？人类在地球上已生活了很长时间。我们的文化，无论是有史以来的文化还是史前文化，都多得难以细述。我们将研究哪一种文化和哪一种宗教呢？讲述史前宗教的文本已经有很多了，更不要说那些重要的宗教分支，如印度教中的那些分支。因此，任何关于宗教的课本或课程对于它的学科内容都必须有所选择，而且给出这一学科的定义也是必要的。

英语单词religion衍生于拉丁语单词*religio*，它指一个人在神灵面前感到的恐惧或敬畏。在西方文化中，我们常常根据一套与神有关的信仰来为宗教下定义，通过这一套信仰，人们传授道德体系。虽然这一定义包含了可在许多宗教中发现的一些要素，但是它不可能对全部宗教来说都是妥当的。例如，某些宗教承认神的存在，但在实际上与神几乎没有什么关系。耆那教与佛教的某些形式在某种程度上可被称为无神论的宗教，因为它们强调的是人在没有神帮助的情况下将其自身从所处的困境中解放出来。某些宗教并不是内在地与道德体系联系在一起。地球上存在的大多数宗教可能都更为关注人类与神、恶魔和其他种类的灵之间的恰当关系，关注世界的繁荣和幸福，而不是关注人与人之间的伦理关系。早期希伯来人宗教的一个明显特征是他们的上帝施加在他们身上的伦理维度。我们在琐罗亚斯德教中也可发现这一对伦理维度的重视，它又被依次传给基督教和伊斯兰教。在佛教、印度教和具有广泛和普遍号召力的其他宗教中，我们也可发现类似的关注。这些宗教的现代信徒将"宗教"与"道德"一词联系起来，但是，在大多数宗教中，这两个词并不是同义的。

基督教神学家保罗·蒂利希（Paul Tillich）将宗教定义为"终极关怀"。根据蒂利希的定义，有些人可能进一步指出，在最根本的形式上，一个人的宗教指的是某种最为重要的关注。于是，在这一意义上，我们在许多民族中发现的强烈的爱国主义也可被称为宗教。我们已经知道有些人将他们的家庭置于所有其他关注之上。根据这一定义，他们对家庭的强烈的爱也可被视为他们的宗教。无论蒂利希的定义在哲学层面上如何令人满意，它对于"世界宗教"的课程或课本来说还是太过宽泛。

在《宗教经验种种》（*The Varieties of Religious Experience*）一书中，威廉·詹姆斯（William James）提出，因为"宗教"一词有如此之多的定义，所以我们应该认识到整个概念的宽泛性，任何一个定义都不足以将其概括。与此相反，"宗教"应被视为一个集合名词。詹姆斯写道，在最宽泛的意义上，宗教中"包含这样一种信仰，即存在一种看不见的秩序，我们的至善就在于将我们自身和谐地调整为适应这种秩序的"。

本书的内容是从数百个宗教中选出的，选取时主要考虑以下六个基本要点：（1）它们通常——但并不总是——以某种方式论述人与（精灵、祖先、神和恶魔所在的）看不见的世界之间的关系；（2）它们通常都建构了一个关于看不见的世界的神话体系，并设计出一套宗教礼仪以与看不见的世界交流或向其寻求恩宠；（3）它们通常在自身历史的某个点上建构出制度化的礼仪、寺庙、祭司和经典的体系；（4）它们通常具有关于死后生活的某些论述，这种死后的生活或是指人在死去后继续生活在某些阴森的冥府中，在某些宗教的描述里则是在天堂和地狱中，或是指人的转世重生；（5）它们通常都制定出一套行为准则或道德秩序；（6）它们一般都吸引了大量追随者，无论是在当下还是在过去的某个时候。

正如有如此之多的宗教我们须得从中择取一样，也有许多我们可以用来组织和编排的方法。我们可以展示宗教对其所处社会的作用，可以展示它们的崇拜形式或风格，也可以对各种宗教进行比较（以这种方式，每一种宗教都得以与其他宗教进行比较——关于它们所信仰的神或诸神、人性和原罪等问题），或者可以展示宗教的历史，以及宗教给它所处的民族带来的历史影响。这一版本结合了以上提到的某些角度，而且尽可能简明又充分地介绍主要的宗教。对于每一个宗教来说，我们都考虑了四个要点：（1）什么文化产生了这种宗教？（2）如果有一位创建者，且我们能够知道创建者的某些生平经历，那么是什么因素促使这个人创立了这一宗教呢？（3）如果有经文或神圣经典，那么关于这一宗教，它们又告诉我们什么东西呢？（4）这一宗教的主要的历史发展又是怎样的呢？

宗教的普遍性

有时，宗教看上去难以寻觅或不那么清晰，但是，从大都市到世界上最不发达的地区，到处都有社会以巨资兴建起来作为宗教之表达的寺庙、金字塔、石碑和其他以示纪念的建筑物。甚至当我们上溯到史前文明的时候，我们也可以发现指向我们的宗教天性的祭坛、山洞中的岩画和特殊的陪葬品。我们从一个社会走到另一个社会，发现确实没有任何其他现象像宗教那样普遍和一致。

宗教起源的理论

宗教从何而来？这是一个非常基本的问题，因为我们的回答总是要反映出我们是如何看待宗教之本质的。某些人说，人类之所以产生出宗教，是因为他们在环绕他们的大自然的力量面前软弱无力，并对大自然的力量愚昧无知；他们受这些力量的摆布，因此设计出一幅神灵的图景，他们可以向其中的神灵祈祷，以寻求其支持。根据这一观点，在人类完全知晓和理解他们的宇宙之后，他们将再也不需要宗教这根拐杖的支持。另有人说宗教是由少数人制造出来的压迫广大人民群众的工具，而有的思想学派认为，宗教的基础是某种心理恐惧和需求的结合。还有其他人说，宗教产生的原因是为了赋予社会制度以意义，并促进社会的团结一致。那些本身就信仰宗教的人所持的传统观点是，神或其他精神性的存在在人类发展的某个关头向他们揭示了宗教和宗教的真理。

在19世纪，当社会科学正在发展、人类学刚开始调查遗存的"原始"文化的时候，人们就提出了某些关于宗教起源的理论。由于再也不满足于仅仅对宗教的起源进行猜测，或再也不满足于关于这一学科的正统的宗教观，早期的人类学家将他们的理论建立在观察的基础之上。这些19世纪和20世纪初的学者迷恋这样一种信仰，即查尔斯·达尔文（Charles Darwin）所传授的生物进化论可应用于社会科学。他们调查同时代的"原始"宗教，重读古代历史学家［如希罗多德（Herodotus）］的著作，就宗教现象的起源和发展提出层出不穷的假设。以下是其中几个最杰出、最持久不衰的理论。

万物有灵论

宗教起源之万物有灵论的最杰出的阐述者是英国民族学家爱德华·伯内特·泰勒（Edward Burnett Tylor，1832—1917）。虽然泰勒并没有正式的学位，但在很长时间里他一直是人类学领域里的领军人物。在他职业生涯的末期，他被任命为英国第一位人类学教授（1896—1909）。泰勒对宗教起源研究的最大贡献是他的《原始文化》（*Primitive Culture*，共两卷，1871）一书。在19世纪50年代，赫伯特·斯宾塞（Herbert Spencer）创立了这样一种理论："原始"人类的神是建立在关于最近刚刚去世的人的睡梦的基础之上的。根据斯宾塞的观点，当"原始"人类梦见死者的时候，他们开始相信从前的首领和英雄实际上生活在另一个世界或以另一种形态生活。泰勒了解斯宾塞的理论，即被称之为"亡灵崇拜"（Manism）的这种理论，但是他并没有全部接受。泰勒坚持认为，"原始"人类从死亡和梦幻的经验中产生出一种关于其他事物或灵魂的感觉。根据泰勒的观点，"原始"人类还相信不仅能在人身上发现这些灵魂（拉丁语：*anima*），而且能够在自然万物中发现这些灵魂。在石头、树木、动物、河流、泉水、火山和群山中都有灵魂。整个世界、大气当中充满了各种各样的精灵。这些精灵可有助于人类，也可有害于人类，而且具有既可被触犯又可受恭维的个性。因此，向这些精灵祈祷、献祭，尽力抚慰它们、避免触犯它们就成了"原始"社会生活的一部分。

从对世界的泛灵论的理解中产生出祖先崇拜的实践，在这种实践中，人们倾听并服侍逝者的灵魂。意识到灵魂在大自然中的存在，人们崇拜大自然的各个方面，如水、树、石头等。最后，这一万物有灵论的宇宙观产生了崇拜天、地、水的神格的多神论宗教。最终一神论宗教发展了起来。泰勒的理论被人们广泛接受，并在许多年的时间里被视为经典理论。万物有灵论一词仍在广泛使用。

另一个可被大致定义为万物有灵论的理论在1891年由科德林顿主教（Bishop R. H. Codrington, 1830—1922）阐述和提出。在科德林顿于美拉尼西亚群岛（Melanesia）传播基督教期间，他研究了当地人民的语言和文化。当他返回英国的时候，他在牛津大学接受泰勒的指导进行研究。在1891年，科德林顿出版了《美拉尼西亚人》（*The Melanesians*）一书。虽然他同意泰勒理论中的绝大部分观点，但是科德林顿更关注当地人民所说的关于他们自己的宗教经验的话语，而不太关注泰勒和其他人确立的理论基础。他将美拉尼西亚语的"曼纳"（*mana*）一词当作宗教的基础。"曼纳"被定义为属于看不见的领域的超自然力量。它是感情体验到的东西，而不是理性察知到的东西。科德林顿阐述道，所有的"原始"人类都以对这样一种力量的意识开始创建他们的宗教。研究其他"原始"文化的调查者发现了与之类似的现象，虽然这种力量在不同的文化中拥有不同的名字。

自然崇拜论

另一个解释宗教起源的理论是由另一位牛津大学的教授麦克斯·缪勒（Max Müller，1823—1900）阐述和发展的。缪勒的兴趣是神话和印度宗教，但他加入了泰勒和其他人就宗教起源的问题展开的争论。以他的研究为出发点，他开始确信人类最早是从对自然力的观察中确立他们的宗教的。根据这一理论，"原始"人类发现了季节、潮汐和月相变化的规律。他们对大自然中的这些力量的回应是将它们人格化。因此他们给太阳、月亮等自然物起了名字，并开始以故事的形式描述这些力量的活动，这些故事最终成为神话。在希腊的阿波罗和达佛涅的神话中，我们就可发现这一过程的一个例证。阿波罗深爱达佛涅，但是她逃离了他的追逐，变成了一棵月桂树。通过查找这些名字的词源，缪勒发现阿波罗是赋予太阳的名字，达佛涅是赋予黎明的名字。因此，原来的神话只是在简单地描述太阳如何驱走了黎明。缪勒进一步相信，印欧文化中的所有关于神和英雄的故事最初都是关于太阳的神话。缪勒开始确信他已发现了所有宗教的起源的关键："原始"人类辨认出在大自然中的力量，将其拟人化，创造了神话来描述它们的活动，并最终围绕它们创建了众神和宗教。

原始一神论

20世纪初，威廉·施密特（Wilhelm Schmidt，1868—1954）在《神的观念的起源》（Der Ursprung der Gottesidee）一书中提出了一种完全不同的对宗教起源的探讨。施密特的职业生涯开始于研究新几内亚的语言，继而研究大洋洲的所有语言。以他自己的工作为出发点，施密特开始与泰勒和其他人的万物有灵论分道扬镳。他指出，他研究过的所有狩猎采集文化（能够观察到的人类社会的最古老的形式）都持有一种对至高无上的神的普遍信仰。对于这些"原始人类"来说，虽然居支配地位的宗教形式是泛灵论或多神论，但总是存在这样一种信仰，即最初存在一个居于所有其他神灵之上的伟大的神。这个神可能是世界的创造者，或者是许多级别在他之下的神祇的父亲。通常，这一至高无上的神被理解为具有永恒、全知全能、善良仁慈、道德完美的品性。人们通常相信，这一至高神就是赋予社会道德规范的力量。在最初确立了这个世界之后，最高神就走开了，现在与世界几乎没有什么接触。某些神话会继续讲下去，有一天这一至高神将回来，根据这个世界的道德状况对其进行审判。

一般来说，人们主要关注和敬拜当地的神祇，而至高神在神话中只扮演一个很小的角色。施密特从这一现象中推断出"原始"社会最初是一神论的，但是由于敬拜一个神是困难的，所以宗教堕落成多神教。后来，经过进一步发展的宗教恢复了真正的一神论的宗教。当然，人们指控施密特放任自己的基督教成见影响这一理论的阐述。

巫术论

在1890至1915年之间，剑桥大学三一学院的一位研究员詹姆斯·乔治·弗雷泽爵士（Sir James George Frazer，1854—1941）撰写了一部关于宗教的百科全书式的著作——《金枝》（*The Golden Bough*）。与科德林顿和施密特不同，弗雷泽并不亲自研究当代的基本宗教，而是通过阅读人类学家、殖民地官员、传教士和古代作家的作品来构建他的理论。根据他的研究，弗雷泽同意了泰勒的观点，即人类的心智是以一种与肉体进化过程相同的线性方式发展的。他告诉我们，就认识精神性存在的世界而言，人类经历了三个发展阶段。首先，人类试图通过巫术控制自然界。当人类认识到不可能通过巫术控制大自然的时候，他们就进入了第二个发展阶段——宗教，它的前提似乎是人类可以乞求大自然与他们进行合作。当人类看到宗教也无用时，他们就在第三阶段诉求于科学，在科学中，一种更为理性的关于自然的理解发挥了效力。因此，需要雨水的现代农民既不诉求于巫师，也不诉求于祭司，他诉求于科学家。科学家将进行人工降雨，虽然怀疑论者可能会指出，没有什么东西可以证明人工降雨能比祈雨的舞蹈或祷告更频繁地带来降雨。

作为人类需求之投射的宗教理论

19世纪最具有影响的思想家之一是德国哲学家路德维希·费尔巴哈（Ludwig Feuerbach，1804—1872）。在他颇有影响的著作《基督教的本质》（*The Essence of Christianity*）和《宗教的本质》（*The Essence of Religion*）中，费尔巴哈说，宗教本质上是人类希望和需求的投射。他把宗教视为表达人类境遇的梦幻。根据费尔巴哈的观点，当人们面对生活的挑战的时候，他们倾向于将自己视为孤苦无助的和依赖于神力的。因此，他们试图通过想象解决他们的问题；他们想象出或投射出一个可以帮助他们的善的或强大的理想的存在。人类并不是根据上帝的形象创造出来的，而上帝倒是根据理想化的人类形象创造出来的。费尔巴哈认为，人在天上寻找他们不能在地上找到的东西。因此，在最基本的层面上，宗教是希望的一种形式。费尔巴哈认为，当人变得有知识或强大的时候，宗教就趋于消亡，并被技术与政治学代替。

深受费尔巴哈理论影响的一位思想家是他较年轻的同时代人卡尔·马克思（Karl Marx，1818—1883）。马克思对费尔巴哈的关于宗教之起源的观点做了自己独具特色的补充。马克思根据他个人看待历史和各阶级之间的经济与社会斗争的观点来思考宗教的起源与发展。马克思用和费尔巴哈非常相像的语言说：

> 是人创造了宗教，而不是宗教创造了人。宗教是那些还没有获得自己或是再度丧失自己的人的自我意识和自我感觉……宗教是被压迫生灵的叹息，是无情世界的感情，是没有精神的制度的精神。宗教是人民的鸦片。

马克思还认为宗教被统治阶级用来压迫下层阶级。基督教的社会原则宣传一个统治阶级和一个被压迫阶级的必要性，它们所需提供给后者的全部东西只是这样一种虔诚的希望，即前者可能是慈善的。基督教的社会原则宣布压迫者欺压被压迫者的所有可耻行为都或是对原罪和其他罪行的正义的惩罚，或是救世主在它的无穷智慧中为赎罪规定的磨炼。

精神分析学的奠基人西格蒙德·弗洛伊德（Sigmund Freud，1856—1939）将心理学的维度赋予了费尔巴哈的思想。弗洛伊德认为宗教是作为一种内疚产生出来的，这种内疚大概来自人们对他们的父亲的仇恨。弗洛伊德在关于俄狄浦斯的古希腊神话中看到了人的经验的一种模式。俄狄浦斯是一个通过一系列漫长的悲剧性事件弑父娶母的人。弗洛伊德看到，在所有男性身上都有一种类似的倾向，即他们渴欲其母因而憎恨其父。

弗洛伊德进一步谈到"原始"人类的宗教实践，他相信他们的宗教实践是全部人类经验的代表。居于统治地位的男性氏族首领将本族的妇女留给自己，而将年轻的男性从他的领地上驱走。最后，年轻的男子联合起来将这位氏族首领杀死并吃掉。弗洛伊德指出这种出于对母亲的渴欲和弑父行为的内疚感是所有宗教的核心。他相信图腾宗教的产生就是为了减少子女的内疚感，并通过迟来的顺从来安慰父亲，而且所有后来的宗教都试图解决同样的问题。

由于这一潜意识的仇恨和随后的内疚感，弗洛伊德相信人类向上天投射了一个被称为上帝的伟大父亲的形象。他还认为宗教思想是"幻觉，是最古老、最强烈、最迫切的人类愿望的实现"。根据弗洛伊德的观点，一个真正健康和成熟的人愿意自立，而且在没有神和宗教帮助的情况下面对生活的问题。

宗教的类型

在地球上人类生命的漫长历史中，存在着数千种宗教。因为有记录的历史只涵盖了我们百万年存在的最后五千年光阴，所以毫无疑问，未知的宗教比我们所知道的宗教还要多。除此以外，许多宗教体系在有史以来的较短时期内就经历了从生到死的过程。这本书并不想论述历史的或史前的所有宗教。它只讲述今天仍在活动、能存在和发展的宗教体系。这些宗教被归入四个范畴。

基本宗教

"基本宗教"（basic religion）一词一般指其宗教思想并没有用文字形式保存下来的当代人的宗教，以及我们知之甚少的史前人类的宗教。这一范畴包括大量的各种各样的信仰和实践，其中有万物有灵论、图腾崇拜和多神论。在下面的几章中，我们将美洲和非洲的本土宗教作为基本宗教的案例加以考察。这一组宗教的最普遍特征可能是关于自然的万物有灵的观点。没有任何一个人知道其宗教信仰可被归入基本宗教的信徒的数量。但显而易见的是，随着基督教和伊斯兰教的不断发展壮大，他们的数量正在迅速减少。

起源于印度的宗教

世界上有四个伟大的宗教起源于印度：印度教、耆那教、佛教和锡克教。印度至今仍是印度教、耆那教和锡克教的家园。佛教现在存在于其他亚洲国家，如中国、日本、韩国、越南、缅甸、柬埔寨和泰国。这些宗教的基本信仰是，存在许多神（锡克教除外，它从伊斯兰教那里获得了它对一神的信仰），而且人可以通过一个转世的体系获得重生。这些宗教的终及关注是从生命、死亡和再生的轮回中解脱出来。有时人们需要神的帮助来达到这一目的，但是，这些宗教经常希望信徒凭借他们自己的作为或不作为来实现解脱。

起源于中国和日本的宗教

起源于中国和日本的宗教包括道教、儒教和神道教。关于道教和儒教是否是真正的宗教存在一些疑问，但是，因为它们有时也产生了宗教的某些方面，所以它们通常也被列入宗教的范畴。它们都信仰多神，崇拜自然，尊崇并礼拜祖先，在神道教中还有对国家本身的尊敬。

起源于中东的宗教

起源于中东的宗教包括琐罗亚斯德教、犹太教、基督教、伊斯兰教和巴哈伊教。它们全都信仰一个最高的造物主；它们相信每个人在尘世的生活只有一次；它们都以积极肯定的目光看待物质世界，持有一个线性的时间观，而且信仰神对世界的审判。基督教和伊斯兰教是世界上两大传教的宗教。今天，它们的信徒遍布全球，人数高达数十亿。

宗教与暴力

直到最近，研究宗教的学者还是有点不愿考虑他们所研究的宗教的暴力方面。我们中的许多人完全避开了这一问题，而把注意力集中在宗教传统的有益方面，或至少是温和的方面。我们中的大多数人对我们所研究的人群和传统怀有某种浪漫的感情，并感到很难接受这一事实，即他们当中有些人能够做出最令人难以想象的暴力的事情。在"9·11"以后的世界里，我们已经知道这是一个错误。我们现在知道宗教可以是极其可怕的暴力行为的诱发者，或至少可以是暴力行为的辩护者。在一本向学生介绍世界宗教的书中，不论述这些问题是不诚实和不负责任的。

大多数人都把他们自己的宗教视为和平的宗教。犹太人、基督徒和穆斯林都在谈论"上帝的和平"（Peace of God）。印度教徒、耆那教徒和佛教徒都教人不杀生或不使用暴力。不幸的是也存在这样一种倾向，即将其他人的宗教描述为残酷的和暴力的。这是一个错误，而且是一个促使暴力发生并使其循环往复、永无休止的错误。几乎所有宗教的信徒都曾因他们的信仰而成了牺牲品。他们中的大多数人或几乎所有人都曾是宗教暴力的凶手。几乎所有宗教都可被用作暴力行为的借口或理由。基本宗教的信徒忙于猎取对手的首级并进行人祭，也都是在宗教的名义之下。

在考虑"宗教暴力"的时候，有必要区分三种基本类型：作为对被认为是邪恶的人的惩罚而实施的暴力、宗教固有的暴力行为、宗教社团之间的暴力冲突。对所谓的行邪术的人的屠杀贯穿了整个历史。在16世纪的欧洲和北美洲，基督徒屠杀了大量的所谓女巫。这种做法在整个撒哈拉沙漠以南的非洲和东南亚的部分地区一直持续到近日。古代秘鲁的莫奇人（Moche）中的人祭，缅甸和印度的那加（Naga）部落中猎取人头的战争属于宗教暴力的第二种基本类型。在这些文化中，杀害他人是最重要的仪式行为之一。这种屠杀行为的实施和纪念都伴随着某种宗教传统特有的仪式。最晚到20世纪50年代还有针对此类事件的报告。

今天更为平常的是在宗教基础上定义自身的社团之间的冲突。通常这些冲突并不起源于宗教，但是由于暴力所采取的形式，这些冲突变成了宗教冲突。在全世界的许多——如果不是大多数——实例中，这些冲突包括这样一些事实：集体暴力经常被政治精英用作工具，集体暴力的目标经常是代表集体身份的象征物，而且（经常是怪诞奇异的）谣言在煽动暴力行为方面起着重要的作用。无论男女都可能成为受害者的性暴力是另一个共同的特征。亵渎和污辱尸首以使正当的宗教葬礼无法进行这一行为也很普遍。为了证明这些可怕行为的合理性，行凶者便有必要使用他们最为强大的邪恶象征来指称受害者。宗教暴力尤其邪恶和刻毒，因为它攻击的正是个人和集体身份的核心象征。教会、清真寺和庙宇宫观是最频繁地受到攻击的目标。对它们的亵渎和破坏激起了人们的愤怒和复仇的渴望。杀害或污辱关键的宗教人物也会产生类似的效果。这种行为所产生的暴力循环尤其难以制止，因为受害者身上存在着要变为同类暴力实施者的、以暴易暴的倾向。

不幸的是，我们不难找到这些宗教暴力模式在历史上和在当下的例证。发生在12世纪和13世纪的十字军东征——基督徒和穆斯林为争夺一块双方共同的圣地而相互斗争——就是这类大规模暴力活动的明显例证。其他一些近来的例证包括前南斯拉夫天主教徒、东正教徒和穆斯林之间的冲突，以及印度眼下的穆斯林与印度教徒、印度教徒与基督徒之间的暴力冲突。还有一些宗教暴力的受害者与实施者持有相同信仰的稀有案例，比如在缅甸。在1988年和2007年，缅甸军政府强行剥去敢于表示赞成政治和经济改革的上座部佛教僧侣的袈裟，对其施行酷刑并将其处死。军政府宣布反对政府的僧侣是"骗子"。与此同时，这些将军们把他们自己说成是佛教的保卫者和支持者。

宗教能够产生我们共有的人性中那些最崇高的品质。不幸的是，它也能引发最邪恶的行为，或为最邪恶的行为辩护。

需要研究的问题
1. 列出了解不同宗教观念的几个好处。
2. 给宗教下定义。
3. 给出关于宗教起源的几个主要理论的名字。
4. 比较马克思的宗教观与弗洛伊德的宗教观。
5. 列出宗教体系的四种类型及其所在地。

6. 给万物有灵论下定义。
7. 区分宗教暴力的三种基本类型。
8. 使宗教暴力循环往复、永无休止的一些因素是什么？

第一部分

基本宗教

基本宗教遵循口述的传统。它们的知识和行为体系被刻写在人类的记忆里，而非以书面文字的形式存在。在历史上，各种宗教可能曾共同拥有在当代宗教中再也看不到的某些特征。通过对考古学和人类学资料的一番考察，研究宗教的学生可以会对什么是最原始的宗教有一个认识。与此同时，通过研究这些过去和现在的所谓基本宗教的特征，学生也将更加了解当代主要宗教——如印度教、基督教、伊斯兰教及其他宗教——的根基。我们还将看到，长期被视为基本宗教之核心的那些宗教概念和行为模式，同样出现在世界宗教的当代形制之中。

美洲本土宗教——基本教义

美洲的本土宗教种类繁多

美洲有数百种本土宗教。对它们进行概述和归纳如果不是不可能，至少也是相当困难的。美洲的本土文化同样种类繁多，在历史上，这里既有进行狩猎采集的小团体，又有幅员辽阔的国家和帝国。如今，大多数美洲原住民都是基督徒，虽然在许多情况下他们仍保留着传统信仰和实践的要素。

许多美洲本土宗教强调地理空间和自然环境的重要性

植物、动物和某些地理与地质特征被理解为人类可与之建立关系的有生命的存在。这经常使原住民与欧美人的社团发生冲突。

存在许多关于死者的禁忌

在一些地方——其中包括在亚利桑那州的纳瓦霍部落与新墨西哥州，人们极为害怕死者，甚至不会去碰触后者的衣服和其他物品。许多美洲原住民面临的一个极大的困扰是，他们祖先的遗骸被从坟墓里挖出来并保存在博物馆中。

白人殖民者给美洲原住民带来极大的苦难

这里曾发生过许多场战争和大屠杀，一些屠杀已经到了灭绝种族的程度。殖民者经常把原住民从他们的土地上驱逐出去，并迫使他们在贫瘠的地区定居。在许多情况下，殖民者将儿童与他们的家庭分离开来，并把他们放在寄宿制学校里。在那里，殖民者禁止这些儿童践行传统的礼仪，甚至禁止他们使用当地的语言。

今天这里有跨越传统部落边界的宗教运动

这些运动中较早的一个是鬼舞运动。它始于内华达州的帕尤特部落，并很快在大平原上传播开来。它预报了白人殖民者的灭亡和野牛的回归——野牛在那时几乎已经灭绝了。一些人相信"鬼衫"将会保护他们不受殖民者的武器的伤害。距我们更近的一场运动是美洲原住民教会运动，它将美洲本土宗教的要素与基督教结合起来，并在仪式中使用能够致幻的佩奥特仙人掌。

非洲宗教——基本教义

和美洲一样，非洲的宗教也极为多样化

非洲的文化也极为多样化，从历史上看，也是从进行狩猎采集的小团体到国家和帝国无所不有。今天，虽然在许多情况下他们保留了传统信仰和实践的要素，但是，大多数非洲人或是基督徒，或是穆斯林。

在许多传统的非洲宗教中，至高神是一位重要的神

对一位创造了世界但再也不主动涉身其中的至高神的信仰是非常普遍的。在这些宗教中，他所创造的一部分较小的神灵在日常生活中更为重要。大地经常被理解为女神，并与肥沃多产联系在一起。

祖先崇拜是许多非洲传统宗教的重要元素

祖先经常通过梦境与活人交流。他们既可是有益的，也可是有害的，这取决于人们如何对待他们。人们向他们献祭品以求健康、幸福和繁荣。人们还相信他们通过惩罚那些破坏道德法规的人来强化道德规范。

在一些非洲社会，国王和王后被认为是神

人们凭靠他们维护与神灵和祖先的关系。他们是许多禁忌的对象。在某些情况下，当国王和王后患病或衰老的时候，他们会被杀掉或自杀。

在一些非洲宗教中，人们相信疾病常常由巫术造成

人们依仗巫医来对抗巫术的作用。经常有某个特定的人被视为妖巫。这些指控给非洲政府制造了难题，因为人民经常要求政府采取行动制裁那些被指控为妖巫的人，而现代法律制度禁止这样的行为。这里也会发生仇杀案件，尤其是在一些像南非一样经历政治动乱的国家。

第一章

基本宗教与世界宗教

本章目的

- 在这一章中,你将学到基本宗教与世界诸宗教共有的一些特征,熟悉对宗教进行学术研究的理论方法。

关键词

万物有灵论	禁忌	过渡礼仪
巫术	图腾崇拜	祖先崇拜
占卜	神话	

基本宗教大事年表	
公元前不可知的时间	宗教的起源
几千年的时间	神话的口头传播和礼仪
公元前 7000—前 3000 年	新石器时代
公元 1492 年	欧洲人发现美洲大陆
16 世纪至今	中、南美洲和墨西哥被征服，当地人民改信基督教
17 世纪至今	北美洲被征服，当地人民改信基督教
19 世纪至今	亚洲和太平洋地区中的部落居民改信基督教
19 世纪至今	非洲人改信基督教和伊斯兰教
20 世纪至今	非洲和亚洲出现基督教的新形式

本章提要

　　要说出人类何时开始信仰宗教是不可能的。早期的文化和宗教理论假定，文化的发展和生物的进化是一个并行的过程。一般来说，我们将史前人类的宗教和全部文化，以及如今仍存在于前技术社会中的各种习俗视为"原始"的。"原始"一词具有落后、简单甚至天真的意味。只要这一观点继续存在，基督徒、穆斯林或犹太人就可能会看不起这些宗教，将它们视为迷信的、不文明的，甚至野蛮的。在研究世界诸宗教的时候，我们不可以假定在基本宗教和佛教禅宗，或所谓文明世界中任何其他高度发展的宗教之间有任何进化论意义上的高下之别。另一种倾向则是以浪漫主义的手法描述这些宗教，将它们描写成美的、质朴的。这两个观点都是不正确的。澳大利亚、亚洲、非洲和美洲的本土宗教的礼仪和神话，与圣公会教徒、穆斯林或佛教徒的那些礼仪和神话一样复杂，也一样能满足它们的信徒。所有宗教都能提供美和慰藉，所有宗教中也都有丑恶和暴力。

在所有世界上的宗教中，我们对这些基本宗教所知最少，这完全是因为它们起源于史前时期，或存在于偏远的地区。尽管如此，在某种程度上，我们仍然能够在所有宗教中找到基本宗教的要素。因此，研究这些宗教以理解这些要素及其运作方式是非常重要的。研究基本宗教之所以重要，还因为它们代表了人类大部分的宗教经验。随着一些具有传教性质的宗教的传播，尤其是基督教和伊斯兰教的传播，基本宗教信徒的数量在上一世纪迅速减少。

1.1 关于基本宗教的知识来源

人类在地球上已经生活了一百万年或更长的时间，但是我们只知道人类历史的很小一部分。智人（Homo Sapiens）使用文字书写的历史大约有 5000 至 6000 年。虽然非文字性的原始资料（如洞穴中的岩画、墓地、宗教雕像和考古遗存）也能呈现人类文化和宗教经验，但我们最重要的知识来源还是文字记录。在人类于地球上生活的全部历史中，我们所掌握的有文字可考的历史可能不足 0.5%。从这些历史记录中，我们知晓了大量关于不同文化和宗教经验的内容，但是，还有大量我们不知道也不可能知道的东西。

关于基本宗教的知识来源主要有两个。第一个来源是当代的基本宗教。人类学家访问当代的基本文化并研究它的宗教信仰和实践。从这一研究出发，人类学家可以推断出，许多或所有基本的和史前的宗教都曾具有相似的宗教信仰和宗教实践。这样，科德林顿主教在 19 世纪研究了美拉尼西亚人，并描述了他们对名为"曼纳"的不可见力量的察觉。其他人在不同的文化中发现了类似的现象。因此，科德林顿逐渐相信，对"曼纳"这样一种力量的察觉也许就是人类最原始的宗教冲动。

对当代基本宗教的研究也许非常令人感兴趣，但它作为史前基本宗教知识的一个来源，却并不尽如人意。19 世纪的美拉尼西亚人也许与他们的祖先非常不同。也许仅仅在 19 世纪之内，美拉尼西亚人的宗教意识与实践就发生了变化。他们可能只是最近才开始信仰"曼纳"，或者他们可能已受到先前的传教士或商人访问的影响，甚至受到了这位人类学家访问的影响。所有当代社会——即使是在科学技术方面最落后的社会，也具有漫长和复杂的历史。它们在对生态和社会环境的回应中已发展和进化了数千年，在数代人智慧的基础上增长扩张。没有任何文化可被视为真正"原始的"，或人类发展最早阶段的代表。因为人类学的野外考察已增进了我们对基本宗教多样性的理解，用当代资料猜测宗教的起源和最早的形式就变得更为困难而不是更为容易。像研究语言的学生一样，研究宗教的学生也必须接受这一事实：关于这一学科起源的某些方面很可能是我们无法知道的。

第二个知识来源是考古学。虽然人类总是对自己的过去感兴趣，而且毫无疑问总是试图调查自己过去的物质遗存，但是，对这些物质遗存进行科学考察的时间还不足两个世纪。事实上，最严肃的考古发掘工作是在20世纪完成的。考古学家们一心想要发现过去文明的物质遗存，并重新建构古人的文化生活和历史。对较为晚近的文化——如罗马或玛雅文化——的考古学调查比较容易完成，因为这些文明留下了大量的建筑、墓地、钱币和其他精美的人工制品。出自有文字的文化的书卷、泥版和碑刻也为考古学家们提供了大量的信息。

而在研究史前的或在技术方面简单落后的文化时，任务便更为艰巨。主要的知识来源可能是墓地、兵器和工具。但无论这一文化距我们是远还是近，考古发掘的结果取决于调查者的解释。这位考古学家所说的寺庙，其他人可能称它为马厩。在这一领域里出现的争论和错误实在是太多了，几乎难以枚举。因此，我们必须小心谨慎地赋予考古调查应有的价值。某些考古学家可能向我们保证尼安德特人崇拜熊，因为在墓葬中发现了熊的头盖骨。这可能是事实，也可能不是。熊的头盖骨也可能是作为狩猎的战利品与这些人一起下葬的。它们还可能是死者的图腾。我们目前关于尼安德特人的知识十分有限，还不能给出关于他们的宗教的确切说法。

1.2 基本宗教的史前开端

尼安德特人的宗教

留有大量宗教证据的最早的人类是所谓的尼安德特人（Neanderthal）。人们认为尼安德特人大约生活在公元前12.5万年到前3万年，居住在欧洲、中东和亚洲的中西部。虽然从解剖学上说尼安德特人类似于现代智人，但是他们的骨骼显示出，这些人比智人更矮、更为强壮。他们的大脑和现代人的大脑一样大。目前已发掘出100多处尼安德特人的生活遗址。这些遗址表明这些人是聪明灵巧的工作者，他们使用

法国多尔多涅省拉斯科洞窟的壁画。这是史前宗教艺术的典型，它可能是模拟巫术的实例，人们试图借此保证猎人们能够狩猎成功。

以石头、骨头和木头制成的工具。它们还表明尼安德特人掩埋他们的死者。正是通过这些墓葬中的情形，我们发现了关于尼安德特人的宗教的线索。这些墓葬中有动物骨头和石制工具的遗存，这可能证明死者与食物、工具和武器一起下葬，这些陪葬品可能是献给神的祭品，或是进入冥界的必要的陪伴物。除此之外，考古学家还在尼安德特人的墓葬中发现了熊的头盖骨，它们显然经过了细心的摆放，这可能表现出尼安德特人对熊的崇拜。

克罗马农人的宗教

现代智人的祖先克罗马农人（Cro-magnon）大约在3万年之前代替了尼安德特人的位置。像尼安德特人一样，克罗马农人也没有留下文字记录。同样，我们仅有的关于他们生活的知识来自考古学家的发掘。和尼安德特人一样，克罗马农人也显然将工具和武器与死者一起下葬。人们还从坟墓中挖出了与死者一起埋葬的装饰品。除此之外，在一些克罗马农人的墓葬中还发现被染成红色的遗骨。考古学家将这些现象解释为关注死后生命的表现。有时墓葬中的尸体蜷缩成胎儿的姿势。有些人解释说，这可能表明死者寻求来生重新投胎。

与克罗马农人有关的最杰出的文化遗物就是刻写在法国和西班牙山洞壁和洞顶的著名岩画和雕刻。这些位于远离洞口的黑暗深处的岩画被确定为克罗马农人的作品，它们被画在这样一些难以接近的地方，显然是为了防止有无知的人进入并破坏它们。它们所处的位置无意之间保护了它们，使其在长达几千年的时间里没有遭到

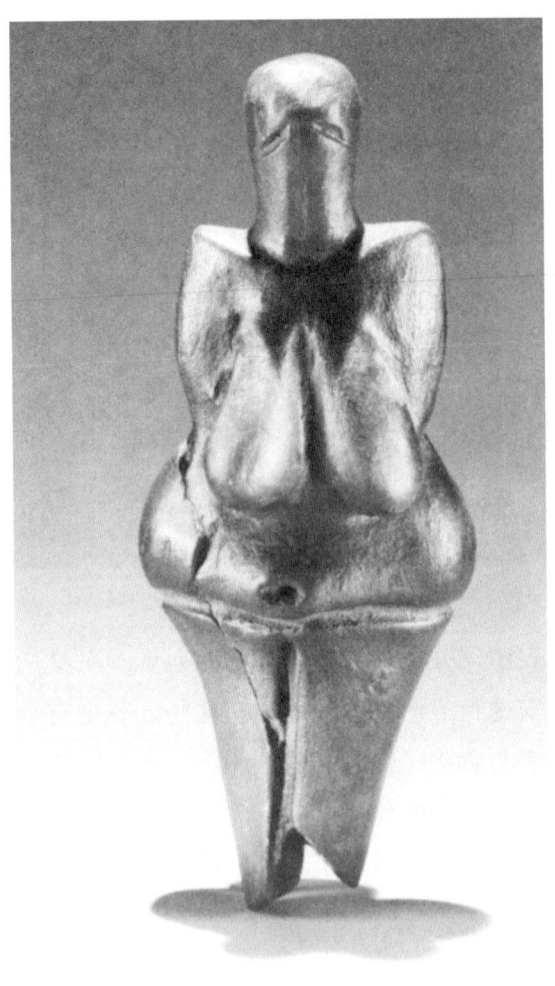

下维斯特尼采的维纳斯。这个雕像夸张的乳房、臀部和腹部表明一种丰产崇拜。

破坏。有几幅岩画描绘了狩猎期间动物被射杀的情景。岩画中的动物——野牛、马、野猪和熊——的要害被箭和长矛刺中。虽然这些动物栩栩如生，但猎取它们的人却只是一些简单的线描图像。对这些岩画的最普遍的理解是，在狩猎之前，祭司或巫师将它们画在洞穴隐秘处的墙上。人们相信，通过描画动物被射杀的场景或回想这些岩画，祭司希望预报狩猎的成功。当代基本宗教中的萨满也遵循类似的习俗——要么以图像的形式，要么以戏剧的形式；在戏剧中，部落的一些成员扮演狩猎期间被猎杀的动物。①

除了洞穴中的岩画，克罗马农人还留下了用石头、象牙和骨头刻成的小雕像。这些雕像中最著名的一个被称作"威伦多尔夫的维纳斯"（Venus of Willendorf），它刻画的是一个女性的形象。虽然这个雕像没有脸，但是它的乳房、臀部和腹部都被大大地夸张和凸现出来。②在历史文化中，类似的雕像经常被用来表示对一位丰产女神的崇拜。

新石器时代的宗教

因为尼安德特人和克罗马农人的社会主要使用石制工具和武器，所以考古学家将他们的文化鉴定为石器时代的文化。克罗马农人之后的时代仍以石制武器和工具为特征，但是在其他方面取得了巨大的进步。新石器时代或石器时代晚期大约在公元前7000年到前3000年，这段时期的特征是出现了许多新的文明的发展。

---

① 对美国西南部的普韦布洛人使用象征性巫术来召唤猎物的描述，请参看第二章。
② 据估计，在全世界已发现了200多具这类雕像。

其中一个发展极大地影响了宗教的演化，那就是农业成为一种生活方式。当人类发现他们可以通过播种、收获谋生，并可以把粮食储存起来以抵御未来的饥荒的时候，他们的生活发生了巨大的变化。第一次，人类不必不停地迁徙以寻找猎物；只要土壤仍是肥沃的，他们就可以在一个地方定居下来。他们现在需要更坚固持久的居所，并可以生活在更大的团体中。农产品的过剩和储备粮食的能力带来人口的增长和城市的发展。

在埃及，农业的发展带来土地所有权的问题。为了在每年尼罗河三角洲洪水泛滥之后确定土地的所有权，人们推进了测量学和数学的发展。最重要的是，农业的发展给了某些人从未有过的更多的闲暇时间。事实上，他们能够坐在家里让土地为他们提供粮食。社团中的某些人第一次能够解放出来，并将他们的全部时间用于探求宗教的秘密。除此之外，农业社会第一次依赖大自然的多产和富饶。人类开始意识到今年可能喜获丰收，而明年可能就发生旱灾。他们开始意识到季节、潮汐、月相和星球运动的规律。这些因素促使新石器时代的人类发展起以土地肥沃、人畜兴旺为基础的宗教，也产生了神作为太阳、月亮、星星和季节之化身的神话。

新石器时代的考古遗存表明了那一时代的某些宗教意向。出自这一时代的巨大墓葬内存有男人、女人和动物的骨骸，墓中还埋藏着工具、兵器和装饰品。在一些人看来，这表示新石器时代的人可能将部落酋长与他的妻妾、仆人和宠爱的动物一起下葬，以便这些陪葬品能在死后为他服务。

新石器时代的人类社会似乎还在世界的许多地区竖起被称为"巨石"（megalith）的庞大的石头纪念碑。这一习俗的两个最好的实例是在英格兰的圆形石林竖起的巨大石碑和在法国布列塔尼的田野里竖起的两千多块巨石。显而易见，这些巨大的石头——有的重达300吨——是从远处采来的，人们费了九牛二虎之力才把它们运到目前的位置。①因为新石器时代的人类社会没有留下关于这些巨石的文字记录，所以没有任何人知道为什么这些人要走如此之远的路程采集石料，并将它们竖立起来；或为什么这一习俗传播得如此之远。人们普遍认为，这些巨石与宗教具有某种关系。最常见的一种理论是它们与祭礼及祖先崇拜有关。②

---

① 除了欧洲的巨石，人们还在太平洋诸岛屿、朝鲜半岛、北美、印度、东南亚和北非等不同地区发现了纪念碑。虽然巨石纪念碑的建立主要与新石器时代的宗教相关，但是它并不限于这一历史时期。南亚和东南亚的部落居民仍在建立巨石纪念碑。
② 人们经常在巨石附近发现埋葬或火化的遗存。在印度东北部的那加人（Naga）和印度尼西亚东部的托拉查人（Toraja）中，巨石纪念碑的竖立与盛大的祭祖礼仪有关。

1.3 基本宗教的共同特征

以下特征是许多基本宗教的共同特征，这些宗教至今仍存在或曾以某种方式存在于 19 世纪和 20 世纪——人类学家开始研究它们的时间。这些特征也出现在我们知道的历史上的宗教中，而且许多特征明显以某种形式存在于所谓的高度发展的宗教中。例如，献祭就出现在几乎每一种现有宗教的最早形式之中。最后，虽然某些特征如今不是宗教的一部分，但是如果我们下意识寻找，或许也能在现代文化中发现它们。例如，虽然没有几个高度发展的宗教的信徒承认巫术是他们神学的一部分，但是即使在 21 世纪最先进的社会中，我们也能发现携带幸运币、选取良辰吉日、避开数字"13"、相信精神或巫术疗法等现象的普遍存在。

万物有灵论

爱德华·泰勒爵士创立了这样一种理论：人类最初把世界想象成是充满了灵魂或精灵的，并且在对大自然的这一理解的基础之上，人类创立和发展了宗教。[①]的确，相信大自然中充满了有感情的、人类可与之交流的精灵，这在人类的宗教经验中是最为普遍的。在许多基本宗教中，人们都相信他们自己并不是仅有的灵魂——动物、树木、石头、河流、群山、天体、大海和地球本身都具有灵魂（anima）。他们还相信，这些精灵可与人类交流通感，可接受人类的供奉或被人类触怒，既能帮助人又能伤害人。因此，他们相信这些精灵是有个性的。科学技术的发展和历史上宗教的传播并没有消除这些信仰。许多基督徒、穆斯林和佛教徒都相信这些精灵具有保佑人类或诅咒祸害人类的能力。

基于对生命的万物有灵论的理解，基本宗教和许多高度发展的宗教都敬畏或公开崇拜大自然中的几乎一切事物。我们能够想到的几乎所有动物都曾于某一时间为人类所崇拜；岩石也曾受到人类的崇拜，或曾是神向人类传授谕令或接受他们献祭的地点；群山经常是人们崇拜的对象或神显现的地方；大海和海洋生物曾是人类敬仰和崇拜的对象；树经常是宗教礼拜的对象；天体——太阳、月亮和星星——几乎在所有宗教中都扮演着某种角色；水、火和大地本身都已成了崇拜的对象或崇拜仪式中的要素。万物有灵论的表现几乎不胜枚举。

现代人将具有历史意义的岩石置于他们新建筑的角落，他们修建了昂贵、精致却

[①] 请参看本书"简介与概览"中的"宗教起源的理论·万物有灵论"一节。

毫无用处的壁炉。基督徒将常青树带入家中以庆祝圣诞节，即使常青树和耶稣的诞生并没有联系；穆斯林在他们去麦加朝圣时围着黑色的圣石绕行并亲吻它；印度教徒在神圣的恒河中洗浴；帕西人将檀香木带入燃烧着圣火的神殿焚烧；基督徒甚至不信教的美国人也朝拜总统和摇滚歌星的墓地；等等。认为生命是有灵魂的是所有（无论是宗教的还是非宗教的）人类冲动中的最普遍、最具有影响力的一种。

巫 术

当现代人谈论巫术的时候，他们经常根据职业魔术师表演的戏法或制造的幻象来想象它，而这些魔术师的工作就是蒙骗人们并为其提供娱乐和消遣。但是在基本宗教中，"巫术"一词具有更为严肃的意味。

在基本社会中，巫师试图控制自然以为自己的人民带来利益，或对自己的敌人造成伤害。巫师将世界视为被可操纵的力量控制。他们知道，如果他们能够正确地完成礼仪程式、跳好巫术舞蹈或正确地念咒，那么他们就能在实际上控制大自然；他们能降雨，能使粮食丰收，能为成功的狩猎创造条件，或能杀死他们的敌人。

根据一种理论，宗教和巫术因实践者的意图不同而有所区分。巫师们相信通过举行礼仪，他们能够迫使大自然按照他们的欲望行事，而宗教信徒却只想祈求神的保佑和恩赐。巫师认为他的命令将被实现，而祭司却希望神的行为对他们有利。实际上，宗教与巫术之间的区分从来就不是绝对清晰的，而且正像宗教的因素出现在巫术中一样，巫术的因素也出现在宗教之中。詹姆斯·弗雷泽爵士认为，巫术是人类走向宗教并最终走向科学的必经阶段。[①]

在基本社会中，巫术的最普遍的形式可能就是交感（sympathetic）巫术，或称模拟（imitative）巫术。在巫术的这种形式中，巫师试图通过自己完成一个行为来强迫大自然做出相同的行为，但是他自己是在较小的规模上完成这一行为。一个例子是所谓的伏都教的偶像，巫师试图通过这一偶像对敌人造成伤害，这一偶像被做成敌人的大致形象，而且可能包含敌人的人身要素，如头发和指甲。行巫术的人相信，因为这一偶像看上去像受害者，所以无论对这一偶像做什么，都会给受害者带来同样的结果。如果用针刺穿偶像的腿，受害者的腿就一定会受伤；如果用针刺穿偶像的心脏，受害者就将被杀掉，或至少在胸部会产生剧痛。在一些社会中，许多祈雨

---

① 请参看本书"简介与概览"中的"宗教起源的理论·巫术论"一节。

英格兰南部索尔兹伯里平原的史前巨石阵。人们相信,这些巨石被竖起的时间是在公元前两千纪。这些巨石的准确用途还有待研究,但人们相信这些巨石的排列与某种宗教仪式相关。

的仪式和为狩猎成功举行的仪式都以模拟巫术为基础。

在基本宗教中经常能够发现的巫术的另一个方面是拜物。物神(fetish)可以是任何物体,人们以巫术的方式用它来控制自然。在现代社会中,这类物体被称为带来好运的护身符。对于所有者来说,被崇拜物可以给他们带来好运,使他们避开灾难。在基本社会中,被崇拜物几乎可以是任何东西:一根木棍、一块或一堆石头、一块骨头、一片羽毛,甚至一件特殊的武器。被崇拜物可被一人独自持有,也可集体持有,它们也可被用作某种装饰品。即使是最先进的人类社会也从未远离"物神崇拜"。在任何一个人类群体中,我们都有可能会遇到有人大量收集给他们带来好运的硬币、兔脚、宗教护身符等。大多21世纪的人赋予其崇拜物的价值与史前人们赋予其崇拜物的价值可能具有重大差异。尽管如此,崇拜物和基本宗教的其他要素在先进的科学社会中的存在表明了它们对人类具有持久的感召力。

在最近几十年里,北美和西欧出现了万物有灵论的复兴。许多所谓的"新时代"(New Age)宗教都深深植根于万物有灵论的思想。例如,深生态运动就跨越了环境保护主义与万物有灵论的界线。对许多深生态学的支持者来说,地球既是一个行星,又是一个有精神的意识。他们将环境视为一个自我调节的系统,它的全部要素都应受到同样的重视。存在一种精神性的力量指导着变迁或进化。其他"新时代"信仰认为，特定的地方是人们可在其中获得各种精神力量的旋涡。

占 卜

通过占卜预报未来是基本社会的一个重要仪式。一般来说，这是祭司或对这一使命有特殊准备的人的工作。完成占卜的方法有很多种，人们经常通过检查牺牲的内脏完成占卜。有时，他们靠观察鸟的飞行或抛掷神圣的骰子完成占卜。在古代中国，人们烧烤乌龟壳直到它破裂，再对破裂的纹路加以阐释来完成对未来的预报。后来这种方法被改进为使用蓍草推算，人们在一本叫作《易经》的书中解释了这种筮法的图示。在古希腊，一名女祭司坐在三角凳上吸入从德尔斐城的地缝中逃逸出来的气体以预报未来。一位男祭司将她吸入气体之后所说的话当作来自神的关于未来的启示加以解释。

经常地，人类社会从被认为由神灵支配的团体成员那里寻求关于未来的知识。在西伯利亚人中，这类人被称为"萨满"。虽然"萨满"一词经常隐含着"祭司"或"巫师"的形象，但是这个词的原意其实与被神灵支配并向人群转述神灵启示的形象有关。

那些被称作"先知"的人经常是宗教社会的维护者。在《希伯来圣经》中，先知揭示了上帝的启示。有时这一启示是说目前的事情，有时先知的话关系到未来。因此，"先知"一词在现代英语中带有"预言者"或"占卜者"的含义。

禁 忌

在许多基本社会的生活图景中，人们必须回避某些行为，以免精灵的世界对个人或群体造成伤害；这些行为在波利尼西亚语中被称为 tabu 或 tapu（禁忌）。在基本社会中，对于普通人来说，神圣的人、地、物一般

印度尼西亚的托拉查人至今仍将巨石用于丧葬仪式。

都被视为禁忌。除了在特殊的场合或有特殊的准备,没有被授予圣职的人必须回避族长、祭司、圣地、被崇拜物等。在基本社会中,人们不能触摸首领,也不能在心中没有极大敬畏的情况下进入圣地;破坏这些部落禁忌的人可能会遭受极大的伤害。在《希伯来圣经》中,我们发现在一些场合人们或有意识或偶然地破坏了禁忌。《列王纪下》2∶23—25 说到一些男孩嘲笑和奚落先知以利沙(Elisha)的情形。结果,这些男孩被两只熊撕裂了。《撒母耳记下》6∶1—7 告诉我们说,一个人为了防止神的约柜从车上掉落,仅仅扶了它一下,结果就被神击杀。在其他许多文化中,国王的人身是如此神圣,以至于在没有得到特殊邀请的情况下来到他的面前都被视为禁忌。直到距今相当近的时代,日本人还将直视天皇的脸视为禁忌,即使当他在城市街道上巡游时也是如此。

其他关于禁忌的例子还有很多。在一些基本社会中,双胞胎的出生被视为禁忌。因此,当双胞胎出生的时候,他们或是被杀,或是被驱逐,或是被视为特殊的圣人。死者经常是禁忌的对象。在许多文化中,那些在葬礼中搬运过死者的人对仪式来说是不洁净的,至少在搬运死者后的一段时期内被视为不洁净。最普遍的一种禁忌与月经期的妇女有关。在某些文化中,人们要求行经的妇女居住在远离群体的其他成员的房屋中。一些宗教禁止妇女在她们的经期进行祈祷。[①]许多文化针对某些食物设立了禁忌。通常,为部落酋长准备的食物不允许社团的其他成员食用。某些种类的食品,如猪肉、牛肉或贝壳类动物,根据特定群体的教法是不洁净的,因此也被视为禁忌。这类信仰并不局限于基本社会。穆斯林和犹太人认为猪肉不洁净。大多数印度人不吃牛肉,这并不是因为牛不洁净,而是因为牛被视为圣物。直到最近,罗马天主教徒仍然在星期五忌食所有肉类。

图 腾

在一些(但并非全部)基本宗教中的另一个习俗是图腾崇拜(totemism)。在 18 世纪,当白人殖民者在美洲原住民中发现这一习俗的时候,他们第一次将其辨认出来。后来,人们又在世界其他地区的基本社会中认出了这种习俗。totem(图腾)一词是奥吉布瓦语 *ototeman* 一词的错写。

图腾崇拜明显是基于人类对大自然中其他生物或物体所怀有的亲缘感。因此,

[①] 孟买某耆那教寺庙的门前有一块牌子,上面写着:"不得穿鞋入内。在经期的妇女不得入内。" Madeleine L'Engle, *A Stone for a Pillow* (Wheaton, IL: Harold Shaw, 1985), p. 148.

它是万物有灵论的延伸和表达。一般说来，图腾崇拜所涉及的是一个部落或氏族与某种动物之间的某种形式的同一，虽然在世界上一些地区，植物也会被确定为图腾，甚至太阳、月亮或星星也会成为图腾。例如，一个氏族可能会相信它在根本上与熊有关联。熊可能就是这一氏族的祖先；这一氏族也可能具有熊的特征（体力强壮，凶猛残暴，或身体高大粗壮）；或者氏族成员可能相信，他们去世之后将化身为熊。如果熊是这一氏族的图腾，那么除了在自卫中或在神圣的场合，氏族成员不能食用或杀害这种动物。在神圣的场合，他们可以在仪式性的聚餐中食用它的肉，这种聚餐把整个氏族更加紧密地联系在一起。以鹿为图腾的相邻氏族的成员可以猎杀和吃熊，而以熊为图腾的氏族的成员也可以猎杀和吃鹿。

高度发展的社会虽然不明确地、也不在宗教的意义上依附于图腾崇拜，但仍保留着这一习俗的痕迹。一些国家以动物为象征，如鹰、熊或狮子；一些学校则选择吉祥物作为他们体育队伍精神的象征。

献 祭

献祭是所有宗教中最普遍的习俗之一。在整个人类历史中，人类几乎将每一种能想到的物质作为祭品奉献给神、精灵、恶魔和祖先。最常用的祭品是动物，人们在神面前将它们屠宰，然后烧掉，或烧熟之后将它们吃掉。然而，几乎所有其他有价值的物品都曾被人们拿来献祭。稻谷、葡萄酒、牛奶、水、木材、工具、武器和珠宝，都曾被人类献祭给神。有时宗教要求举行人祭，但是在大多数宗教中，这是一个比较罕见的习俗。被用来作为祭品的人通常是在战斗中被俘虏的敌人，可爱的孩子或年轻人被特意选来送上祭坛的情况非常罕见。[①]当宗教文学提到人祭的时候，人们通常将其视为说服神的一个极端而有效的方法。[②]

在哥伦布到来之前的墨西哥的阿兹特克人（Aztec）和古代秘鲁的欧车人（Oche）中，人祭是一项常规活动，且极为重要。直到 20 世纪，东南亚的许多部落还有割取人头作为战利品的习俗，他们认为这样做可确保土地肥沃多产。还有一些未证实的报告说，这一习俗在偏远的地区仍继续存在。

祭祀活动具有各种不同的意义。起初，它可能被视为喂养灵界居民的一种手段。

[①] 最近在迦太基古城的考古发现显示，这一相当先进的文化在整个历史上共献祭过几百个儿童。墨西哥中部的阿兹特克人定期以囚犯作为燔祭，甚至曾仅仅为了获得献给神的祭品而发动战争。

[②] 例如，《希伯来圣经》中曾提到人祭。人们将它视为最高的祭祀，这种祭祀一般是由极为稀少的情况促成的。请参看《创世记》22、《士师记》11、《列王纪下》3：27和《弥迦书》6：7。

我们如何喂养神灵呢？人们可能会将水、葡萄酒和牛奶洒在地上，并且相信液体一旦渗入地下，神灵就把它喝下去了。人们也可能将食物留在一个神圣的地方，并认为当食物消失的时候，神就把它们吃下去了。人们还可能焚烧肉食或谷物，神灵可以吸入从祭品上冒出的烟。这样一来，灵界就靠人类世界来供养，而神灵则会做出利于世人的举动。

在其他时代，人们仅仅把祭品理解为献给灵界的某种礼物。献祭者可能把工具、武器、装饰品、金钱、香气，甚至烟草作为礼品留在神圣的地方供神灵享用，以期得到神灵的恩惠或起码不触怒他们。

一些基本宗教中的献祭还意味着神灵与人类之间共同纽带的建立。祭拜者将食品带到圣地，为神烧掉一部分，此后再将剩下的部分吃掉或与整个氏族分享。这样，神灵和活人一起分享食物，他们之间的联系和纽带就得到更新、加强。

神 话

无论是基本宗教还是发展更为成熟的宗教，它们最普遍的特征之一是神话。在现代用语中，"神话"一词意味着谎言或虚假错误的信仰。当我们谈到"雅利安优越性的神话"或"历史客观性的神话"时，我们意指这些思想观念是彻头彻尾的捏造和虚构，几乎或完全没有事实基础。在研究宗教的时候，我们是在另一个意义上使用"神话"一词。几乎每一种宗教都有自己的关于神与人相处的故事。我们将这些故事称为神话，或讲述伟大真理的诗歌手法。神话是以图像而不是抽象概念进行思考的方式。今天，几乎没有人会相信普罗米修斯的故事是对过去一位伟大英雄的真实记载；可能没有人曾经相信过。但是，普罗米修斯的故事却揭示了这样一项真理：一个神对人类怀有牺牲的爱。尤其是在没有文字的社会中，一种宗教可以凭借着它代代相传的神话而得到保留和解释。

人类经常用宗教神话解释世界为何如此和怎么如此；它们可能会追溯至创造的开端来解释人类的起源。例如，在古希腊的普罗米修斯的神话中，就有一个关于世界之创造和火与文明之起源的解释。神话还可以解释某些宗教神职人员的力量。日本天照大神的神话就为"天皇是一位具有神性的人物"这一信仰提供了背景。神话经常与敬拜团体为什么庆祝某些宗教节日这一问题有关，并解释这一问题。

礼 仪

每一种宗教都有它的礼仪。这些仪式或祭典可能是简单的，也可能是复杂的。

东非乌干达身着传统服饰的蒙巴萨（Mombasa）治愈者。

它可能简易到普通信徒天天可行，一天可行数次。饭前祷告或非洲人向其祖先献酒就是这样一些较简单的礼仪。在另外一些情况中，社团的礼仪可能十分复杂，以至于必须分离出一个特殊的人群作为祭司来学习、完成和教授礼仪。

宗教礼仪经常重新演出神话。祭司或普通信徒参加演出，穿着演出服装，说神话中的神所说的话语。宗教史学家米尔恰·伊利亚德（Mircea Eliade）指出，创世神话的仪式性再现（ritual repetition）特别重要。在罗马时代的密特拉教的雕刻中，这个教派的成员穿狮子和乌鸦形制的衣服，这些动物在这种宗教的神话中扮演了某种角色。这些雕刻还展示他们坐在一起吃面包，喝葡萄酒，以纪念一个神话中的时刻——密特拉（Mithras）和太阳神（Sol Invictus）吃神牛的肉，喝它的血。通过演出神话，宗教信徒与神及神的行为融为一体。

过渡礼仪

在个人人生中的关键转折点确立某些礼仪是基本社会中的另一个普遍习俗。这些礼仪叫作过渡礼仪（rites of passage）。通常被人们承认的转折点是出生、青春期、结婚和死亡。在这些关键时期举行的礼仪会回忆这一文化的神话，并象征着与过去状况的分离、向新阶段的过渡和与新身份的结合。在这些礼仪当中，人们经常会以戏剧的形式再现神话。

诞辰礼很重要。围绕出生举行的礼仪将孩子认定为社团的成员。在犹太教中，男婴要施行割礼。在基督教的许多派别中，洗礼是给婴孩取名并使其成为基督教一员的仪式。

基本社会通常都极为关注标志着从幼年到成年的成年礼。在青春期的孩子们正式接受成年礼之前，有一段接受指导的时期。在这一时期，他们会学习诸如狩猎、耕稼和取火等生存技能，也会学习关于社会的基本知识。在青春期，孩子可能要经受某种严峻的考验。在一些美洲原住民中，孩子要与他们的家人分居一段时间，以进行斋戒并寻求来自神灵的幻象。在其他基本社会中，人们可能在孩子身上涂满白粉或画上其他一些非常明显的标记，然后把他们送到远离家人的地方单独居住，直到涂的白粉和标记完全消失。在此期间，他们完全得靠自己谋生。一些孩子因命运不济或缺少谋生技能而没有活下来。那些活下来并回到家中的孩子就被正式接纳进入成人社会。人们还可能对他们施行割礼，或给他们一些其他的身份标记，如在他们的面部留下伤痕。在举行这些仪式期间，人们会更全面地向年轻人教授宗教传统、奥秘和那些口口相传的知识，此后，他们就作为这一群体的完全成熟的成员承担起他们的义务。[①]与青春期成年礼相对应的现代礼仪，是为某些年轻基督徒举行的坚信礼（confirmation）和为年轻犹太教徒举行的男子成人礼（Bar Mitzvah）或女子成人礼（Bat Mitzvah）。[②]

另有一些关键节点，如婚姻和死亡，十分看重宗教礼仪和象征。人们经常在婚礼中举行祈求多子多孙的礼仪，并请宗教神职人员参加他们的婚礼。在死亡这一节点，同样要举行宗教礼仪，无论是在死时还是在下葬时。

祖先崇拜

基本宗教的最后一个特征是对家庭过世成员的尊崇或敬拜。某些研究宗教起源的学生已创立这样一种理论：因为史前人类梦见最近过世的先人，他们认为死者并没有真正死去，而是以另一种形式活着，或在另一个星体上活着。根据斯宾塞的观点，这一现象导致祖先崇拜，并成为宗教发展的第一步。于是，生活在另一王国并在梦中显现的祖先就成了早期宗教中的神。梦是否是人们相信祖先仍继续活着的依据，我们只能推测。然而，从我们知道的基本宗教的情况来看，这些人认为死者仍以某种形式活着，至少在一段时间里以某种形式活着，而且既能够帮助活人，又能够伤

[①] 关于这些仪式的例子，请参看关于美洲和非洲本土宗教的章节。

[②] 一些人已经指出，成年礼在21世纪的世俗版是获得驾驶执照。这一过程包括密集的准备工作、严酷的考核，而通过考核的人被接纳进入成人团体。

害活人。

那些相信祖先仍继续活着的人极为惧怕死人作恶，而且经常费尽苦心防止死者从他们的坟墓回来伤害活人。他们将死尸埋在巨石下面，或将木桩插入他们的胸膛，其目的明显在于防止他们游荡。在一些基本社会中，死者的名字在一段时间内会被剔除出常用名字的范围，他们去世时所在的房子要被烧掉以阻止他们回来。

与此同时，生活在基本社会中的人们似乎还感到死者能为活人造福。因此，他们采取措施以使死者高兴。死者的财物如工具、武器、爱吃的食物、装饰品，有时甚至是妻子和仆人都和死者一起被送入坟墓。他们还精心装饰和照看这些坟墓（如埃及国王的巨大坟墓），以使死者感到舒适。古代的中国人每年都要重修坟冢，而且还要在坟前留下酒食、鲜花甚至毛毯等祭品，以慰藉死者。可能还没有人像中国人那样付出如此之大的努力来慰藉死者。他们特别关注的是通过记住他们祖先的名字和生平，并把这一信息传给后代人来保持对祖先记忆的鲜活。祖先崇拜仍然是传统中国宗教中非常重要的组成部分，尤其是在新加坡这些地区的海外华人中。甚至一些中国基督徒都在某种程度上参与祖先崇拜。新加坡的圣安德鲁的圣公会大教堂——其会众大部分是华人——会在复活节之前的星期六于公墓前举行祈祷仪式，以为祖先们复活做准备。

需要研究的问题

1. 我们为什么说"基本"宗教而不说"原始"宗教？
2. 关于基本宗教的两个主要知识来源是什么？这些来源的可信度如何？
3. 我们认为克罗马农人的山洞岩画的目的是什么？
4. 给万物有灵论下定义，并给出在现代生活中遗存的万物有灵论的几个例子。
5. 如何将巫术与宗教区分开来？
6. 指出现代生活中的一些禁忌。它们与基本社会中的那些禁忌有哪些相同之处和不同之处？
7. 你的文化中有哪些过渡礼仪？
8. 举例基本宗教与世界宗教相类似的方面。

参考书目

1. Campbell, Joseph. *The Masks of God: Primitive Mythology*. New York: Viking, 1970.
2. ［罗马尼亚］米尔恰·伊利亚德：《神圣与世俗》，王建光译，北京：华夏出版社，2002。
3. Evans-Pritchard, E. E. *Theories of Primitive Religion*. New York: Clarendon Press, 1965.
4. Ferguson, John. *Gods Many and Lords Many: A Study in Primal Religions*. Greenwood, SC: Attic

Press, 1982.
5. [美] 弗雷泽:《金枝》, 汪培基等译, 北京: 商务印书馆, 2012。
6. Gill, Sam D. *Beyond "The Primitive": The Religions of Nonliterate People*. Englewood Cliffs, NJ: Prentice Hall, 1982.
7. Harvey, Graham. *Indigenous Religion, A Companion*. London: Casell, 2000.
8. [德] 鲁道夫·奥托:《论"神圣"》, 成穷、周邦宪译, 四川: 四川人民出版社, 1995。

第二章
美洲本土宗教

本章目的

- 在这一章中，你将了解到美洲本土宗教的多样性；了解到美洲本土宗教和文化在哪些方面受到欧洲人的影响。

关键词

地母
太阳舞
美洲原住民教会
对幻象的寻求
大神

美洲本土宗教大事年表	
公元前 20000 年左右	第一批人到达北美；几千年的口述文化传统
公元前 3500 年	秘鲁建起城市中心
公元 1492 年	欧洲人"发现"美洲人正在乞求西班牙的征服，本土人开始改信基督教
1540 年	西班牙人到达现在的美国西南部，建立了罗马天主教会；长达 150 年的冲突开始
1607 年	英国人第一次成功在北美定居；冲突和传教活动开始
1848 年	墨西哥战争结束时美国获得了西南部的领土；大量欧美人开始在此定居，与印第安人的战争开始
1862 年	《宅地法》促使许多美洲当地村社居民背井离乡
1863—1864 年	美国军队杀害了几千名纳瓦霍人
1878—1933 年	印第安人寄宿制学校；印第安人不情愿地改信基督教
1890 年	伤膝战役和印第安战争的结束
1890 年	鬼舞教产生
1918 年	美洲原住民教会的成立
1941—1945 年	第二次世界大战期间，纳瓦霍人作为密码员服役
1968 年	丹尼斯·班克斯发起美洲原住民运动，为争取民权而斗争
1994 年	关于《1978 年美国印第安人宗教自由法》的修正案宣布，在宗教仪式中使用佩奥特仙人掌合法
2004 年	美洲印第安人国家博物馆向公众开放

本章提要

美洲本土各族人民的宗教是最古老、最悠久的宗教形式之一。由于美洲原住民在过去四百年的北美历史中扮演的角色，他们的宗教习俗引起了不只是学者的兴趣，还有大众的兴趣。近年来，人们越来越关注这一课题。美洲原住民已经历了某种宗教复兴，而且日益关注他们的文化和宗教遗产的保护。许多非本土的美洲人也把更多的注意力转向本土民族宗教，因为后者重视自然以及个人的宗教经验，并且没有正式的组织结构。

当我们说到美洲原住民的宗教时，我们必须意识到我们并没有在说一个整体的结构。被确定为美洲原住民（Native American）的人于 1.5 万至 2 万年前到达北美大陆。[1]从那时起，他们几乎遍布美洲的每一个角落。[2]他们居住在许多不同的气候带，并具有不同的生活方式。一些美洲原住民的部落是狩猎采集社会，而另一些则是定居的农业村社。一些人生活在很小的游牧部落中，而另一些人建起了小镇、城市、国家和帝国。现在许多人生活在集镇和城市里，并已高度融入非本土的社会和经济体系中。更多的人居住在凭借着与美国政府签订的条约而建立的居留地中。

许多人倾向于认为，美洲原住民是 19 世纪在北美西部的大平原上游牧和狩猎的民族。这些人生活的核心内容就是追捕野牛。然而，他们当中的许多部落在某个时期主要是农耕部落。所有这些狩猎社会都受到欧洲文化某些方面的影响，尤其是马匹和枪支的应用，它们使这些人在这片辽阔的平原上生活成为可能。由于这里涉及巨大的时间跨度和许多不同的生活方式，谈论一种整合的所谓"美洲本土宗教"的体系是不可能的。

在研究这些宗教的时候，我们还必须意识到知识来源的相对匮乏。虽然美洲原住民生活的时间可能长达 2 万年，但只有在最后 400 年里才具有文字材料。大多数早期原始资料都是基督教传教士和探险家的报告，他们可能是具有同情心的见证人，也可能是不掺杂个人感情的客观的记录者。而且，关于美洲本土宗教的大量信息资料都是在过去 100 年的时间里写下的，即是在与欧洲的文化、宗教、科技有了接触之后写下的。学者们经常就这些宗教的某些方面进行争论——它们是否真实地反映了"纯粹的"美洲本土宗教，或它们是否是在回应基督教的某些方面时发展起来的。[3]尽管尚存的美洲本土宗教都或多或少发生了变化，但是许多本土宗教选择将欧洲文化和宗教的

---

[1] 虽然这是最普遍为人们所接受的科学理论，但是，美洲本土的宗教领袖相信，他们的人民的确就是"本土的"，他们就起源于美洲，绝不是从任何其他大陆迁徙而来的。

[2] 一些人估计，在欧洲人到来之前，在北美可能已有 2000 多种不同的本土文化。

[3] 一个典型的例子是关于美洲本土末世论的辩论，即他们是否相信死后的生活和天堂地狱说。无论何时何地，只要人们拿出支持这些特征的证据，就有人提出这样的非难：这是与基督教接触的结果。

要素纳入本土信仰体系，而不是完全放弃传统的宗教实践。因此，用现在时来谈论美洲本土宗教还是可能的。

关于欧洲人到来之前的美洲本土宗教，我们的主要知识来源是考古学。虽然考古学能够向我们展示关于某民族整体文化的大量内容，但是关于宗教它告诉我们的并不多，尤其是那些并没有立起石碑或造出其他长久存在的宗教偶像和建筑物的人们的宗教。在哥伦布到达之前，大多数美洲人都没有文字，而且几乎没有留下任何宗教文物，所以我们关于其宗教信仰的知识也是非常有限的。

关于如何描述美洲本土宗教有两个大的选项：或是描述某一历史时期的某一部落的特定宗教，或是对这些宗教的全部领域做一个总的陈述。我们在本书中采取第二种做法。以下是许多较著名的美洲本土宗教的一些普遍特征。

2.1　神灵世界

为了调查美洲本土宗教，我们可以从考察这些宗教基本上是多神论的、一神论的还是一元论的开始。它们是承认一个至高神还是承认众多的神，或它们认为神圣存在呈现为各种不同的形式？它们是否遵循伊斯兰教和犹太教的神学模式，或它们是否更像多神论的希腊罗马宗教，拥有众多神灵？这些宗教是否更像印度教那样，承认一个单一的、具有许多外在形式的神圣原则？不幸的是，要回答这些问题并不容易。在某种意义上，美洲本土宗教是多神论的。整个大自然都充满了神灵。近在咫尺的是出现在幻象中的动物神或植物神，还有各种动物守护神以及生活在阴曹地府的亡者魂灵。大自然在许多神灵的身上被人格化了。在大自然心脏部位的是地母（Mother Earth），她为人类提供大地的赏赐。雷电被认为是个体式的生命。因此，在最广泛的意义上，美洲本土宗教是多神论的。美洲原住民相信在宇宙中存在许多不同等级的神灵。

尽管如此，许多美洲本土宗教还是认为，在众多的自然神之外，还有一个唯一的至高存在。他们信仰的至高存在，某种意义上在许多基本宗教中都可以找到。这些宗教采取这样一种见解：在所有较小的神祇之上和之外，有一个至高神，然而这一至高神与人间的关注相分离。日常生活的问题是自然神的事情，有时是祖先的事情。人们祈祷和关注的是这些神灵。他们很少吁求至高神，可能只有在极为紧急的情况下才会求助至高神，而且在宗教对话中也很少提到至高神。许多美洲本土宗教对至高神采取的便是此种态度。

美国西南部亚利桑那州的霍皮人(Hopi)的舞蹈场面。

一些美洲原住民把至高神即大神（Great Spirit）想象为一个人格化的神。其他一些人以一种更为抽象的方式理解至高神。对他们来说，至高神并不是一个人格化的存在，而是一种在人类中间、自然界和灵界展现的属神的或神圣的力量。达科他人［Dakota，苏族（Sioux）］对灵力（Wakan Tanka）的信仰就是对至高神的这种抽象理解的范例。灵力即"伟大的神"是在所有的存在和神灵身上都能发现的一种创造性力量。任何对人的生命过程有影响的东西或存在都被视为这种神圣力量的显现。因此，美洲本土宗教具有一神论、多神论和一元论的某些特性。

2.2 万物有灵论

人们已在美洲原住民对自然的态度与来美洲的欧洲人对自然的态度之间做过大量的比较。总体上，美洲原住民被认为对大地、树木、河流和山川持有虔敬的态度。另一方面，欧洲人倾向于将自然视为某种可被开发的东西。因此，他们常常会牺牲大地的美丽景色，甚至牺牲大地上的生命来发展使生活更舒适快乐的技术。这种关于美洲原住民或欧洲人特性的描述是否准确还有争议。也有原住民无意识地破坏他们的环境的例子。例如，在美国西南部就有许多因人口过剩和由此对脆弱的沙漠环境造成的压力导致文明大范围衰落和环境长期恶化的情况。也有欧洲人热爱和尊敬自然的例子。尽管如此，从总体上说，美洲的原住民比大多数的欧裔美洲人更尊敬大自然。一般来说，这种对大地和大自然的尊敬至少部分是因为以下这个事实：在传统的美洲本土文化中，生存完全依赖于与大自然保持亲密关系、维持生态平衡，而不是依赖于改变环境以适应他们自己的需求。

某些学者将"万物有灵论"一词用于美洲本土宗教。在这一词语的最严格的意义上，一位万物有灵论者相信树木、岩石、河流、植物和动物是有灵魂的活物。万物有灵论者相信，在大自然中存在的神灵具有帮助人类或伤害人类的力量。因此，万物有灵论者以某种形式敬拜这些神灵。美洲本土宗教在某种意义上属于万物有灵论。这些宗教教导人们，至高神活在所有创造物中。如果至高神活在或将其自身显现在大自然中，人们就应该尊敬并谨慎地对待大自然。因此，他们并不把大自然视为一个可被人类驯服的对象。与此相反，他们必须寻求与大自然和谐相处。

在许多美洲本土文化中，狩猎是生活的一个重要组成部分。在欧洲人到来之前，美洲原住民并不圈养大量的家畜，所以野味在当地人民的饮食中扮演着重要的角色。动物的毛皮和骨头是制作衣服、工具、装饰品、神器和建筑房屋的重要原料。狩猎还是一项宗教事务，在这项事务中，狩猎者将野兽视为具有相似灵魂的同类动物。因此，在狩猎之前，狩猎者向这种动物的神灵祈祷。只有那些绝对被需要的动物才被宰杀。在狩猎之后，人们乞求动物饶恕。要小心谨慎地食用被宰动物的每一部分。不许浪费任何东西。有时，人们以这样一种方式掩埋动物的骨头，即人们在以后可以将它们挖出来并使用它们。这些习俗与欧美狩猎者的行为形成鲜明的对比，后者为获取野牛的毛皮或舌头将其大量屠杀，而将剩下的大部分扔掉，任其腐烂。欧美方式的狩猎导致许多美洲原住民赖以为生的兽群逐渐灭绝。

从事农业的美洲原住民尊重土地、花草和树木。土地经常被人格化为地母。播种和收割期间经常要举行仪式，并伴有各种禁忌。和动物一样，植物在许多美洲人眼中也是有灵魂的，并被当作人来对待。对于许多美洲原住民来说，务农是一种宗教活动。美国西南部的许多霍皮人出于宗教原因继续种庄稼，即使他们的大部分食物来自"现代的"资源。即使是在以生产陶器为目的而收集黏土的行为中，也包含着对土壤中的生命的理解。亚利桑那州南部的帕帕戈族（Papago）妇女在谈到她们为烧制陶罐所挖的黏土时说："我只取我所需。这是为我的孩子煮食用的。"[①]甚至伐木也具有宗教的意义。在伐树之前，人们向树献上供品。他们不浪费任何木材，因

[①] Ruth M. Underhill, *Red Man's Religion* (Chicago: University of Chicago Press, 1965), p. 116.

为树是神圣的，而且和人一样感觉自己需要被尊敬。

一位温顿族人（Wintu）的话最简明地总结了美洲原住民尊敬自然的态度及其与许多白人对自然的态度的对比：

> **文献摘选**
>
> 白人从来不关心保护土地、鹿群或熊。当我们印第安人杀野兽的时候，我们将其全部吃光。当我们挖树根的时候，我们开的洞很小。当我们建房屋的时候，我们打的洞也很小。当我们为了蚱蜢而烧草的时候，我们并不毁坏东西。我们从树上摇落橡实和松果。我们并不砍倒树木。我们只使用枯枝死木。但是白人耕地、伐树、杀害一切生物。树说："不要这样，我很疼。不要伤害我。"但是他们将其砍倒劈开。土地的神灵恨他们。他们毁坏树木，伤害其根系。将树锯倒。这都是在伤害它们。印第安人从来不伤害任何东西，但是白人毁坏一切。他们击碎岩石，使其散落在地上。岩石说："不要这样。你们正在伤害我。"但是白人毫不在乎。当印第安人用石头的时候，他们只取小圆石头来做饭……大地的神灵怎么会喜欢白人呢？……白人碰他的任何地方，他都会感到疼痛。[①]

这段话论述了大自然在美洲本土宗教思想中扮演的角色，同样论述了欧洲人到来之后的情况。这也是一个许多美洲原住民如何理解他们与自然环境的关系的例子。例如，岩石不仅仅是矿物，它们是可与人类交流的有理解力的存在。在与欧洲人接触之前，对大自然的尊敬是美洲本土宗教的一部分。极有可能的是，与欧洲农民和大农场主的相遇导致美洲原住民强调他们宗教的这一方面，因为他们看到环境的变化破坏了他们的生活方式。对大自然及其在人类文化中的作用的不同理解成为美洲原住民将自己与白人殖民者区分开来的方法之一。随着非本土美国人变得日益关注自然环境的保护，他们发现美洲原住民的信仰越来越具有吸引力。

2.3 与灵界的接触

美洲原住民并不依从犹太教或伊斯兰教这类宗教的模式，将宇宙视为在一个至高神控制之下的存在。他们主要对大千世界中的日常生活感兴趣。他们的大量宗教关注都以实现与他们赖以为生的土地、森林、河流和动物之神灵的良好关系为旨归。

[①] T. C. McLuhan, *Touch the Earth* (New York: Outerbridge & Dienstfrey, 1971), p. 15.

对于美洲原住民来说，礼仪的目的不是要控制自然，而是要与和人类共享世界的神灵交流并建立良好关系。

献　祭

世界上大多数宗教都举行某种形式的献祭以取悦神灵。

> **宗教与暴力**
>
> 　　在整个历史上，动物、谷物、酒类，有时甚至是人都曾被作为祭品献给神。虽然人祭是阿兹特克人和中南美洲某些其他本土宗教的重要组成部分，但是这类献祭在现在的美国和加拿大的本土宗教中是很少见的。①当举行献祭的时候，祭品被认为是为换得对人类的帮助而献给神的礼物。某些仪式，如大平原上的原住民的太阳舞，则要求自我摧残或牺牲。他们将这视为获取人类生存所必要的精神力量的方式。

药束（medicine bundle）——它们是以兽皮、兽骨、植物和矿物制成的——也是精神力量的来源，无论是制作它们的人还是将它们视为活物的后代人都极为重视它们。许多原住民担心博物馆中的药束可能有死亡的危险。尽管力量和献祭在本土宗教中是重要的概念，但是，在许多宗教中发现的大规模血祭一般来说不是他们崇拜活动的一部分。

禁　忌

美洲原住民保护他们自己不受灵界可能会带来的危害的方法之一是创立禁忌。我们可以通过下列方式定义美洲本土宗教的禁忌概念：

禁忌是因其危险性而落在日常生活范畴之外的一切行为、情况、人物、物体等。②

禁忌是一种宗教行为，它能够使人们避免做触犯自然和祖先之神灵的事情。存在一系列广泛实行的与行经的妇女有关的禁忌。在主要以狩猎为生的社会中，这些

---

① 人祭和类似的风俗习惯——其中包括收集和贮存被杀敌人的遗体——在好战的社团中最为普遍，这些社团包括墨西哥山谷的阿兹特克人、秘鲁的印加人（Inca）和现今美国西南部的一些社团。这种风俗习惯产生于以下两个原因之一：一些武士神要求以人祭助战；另一种情况是，人们相信被杀敌人的遗体包含着精神力量。直到最近，在世界的许多其他地区也发现了类似的风俗习惯。
② Ake Hultkrantz, *Belief and Worship in Native North America* (Syracuse, NY: Syracuse University Press, 1981), p. 171.

禁忌特别严格。在许多文化中，人们认为妇女具有特殊的行善或作恶的力量，但是，行经的妇女力量特别强大。在经期，她显然作为一个能够参与生育奇迹的个体被灵界分别开来。许多美洲原住民信仰处于这些生命时期的妇女所具有的不同寻常的力量。因此，在行经期间，人们将妇女从普通社会中分离出来。在一些村社中，因为她的力量能够使她对狩猎所必需的巫术具有特别的破坏性，所以人们要求她离开她的家庭，并居住在一个特殊的地点。一些人相信，仅仅是行经的妇女的一瞥也会摧毁一个人余生的狩猎能力。她的目光也能摧毁狩猎武器的巫法，而她在森林中出现则会永远驱走野兽。

另一个广泛遵守的禁忌是对死者的回避。无论一个人在生前如何令人敬爱，人们还是害怕他死后灵魂继续留在从前家的周围，并可能试图领走朋友和家人。最好的情况也只是，死者的灵魂会出没于他们家中，给他们带来噩梦。人们仍广泛遵守这种禁忌。在亚利桑那州和新墨西哥州的纳瓦霍人和其他一些部落中，人们极为惧怕死者的尸体，甚至惧怕死者的衣服、财物和居室，许多人甚至不愿触碰因车祸和其他事故而死的人的遗体。除了有极为紧急的情况，照管他们的事情一般被委托给非本土居民。尽管他们这样惧怕死人，还是有大量的纳瓦霍人在美国军队中服役，其中许多人在战斗部队中服役。关于死者尸体的禁忌可能有助于解释在纳瓦霍老战士中出现的创伤后精神紧张性障碍的高发病率，以及毒品和酒精滥用的相关问题。

关于死者的禁忌导致美洲原住民极为关注死者最后的安息地。他们经常采取措施将遗体埋在坟墓里，并使其不得与人世接触。有时，在死者去世后的几年里人们都不提他们的名字。在一些美洲本土的社团中，死者由部落里的特殊成员掩埋，而不是由死者的家人掩埋。在接触遗体之后的一段时间内，这些处理遗体的人对举行礼仪来说是不洁净的。他们要与社团分开几天，并禁止吃部落里的常规食物。墓地和死者的遗物仍旧是神圣和令人惧怕的，而且不应出于任何原因受到打扰。对死者及其安息地的担忧是美洲原住民与科学团体之间多有争论的原因。考古学家和其他科学家经常研究人类的遗存，以获悉史前人类的饮食和健康状况。这被美洲原住民视为不尊敬死者的危险行为，并让他们非常忧虑，他们还为退还和重新掩埋被考古学家发现和研究的死者遗骸而斗争。

宗教庆典和礼仪

与遵守禁忌一道，美洲原住民经常试图以礼仪控制灵界的力量。与许多其他宗教的情况一样，礼仪对于美洲原住民来说也是极为重要的。他们的礼仪、歌咏和舞蹈的目的并不一定就是崇拜。它们是复兴和更新人类与灵界之间的合作的手段。它们包括舞蹈、歌唱、禁食、接受严峻的考验、洗浴和对某些禁忌的遵守。

美洲本土宗教中最普遍的要素之一是将舞蹈用作与灵界接触的手段，以为生命中的特殊事件做准备。跳舞是全体村社成员都参与的事情。人们用舞蹈来使部落为狩猎、农耕季节、部落集会的庆祝，在从前还为战争做好准备。它也被用于过渡礼仪。无论在哪种场合，都有人唱歌、击鼓、摇拨浪鼓和吹笛子。歌词可能只是由几句话构成，而且被反复咏唱，也可能讲述了创世的故事或过去的伟大英雄的故事。某些歌词则提到鹿或野牛这类动物的神灵。鼓声可能只是几个人以棍棒敲打一块圆木所发出的声音，或者可能是兽皮鼓上奏出的复杂韵律，但是，几个小时的歌唱和平稳的韵律具有催眠作用。在这种氛围中，长时间的舞蹈为参与者与灵界对话做好了准备。

在那些以狩猎为生的部落中，礼仪使狩猎者为他们的狩猎活动做好了准备。和农业一样，由于其不稳定的特性，狩猎也易于发展出高度宗教化的社会。在这一个时期，狩猎者走出家门并发现大量猎物，他们的箭射得极准，猎获颇多。在下一个时期，这些狩猎者可能发现猎物很少，或他们的武器毫无用处。因此，为了确保狩猎成功，动物的神灵、狩猎者本人及其武器都必须经过适当的准备。以下这段文字描述了普韦布洛人（Pueblo）在狩猎前举行的仪式：

> 我最生动的记忆之一是在一个一月的黑暗早晨，我站在一个印第安人村庄的广场上，观看猎物之母（Mother of Game）将鹿带进来。当我们听到从山腰传来的狩猎者的呼喊时，天已破晓。此后，模糊的形影穿过松树丛，跳动着从山上走下来。一开始，我们几乎看不到晃动的鹿角和有斑纹的兽皮。后来，太阳的光线照射出四肢着地的人影，他们身披鹿皮，手持彩色棍棒以模仿鹿的前腿。他们在人们面前欢腾雀跃，而在他们周围又围着欢腾雀跃的小男孩，这些小男孩就好像拥有了小鹿的神灵。
>
> 在他们中间是一位美丽的印第安人妇女，她留着长长的黑发，穿着白色长靴和绣有花纹的粗布衣服。她是他们的主人，猎物之母，但她还是地母，是包括人类在内的所有生物的起源。她将动物领入狩猎者的靶区，这些动物一个接一个被象征性地杀死了。①

这类礼仪可被称为交感巫术或模拟巫术。那些在仪式中模仿猎物的人被象征性地唤出并杀掉，因为人们相信在实际狩猎期间，真正的动物会像在仪式中那样被杀掉。

---

① Underhill, *Red Man's Religion*, pp. 117, 118.

美国南达科他州松树岭居留地的奥格拉拉苏族人在跳太阳舞。

由于识别出了美洲原住民与他们的猎物之间的同类灵魂，在狩猎仪式中，人们还会以不那么痛苦的方式杀掉动物，并以一种节庆般的隆重方式对待它们的躯体。例如有报告说，猎手在杀动物之前要向动物表示歉意。此后，动物的遗体被带回部落并被待为贵客。

对幻象的寻求

为了在生命的某个关键点获得特殊力量，美洲原住民经常寻求使他们与灵界发生接触的幻象。在青春期的年轻人尤其要寻求幻象（vision quest）。在生命的早期，孩子就被教导，在某一天，他们必须独自一人走入荒野并寻求灵界的幻象。当寻求幻象的时间到来的时候，人们可能将年轻人从家中送出去并要求他独自生活一段时间，直到获得幻象。对幻象的寻求经常伴有几天时间的禁食。一般来说，寻求幻象的年轻人身边没有食物，可能连水都没有，只有极少的必需品和衣物。这样做是为了让个人在神灵面前表现出穷困和卑微。有时，人们将年轻人的脸和身体画成部落里某个特殊成员的模样。当幻象来临时，神灵经常在一种如梦如幻的状态中以动物的形象出现。当这种幻象出现时，这种动物就成了这位年轻人的特殊监护者，人们可能更改这位年轻人的姓名以将这种动物包含到姓名中去，这种习俗被称为图腾崇拜。

人们相信在幻象中出现的动物将在年轻人的整个一生中与其保持密切的精神联系。一些美洲本土社会中的氏族或其他形式的家族也会有图腾。幻象还可能是一位男人或一位妇女。如果在禁食祈祷两三天之后幻象还不出现，这位年轻人可能会感到不得不采取更为极端的措施。他可能会割掉自己的一块肉，甚至砍掉一根手指以表示自己的真诚。当幻象最后到来的时候，这位年轻人作为这一群体的正式成员回到村社，完成了这一过渡礼仪。

美洲原住民也在生命的其他时期寻求幻象。过去，在大战的前夜，它们是特别重要的。当时，为了取得胜利的荣誉，人们需要异常强大的力量。幻象还与狩猎相关，尤其在19世纪猎取大野牛的时日。今天，在发生政治、经济或精神危机的时候，当一个人考虑是否要改变生活——如结婚、竞选一个政治职位、为了求职或受教育从乡村居留地搬到城里——的时候，人们还是寻求幻象。

为获取幻象而做出群体性努力的一个例子是大平原上的人们跳的太阳舞（Sun Dance）。人们在夏天，经常是在夏至，即太阳的热度接近其峰值的时候跳这种舞。参加跳舞的人寻求幻象和与神的合一。他们聚集在一座为这一目的特意搭建起来的棚屋里。在这座棚屋的中心有一根神柱，它伐自一棵为跳太阳舞选好的树。这种舞蹈通常要持续三个昼夜。在此期间，跳舞的人禁食，舞蹈连续不断。在某些部落和某些场合中，太阳舞曾包含这样一种习俗，即将皮条穿透舞者的胸大肌并将其吊在棚屋中间的柱子上，这样舞者就与神圣的根源连在一起。因为在灵界里停留时间太长是一件危险的事，所以舞者必须很快将他们自己释放。有时，皮条会撕裂肌肉。尽管这听起来很可怕，但显然并没有造成永久的伤害。[①]

宗教领袖

美洲本土宗教的一个显著特征是，没有祭司职位的存在。虽然在每一个部落中都存在一些与灵界有特殊联系的人，但是，部落的每一个成员都可以完成基本的宗教活动。在某种意义上，美洲本土宗教是非常个人化的，因为它们鼓励个人单独与灵界接触。祈祷、舞蹈、唱歌和追求幻象，均由部落中的个人根据自身需要完成，而非由宗教专职人员完成。因为献祭的次数非常有限，所以几乎不需要受过训练

[①] 关于当代美洲原住民的太阳舞的分析，请参看 Joseph G. Jorgensen, *The Sun Dance Religion* (Chicago: University of Chicago Press, 1972)。还请参看 Arthur Amiotte, "The Lakota Sun Dance: Historical and Contemporary Perspectives," in *Sioux Indian Religion*, ed. Raymond J. DeMallie and Douglas R. Parks (Norman: University of Oklahoma Press, 1987), pp. 75–89。

的专职人员代表没受过训练的普通人完成礼仪,而这种程序在许多其他宗教中却十分常见。尽管如此,美洲原住民在接触灵界的时候,也会偶尔地依靠几种宗教专职人员。

提到美洲本土宗教中的专职人员,人们最常想到的是所谓的巫医(medicine man or woman)。"巫医"这一称号是早期白人殖民者给这些专职人员起的,因为他们认为这种人具有治病的专业技能。对传统的美洲原住民来说,疾病源自外界物体对身体的入侵,外界物体被清除之后,病也就好了。清除这类物体是巫医的工作。巫医从来自灵界的幻象中获得战胜致病因素的力量。在经过一段时期的禁食和祈祷之后,神灵可能会显现出来,但有时没有预先的准备神灵也可能会出现。它们经常以一种特殊的动物的形象出现,如熊或獾,因为这两种动物在美洲本土神话中与治病相关。这些神灵并不占有和控制这位巫医,它们只是频繁地显现并发出指令,可能是给出一首歌,或要人们遵守某项禁忌。

由于这种与灵界的特殊接触,巫医有了治病的能力,但是他们也能诅咒那些激起他们暴怒的人,并将疾病甚至死亡带给他们。这种力量给巫医带来了重大的责任。如果巫医遇到一位难以治愈的病人,他们可以说这是一位更为强大的人干的。但是,如果有很多面临死亡的病人,巫医就要对他们的死负责,甚至会被处死。这些信仰经常导致对妖术的控告。

有时,治疗的过程中有一个吸吮仪式。如果疾病是由外界物体对身体的入侵造

沙画是纳瓦霍人治疗仪式的重要组成部分。

成的，那么清除这一物体就是巫医的工作。因此，巫医试图将入侵的物体或灵体从病人的身体中吸出（字面意义上的"吸出"）。这种仪式经常伴有唱歌、跳舞或念咒。在另外一些时候，他们给病人各种草药和茶叶以减轻痛苦并促进治疗。[①]

与灵界接触的其他途径

美洲本土宗教中最常见的一项活动是在宗教仪式中使用神圣烟斗吸食烟草。烟草的烟雾——作为香气的一种形式——是与灵界联系的一种纽带。在过去，吸食烟草是许多仪式的一部分；当人们聚集在一起谈论和平、战争或狩猎的时候他们会吸食烟草；在举行治疗仪式期间，巫医也吸食烟草。

虽然许多美洲原住民现在经常吸烟，但是，他们最初只为宗教目的种植和吸食烟草。烟草专门用于特殊的宗教场合，其原因之一是它的劲儿太大，人们无法经常食用。在宗教仪式中使用的烟草是黄花烟草（Nicotiana rustica），它比在香烟中使用的烟草的劲儿要大得多。这种烟草气味强烈，能使人迷醉。曾尝试过印第安人烟草的吸烟者表示十分惊讶，因为竟有人能够依美洲本土宗教仪式的要求抽六口或更多的烟。

在宗教仪式上，人们偶尔抽用玉米壳卷成的烟卷，但是，他们更经常抽烟斗。这些烟斗的凹处由黏土或石头制成，烟斗柄则由芦苇制成。用于礼仪的最讲究的烟斗可长达4英尺。烟斗上经常饰有彩画和羽毛，在过去，它们作为部落的护符被带入战场或狩猎场所。

近年来，人们极为关注美洲本土宗教对佩奥特仙人掌的使用。墨西哥人在宗教仪式中使用佩奥特仙人掌已达几个世纪之久。在过去100年的时间里，这种习俗传入北美人的部落。

佩奥特仙人掌是在格兰德河谷及其以南地区生长的很小的、不带刺的、胡萝卜形的一种仙人掌。它包含9种有麻醉作用的生物碱。在哥伦布到来之前，阿兹特克人、维乔尔人（Huichol）和其他墨西哥的印第安人会在仪式上食用这种植物——晾干的或新鲜的。这种植物能够带来持续24小时的深刻的感官和心理体验，这种特性使美洲原住民非常重视它，并在宗教仪式中使用它。[②]在佩奥特仙人掌中发现的一种生物

[①] 在殖民地时代，如果一个人要选择请白人医生看病还是请本土医生看病，他最好还是选择后者。巫医可能会举行仪式，并给病人一些草药，人们现在知道，其中的一些草药——包括阿司匹林——确实具有真正的医疗价值。美洲本土医学的精神治疗可能有效，也可能无效，但它们肯定是无害的。相比之下，白人医生经常给病人放血或给病人开具含汞和其他人们现在知道其有毒的物质的药物。这种做法经常使病人更为虚弱，并加速他们的死亡。

[②] Weston La Barre, *The Peyote Cult* (New York: Schocken Books, 1969), p. 7.

纳瓦霍人婚礼现场。

碱是墨斯卡灵（仙人球毒碱）。在通过进食或喝茶摄取了一定数量的佩奥特仙人掌之后，墨斯卡灵会使人产生幻觉并看见幻象。正是由于这些丰富多彩的幻象，人们才把佩奥特仙人掌当成某些宗教仪式的一部分。在南美洲和中美洲的许多本土文化中，巫医和其他寻求灵界知识及体验的人会使用这种仙人掌和其他相关物质。

宗教与暴力

由于19世纪末美洲原住民在美国政府手中所遭受的军事失败与耻辱，一些原住民开始诉求于食用佩奥特仙人掌的宗教仪式。以前，人们只是偶尔寻求幻象，如在青春期的过渡礼仪上，在重要的狩猎或战斗之前，或在生命的关键点由巫医制造幻象。然而，当美洲原住民的地盘所剩无几的时候，当他们被打败并被赶入居留地的时候，他们中的许多人感到自己需要更频繁的幻象。因此，仙人掌崇拜生长起来，并发展出崇拜仪式。今天，它在许多美洲原住民的宗教生活中扮演着一个重要的角色，尤其是在美国的西南部。[①]

[①] Hultkrantz, *Belief and Worship in Native North America*, p. 283.

亚利桑那州菲尼克斯市区雅基族人（Yaqui）社区的瓜达卢佩大教堂。

在20世纪早期，仙人掌崇拜与基督教的某种形式发生了混合。许多美洲原住民接受了基督教信条的教导，但是，他们也重视自己的本土宗教和佩奥特仙人掌的价值。一些人给出的理由是，基督徒用葡萄酒和圣饼庆祝与上帝的合一，而美洲原住民使用佩奥特仙人掌和茶与灵界进行亲密的交流。1918年，一个将基督教与仙人掌崇拜混合起来的团体——美洲原住民教会在俄克拉荷马州合法成立。1944年，这一运动变成了全国性的运动，改称"美国美洲原住民教会"。1950年，它将加拿大的印第安人也包括进来，更名为"北美美洲原住民教会"。据估计，目前这一宗教运动的成员大约有22.5万人。美洲原住民教会的成员关于耶稣和《圣经》的重要性有很大分歧。极端的传统主义者几乎只关注传统的信仰和习俗。而对这一连续体另一端的教会成员来说，基督教信仰是非常重要的。在这个群体中可以找到各种不同的观点。这里有一个不明说的规则，即一位教会成员不要去批评另一位教会成员的观点。美洲原住民教会的许多成员将佩奥特仙人掌视为药物，而且他们深信，它可以帮助他们克服并医治由战争、家庭暴力和滥用酒精与药物带来的心理创伤。

美国的各级法院与原住民在宗教中使用佩奥特仙人掌这一现象做了长期的斗争。在20世纪初，许多州宣布食用佩奥特仙人掌为非法，因为后者被视为一种麻醉性的毒品。1990年，美国最高法院支持州政府的法律，禁止美洲原住民教会在举行仪式时食用佩奥特仙人掌。许多美洲原住民认为，对他们在宗教仪式中食用佩奥特仙人掌的限制违反了保护宗教信仰自由的宪法。[①] 1994年，由国会通过的《美国印第安

[①] 美洲原住民在宗教仪式中使用佩奥特仙人掌和其他致幻物质，与其他当代美洲社团使用毒品并非同等意义上的社会问题。人们只是为了宗教的目的才使用这些物质，这部分是因为这些物质的使用伴随着在获得幻象之前的较长时间的恶心和身体不适。在美洲本土社团中，依赖化学物质引发的最严重的问题来自酗酒。在失业率居高不下的地区和似乎具有易患糖尿病的体质的一些人群中，这些问题尤其严重，当后者与酗酒结合在一起的时候，还经常导致严重的健康问题和夭亡。

人宗教自由法修正案》允许美洲原住民在举行宗教仪式的时候食用这种物质。墨西哥政府已将仙人掌列入濒危物种名单，禁止出口。

2.4 死亡和死亡之后的生活

在讨论美洲原住民关于死亡和死后生活的信仰的时候，我们必须再次提醒自己：我们是在讨论生活在各种气候带，并拥有各种不同的文化体系的各种各样的人民。因此，原住民对死亡的态度和有关死亡的习俗是多种多样的。而且，美洲原住民受基督教末世论的影响已有400多年，他们原初的死亡观已很难与受基督教影响之后的死亡观区分开来。因此，正如美洲本土的宗教一样，关于美洲原住民的死后生活观念，我们也无法详细地谈论，而是只能对此做一个概述。

特里吉特小舞者身着舞装站在一根图腾柱旁，这种图腾柱是太平洋西北海岸居民生活中颇有深意的建筑雕像。

正如我们已经指出的那样，美洲原住民惧怕死者，而且以非常小心的态度对待他们，生怕他们回来并以某种方式干扰活人。美洲原住民生活中许多最严肃的禁忌都是围绕如何对待死者这一问题建构起来的。然而，尽管他们惧怕死者，但显而易见的是，他们并不怎么惧怕死亡本身。传教士、人类学家和其他观察者已一次又一次地指出，当美洲原住民面对死亡的时候，他们显然没有惧意。

一般来说，传统的美洲原住民似乎相信存在两种灵魂，这两种灵魂都不能被视为不死的。一种灵魂是与身体同在的生命或呼吸。当身体死亡的时候，或最迟当它腐烂的时候，这一灵魂也死亡了。第二种灵魂也许可被称为自由灵魂。在睡梦中，这一灵魂四处漫游；在患病期间，它离开身体。死后，这一自由灵魂则进入冥界。关于冥界，他们几乎什么都没说；有时他们将其视为一个幸福的居所，有时又将其视为一个悲苦的王国。通常，冥界似乎是当前生活的继续，但却是在另一种存在层面上的继续，对冥界的大多数描述似乎是要指出所有人都要走向这一王国。对于那些正直的人来说没有天堂，对于那些邪恶的人来说也没有地狱。

一些人将酒食与遗体一起下葬，试图以此为死者的前往冥界之旅提供帮助。在过去，如果死去的是一位重要人物，葬礼要办得更为隆重一些。人们会送去一个向导来为逝者领路，帮助他们找到冥界。有时他们杀掉一只动物来当作向导，有时会杀掉一个敌人。在密西西比州的纳齐兹部族（Natchez）中，当一位酋长去世之后，许多妻妾、孩子、朋友和动物都要被杀掉以陪伴死者。①

当这个自由灵魂到达冥界的时候，它并不一定就永远生活在那里。在传统美洲原住民的眼中，这一冥界可能像是希伯来人的示阿勒（Sheol）和希腊人的哈得斯（Hades），只有在活人还记着一个人的时候，他的灵魂才能活在冥界。当人们开始忘了这个人的时候，他的自由灵魂开始衰亡，最后会消失不见。

在美洲原住民中，人们也偶尔提到对转世的信仰。有时一位小孩在某些方面与去世的亲人相像，人们相信这位祖先可能又复活了。然而，这一特征正在从大多数美洲本土宗教中消失，似乎不存在流传广泛的对转世的信仰，也不存在中国人那样的对祖先的尊重。

2.5 今天的美洲本土宗教

随着欧洲殖民者及其宗教的到来，美洲本土文化经受了巨大的压力。在欧洲殖民者从大西洋海岸向西移民并从墨西哥向北迁徙的时候，如今是美国的这片地区上发生过许多场战争。最后一场战争——也是最悲惨的一场战争——是美国白人惧怕鬼舞教（Ghost Dance religion）的结果。到1890年，当鬼舞运动开始的时候，几乎所有美洲原住民都已被迫迁入居留地。从前他们赖以为生的野牛几乎消失了。因为美国政府没有提供曾承诺过的粮食，许多人面临饥饿的威胁。鬼舞运动在内华达州的帕尤特人（Paiute）中展开并很快传遍大平原。这种鬼舞教将美洲本土宗教的要素——其中包括幻象、唱歌和舞蹈——结合起来，并且，这一运动的发起者——接触过基督教神学的沃沃卡（Wovoka）相信基督已拜访了他，教他唱歌和跳舞，并预告了白人的毁灭以及祖先与野牛的回归。

---

① 在中国古代宗教及在中国南方和东南亚的许多部落宗教中也可发现类似的风俗习惯。

在现在的南达科他州，许多拉科塔人（Lakota）相信跳舞的人所穿的"鬼衫"能保护他们不被军队的子弹伤害。在1890年12月29日，美军第7骑兵团试图在伤膝（Wounded Knee）缴一伙拉科塔人的械。在一声枪响之后，美军士兵用机枪屠杀男人、妇女和儿童。美洲原住民死亡多达350人。发生在伤膝的大屠杀标志着美洲原住民对美国政府抵抗的终结。直到今天，拉科塔人和其他美洲原住民都没有忘记那一天发生了什么。

殖民者的第一项行动就是致力于使美洲原住民改信基督教。这一运动持续开展了5个多世纪，取得了不同程度的成效。政府经常向传教士提供支持和援助，认为使原住民改信基督教有助于平定那些反对欧洲人侵犯其领土的团体。某些形式的基督教坚持一种"要么完全信，要么完全不信"的极端立场。对原住民来说，这意味着要想成为基督徒，就必须背弃他们从前的宗教和文化。其他一些形式的基督教对当地的风俗习惯持更为开放的态度，甚至能某种程度上接纳他们的宗教理念。在今天，基督教的影响已十分强大，大多数美洲原住民都是基督徒。但是，美洲原住民的基督教也像它身处的文化一样复杂而变化无常。某些美洲原住民几乎完全采纳了欧式基督教。其他人则将基督教的象征和神话纳入本土宗教之中。大多数美洲原住民可能都将他们自身置于这两极之间。

那些将他们自己视为虔诚基督徒的美洲原住民甚至也继承了许多传统的习俗和信仰，甚至在城市化水平最高的美洲本土社团中，也会有人相信精灵可以带来疾病而巫医有力量治愈它。在许多居留地，治疗方法结合了美洲本土的方法和生物医学的方法。在亚利桑那州白山中的阿帕切族（Apache）居留地，存在两种行医者。医生和护士白天工作；巫医夜里工作，执行传统的治疗仪式——他们中的许多人对外的身份是监护人和助理人员。在许多情况下，这种医疗实践的结合被视为合作而不是竞争。出自这两个传统的医学专家日益尊重对方的医疗能力。

许多美洲本土基督徒以十分传统的方式庆祝基督教的节日，尤其是耶稣受难节和复活节——在这两天人们分别纪念耶稣基督的死和复活。在整个中、南美和美国西部，美洲原住民唱歌跳舞以庆祝圣周。在亚利桑那州和墨西哥北部的雅基族人中，人们经常将耶稣基督与鹿联系在一起，因为这两者都代表一种献祭和牺牲，人类凭借着这种牺牲得以生存和繁荣昌盛。许多现代美洲原住民的歌曲既歌颂本土的神灵，又提到《圣经》故事中的人物。在许多美洲本土社团中，耶稣基督及圣母马利亚的异象经常出现。

一些美洲原住民已将基督教的要素甚至传教士纳入他们自己的传统。这种习俗有助于解释耶稣基督后期圣徒教会（摩门教）对美洲原住民的吸引力。摩门教徒相信，美洲原住民是失踪的以色列人部落的后裔，而且耶稣基督在被钉死在十字架之后与复活之前的这段时间在美洲传教。这使得耶稣和基督教在一些美洲原住民眼中不再那么异族。其他一些美洲原住民则将基督教的上帝理解为类似于传统的至高神。他们也可根据本土宗教理解基督教的礼仪。在20世纪30年代，拉科塔人（苏族人）居留地的传教士经常可以观察到，赞美诗是将美洲原住民吸引到教会来的最有效的手段。可能是美洲原住民对歌舞力量的信仰把他们吸引到传教会来的。他们经常给传教士及其子女取本土的名字，传教士带着这些名字进入社团和灵界。[①]

在最近几十年里，传统的美洲本土宗教既经历了复兴，又经历了变革。许多团体已重新肯定了本土文化——包括宗教——的价值。这些团体主张，对于美洲原住民来说，传统的生活方式比其他文化中的那些生活方式更好。因此，研究和实践传统宗教的兴趣再度燃起。此外还有新的发展，包括部落与部落之间的舞蹈和典礼，它们以多个部落共同拥有的美洲本土传统的一些方面为基础。这些典礼反映并有助于构建一种日益发展的、超越部落界限的关于美洲本土文化的认同感。

在非原住民中也存在日益增长的、对美洲本土艺术和宗教的兴趣，尤其是那些被"新时代"哲学和宗教运动吸引的人。美洲原住民对这种兴趣的反应很复杂。许多人欢迎越来越多的人肯认其传统的普世价值，其他人担心传统知识、物事和礼仪将落入并不完全理解或欣赏它们的非原住民的手中。这种担忧已导致一些美洲本土的艺术家在为非本土听众演唱或录制传统音乐时做出较小的改动，并生产出从美洲本土宗教传统的观点看来，其表现出的价值和象征在本质上十分世俗化的艺术作品。[②]

需要研究的问题

1. 美洲本土宗教最好被描述为一神论的、多神论的还是一元论的？
2. 给出几个万物有灵论与狩猎和农业相关的例子。
3. 列出美洲本土社会的一些主要禁忌。

---

① 我的祖父约翰·亚瑟·克莱因牧师（Reverend John Arthur Klein）是一名圣公会传教士，曾先后于南、北达科他州和俄克拉荷马州传教。他经常发现这样一个事实：美洲本土会众认为最动人的是音乐，而不是布道。我的母亲和她的姐妹生在拉科塔人的居留地，而且这一部族的老人为她们起了当地的名字。——马克·伍德沃德

② 为游客和非本土的艺术品收藏者制造的大多数美洲本土地毯、绘画和克奇纳神偶像（Kachina dolls）在这一意义上是世俗的。在宗教仪式中使用的东西被人们精心保管着，而且一般来说，是不卖给外地人的。

4. 太阳舞的目的是什么？
5. 在美洲本土思想中，什么是患病的主要原因？应如何治疗？
6. 讨论佩奥特仙人掌在宗教仪式中的应用。它是如何进入到美洲原住民教会的基督教圣餐礼中的？
7. 如何区分美洲本土宗教的死亡观与传统的犹太－基督教立场的死亡观？
8. 描述美洲本土宗教中的音乐和舞蹈的意义。
9. 寻求幻象的目的是什么？
10. 基督教和与非本土文化的接触如何影响了美洲本土宗教的发展？

参考书目

1. Craven, Margaret. *I Heard the Owl Call My Name*. New York: Dell, 1973.
2. Deloria, Vine. *God Is Red*. New York: Grosset & Dunlap, 1973.
3. DeMallie, Raymond J., and Douglas R. Parks, eds. *Sioux Indian Religion*. Norman: University of Oklahoma Press, 1987.
4. Hultkrantz, Ake. *Belief and Worship in Native North America*. Syracuse, NY: Syracuse University Press, 1981.
5. La Barre, Weston. *The Peyote Cult*. New York: Schocken Books, 1969.
6. Morrison, Kenneth. *The Solidarity of Kin: Ethnohistory, Religious Studies and the Algonkian-Jesuit Religious Encounter*. Albany: State University of New York Press, 2002.
7. McLuhan, T. C. *Touch the Earth*. New York: Outerbridge & Dienstfrey, 1971.
8. Silko, Leslie. *Ceremony*. New York: Penguin, 2006. 这本小说描述了一位美洲当地老兵为回到居留地生活而进行的斗争。
9. Underhill, Ruth. M. *Red Men's Religion*. Chicago: University of Chicago Press, 1965.

原始资料

美洲本土神话

以下资料说明了一些美洲本土宗教所持的自然观。第一个资料是一个神拜访一个苏族部落的故事，它说明苏族人对自然的尊重，这种尊重是这些宗教不可分割的一部分。①

苏族部落的野牛少女的传说

人们将编成辫状的香草插入装有雨水的牛角之中，并把它献给这位少女。族长说："妹妹，我们现在正等着听你带来的好消息呢。"少女把手中的烟管放在了架子上。接着，少女从香草中吸水。

---

① Frances Densmore, *Teton Sioux Music* (Bureau of American Ethnology, Bulletin 61, 1918), pp. 65–66.

此后,她再次拿起烟管并站起来说:

我的亲人、兄弟、姐妹们:今天因为我们作为一家人聚集在一起,所以灵力正俯视着我们并向我们微笑。在一个家庭中,最好的东西是对每一位家族成员的美好情感。我为成为你们家族的一员——你们所有人的姐妹而感到自豪。太阳是你们的祖先,同样是我的祖先。你们的部落总是信守诺言,极为尊重神圣的东西。众所周知,在这一部落中,无处不在的只有人们之间的良好情感;无论何时,只要发现任何成员犯有任何错误,你们都必定把他从部落中赶出去,不许他与部落的其他成员交往。因为这一部落的所有这些美好品质,你们已被拣选,成为值得享有并应该得到所有美好馈赠的人。我代表野牛部落,他们赠送给你们这支烟管。你们要代表所有老百姓(印第安人)接受这支烟管,拿着它,并按照我的指示使用它。这支烟管的斗是由红色的石头制成的,这种石头并不常见,而且只能在特定的地方找到。这支烟管将被用作讲和的信物。你们不再与其他国家为敌的时代将会到来。无论何时,只要在两个部落或双方之间缔结和约,这支烟斗都将是缔约的工具。人们可凭借着这支烟斗叫医生来医治病人。

她转过身来又对妇女们说:

我亲爱的姐妹们:你们在这一世界上过着艰难的生活,然而,没有你们,生活绝不是现在这个样子。灵力想让你们承担许多悲伤,在别人悲伤的时候安慰别人。凭借着你们的双手,家庭得以维持。你们已被授予缝制衣服和做饭的知识。在你们悲伤时,灵力与你们同在,在你忧伤时,他来帮助你。他已经给你们对地上的每一种生物都友好仁慈这一伟大的品质。他已把你们拣选出来,让你们对去世的人有感情。他知道你们对死者的记忆比男人要长久。他知道你们深深地爱着你们的孩子。

在此之后,她转身对孩子们说:

我的小弟弟小妹妹们:你们的父母也曾像你们一样是小孩,但是在时间的长河中,他们变成了男子汉和妇女。所有生物都曾是微小的,但是,如果没有人照看他们,他们将永远长不大。你们的父母热爱你们,为了灵力能够倾听他们的呼声,保佑你们在成长中只遭遇好的事物,他们已经为你们付出许多牺牲。我已给他们带来这支烟斗,你们将因此获得某些益处。你们要学会尊重和崇敬这支烟斗,首先是要过圣洁的生活。灵力是你们的老祖宗。

她又转身对男人说:

我亲爱的弟兄们:在给你们这支烟斗的时候,我希望你们只用它做好事。整个部落将依赖它获得他们的生活必需品。你们知道你们的所有生活必需品都来自脚下的大地、头顶的天空和四面的来风。无论何时,只要你们对这些自然力有任何冒犯,它们都将对你们实施报复。你们应当尊重它们。通过这支烟斗向它们献上祭品。当你们需要牛肉的时候,就抽这支烟斗,并祈求你们所需要的东西,它就将赐给你们。你们是妇女养育孩子的得力助手。你们要分担妇女的悲伤和痛苦。灵力对那些对妇女有仁爱之心的男人露出慈祥的微笑,因为妇女是脆弱的。拿着这支烟斗,每天都把它献给灵力。要对小孩友好善良。

她又转向酋长说:

> 我的哥哥:这些人选择你代表整个苏族部落接受这支烟斗。今天灵力非常满意和高兴,因为你已经按照要求并不负众望地做了每一位优秀领导者应该做的事情。凭借这支烟斗,这一部落将可以生存下去。监督人们尊重和崇敬这支烟斗是你的义务。我对被你称为妹妹感到骄傲。愿灵力俯视着我们并怜悯我们,提供给我们所需的一切。现在我们应该吸这支烟斗。

在此之后,她拿起放在地上的牛肉片,点燃烟斗,并用烟斗的柄指向天空,说:

> 为了来自上苍的一切美好的东西,我把这献给灵力。

又指着地说:

> 我把这献给大地,一切美好的馈赠都来自它。

指向四个基本方位:

> 我把这献给四面八方的来风,一切美好的东西都由此而来。

此后,她抽了一口烟,把烟斗递给酋长说:

> 我亲爱的兄弟和姊妹,我已完成了我来这里要做的工作,现在我要走了,但是我不希望你们送我。我只请你们让开道路。

在此之后,她站起身来,将烟斗留给酋长,开始上路。酋长命令所有的人不许发出任何声响,直到他们的姐妹从他们的视野中消失。她沿着帐篷的左侧,走得非常之慢;一走出大门口,她就变成了一头白色的小牛犊。

追求矮鹤婆

美洲大平原人民最热爱的神话之一是追求矮鹤婆(Wohpe)的故事。矮鹤婆是一位在人类世界和神的世界之间充当中介的美丽妇女。她与四位风神的关系的故事描述了四个基本方向的设立过程。[①]

在世界诞生之前,南风、北风、西风和东风一起居住在鬼魂之国的最北端。

他们是兄弟。北风是大哥,他总是既冷酷又严厉。西风是老二,他总是既强硬又吵闹。东风年龄居中,他总是爱发怒并难以相处。南风是老四,他总是快乐活泼。和他们居住在一

[①] James R. Walker, *Lakota Myth*, ed. Elaine A. Jahner (Lincoln: University of Nebraska Press, 1983), pp. 183–186.

起的还有一个小弟弟——旋风。他总是充满乐趣,诙谐幽默。

北风是一个很厉害的猎手,而且乐于杀生。南风乐于制作。西风时而帮助他的兄弟南风,时而帮助他的兄弟北风。

东风十分懒惰,而且一无所长。

小旋风从来不需要做任何事情,所以他把全部时间都用来玩耍跳舞并逗他的哥哥们开心。

经过很长时间之后,一个美丽的姑娘从星空中降落下来。她的头发闪闪发亮,她的裙子上有红色、绿色、白色、蓝色等,五彩缤纷,色彩艳丽,她的身上佩戴有各种色彩的装饰品。

当她落下来的时候,她遇到了五位兄弟,而且乞求他们给她一个栖息之处。

他们非常同情她,并请她进入他们的帐篷。

当她进入帐篷之后,一切都变得明亮欢快,所有人都高兴起来,所以四个兄弟都想娶她为妻。

这样,每个人都向她求婚。

她告诉他们,她对住在他们的帐篷里感到很高兴,愿意做让她最愉快的那个人的妻子。

于是,北风去打猎,给她带来野味。

但是,只要他把带回来的东西摆在她面前,这些东西就立刻变成了冰。

所以,当他把礼物放在她的面前时,帐篷里就变得又黑又冷,所有东西都变得凄凉阴暗。

接着,西风向她献上鼓乐和歌舞。但是,他是如此吵嚷和喧闹,把屋子搅得一团乱,帐篷都倒塌下来,她不得不费好大力气再把它支撑起来。

接着,东风又坐在她的身边,跟她不着边际地胡说八道,她都想哭出声来。

此后,南风为她制作各种东西,而且每一样东西都很漂亮,因此她高兴起来,帐篷里也变得温暖明亮了。

这样,她说她愿做南风的妻子。

这使北风十分生气,因为他说他是最年长的,理所当然应该拥有这位姑娘。

但是,南风不愿放弃她。

于是,北风和南风为争夺她不断争吵,最后南风对他的妻子说,他们应该离开此地,去过宁静的日子。他们动身离去,但是北风企图窃取她。当她发现北风想干什么的时候,她脱掉自己的衣服,将其展开,并在它之下藏起身来。这样,当北风看到这件衣服时,他以为找到了这位美丽的姑娘,并拥抱它,但是衣服变得又硬又冷,最后上面结满了冰。他听到南风的脚步声就逃回他的帐篷……

南风跟踪北风来到这座帐篷,在此,他发现北风正向其他兄弟夸耀他的所作所为。

南风进入帐篷,斥责他的哥哥,他们争吵起来,最后动起手来,当北风就要获胜的时候,西风出手救助南风,他们一起打败了北风。他们不能把他杀了,所以他们就把他的手脚捆绑起来并把他留在帐篷里。

其他兄弟全都站在南风一边,并决心再也不和北风生活在一起。

因此,西风走了,他生活在太阳落山的地方;东风走了,他生活在太阳升起的地方;南风朝着与北风居住的帐篷相反的方向走去,尽可能离他远一些。

  小旋风年岁太小,不可能一人独居,所以他大部分时间都和南风住在一起,但他有时也和西风住在一起。而东风懒惰,难以相处,小旋风甚至都不去拜访他……

  于是各兄弟之间的战争开始了,从那时起这场战争就连绵不断,持续至今。

第三章
非洲宗教

本章目的

- 在本章中你将了解至高神在非洲宗教中的重要性；了解祖先在非洲宗教中扮演的角色；了解传统的非洲宗教对非洲裔美国人的文化及其宗教的影响；领会礼仪在非洲宗教中的重要性；理解巫术在非洲社会中的重要性和非洲社会中对巫术的指控。

关键词

至高神
约鲁巴人
阿基瓦卡
约克
努尔人
伏都教

非洲宗教大事年表

几万年的口述传统

公元1—2世纪	基督教传入北非
7世纪	伊斯兰教传入北非
1501—1807年	大西洋上的奴隶贸易将非洲宗教传统带到美洲
1886年	非洲被欧洲殖民列强瓜分
19世纪至今	在撒哈拉沙漠以南,大量的非洲人口改信基督教和伊斯兰教
20世纪至今	非洲本土基督教的发展
20世纪60—80年代	非洲各国获得独立
1971年	在罗得西亚的许多人相信其独立斗争得到了祖先神的援助
1984年	南非大主教迪斯蒙德·图图被授予诺贝尔和平奖

本章提要

非洲是世界第二大洲。它是近3000个民族和语言群体的家园,人口总数超过7亿。传统非洲社会的形式十分多样,既有生活在热带雨林深处和北非与南非的沙漠中的小游牧部落,也有国土广袤的王国和帝国。在历史上,有数量庞大的非洲人被作为奴隶带到了美洲,他们为重获自由和尊严斗争了好几个世纪,所以非洲宗教的影响已远远超出了这一大陆的范围。在19世纪和20世纪初,大多数非洲国家都处在欧洲殖民者的统治之下。过去50年里,殖民主义消失了,但它的影响依然存在。如今,非洲的新兴国家已成为发展中国家里积极表达自身意见的活跃成员。许多非洲国家控制着对工业化世界来说不可缺少的原材料。与此同时,贫困、疾病在非洲蔓延,许多国家被内战搅得四分五裂。如果想让世界和平繁荣,工业化国家的领导人就必须学会在政治和商业贸易的层面上理解非洲人并与之共同努力。同时,非洲裔美国人已在其所处的社会中获得了强大的发言权,而且日益关注他们的非洲传统。2008年,一位非洲人的儿子成了美国总统的正式候选人,这件事情意义重大。要想与非洲领导人和非洲国家建立信任与合作的关系,并理解这一大陆所面对的问题,理解其宗教信仰是十分必要的,而且这也有助于我们理解非洲裔美国人的历史和文化。正如在其他大多数民族中那样,宗教也是非洲文化的基石。对非洲宗教有一个基本的理解将帮助我们认识非洲人民的风俗习惯及其对家庭、社会的一般态度,以及他们对环境、死亡和冥界的看法。

在西方人的心目中，可能没有任何其他宗教像非洲的那些宗教一样混乱不堪。西方人对非洲宗教和文化的感知和理解受到两种完全不同的固化模式的限制，这两种完全不同的模式与西方的民族和种族政治有关，而与非洲文明的现实无关。第一种模式将非洲描述为野蛮和迷信的王国，这些描述一再被人们用来为白人的种族主义和虐待非洲人及非洲裔美国人的行为辩护。第二种模式相对正面，但不幸的是，它同样不准确。它尊重非洲的象征、文学和艺术，却将这一幅员辽阔的大陆作为一个统一的整体来对待。尽管这一正面的模式有助于否定非洲的陈旧、消极的形象，但它对于理解非洲及其人民和文化来说没有什么贡献。这两种形象都基于不确切的事实和丰富的想象。为了正确理解非洲文明的丰富性及其对世界的贡献，我们有必要打破这两种成见。

3.1 本土宗教

当我们讨论非洲宗教的时候，我们不能以一种权威性的语气论说一种单一的宗教、神学体系、世界观或礼仪制度。非洲是一个幅员辽阔的大陆，具有许多不同的古老文化。大多数非洲宗教存在于现代之前，而且留下来的文献极少，所以研究宗教的现代学生必须懂得，我们所能知晓的只是冰山一角。我们已知的关于非洲传统宗教的大多数知识都来自人类学家和传教士的整理和归

桑德（Sande）秘密社团在女子成人礼庆祝仪式上由领舞者佩戴的桑德面具。

纳，或是非洲人自古传承下来的。虽然在过去，非洲宗教的研究者主要是欧洲人和美国人，但在今天，非洲学者和作家越来越积极地从事对自身宗教传统的研究和记述。这些来自非洲人的声音有助于提供一张更均衡、更准确的关于非洲人民之宗教生活的图像。当我们开始理解非洲文化的丰富多样时，就能越来越清晰地看到这一事实：非洲某一族群的宗教信仰和风俗习惯并不一定与其他族群相同。即使在我们谈论这些宗教的基本概念的时候，我们也必须牢记非洲人并不普遍具有这些观念，或者说我们并不能在非洲大陆的各个地方都可以见到这些观念。非洲传统中存在着各种各样的宗教信仰和实践。

至高神

全世界的多神教普遍信仰一位在创造了世界之后又从对它的积极参与中撤出的至高神。许多非洲人同样具有这种信仰。虽然大多数非洲宗教在日常实践中是多神论的，但是它们普遍相信，在所有较小的男神、女神、精灵和祖先之外，还有一位创造了宇宙并在某种意义上仍在统治宇宙的至高神。

在许多非洲宗教中，至高神表现为一位完成了他的工作又退至远处的创造者。虽然当人们处在巨大的危机中时可能会向他呼求，但人们常常相信他与世界及其日常运行几乎没有什么关系。非洲人对这一至高神的理解典型地出现在约鲁巴人（Yoruba）的奥罗伦（Olorun）的故事中。约鲁巴人生活在西非国家尼日利亚。①在约鲁巴人的神话中，至高神奥罗伦将创造世界的工作交给了他的长子奥巴塔拉（Obatala）。这个儿子没能完成任务，所以奥罗伦又将这一工作交给了他的幼子——奥杜杜瓦（Odudua），但是他也没能完成这一使命。因此，奥罗伦不得不亲自完成这一创世的工作。他将创世的任务分配给各个奥瑞莎（orisha），这些奥瑞莎被视为较小的神。在创世完成之后，奥罗伦似乎退到了天上，对宇宙几乎毫无兴趣，也不怎么对其加以控制。在约鲁巴人的各个村庄遇到困难时，会有一些特殊的奥瑞莎来救助他们，但是并没有奥罗伦直接进行救助的纪录。他仍然不接触世界的问题，而只让奥瑞莎在必要时进行干预。

苏丹努尔人（Nuer）的至高神是一个醒目的例外。努尔人相信，被人们称为柯沃兹·倪亚尔（Kwoth Nhial）的至高神并没有隐退，他仍活跃在人类的生活当中。他

---

① 从16世纪到19世纪，许多约鲁巴人被当作奴隶带到新世界。他们的宗教在美国南部、巴西和加勒比地区持续发展。来自这些地区的移民使美国人重新对约鲁巴人的宗教和文化产生了兴趣。

文献摘选

出自东南非莫桑比克的一则神话更为清晰地揭示了至高神的隐退本性。

在宇宙的开端，倪阿姆比（Nyambi）创造出万物。他创造了地上的动物、鱼和鸟。那时，他与妻子娜西乐乐（Nasilele）一起生活在大地上。有一个倪阿姆比的创造物与所有其他创造物都不同，他的名字叫卡莫努（Kamonu）。卡莫努模仿倪阿姆比做的每一件事。当倪阿姆比在树林里干活的时候，卡莫努也在树林里干活；当倪阿姆比打铁的时候，卡莫努也打铁。过了一段时间之后，倪阿姆比开始害怕起卡莫努来。

一天，卡莫努锻造了一根长矛，杀了一只公羚羊，此后又继续杀戮动物。倪阿姆比对此非常生气。

他对卡莫努说："伙计，你做的事很不好，这些动物是你的兄弟。不要杀他们。"

倪阿姆比将卡莫努驱逐到别处。但是，过了一段时间之后，卡莫努又回来了。倪阿姆比允许他留下来，并给他一个菜园让他耕种。一天夜里，野牛偶然闯入卡莫努的菜园，他用长矛刺它们。此后，又有一些大羚羊进入他的菜园，他杀死了其中的一只。过了一段时间之后，卡莫努的狗死了，他的水壶被打碎了。之后，他的孩子又死了。当卡莫努到倪阿姆比的住处告诉他发生了什么事情的时候，他发现他的狗、水壶和孩子都在倪阿姆比处。

卡莫努对倪阿姆比说："请给我一些能保住我的东西的灵丹妙药。"但是，倪阿姆比拒绝把药物给他。在此之后，倪阿姆比与他的两位参谋凑在一起说："卡莫努太熟悉来这儿的路了，我们今后该怎么过呢？"

倪阿姆比为逃离卡莫努试了各种方法。他把宫廷搬到河对岸的一座岛上。但是，卡莫努制作了一个芦苇筏子，渡过河去，登上倪阿姆比占领的岛屿。此后，倪阿姆比堆起一座大山，居住在它的峰顶。倪阿姆比还是不能摆脱人类。卡莫努又到达了他的住处。在此期间，人类不断繁衍并布满了整个大地。

最后，倪阿姆比派出小鸟为神居住的城市里托马（Litoma）寻找一处地方。但是小鸟也没能找到。倪阿姆比向一位占卜者征求建议。这位占卜者说："你的生命依靠蜘蛛。"蜘蛛就在天上为倪阿姆比和他的宫廷寻找了一个去处。在此之后，蜘蛛吐了一条从地面通向天空的丝，倪阿姆比沿着这条丝爬上去。此后这位占卜者劝倪阿姆比将蜘蛛的眼睛取出，免得它看到通向天空的道路，倪阿姆比照此行事。

在倪阿姆比消失在天空中之后，卡莫努把一些人召集在他的周围说："让我们建起一座高塔，并一直爬到倪阿姆比的住处。"他们砍倒大树，将木料一块一块地

> 堆积起来，木料堆得越来越高，直指天空。但是这座塔因太重而垮塌了。所以卡莫努再也没有找到通往倪阿姆比的家的办法。
>
> 但是，每一天早晨，当太阳出来的时候，卡莫努都向其致敬，并说："这就是我们的国王。他来了。"其他的所有人都欢呼鼓掌并向他致敬。当新月升起的时候，人们就呼求倪阿姆比的妻子——娜西乐乐。[①]

是道德法则的守护者，惩罚那些作恶的人，奖赏那些维护努尔人的社会道德体系的人。人们相信他热爱并关照着他的创造物，在遇到困难的时候和在从事战争这类的危险的事业之前，人们请他提供护佑和帮助。

很少有非洲人像努尔人那样将大量的注意力集中在至高神身上。大多数非洲人都认为至高神距离人太远、太伟大，不会过多地注意人类的祈祷和请求。在非洲宗教中，最受人们关注的是小神和祖先。即使在努尔人中也有许多被称为"神的孩子"的较小的神。

较小的神

当从存在于许多非洲宗教中的至高神的故事中走出来的时候，我们就会遇到万物有灵的信仰。像其他许多人一样，大多数非洲人都相信宇宙中既居住有人类和动物，又居住有神灵。他们相信大地、天空和江河湖海中都包含有精神或生命的力量，它们与体现在人身上的那种力量是相类似的。这些力量既可行善，也可作恶。但无论是何种情况，它们都是祈祷、崇奉和献祭的对象。因为它们对人类的生活有直接的影响，非洲人试图理解这些神灵，并寻求它们的恩宠。

这种精神和生命的力量显现在群山、森林、水塘、溪流和许多植物与动物身上，还存在于暴风雨、雷电、潮汐和其他自然力中。它们既可是女性的又可是男性的。风暴神在一些非洲文化中受到敬拜，人们为之设立庙宇和祭司。大地也是敬拜的对象。如同在古代欧洲和其他许多传统文化中一样，大地经常被描绘成女神，并与富饶多产联系在一起。例如，阿散蒂人（Ashanti）定期举行敬拜地母的仪式，在这些仪式中，人们背诵以下祈祷文：

[①] Susan Feldman, ed., *African Myths and Tales* (New York: Dell, 1963), pp. 36–37.

> **文献摘选**
>
> 大地，只要我还活着，我就将自己的信赖托付于你，
> 接受我身体的大地，我们向你呼求，你一定明了我们的心意。①

人们经常把水视为神圣的要素。水出现在世界各地的宗教仪式上，在包括非洲传统宗教在内的许多基本宗教中，水尤为神圣和重要。当人们的生活依赖降雨、江河、溪流和湖泊等形式的水源时，水在人们眼中经常具有它自己的生命。当非洲人用水来举行宗教仪式——如洗浴新生儿和死者——的时候，人们必须从神圣的活水源取水，比如从河流中取水或汲取泉水。人们决不能将其加热或烧开，在现代则不能对其进行化学处理，因为这样会杀死其中的神灵或力量。蛇经常出没于各种水体，所以人们也以敬畏的眼光看待它们，有时把它们作为强大的精神力量加以敬拜。

尽管自然神和较小的神灵并不总是非洲宗教的主要因素，但它们在大多数传统非洲宗教中得到承认和敬拜。敬拜的方式多种多样，有包含寺庙、祭司和礼仪在内的复杂的敬拜体系，也有由个人和家族举行的简单敬拜。人们在敬拜这些较小的神灵时采取的最普遍的形式可能就是向其献上食物或美酒。一位希望感谢神灵或请求神灵给予帮助的非洲人经常将水、葡萄酒、啤酒或牛奶酒在地上。当需要更为复杂的献祭时，人们将用精致的菜肴供奉神灵，并为之献上歌舞。一般来说，人们将献给重要人物和权威人物的标志物献给这些神灵，以示尊崇和敬重。

约鲁巴人对女神鸥苏（Osun）的崇拜可以作为一个例证，向我们展示在一种主要的非洲宗教中这些要素是如何结合在一起的。鸥苏是最重要的女性奥瑞莎之一，在人们的口中，她强大、美丽而优雅。她是一位强大的母亲，守卫着使土地肥沃、子孙繁衍的生命力。在每年举行的仪式上，男女要对她进行敬拜，为她献上歌舞、食物和美酒。这些敬拜者歌颂这位女神的力量，歌颂她把健康和富饶的生活赐给其信徒的能力。②

祖　先

在非洲宗教中，得到最普遍承认的精神力量是祖先。许多非洲人相信，逝去的

---

① ［英］帕林德：《非洲传统宗教》，47页，北京：商务印书馆，1992。
② Diedre Badejo, *Osun Seegesi. The Elegant Diety of Wealth, Power and Femininity* (Trenton, NJ: Africa World Press, 1996), pp. 103–122.

约巴鲁人在舞蹈中扮演角色时佩戴的埃帕（Epa）面具。约巴鲁人是生活在西非的一个部落民族。

家族成员会继续活在灵界之中。与至高神不一样，祖先仍关注着活在这一世界上的那些人的幸福。人们将祖先想象为"众多如云的证人"（Cloud of Witnesses）[①]中的一部分。人们相信他们观看着人间生活的光景，而且积极参与人间的事务。如果他们愿意，他们可以帮助一个人、一个家庭，甚至一个国家。在孩子出生或农耕时节到来之前，甚至在战争或发生政治冲突之前，人们经常要向祖先求教。在一些地区，人们需将一部分新收获的果实献给祖先，之后才能享用这些果实。

在非洲宗教中，正是祖先的这种既可害人又可助人的能力使他们成为一种强大的力量。非洲人对其他任何神的惧怕与他们对祖先的惧怕和敬重相比，几乎都是无足轻重的。中国人和日本人对其祖先怀有敬畏与尊重之情，而非洲人却经常惧怕其祖先。对于非洲人来说，祖先经常是反复无常和不可预测的。在这一方面，他们与其他有权势的人十分相像。尽管向他们敬献了祭品，向他们表示了尊敬，祖先仍可能背弃献祭者甚至献祭的整个部落。他们常常被认为是饥荒、干旱、地震和其他自然灾害的原因。人们认为他们带来了疾病甚至死亡。落在一对非洲夫妇头上的最大灾难之一就是没有后代，人们经常认为这是祖先发怒所致。因为对死者的敬畏是非洲人意识的一个基本部分，所以人们相信是祖先而不是神灵在执行社会和道德法规。

因为非洲人极为关注祖先，他们经常向祖先供奉礼物和祭品。人们相信祖先是土地及其产物的实际所有者。因此，在活人享受大地的赏赐之前，它的一部分必须被献给祖先。在收获的季节，乡村的人民向祖先大量献祭。当小家畜出生的时候，人们必须将其中的一些杀掉献给祖先，以确保能够继续获得祖先的保佑。城市里的非洲人继承了这些传统，他们经常回到家乡祭拜祖先或在城里为后者找一个住处。

[①] 指基督教中已逝的义人。——编者注

人们相信，祖先会以各种方式与活人进行交流，这种交流最经常发生在梦中。有时，梦的寓意是清楚直白的，但有时，做梦的人必须求助占卜者或其他宗教专职人员来理解梦的寓意。祖先给出的预兆也可能出现在一些自然迹象或牺牲的器官中。在许多非洲宗教中，能够认出和解释这些预兆的占卜者占有重要地位。

南非开普省入盟仪式上的阿拜维他（Abakweta）舞者。

有时，祖先采用更为直接的方式与活人进行交流。在塔伦西人（Tallensi）中，有一个叫作普昂伊（Pu-eng-yii）的年轻人的故事，他为了获取更多的财富离开了自己的家人，与一个敌对的群体住到了一起。他这样做既切断了自己与家人的联系，又切断了与祖先的联系，两方都得罪了。在普昂伊寻求财富的过程中，他在一次车祸中腿部严重受伤。当他向一位占卜者询问这一事故的原因时，占卜者告诉他，他的祖先发怒了。实际上，他们企图杀死他，但是没能实现他们的计划。这位占卜者告诉普昂伊说，他必须恢复自己与家人和祖先的联系，并与收养他的家庭断绝关系。这位不幸的人同意了这些要求，回到了自己的家，并虔诚地祭献祖先，因为他害怕死亡。①

人们经常请有能力与祖先接触的占卜者探求未来。祖先不仅知道在现在的活人中会发生什么，而且还知道未来将给人们带来什么，人们还相信他们具有影响未来的能力。因此，在做一些特定的事情（小到盖房子，大到进行一场战争）之前，非洲人经常求教于祖先。

献　祭

非洲宗教通常包括有礼仪和献祭，它们被用来取悦男女神灵和祖先，并使人们可以安全而适宜地通过生命的各个过渡期。献祭和礼仪使这些过渡平稳进行，并创

---

① Benjamin C. Ray, *African Religions* (Englewood Cliffs, NJ: Prentice Hall, 1976), p. 149.

西非马里的一场婚礼。

立了一个在人类与灵界之间进行交流的时刻。在非洲宗教中,最常见的礼仪可能就是每天向男女神灵和祖先进行的献祭。生活在此世的人会倒出一点美酒或拿出一点食物,以表示自己承认这些神祇和祖先。人们相信,这些简单的礼仪活动可以维持与神灵和祖先的良好关系,后者在许多非洲人民的日常生活中扮演着十分重要的角色。

在更为严肃的场合,人们要用动物来献祭。人们会把狗、鸟、绵羊、山羊和牛这类动物的血洒在地上,以平息神灵的怒气,或确保神灵们在一些困难时期能伸出援手。当一个社团准备战斗的时候,或(在现代非洲国家中)准备大选的时候,当长期干旱、疾疫流行的时候,人们可能会向神灵和祖先献上血祭。一位从事危险的狩猎活动的人在出猎之前可能希望向某位神灵献上祭品。几个世纪以来,人们都把约鲁巴人的神欧珺(Ogun)描述为铁神;在现代,他已被人们称为汽车和大卡车之神。整日在不安全的道路上驾车来回奔跑、从事高死亡率的行业的司机把狗献给他,并用他的象征符号装饰汽车和卡车。在下面这首献祭时所唱的歌曲中我们可以看到,人们也为其他铁制物件寻求他的保护:

> **文献摘选**
>
> 欧琯,这是鄂浑的可乐果; 请不要让鄂浑在今年遇到你的怒气,
> 他骑一辆自行车, 请关照他,
> 他用一把大砍刀耕种, 他今年来了,
> 他用一把斧头伐树, 请让他下一季度也能来。①

用动物献祭的时候,进行祭拜的人经常与受祭拜的神灵或祖先分享动物的肉。在动物的血被洒在地上或祭台上之后,人们用火烤或煮作为祭品的肉。一部分肉被摆在祭台上献给神灵,另一部分被供奉者及其家人吃掉。这一行为在活人与神灵之间建立了一种联系,它表现出一种几乎普遍为人类所持有的信仰:聚在一起进餐会建立一种社会的或精神的联系。

宗教与暴力

人祭在非洲本土宗教中很少见。这种习俗发生的频率在电影中和在19世纪那些描述食人行为并充斥着大量人类头盖骨的传说中被过分夸大了。虽然一些非洲人的群体确实偶尔会向他们的神灵献上人祭,但是这类祭祀非常少见,而且只有在最为严肃的场合才会发生。一则吉库尤人(Akikuyu)人的传奇讲到了一场大旱,一位占卜者预言,只有献上某位姑娘,天才会下雨。这位姑娘被置于村子的中央,在此,她逐渐沉入地下。当土埋住她的鼻子的时候,天下雨了。雨不停地下,她的家人就眼看着她从视野中完全消失了。之后一位情人跟着她钻入大地,这才挽救了她的生命。最后,他找到她并把她带回地面。②这实际上并不是关于人祭的传说,而是关于一个社团通过其成员的自我牺牲得到拯救且该成员最终回到这一社团的故事。它说的并不是对人的生命的漠视,而是为村社的利益牺牲自己的那些人的勇气。

人祭最常出现在这样的场合:一位伟大的国王去世了,而且人们相信他在死后需要仆人。在这种时候,人们将一些人作为祭品献给这位国王,让他们陪伴他进入冥界。显而易见,人祭只有在最极端的情况下才会实行,而且与以动物作祭品不同,它从来不被视为与灵界确立联系的常规手段。人们几乎从来不吃牺牲者的肉,任何可以被算作食人的现象似乎都只在非常少的部落群体中出现。

---

① Ray, *African Religions*, p. 80.
② Feldman, *African Myths and Tales*, pp. 278–280.

过渡礼仪

在几乎所有的社会中，人们都以礼仪标记并庆祝人生过程中的关键节点。这些关键节点通常是出生、青春期、结婚和死亡。在社会生活主要受宗教力量支配时，世俗生活与宗教生活之间经常没有明显的区分。在非洲和其他许多宗教社会中，过渡礼仪通常要遵循宗教习俗，并由宗教专职人员来主持。

宗教与暴力

在非洲文化中，小孩的出生是令众人欢喜的事情。人们认为小孩是来自灵界的巨大神恩和福佑。一对没有孩子的夫妇，要上下求索弄清造成他们不幸的原因，并设法消除这些原因。然而，并非所有孩子的出生都是受欢迎的。例如，人们经常认为双胞胎是危险或邪恶的。有时，人们将双胞胎视为妻子不忠的象征，并认为两个孩子具有不同的父亲。他们有时会杀掉双胞胎中的一个（或将两者都杀掉）。有时，人们强迫双胞胎及其母亲离开村社。在其他一些非洲人中，对双胞胎的禁忌被颠倒过来，人们将双胞胎的诞生视作该村社的福运。

在包括阿散蒂人在内的许多非洲群体中，在小孩出生的第一个星期里，人们并不为他们取名，也并不给予他们过多的关注。因为这一社会的婴儿死亡率很高，所以对于一个家庭来说，过分地关注一个来骗取其爱心的鬼孩被认为是不明智的。因为殖民统治者没有建立适当的健康医疗体系，所以这些担忧一直存在。如果婴儿活过了一个星期左右的时间，人们才将他视为一个真正的婴儿，并慷慨地表现出自己的关爱和喜悦。到那时，人们才给这个婴儿取名。有时，人们可能会进行长时间的占卜来为小孩选择一个适当的名字。其他一些非洲人则背诵祖先的名字，直到小孩做出承认的动作或手势。祖先的名字就以这种方式活在他们之中。

举行完为小孩取名的仪式之后，人们经常把小孩展示给月亮。西非贝宁的咕族人（Gu）轻轻地将他们的孩子几次抛向空中，并命令他们看月亮。南非的巴苏陀人（Basuto）举着他们的小孩，让他们朝向月亮，并且说："那是你的姑姑。"[①]有些非洲人在小孩出生时就行割礼，但是大多数人都等到青春期才行割礼。

在青少年时期，年轻的非洲人既要在农耕和其他技艺方面受到一定的训练——现

[①] 帕林德：《非洲传统宗教》，96页。在许多非洲文化和世界上其他一些文化中，人们会对母亲的兄弟姐妹和父亲的兄弟姐妹做出明确的区分。两者在孩子的生活中经常扮演非常不同的角色：人们经常会认为母亲的兄弟姐妹是具有权威性的人物，而以一种不拘礼节的、较为随便的方式对待父亲的兄弟姐妹。

在也越来越多地接受现代教育的训练——又要根据他们在社会中的角色接受适当的指导。当他们临近青春期的时候，针对社会行为规范的教育会逐渐增多。人们分别为男孩和女孩建起了特殊的班级，教育他们如何像正派的青年男女那样为人处世。人们还要为他们准备成年礼仪，标志他们从童年到成人阶段的过渡。对男孩来说，这些礼仪可能涉及艰苦的体力磨炼，其中包括鞭笞和斋戒，这些磨炼旨在考验他们的勇气和智谋。在举行礼仪期间，他们要学习本族的宗教、神话和道德。在一些非洲人的群体中，姑娘被隔离在特殊的房间中，人们鼓励她们多多进食以长得丰满，这样她们在当新娘的时候会更有吸引力。无论是男孩还是女孩都要接受性行为方面的特殊指导，以获知何种性行为是适当的。这些成年礼和启蒙教育可能要持续几天，也可能持续几年。近年来，由于现代政府的反对、传统村社中权威长者力量的衰落，以及许多家长希望他们的孩子尽可能接受更为现代的教育的要求，这些礼仪的严酷程度及其所占时间的长度已大不如前了。

男孩子的成年礼经常包括割礼。似乎没人知道这种习俗是于何时何地起源的，但是它普遍流行于非洲和世界其他许多地区。正如弗洛伊德指出的那样，这可能是社团中的老人对年轻人实行的最后统治。因为在青春期施行割礼时不打任何麻药，人们经常将其视为对勇气的考验。人们希望受割礼的男孩能够忍受手术的痛苦，不叫出声来，不畏惧退缩，或表现出其他痛苦的迹象。在一些非洲人中，手术由一位佩戴面具的人实施，此人代表着祖先。这表明，正如全世界的犹太人和穆斯林所认为的那样，割礼可以提供一个体现宗教和文化认同的身体标记。

一些非洲社团也对女性实施割礼，但是在接受过现代教育的非洲人以及国际人权和女权组织中，出现了越来越多反对的声音。与男性割礼一样，女性割礼的缘由似乎也没有一个明确的解释，只是有时人们把它描述为控制性欲的一种手段。①不论是男性割礼还是女性割礼，其严酷的程度都深浅不等——有对受割礼者不构成严重健康威胁的微小刀伤，也有导致生殖器毁形的极端操作，后者可能给人带来生命危险，尤其是在实施手术的环境不卫生的时候。

在举行了成年礼和正式加入村社的仪式之后，人们就将年轻人视为成年人，并希望他们既承担起成年人的责任，又享受成年人的特权。这些成年人扮演的第一个角色就是在婚礼中充当新郎和新娘。许多非洲传统社会中的婚礼几乎没有什么宗教性

---

① 即使在政府禁止切除女性阴蒂的北非，一些穆斯林还是保留有这种风俗。在穆斯林和犹太人中，男性行割礼是一个普遍的风俗；在美国，基督教群体和世俗社会也非常普遍地持有这一风俗。在欧洲人和其他基督教群体中，这种风俗不太普遍。

可言，它们更像是家庭之间的世俗契约。人们极为重视贞洁，尤其是年轻女性的贞洁。即使在结婚之后，许多非洲人还将守贞视为一种美德，并且传统风俗热烈赞颂这一美德。艾滋病的流行说明价值观并不总是变为实际行动。许多非洲传统社会的上层人物都是一夫多妻。在妻子怀孕和喂养小孩期间，人们经常禁止丈夫与妻子发生性接触。因为这段时间经常可长达两年之久，所以对于一个男人来说，养几房太太被视为明智的选择——如果他能负担得起。偶尔也存在一妻多夫的例子，在这种情况下，一位妇女是几个兄弟共同的妻子。

正如在大多数社会中一样，非洲人举行烦琐的礼仪来纪念死者。葬礼的目的是使最近去世的人在他们新的存在中尽可能舒适地生活，这样他们就不会回来打扰活人。在葬礼期间和葬礼之后，人们采取许多措施来阻止死者返回他们的村庄和家室。妇女害怕她们的丈夫变为鬼魂回来，使她们的子宫枯死，无法生育。

由于非洲大多数地区气候炎热，人们会将死者尽快掩埋掉。偶尔，人们试图以香油或药物涂抹国王这类伟大领导人的遗体或将其制成木乃伊。也有少数拿死者的遗体喂鬣狗的例子，但埋葬是主要的处理方式。人们将金钱、小件饰物、工具和武器与死者的遗体一起埋掉，以使其在另一个世界里尽可能舒适地生活。

在一些非洲社会中，人们相信疾病、灾难和死亡从来不会"就只是发生了而已"，而是认为这些事件是由巫术或某种邪恶的活动造成的。在过去，人们允许死者辨认出导致他们死亡的人或人群。遗体似乎经常能指出凶手的住处，或当运送遗体的人经过罪人身边时，遗体会从他们的背上摔下来，而以这种方式受到指控的人必须找到一些证明自己无辜的方法。

一般来说，非洲宗教并不具有一个末世论体系或死后的审判和惩罚的概念。死者仅仅是进入了灵界而且继续关注和影响着活人。葬礼将人变为神圣的祖先。加纳的罗达伽人（LoDagaa）的信仰是一个例外。根据他们的宗教，去世的人要经过漫长的行程抵达祖先的王国。就在到达这一王国之前，他们遇到一条河。他们必须付给在那里等候的一位船夫金钱，以使他将逝者送过河去。如果逝者度过的是善良美好的一生，渡河将非常容易；如果逝者的一生是邪恶的，那么他必须泅渡过河，这将费时三年。欠债者必须在岸边等待，直到等来他们的债主偿清债款。逝者到达冥界之后，还会面临进一步的考验和磨难，这些考验与此人一生的作为有很大关联。那些因被判有罪而受罚的人向神问道："您为什么让我们受苦呢？"神回答说："因为你们在人间犯了罪。"他们又问："是谁创造了我们？"神又回答说："是我创造了你们。"他们接着问："如果你创造了我们，当我们来到人间的时候是我们知道什么是罪恶呢，还是你给我们的罪恶呢？"神回答说："是我给了你们。"此后这些人又问："你为什么知道它是罪恶还将它给我们呢？"神回答说："住嘴，让我想一想再回答你们。"① 在此，罗达伽人问了所有一神论信仰都会有的一个非常基本的宗教问题：为什么全能的神能允许邪恶在创造中占有一席之地呢？

西非贝宁科托努地区的一位女祭司在瓦塔妈妈（Mami Wata）的治疗仪式上用鸡向欧琯神献祭。

宗教领袖

大量的非洲传统宗教都基于个人定期举行的仪式，如向祖先贡献酒食。此种仪式无须祭司的帮助，所以这些宗教对神职人员的需求并不像依赖复杂的礼仪和神学体系的宗教那样大。尽管如此，在非洲宗教中还是存在在关键时刻或关键场合必不可少的领袖和专职人员。

一般来说，非洲宗教并不需要祭司。然而，在西非，一些村社供养有寺庙和供神的祭坛，而寺庙的存在几乎都需要祭司来维持和管理。在这些地方是存在祭司的，有时甚至存在女祭司，这些祭司必须接受与宗教礼仪、神话和禁忌相关的长期训练，方能获准出任圣职。

在非洲，最普通的宗教专职人员之一是巫医（spiritual curer）。在几乎所有近代以前的社会中，人们都相信疾病的发生既有自然的原因，又有宗教的原因。即使在最先进的工业社会中，当许多人面对严重的疾病时，他们也会既诉求于医学，又诉求于祈祷和其他宗教活动。正如前面提到的那样，许多非洲人的世界观并不包含现代科学所说的疾病和死亡的"自然"原因这一概念。他们通常认为这些不幸都有某种精神原因：患者可能是被人施了法术或下了咒，又或者是以某种方式触犯了一位较小的神灵或祖先。找出疾病的原因并开出处方是巫医的职责。治疗者会使用某种形式的占卜来判定诅咒的性质及其责任人。在此之后，这位男性巫医或女性巫医将结合使用精神力量、祭献和草药这些手段来驱赶妖术并消除诅咒。一些草药已被证明是现代意义上的有效药物。

---

① Ray, *African Religions*, p. 146.

> **宗教与暴力**
>
> 在房主进驻房屋之前，非洲人通常会请一位巫医来将妖巫、邪灵和诅咒从房屋或其他建筑中清除出去，被怀疑实施妖术或邪术的人有时会被杀掉。当地方政府没有起诉被怀疑的女巫时，一些非洲部落会发怒。

在乌干达的阿乔利人（Acholi）中，使一个人患病的恶神被称为约克（jok）。[①] 治疗者被称为阿基瓦卡（ajwaka）。当阿基瓦卡来到病人的面前的时候，他试图通过音乐和歌唱将约克吸到病人的头部。在完成了这一步之后，阿基瓦卡开始与约克进行对话。"你为什么来这里？你想要什么？你叫什么？"最后，阿基瓦卡将恶神从病人身上驱赶出去，把它塞到一个葫芦里，并埋入地下。

巫医既是宗教专职人员，又是草药郎中，还是心理学家。不愿听天由命的非洲人高度重视巫医的技艺，并且有时将其引入现代医院和诊所。对于许多人来说，现代医学被理解为草药疗法和占卜的一种发达形式，它可以消除某些（但不是全部）疾病和不幸的原因。成为一位巫医是一个漫长而复杂的过程。当一位年轻人决定成为神职人员或被召唤进入这一职业的时候，他必须师从一位正式任职的巫医达数年之久，以学习许多相关的技艺和秘诀。

在许多非洲社团中，占卜者的角色与治疗者的角色紧密地联系在一起。占卜者的使命是用精神力量和知识发现目前不幸的原因、过去的秘密和将发生的事件。这个人还能搜出妖巫和邪术师。在一些非洲社团中，占卜者主要负责调查造成麻烦的原因。在其他一些社团中，预测的功能则更为重要。

在赞比亚西北部的恩登布人（Ndembu）中，有神灵附身的人被选为占卜者。神卡永玉（Kayong'u）找出那些他要将其变为占卜者的人，人们相信他首先使他们患病。这位神以此向人表示他要什么。在此之后，以此种方式被选中的人要参加一个复杂的入会礼仪，并且要接受长期的训练。

非洲占卜者所用的工具是各种各样的。最常见的是，他们投掷坚果壳得到一个图形，然后对这一图形进行解读，寻找出他们所要的答案。在约鲁巴人中，占卜者晃动16枚棕榈树的果子，可以得到的图案有256种。每一种图案都对应着几首诗，每一首诗都包含一个寓意。即使初行占卜的人也应当记住与每个图形相关的至少4首诗。这意味着一个人至少要记住1024首诗才能成为占卜者。一位有经验的占卜者要知道得更多。在占卜者投掷出图案并背诵了诗歌之后，寻求卜辞的人就选择一首他认为

[①] Noel Q. King, *Religions of Africa* (New York: Harper & Row, 1970), p. 30.

西非马里地区多贡部落的面具舞者。大多数的多贡仪式都是对创世神话的重演。

最有意义的诗。① 人们还可以通过掷骰子和凝视水碗中的水来进行占卜。在许多非洲人中，神裁法一度被用来决定被控告有罪的人是真有罪还是无辜。人们给经受考验的人喝一种有毒的物质。如果这个人没有死，就说明他是无辜的。现在，人们用家禽代替人喝毒水。当家禽被毒死的时候，人们根据家禽倒地的方式决定这个人是有罪还是无辜。

可以不时在许多非洲地区发现的另一种宗教神职人员是预言家，像《圣经》里的先知一样，这种人被视为神的代言人。

---

① Ray, *African Religions*, pp. 106–108.

在非洲，预言家式的人物通常会凭借着他们的人格力量及其获取信息的能力而成为权威性的人物。他们在一生中具有很大的影响力，但是却很少留下继承人。

> **宗教与暴力**
>
> 在政治动乱或宗教复兴的时期，具有神授能力的领袖人物就出来向人们宣告神的话语。在19世纪，曾有几位预言家领导非洲人民进行抵抗奴隶贸易和殖民主义的斗争。其中之一是衮登（Ngundeng），他来自苏丹南部努尔人的部落，并代表天神邓库尔（Dengkur）讲话。

在非洲，最持久存在的宗教人物之一是酋长或国王（chief-king）。不是所有的非洲社会里都有国王，但在那些具有国王和女王的社会中，人们怀着极大的敬畏感仰视他们。这些统治者被视为部落与祖先之间进行联系的中介，并作为这一部落的在世的象征受到人们的尊重。因此，他们是许多禁忌的对象。在一些社会中，人们将他们看得十分神圣，以至于普通平民都不能去看他们的脸。在其他一些社会中，如果有人吃了为国王准备的食物的话，他是必死无疑的。一些人，如班图人（Bantus），实际上将他们的统治者视为神的化身。

因为统治者代表部落，他们必须一直处于健康的状态。一位有病的国王就意味着一个有病的王国。

> **宗教与暴力**
>
> 统治者的任何疾病都必须得到迅速的处理。在一些社会中，当疾病或衰老开始削弱国王的身体时，他们被要求结束自己的生命。南非洛维杜人（Lovedu）的女王随时都携带着毒药，为了防止她死于其他不测，人们希望她服毒自尽。在其他一些地区和其他一些时代，也有故事证明人们认为杀掉年老有病的国王是必要的。在一些情况下，人们选出一个人代替国王统治几天，然后再仪式性地将其杀掉，以延长真正的国王的性命。
>
> 当国王去世以后，人们通常不发布死讯，直到选出一位继任者并使其继位。人们相信，当已故的国王或女王进入祖先的王国时，他们就完全变成了神。非洲的君主制有时是世袭的，国王的儿子会自动登上王位。在其他情况下，人们眼里最明智的人或被神选中的人会被选为国王。国王继位时经常要举行非常复杂的就任仪式。在许多社会中，新国王或女王要在几个小时或几天的时间里受到轻视和贬低，甚至要受到肉体上的折磨，以在被允许继位之前学会谦卑。

3.2 非洲的非本土宗教

除了本土宗教，许多其他宗教也已在非洲这块大陆上安家。埃及是世界最古老的文明中心之一。后来，北非的城市中心受到希腊文化和宗教的强大影响，产生了古典时代一些最重要的科学和宗教革新。自公元 1 世纪以来，基督教在北非扮演着重要的角色。最晚从公元 70 年耶路撒冷第二圣殿被毁的那一时代起，犹太教在这一地区繁荣兴盛起来。在埃塞俄比亚的法拉沙人（Falasha）中，存在一个明显的犹太教分支。这些法拉沙人将他们的世系追溯至公元前 10 世纪的示巴女王，并信守一种受摩西五经影响的犹太教形式，但是他们不知道《塔木德》和后来的其他犹太教经文。先知穆罕默德活着时伊斯兰教首次传入非洲，当时穆斯林的一个派别为了躲避迫害逃往埃塞俄比亚。在公元 7 世纪早期，它已成为非洲的一支主要力量，并在许多地区取代了基督教。最晚从 17 世纪起，穆斯林的传教士就活跃在撒哈拉沙漠以南地区。19 世纪初，基督教传教士也追随他们的足迹到达这一地区。20 世纪 50 年代之后，基督教得到了最大的发展，当时人们已可找到译为各种非洲语言的《圣经》。在 19 世纪，随着来自中东和南亚的移民，印度教、佛教和巴哈伊教也来到非洲。

3.3 今天的非洲宗教

过去的 100 年对非洲宗教来说是极为困难的时期。这一大陆上的欧洲殖民帝国致力于打破传统的家族部落单位并加强其他形式的权力。随着第二次世界大战之后的殖民体系的结束，非洲又被分为 40 多个国家。不论是一开始殖民帝国疆界的划分，还是后来民族国家疆界的划分，都趋于打破家族部落的生活模式。现代化、城市化的压力和人口的迅速增长进一步改变了非洲人的生活。如果目前的趋势继续发展的话，改信基督教和伊斯兰教的人数还可能继续增加。尽管如此，仍有数百万非洲人在践行传统宗教的习俗，更多的人则将传统的非洲信仰和风俗习惯与非本土的宗教信仰结合起来。[①]无论如何，这些宗教中的许多价值观仍将继续存在；在非洲出现的各种基督教形式和伊斯兰教形式具有明显的非洲特质。

非洲的传统宗教与特定的地域、部落或种族群体紧密地联系在一起。现代化和

---

① 在 1900 年，据估计在非洲有 900 万基督徒。在 1995 年，有 34817.6 万基督徒，30031.7 万穆斯林和大约 7277.7 万非洲传统宗教的信徒。*1998 Encyclopedia Britannica Book of the Year* (Chicago: Encyclopedia Britannica, 1998), p. 269.

城市化已削弱了地域和种族在许多非洲人生活中的重要性，这鼓励人们改信"世界宗教"。这些世界宗教的教义更具普世性，信奉至高神的非洲信仰既鼓励人们改信这些宗教，又塑造着非洲人对这些宗教的理解。在许多地区，对小神灵的信仰继续存在，只是小神灵被替代为基督教的圣徒和穆斯林的镇尼。对占卜的信仰也仍然存在于基督教和伊斯兰教中。例如，西非的沃洛夫人（Woloff）相信，存在大量只能被传统的占卜者理解和控制的非穆斯林的神灵。近年来，在非洲大陆的许多地区已出现了一些将非洲传统的信仰和礼仪，与基督教或/和伊斯兰教的信仰和礼仪结合起来的本土宗教运动。类似的宗教运动也出现在加勒比海地区和中南美洲的非洲裔美洲人中。在美国的许多城市地区，存在一种伏都教崇拜，它其实是非洲祖先崇拜和神灵崇拜的基督教版本。与此同时，非洲人在更为正统的基督教和伊斯兰教中正在扮演着越来越重要的角色。在争取民族独立、平等和人权的斗争中已产生出强大的非洲人和非洲裔美国人的呼声，其中包括美国的马丁·路德·金博士和马尔克姆·X、南非大主教图图这类被国际承认的人物。

宗教与暴力

在非洲的大多数冲突引起的都是敌对种族群体之间的争斗。而在穆斯林和基督徒人口众多的国家，其中包括尼日利亚和苏丹，则发生过这两大社团之间的冲突。在苏丹北部的穆斯林与南部的基督徒之间发生过一场长达20余年（1983—2005）的内战，在这期间有200多万人死亡，无数人无家可归。在苏丹南部和乌干达北部活动的圣主抵抗军（The Lord's Resistance Army）将50多万人驱赶出家园。它声称要建立一个基于"十诫"的政府，它的创建者和领导人约瑟夫·科尼（Joseph Kony）声称自己可与许多神对话。这一团体看上去是在任意地屠杀、残害人民并强奸妇女。它诱拐和劫持了几千名儿童，对其进行拷打，并强迫他们当兵或成为性奴。

需要研究的问题

1. 比较非洲的至高神概念与美洲本土宗教的至高神概念。
2. 描述祖先在非洲本土宗教中的角色。
3. 在非洲本土宗教中，最普遍的献祭形式是什么？
4. 讨论非洲男子和女子的成年礼。这些礼仪如何使他们为成年生活做好准备？
5. 什么是占卜？列出非洲宗教中的几种占卜形式。
6. 在最近一个世纪，非洲宗教发生了怎样的变化？

7. 什么是过渡礼仪？列出过渡礼仪在非洲宗教中的几种形式。

参考书目

1. Badejo, Diedre Osun Seegesi. *The Elegant Deity of Wealth, Power and Femininity*. Trenton, NJ: Africa World Press, 1996.
2. Courlander, Harold. *Tales of Yoruba Gods and Heroes*. New York: Fawcett Publications, 1973.
3. ［英］E.E. 埃文思 – 普里查德：《努尔人：对一个尼罗特人群生活方式和政治制度的描述》，北京：商务印书馆，2017。
4. Idowu, E. Bolaji. *African Traditional Religion*. Maryknoll, NY: Orbis Books, 1973.
5. Magesa, L. *African Religion: The Moral Traditions of Abundant Life*. New York: Orbis Books, 1997.
6. King, Noel Q. *Religions of Africa*. New York: Harper & Row, 1970.
7. Parrinder, Geoffrey. *African Traditional Religion*, 3rd ed. New York: Harper & Row, 1976.
8. Ranger, T. O., and I. N. Kimambo. *The Historical Study of African Religion*. Berkeley: University of California Press, 1972.
9. Ray, Benjamin C. *African Religions: Symbol, Ritual and Community*. Englewood Cliffs, NJ: Prentice Hall, 1976.
10. Soyinka, Wole. *You Must Set Forth at Dawn: A Memoir*. New York: Random House, 2007. 这是一位获得诺贝尔奖的尼日利亚作者的自传，讲述其在后殖民时代的非洲的生活和斗争。
11. ［英］维克多·特纳：《象征之林》，赵玉燕等译，北京：商务印书馆，2012。

原始资料

一位神圣的非洲国王

许多文化中都有神圣的国王。仔细考察这一官职及与其相关的宗教概念，读者经常可以更了解其背后的文化。以下就是对马拉维人（Malawi）的神圣国王的生活（和死亡）的一个简短描述。①

姆班德（Mbande）是尼亚萨兰（Nyasaland）北部平原上的一座小山，站在山上可俯瞰周围的原野。此地易守难攻，西面坡势陡峭，陡坡下侧边缘曾是一片沼泽；在北面，这座小山被卢库卢河（Lukulu River）的宽广流域保护起来。它是一个神圣的地方，历代以来它都是"神圣国王"柯云古（Kyungu）的住处。和乐闻伯（Lwembe）一样，他代表一位活着的英雄，由一个世袭贵族集团选举出来。国王来自两个有亲族关系的世系之一，在有合适候选人的情况下，这一职位由这两大世系轮流执掌。他们寻找一位大人物——这个人已经生儿育女，而且他的

---

① Monica Wilson, *Communal Rituals of the Nyakyusa* (International African Institute, 1959), pp. 40–46.

儿子已经结婚了——而不是寻找一位年轻人，因为贵族们说："年轻人总是要发动战争，祸害国家。"他必须是一位明智的人物，且要慷慨养育他的人民。

控制柯云古生活的禁忌比控制乐闻伯生活的禁忌更为严格。他绝不能病倒或受伤，甚至绝不能刮伤自己，不能流出一点血来，因为他的任何疾病或流在地上的任何鲜血都会给整个国家带来伤害。"当柯云古的鲜血流在地上的时候，人们感到很害怕，他们说：'这是他的生命。'""如果他头疼，他的妻妾（如果她们爱他）会告诉他不要对别人提，她们将隐瞒他的病情；但是，如果贵族进来发现他病了，他们就挖一座坟墓将其掩埋，他们说：'他是国王（*ntemi*），他得病是一个忌讳。'在此之后，他想：'可能事情就是如此吧。'（同时做出一个听天由命的手势）"

人们采取许多预防措施来保证他的健康。他带着强效的药物住在一间与世隔绝的房屋中。他的食物由还没进入青春期的男孩来准备，以免行经的妇女或与女人睡过觉的年轻人碰到食物将病传染给他；他的众多妻妾都被监禁在宫苑中，她们生活在高大的栅栏里，而且被严密地看守起来，因为她们的任何不忠都会使她们的丈夫得病，而他的疾病又会给国家带来不幸。

当柯云古确实得病的时候，生活在他周围的贵族就在姆班德将其闷死，并秘密将其掩埋，还要把20位或更多的活人——他们都是奴隶——埋在他的身下，把一两位妻妾和平民的儿子埋在他的上面。在这场屠杀期间，贵族们领来一只绵羊，让它看看坟墓里死去的柯云古，这样后者会像绵羊一样温和（*milolo*）！

人们认为活着的柯云古创造了食物和雨水，相信他的呼吸和他的身体上正在生长的部分——他的头发、指甲及他不断流出的鼻涕——都魔法般地与恩贡德（Ngonde）平原的富饶多产联系在一起。当他被杀死的时候，他的鼻孔会被塞住，这样他就"带着体内的气息"被掩埋；与此同时，恩贡德的贵族将预先从他身上取下的一部分头发、指甲和鼻涕埋在河流附近的黑泥中。这是要"使国家免受饥荒，封住大地，使它像柯云古还活着的时候一样富饶、肥沃和多产"。

人们保守国王死亡的秘密——因为他生活在与世隔绝的状态中，所以这是一件比较容易的事情。一位贵族（*Ngosi*）会穿上国王的衣服来假扮他。在一两个月之后，当贵族已决定谁当选为新的柯云古时，这位不幸的人会被召唤到姆班德，他们说："你的父亲召你面见他。"然后，他与他的同伴一起走入宫廷觐见国王。贵族们抓住他并将神圣的衣服披在他身上，又把他按在一个凳子（*Kisumbe*）上，他们说："柯云古，你就是他。"他就变成了柯云古。然后，他们敲鼓（*Mwenkelwa*），每个人都知道柯云古已经死了，另一个柯云古诞生了。正像害怕被人当作乐闻伯一样，人们也非常害怕被当作柯云古，因为神王的寿命是短暂的。研究恩贡德的历史学家举出了一些柯云古的儿子为不坐王位而逃跑的事例；一旦他们坐上了王位，他们就不敢逃跑，以免自己丢掉性命。

在干旱时节，恩贡德的贵族要向占卜者询问是谁生气了；他们将依次提到所有柯云古之神圣树林的名字，他将告诉他们是怎么回事。他们将这一消息通知活着的柯云古，他将给他们一头公牛或一只绵羊，同时给他们一些啤酒——他们将从他自己的房子中取走一壶啤酒，这酒是他的人民送来的贡品。他还给他们一些面粉和衣物，然后，与他们一起走入小树林并建起一座小木屋。接下来，他们杀掉牲畜，将一些肉挂在树上，其他则留到以后在树林外食用。然后，他们将衣服撕碎，将一些碎片系在小树林里的小木屋上——他们将这种行为解释为"给他衣服"。最后，他们将洒出一些啤酒和面粉。在干旱时节，他们几乎总是这样在占卜者提到的那位柯云古的树林里建一座小木屋并进行献祭。

但是有时候，如果某位酋长最近侮辱了柯云古，那么他们也会得出结论说是活着的柯云古本人生气了。他们将到占卜者那里提及所有的已故柯云古的名字，但是，后者拒绝确认是他们中的任何一人，他说："不是……不是。"最后，他将告诉他们是活着的柯云古生气了，因为某某人侮辱了他。于是，人们不在小树林里举行献祭了，恩贡德的贵族将走到侮辱柯云古的那个人的跟前并以这一事实指控他，质问他是不是要以这种方式杀死他们所有人，难道这不会给整个王国造成饥馑吗？这样，这位做错事的人将一头母牛带到柯云古那里，于是，柯云古就对恩贡德的贵族说："如果是我的恼怒给这个国家带来旱灾，那么天就将下雨（因为我不再生气了）。但是，如果天不下雨，那么干旱的原因就不可能是我的恼怒了，而一定是你们忘了问的某位已故的柯云古的恼怒。"在此之后，如果天很快下雨了，那么任何人都不太可能再去侮辱柯云古了。

因此，侮辱柯云古不仅是叛逆的，而且是亵渎神灵的。人们相信，作为惩罚，整个大平原都要受到干旱或疾疫的诅咒。而这一平原上的酋长、贵族和平民在对其君主尽责这件事情上但凡有一点怠慢，都可能构成对柯云古的"侮辱"。

人们以各种方式扶植柯云古的尊严和权威（ubusisya）。他用狮子脂肪制成的油膏涂抹自己的身体，以象牙和狮子的毛皮制造他的床铺。他登基时坐在被称为基苏木波（Kisumbe）的神圣的铁凳上，他有一杆长矛和穆里玛（Mulima），后者是一个"形似口琴的"多孔的铁块，被用来造雨。所有这一切都是从第一代柯云古手中传下来的。他的斑马尾和药物一起固定在角柄上，在战争中和在向幽灵祈祷期间，他挥舞这条斑马尾。他还有一面有名的鼓，上面洒有小孩的血。

但是，国王的大多数臣民只是在畏惧和战栗中从远处敬拜他。在姆班德，没有任何一位平民百姓被领入神圣的宫苑，只有地方贵族和年老的酋长才能进入宫苑，但他们也只是偶尔才会进来。而当柯云古巡游他的国家的时候，除了岁数已高的人，所有的人都要远远规避。甚至在说话的时候，人们都用敬畏的、避讳的说法来指称他的巡行，如"国家在运动""山陵在运动""神来了"。无论对于留下来仰望他的老人，还是对于那些进入神圣宫苑的人，以惯常的方式向他致敬都是禁忌。向柯云古致敬的方式只有伏地和鼓掌。

男人也会惊慌地从柯云古的妻妾身边跑开，他们害怕自身受到连累并被扔到姆班德的悬崖下面，这既增强了他身侧的恐怖气氛，又是这一恐怖气氛的表现。

一则非洲的创世神话

以下是一则波舜国人（Boshongo，班图人的一支）的创世神话。[①]

在天地万物之初，在黑暗之中，除滔滔大水外别无所有，布姆巴（Bumba）孑然一身，独立于世。

一天，布姆巴疼痛难忍。他呕吐和抽搐并吐出了太阳。在此之后，阳光普照万物。太阳晒干了地上的水，直到世界的黑色边缘显露出来。他可以看到黑色的沙洲和暗礁。但是，还是没有生物。

布姆巴又吐出了月亮和星星，在此之后，夜晚也有了它的光亮。

布姆巴仍然疼痛不已。他再次抽搐，从而产生出9种生物来。它们是被称为寇伊·布姆巴（Koy Bumba）的豹，被称为鹏高·布姆巴（Pongo Bumba）的带冠的鹰，被称为甘达·布姆巴（Ganda Bumba）的鳄鱼，被称为姚（Yo）的一条小鱼；然后又产生出被称为老柯诺·布姆巴（Kono Bumba）的乌龟，被称为吸血蝇（Tsetse）的闪电，后者像豹子一样漂亮迅猛，又能致人死命；在此之后又产生出被称为恩严伊·布姆巴（Nyanyi Bumba）的苍鹭，一只甲虫和被称为布蒂（Budi）的山羊。

最后，人诞生了。当时有许多人，但是只有一个人的肤色像布姆巴一样白。他的名字叫洛克·伊马（Loko Yima）。

这些生物本身又创造出所有生物。苍鹭生出了除鸢外的所有空中的飞鸟。它并不制造鸢。鳄鱼制造了蛇和蜥蜴。山羊生出每一种带角的牲畜。叫作姚的小鱼生出陆地水域和海水中的所有鱼类。甲虫生出所有的昆虫。

在此之后，蛇又依次生出蚱蜢，蜥蜴生出没有角的生物。

此后，布姆巴的三个儿子说，他们想最终完成创世。大儿子尼永业·恩嘎纳（Nyonye Ngana）制造白蚁；但是，他不能胜任这一工作，并死于这一工作。然而，蚂蚁为尼永业·恩嘎纳赋予它们生命而非常感谢他，所以它们钻进地球的深处，穿过贫瘠的土地，只为寻找黑土来体面地掩埋它们的创造者……

当创世工作最后完成的时候，布姆巴走遍平静的村庄并对人们说："看看这些奇迹吧！它们都属于你们。"这样，从创世者——始祖布姆巴那里就产生出我们看到、拥有和使用的所有奇迹和人畜间的所有兄弟情谊来。

[①] Maria Leach, *The Beginning: Creation Myths Around the World* (New York: Krishna Press, 1956), pp. 145–147.

第二部分

起源于印度的宗教

对于研究宗教的现代学生来说，没有哪种宗教体系能像起源于印度的宗教那样充满魅力。我们在印度教、耆那教、佛教和锡克教中发现的深刻而多样的宗教教义和宗教体验确实令人敬畏。今天，西方国家的学生比以往任何时候都更加欣赏印度教伟大诗篇（《薄伽梵歌》）的美、吠檀多哲学的复杂、佛教禅宗的神秘以及耆那教教徒所宣传的不害的理念。理解这些宗教的基本文献、历史和教义对于理解现代亚洲和生活在欧洲和美洲的亚洲人的文化传统来说是必不可少的。

印度教——基本教义

《吠陀》是最古老的印度教经典

《吠陀》的创作可能始于公元前 2000 年到前 1500 年。《吠陀》是赞歌集，其中的许多首诗歌在人们为众神举行祭献活动时被吟诵。因陀罗是雷电云雨之神，而且是天界的统治者。阿耆尼是火神，他将祭品带给其他神。楼陀罗是死亡和毁灭之神。

现代印度教中存在几千位男神和女神

一些男神和女神拥有几亿的信众，而其他一些神却只为某些特定的村社所知晓。印度教的神是男女成双成对来到人间的。梵天是造物主，但是人们很少祭拜他。他的妻子萨拉斯瓦蒂（即辩才天女）是智慧女神。湿婆是死亡、毁灭和舞蹈之神。他的妻子或是帕尔瓦蒂（即雪山神女）——她是这完美的一对中的女方，或是迦利（即时母）——她戴着骷髅制成的项链，而且是天花女神。毗湿奴是宇宙的保护者，而且是慈爱的神。他的妻子是拉克希米（即吉祥天女），她是富饶和丰产女神。

业是道德行为

一个人所积的业决定了其未来存在的性质。印度教认为存在着"出生—在世—死亡—重生"的不断轮回。业是这一过程的驱动力。一个人可以重生为人，也可以重生为畜；可以重生在天堂，也可以重生在地狱。佛教、耆那教与印度教共同持有这一信仰。

《摩奴法典》是印度社会的"蓝图"

《摩奴法典》绘制了种姓制度的略图。种姓是世袭的职业群体。跨越种姓界线的婚姻十分罕见。四个主要的种姓集团是婆罗门（僧侣），刹帝利（统治者和武士），吠舍（手艺人、商人和农民）和首陀罗（体力劳动者）。此外还有达利特（贱民），或称"不可接触者"，他们从事着最卑下和在宗教意义上最肮脏的工作。

《薄伽梵歌》是印度教的伟大史诗之一

《薄伽梵歌》描述了克里希那（即黑天）的生平和教义，黑天是毗湿奴的一个人类化身。它可能创作于公元前2世纪或前3世纪，记载的是黑天与年轻武士阿周那之间的一场对话，后者当时正在思考战争所带来的愚蠢的属人的业果。黑天解释说，因为阿周那是刹帝利，参战是他的义务，所以他不会像其他种姓的成员一样因参战而招致恶果。

耆那教——基本教义

耆那教创建于公元前6世纪

人们将耆那教的创建者大雄视为Tirthankara，或称"渡津者"，即发现了走出业报轮回之道路的人。他宣誓放弃追求生活中的财富和权势，奉行一种极端形式的苦行主义。他赤身裸体，致力于使自己处身困窘之中。一些耆那教僧侣在禁食中死去。大雄的核心教义之一是人必须找到他们自己的拯救道路，神在这一过程中不可能提供任何帮助。

耆那教的世界观是二元论的

耆那教的教义认为宇宙是由灵魂（命）和物质（非命）组成的。因为这两者都是永恒的，所以耆那教不存在创世神话。只要灵魂被束缚在物质之上，它就免不了生死轮回。

"不害"是耆那教最重要的教义之一

耆那教、印度教和佛教都教导人们：伤害其他生灵——尤其是杀掉它们——都会作业，这种业会使人们在来生受苦。耆那教极为强调"不害"这一教义。与印度教徒和佛教徒不同，所有耆那教徒都是素食主义者。他们都避免从事会伤害动物的职业。耆那教僧侣在走路时要清扫他们面前的道路，以避免伤害昆虫。印度在上个世纪的大部分时间里都饱受宗教冲突的困扰，但在这些冲突中，我们很少见到耆那教徒的身影。

耆那教僧侣遵守严格的道德规范

耆那教僧侣发誓永不撒谎，永不取未给予他们之物。信仰耆那教的普通信徒也力求遵守这些誓约。这些道德规范使人们更加相信耆那教徒是诚实可靠的商业伙伴。

耆那教徒的数目很少

耆那教严格限制人们对职业的选择。它几乎完全是一个城市宗教。在印度，耆那教徒的出生率比印度教徒和穆斯林的出生率低，所以耆那教徒在总人口中所占的比例正在下降。

佛教——基本教义

佛教是公元前6世纪由乔达摩·悉达多在印度北部创建的

和耆那教一样，佛教也反对《吠陀》的权威和种姓制度。唯一保留种姓制度的佛教国家是斯里兰卡，在那里，有的僧侣教团只接纳特定种姓的人。佛教是世界上最早进行传教的宗教。截至公元前3世纪，它已传遍亚洲大部分地区。

佛教是一个宗派极多的宗教

在长达几个世纪的时间里发展起来的那些佛教宗派有着非常不同的世界观和宗教实践。早期上座部佛教认为，世上曾存在许多佛，但是在任何给定的时刻只存在一个佛。它还教导人们说，僧侣必须独身，而且必须遵守一套复杂的规定。后来的大乘佛教则教导人们说有许多佛同时存在。一些教派还允许僧侣结婚和拥有财产。

佛教教诲说，遵守"中道"是得救之路

这种"中道"介于世俗生活与耆那教僧侣所奉行的极端形式的禁欲主义之间。大多数佛教徒相信，要想得救需弃绝尘世，但践行伤害身体的宗教实践却适得其反。有些佛教徒是吃素的，但另外一些不是。许多佛教徒认为，产生不良业报的是杀生的行为而不是吃肉的行为。

最基本的佛教教义是四圣谛说

（1）苦谛：生命是苦，其他暂且不论，至少人终有一死。（2）集谛：受苦是因为执着于和渴求世间的乐。（3）灭谛：涅槃，即从轮回中解脱出来可以摆脱苦。（4）道谛：通向涅槃的道路是修道之路——虽然关于如何修道人们看法不一。

各佛教宗派普遍信仰菩萨，但是对其持不同的理解

菩萨是未来的佛。对于上座部佛教徒来说，菩萨是正在穿越通向涅槃之路的存在。他们将来到世上，教化众生，圆寂之后，永远不再回来。对于大乘佛教徒来说，菩萨是几乎类似于神的存在，他们推迟了自己达到觉悟的时刻，直到他们能够将所有生命引渡到觉悟的彼岸。

锡克教——基本教义

锡克教相比其他起源于印度的宗教要年轻得多

锡克教产生于公元16世纪。虽然在某些方面它与印度教和伊斯兰教很像，但锡克教徒还是相信，他们的信仰基于其始祖那纳克的独到见识和顿悟。

锡克教传统认为在那纳克大约30岁时，神向他开口讲话，并告知那纳克他已被选为真教先知

在接到这一神谕之后的许多年里，那纳克和他的伙伴在印度大地上四处游走，并宣传印度教与伊斯兰教的合一。他接受了一神论和业报轮回的教义。

追随那纳克的祖师先后有九位,最后一位于公元 1708 年去世

穆斯林统治者将第五代祖师阿尔琼逮捕并杀掉。后者去世之前,指示自己的儿子成立核心武装卫队。因为锡克教徒经常成为印度教徒和穆斯林实施宗教压迫和暴力的牺牲品,所以这一尚武的传统一直延续下来。

锡克教有三个基本教派

乌达斯派是一个圣人修会,他们的宗教实践类似于佛教和耆那教僧侣的宗教实践。辛格派代表武士传统。他们蓄发,戴包头巾,佩锡克短剑。萨哈达里斯派的成员是和平主义者。

锡克教的敬拜活动非常简单

那纳克反对印度教和伊斯兰教中的复杂仪式。锡克教的敬拜活动包括每日祷告和唱颂诗。当锡克教徒为会餐聚集在一起的时候,他们总要举行一场称为 Langer 的公共祈祷,它象征着全人类的平等。

第四章
印度教

关键词

种姓制度
《吠陀》
《奥义书》
虔信
三相神
不害
法
雅利安人

本章目的

- 在本章中你将学习印度教的基本宗教教义和礼仪；理解在时间长河中印度教是如何发生变化的；理解种姓制度；了解印度教与印度其他宗教的关系；了解在历史和当代背景中印度教、伊斯兰教和基督教之间的冲突。

印度教大事年表	
公元前 2500—前 1500 年	印度河流域的文明发端
公元前 1750—前 1200 年	雅利安人迁至南亚；最古老的吠陀经典被编纂出来
公元前 400 年	吠陀经典的编纂完成
公元前 800—前 300 年	《奥义书》被编纂出来
公元前 200—公元 200 年	《薄伽梵歌》被编纂出来
公元前 300—公元 300 年	《摩奴法典》的编纂完成，种姓制度形成
公元 600—1600 年	虔信和反种姓制度的运动兴起
788—820 年	商羯罗组织吠檀多派
1510 年	葡萄牙人征服果阿
1556—1857 年	莫卧儿帝国时期；除了少数例外，它以宗教宽容为特征
1700 年	英国成为印度的主要势力
1774—1833 年	罗易在世
1836—1886 年	罗摩克里希那在世
1857 年	印度大起义；英国的基督徒，印度的印度教徒、穆斯林和锡克教徒以宗教的名义犯下暴行
1869—1948 年	甘地在世
19 世纪和 20 世纪	人数众多的印度教社团在印度以外出现；大量贱民（不可接触者）改信佛教和基督教
1947 年	印度从英国独立出去；英属印度被划分为印度和巴基斯坦，导致印度教徒、穆斯林和锡克教徒之间发生大规模的暴力冲突
20 世纪末—21 世纪初	印度民族主义的发展导致印度教徒、穆斯林、基督徒之间的关系日益紧张，暴力冲突日益频繁

本章提要

世界的所有宗教中最古老和最复杂的宗教可能就是印度教。今天仍活跃在世界上的大多数宗教似乎都起源于公元前 6 世纪左右或更晚的时期，而印度教的一些宗教主题和形式的起源却可以上溯至公元前 3 千纪。它可能是所有宗教中内部分支最多、差异最大的宗教。几乎所有人类曾设想或实践过的宗教形式或类型都可以在印度教传统中找到。印度教中既有简单的万物有灵论，也有人类设计出的某些最复杂的哲学体系。在这种巨大的差异之中，足足几百万个大大小小的神及其寺庙和祭司得以在印度教中存在。因此，对印度教徒来说，可能存在的宗教观实际上是无限的。

印度教是其他三种宗教的来源。公元前6世纪，两种改革运动——耆那教和佛教——从印度教内部兴起，并对传统的印度教观念发出挑战。这两种宗教一度看上去甚至会取代印度教。然而，仅仅在几个世纪的时间里，印度教便吸收了它们的明显特征，重新成为印度的主要宗教。今天，耆那教是印度的一个少数派宗教；佛教虽然在亚洲其他国家有很大的影响，但它在印度却只有少数追随者。公元15世纪，穆斯林入侵印度之后，锡克教兴起了，这是一个既具有类似于伊斯兰教的特征，又具有类似于印度教的特征的宗教。然而，它一直都是一个少数派宗教，而且一直集中在现代印度的西北部。印度教通过吸收这些宗教的内容并把它们的明显特征纳入主流印度教思想来面对这些挑战者。

与世界上其他大多数的主要宗教不同，印度教并没有明确的创建者。虽然在其历史上有许多伟大的导师和领袖，但是没有一位其教导成为后来所有印度教思想之来源的人物。

Hindu一词来自印度河的梵文名——*Sindhu*。虽然Hindu这一称谓可以指向非常多样的宗教信仰和实践，但它总体来说指的是印度人的宗教。只在最近，我们现在所说的印度教徒才开始用这一术语称呼他们自己的宗教信仰和实践。人们认为，最早使用Hindu一词来描述宗教的是印度的穆斯林征服者，他们将那些不改信伊斯兰教的印度人称为Hindus。英国人从印度的穆斯林统治者那里习得了这一用法，它又从英语传入其他欧洲语言。虽然现在，绝大多数印度教徒生活在印度，但是从公元7世纪到15世纪，印度教流行于东南亚大部分地区，而今在印度尼西亚的巴厘岛上依然存在。在19世纪和20世纪初，印度的印度教徒遍布整个大英帝国。今天，实体性的印度教社团存在于欧洲、非洲、加勒比地区和北美洲。

4.1 印度教的起源

雅利安人到来之前的印度

印度教的历史以发生在公元前2千纪的雅利安人向印度迁徙的浪潮为开端。雅利安人带来的宗教与当地居民的宗教混合在一起，而在他们之间发展起来的文化就成为古典印度教。

然而，在我们说雅利安人的宗教之前，我们必须首先注意一下雅利安人到来之前的印度本土居民。实际上，我们对这些人知之甚少。在 20 世纪 20 年代之前，有关这些古印度居民的唯一资料是早期印度教的吠陀文献。而吠陀文献是雅利安人的宗教文献，所以在提到古印度本土居民及其宗教时表述非常负面，并将这些居民描述为不文明和野蛮的部族。然而，从 20 世纪 20 年代开始，在印度西北部进行的考古发掘使沿印度河修建的一系列城市重见天日。与吠陀经展示的形象完全相反，这些考古发掘说明，早在公元前 2500 年印度河流域就存在先进的文明。在这一地区，由城市和村庄组成的人类聚居区总共占地将近 50 万平方英里，它可能代表着罗马帝国之前最大的政治实体。这些城市布满了矩形的街区，宽阔的街道将这些街区分隔开来，街道上设有复杂的排水系统。每座城市可能曾承载过 4 万的人口。在这一文明的巅峰，房屋是用烧制的砖砌成的，一些房屋有两层楼高，它们有带自来水的浴室。先进的农业村社支撑着这些城市。有证据证明这里存在复杂的灌溉系统，在这些城市中经常可以发现用来储粮和分粮的巨大谷仓。考古学家还发现这些古印度居民有书面语言。不幸的是，这种语言还没有被破译，它能够提供的关于这些人的生活和宗教的大量信息还不为人所知。

我们关于这些古印度本土居民的宗教的知识来自考古学家发现的大量雕像和护身符。这些遗物中的许多都刻画有某种形象，人们将其解释为丰产神（或女神）的形象。一些形象呈莲花坐姿状，这种坐姿后来被印度教瑜伽派和其他进行沉思冥想的宗派所承袭。除此之外，考古学家还发现了可能曾是祭拜场所的大型仪式性建筑。因此人们认为，雅利安人到来之前的印度本土居民非但不是野蛮人，而且是具有高度发达文明的城市居民，后来印度教中的一些神和宗教习俗可能就延承自这一很早的历史时期。①

雅利安人的到来

Aryan 是一个梵文词，它的意思是"高贵的人"；这个词被用来称呼一群在公元前 2 千纪从现在的伊朗进入印度河流域的移民。人们相信，雅利安人是最早一批大

---

① 关于雅利安人到来之前的印度，请参看 Mortimer Wheeler, *Early India and Pakistan* (New York: Praeger, 1959)，此书为相关信息的最佳来源之一。

> **宗教与暴力**
>
> 对现代学生来说，Aryan（雅利安）一词经常包含 20 世纪纳粹运动赋予它的各种含义。阿道夫·希特勒（Adolf Hitler）试图将他的民族描述为统治民族，所以将世界上高个子、白肤金发、蓝眼睛的人都称为"雅利安人种"。对纳粹来说，这一高贵的种族在历史上曾赋予世界力量和文明；其他"人种"，如闪米特犹太人和非洲人，则被认为是较"雅利安人"低劣的种族。当然，这种理论没有人类学或历史学的基础。"雅利安"一词最早被用来指涉大规模的人群是在 19 世纪末，当时它被用来指称某一语族。后来，一些人试图在这一词汇之上添加生物学或种族色彩。然而，"雅利安"一词早已被用来称呼居住在印度北部、西亚和欧洲的这样一个如此庞大且种类繁多的人群。人们几乎不能将其用作一个单一种群的名字。

规模驯养马匹并用它们来拖拉战车的人。

雅利安人所讲的语言属于印欧语系，它与英语和其他西欧语言的关系非常疏远。没有迁入印度的雅利安人成为古波斯宗教琐罗亚斯德教的创建者。在印度吠陀文献中展示的宗教与琐罗亚斯德之《迦萨》展示的宗教之间有许多相似性。这些人后来又建立了波斯帝国，这一帝国从公元前 6 世纪至前 4 世纪一直统治着中东。当现代波斯人想要为他们的国家起一个名字的时候，他们将它称为伊朗（Iran），即雅利安人的国土。

关于早期的雅利安人，我们知之甚少。吠陀文献中的零零散散的文字显示他们基本上是随牧群从一处迁徙到另一处的游牧民。他们显然没有固定的居所或城市。

印度尼西亚巴厘岛海岸的一座印度教庙宇：丹纳劳特海神庙（Tanah Laut）。

> **宗教与暴力**
>
> 在公元前 1750 年至前 1200 年，雅利安人在迁徙浪潮中进入印度。显而易见，这一地区高度发达的城市文明已经耗尽了他们当时的环境资源而逐渐衰落。一些考古发掘显示此地曾遭军事入侵，而其他一些考古发掘只是揭示出文化的衰落和对居住地的放弃。没有人知道真实的情况究竟是雅利安人侵入并征服了这里的古印度城市，还是只是在后者衰落之后移入此地。

这一时期的雅利安人是以家族血缘为纽带组织起来的，并由被称为罗阇（raja）的酋长率领。直到大约公元前 6 世纪，这些人才开始在印度河流域的城市定居下来，一些罗阇才开始聚集部众，建立小的王国。

根据早期原始资料，雅利安人社会开始分化为被称为瓦尔那（varna）的三个基本的社会等级。在雅利安人的各个城市中主持祭仪的受到人们高度尊敬的祭司被称为婆罗门（Brahmin）。部落酋长和他们的武士也被人们视为是接近社会顶端的存在，他们被称为刹帝利（Kshatriya）。平民和商人被人们视为屈从于这两个上等阶级，他们被称为吠舍（Vaishya）。后来的第四个阶层由那些被雅利安人征服的人组成，他们被称为首陀罗（Shudra）。首陀罗并不被视为这一社会的正式成员，他们一般只是雅利安人的奴隶或仆人。这种划分在印度社会推行了几个世纪，后来在此基础上又细分为更多的阶层，从而奠定了种姓制度的基础。

雅利安人的宗教

关于雅利安入侵者的宗教，最好的原始资料是吠陀文献。但是，吠陀文献主要创作于雅利安人已在印度定居多年并已和当地人民及其宗教融合之后的时期。因此，究竟哪些内容是雅利安人的，哪些是雅利安人到来之前的本土居民的，在吠陀经典中很难知晓。尽管如此，我们还是可以对雅利安人的宗教做出一些基本的假定。

有一点似乎是明确的，即印度的雅利安入侵者带来了与其他印欧人的宗教相类似的多神教。人们已做出大量尝试，以便将雅利安人的神与古希腊罗马的那些神对应起来。①雅利安人所崇拜的那些神似乎是各种自然力量——如暴风雨、太阳、月亮和土地生产力——的人格化。这一点表明，我们甚至可以在更为古老的万物有灵论

---

① 最普遍的指认发生在印度神伐楼拿与乌拉诺斯（Uranus）之间，特尤斯（Dyaus Pitar）与希腊神宙斯（Zeus）、罗马神朱庇特（Jupiter）之间，因为它们在神话学和语言学上具有相似性。

印度新德里的印章，"来自摩亨佐—达罗的水牛"。

的宗教中发现印度教的起源。①

雅利安人敬拜神的主要方式显然就是献祭。初期占领印度的雅利安人主要是游牧民，他们没有为他们的神建立神殿和庙宇，而只是在建起的露天祭坛上为神献上祭品。这些祭品经常是动物，也会包括奶油这类奶制品。人们也会以牛奶祭奠神——即把奶抛洒向神。火是人们祭神时所凭靠的基本手段。人们需通过火神阿耆尼（Agni）将祭品献给其他的神。另一种明显被拿来祭神的液体是一种被称为"苏摩"（Soma）的神圣植物的汁液。辨认苏摩的确切方法现在已经失传。②在古代文献中，苏摩是被因陀罗（Indra）送到人间的神圣植物。它的汁液馥郁芬芳、甘甜可口，饮用苏摩汁并将其与神分享的敬拜者会感到振奋。被现代印度人称为苏摩的植物不仅不是甘甜可口和鼓舞精神的，还令人作呕。自然，也有些人提出，原来的苏摩可能是能够使人产生幻觉的某种蘑菇或其他植物。③

吠陀经中记载了一种奢靡的祭献礼仪。雅利安人可能创造出了在所有宗教中人类曾举行过的最铺张和最复杂的祭祀——马祭。这种祭祀因其高昂的费用和极其烦琐的细节而仅限于雅利安人的国王举行。人们相信，这种献祭在为那些参加祭祀的人赎罪和赋予他们宗教力量方面具有非同寻常的效果。马祭对希望扩张其领土的统

---

① 请参看第一章中关于万物有灵论的讨论。
② 人们经常认为苏摩就是在古代波斯宗教中使用的豪麻，但是对现代的宗教学或植物学的学生来说，后面这种植物也很难辨认了。
③ 阿道司·赫胥黎（Aldous Huxley）在他的《美丽新世界》（*Brave New World*）一书中，将存在于未来的一种能够产生兴奋感的药物命名为苏摩。在今天，苏摩是一种药效很强的使肌肉松弛的处方药的名字，它被用来处理因体育运动和其他事故而造成的伤害。

治者也大有帮助。自然，印度统治者也尤其因此而青睐马祭。被选中作为祭品的年幼公马被人们放开缰羁在乡间游荡一年，这匹马走到哪里，统治者的随从就跟到哪里。如果这匹马踏上了任何不属于这位统治者的领土，国王（罗阇）就有权力声称这片土地归己所有。一年之后，这匹马归来。那时，数量多达六百的动物——小到蜜蜂，大到大象——将被献祭给神。最后，这匹神圣的马被勒死，国王的妻妾参与由这匹马的遗体作为祭品的丰产仪式。马的遗体按照仪式要求被切割，并被奉给国王及其家人食用。传说中，经百次马祭的人可成为诸神之王和宇宙之主。不幸的是，对那些渴望得到这一资质的人来说，这样一种活动需耗时百余年并消耗巨额的财富。所以，没有记录显示曾有国王能够或愿意行百次马祭。在公元18世纪，一位印度的统治者举行了最后一次马祭。

4.2 吠陀时代

《吠陀》

印度教最古老的神圣书籍是《吠陀》（the Vedas）。《吠陀》是印度人对宇宙的理解的基本来源。在人们眼中，所有后来的经典都只是对《吠陀》的注释，即使这些经典包含有新的宗教理念。《吠陀》创作于雅利安人进入印度、在此定居，并将自己的宗教与当地人的宗教融合起来的时期。它创作的确切时代仍有争论。一些学者认为，最早的吠陀赞歌可能创作于雅利安人到来之前，即在公元前2000年之前，而且晚至公元6世纪《吠陀》仍处在发展和创作的过程中。其他学者认为，吠陀文献的大部分内容创作于公元前1500—前400年。但正如其他许多古代宗教文献那样，这些神圣书籍之起源和发展的确切时间我们已无从知晓。不过毫无疑问的是，在这些内容被形诸笔墨之前，它们早已被人们以口头的形式创作出来并口口相传达数代之久。因此，《吠陀》从起源直至完成可能经历了几个世纪的时间。

吠陀文献有四部本集。最重要的是第一部《梨俱吠陀》（Rig-Veda，Veda的意思是"知识"或"神圣的学问"），它收集了一千多首献给雅利安人的神的赞歌，其中包含有关这些神的主要神话。第二部是《夜柔吠陀》（Yajur-Veda，关于礼仪的知识），它是一部人们在祭神期间要吟诵的文集。第三部是《娑摩吠陀》（Sama-Veda，关于歌曲的知识），它是一部从基本赞歌中选出的歌曲集，供咏歌者祭司在祭祀时使用。第四部是《阿达婆吠陀》（Atharva-Veda，阿达婆传授的知识），它在重要性方面仅次于《梨俱吠陀》。《阿达婆吠陀》中包含在家中所施的礼仪和民众对神所做的祈祷，

在印度瓦拉纳西,一群身穿黄斗篷的婆罗门僧侣在唱颂史诗《罗摩衍那》(Ramayana)。

此外也有辟邪的咒语和巫术。

每一部吠陀①经典都由四部分组成;每一部都包含献给神的赞歌(mantra)部分。正如在许多其他古代宗教中那样,赞歌和宗教诗歌被视为所有宗教文学中最古老的部分。因为它们反映了这样一个历史时期:那时没有书面文字,关于神的叙述以及献给神的话语被人们记忆,反复唱诵,并一代一代传下去。每一部吠陀经典也包含着一部分关于仪式的内容[《梵书》(Brahmana)],这些内容指导献祭者以恰当的方式举行献祭仪式以及诸如此类的活动。人们认为,《梵书》部分的创作要晚于赞歌部分。各部吠陀经典的第三部分是所谓的《森林书》(Aranyaka),这是供隐居者在追求宗教信仰时学习的内容。第四部分被称为《奥义书》(Upanishad),它们是由哲学文献组成的。赞歌和《梵书》部分被视为吠陀经典最古老的部分,《森林书》和《奥义书》则是后来补入的。最终形成的吠陀经典以一种被叫作"吠陀梵语"(Vedic)的文字写成,后者是早期梵语的前身。

吠陀经典中存在关于雅利安人及他们到来之前的古印度居民的各种神和神话故

---

① "吠陀"一词的用法有两种。一般来说,它仅指献给雅利安人的神的古典赞歌集。另一方面,它也可以指关于神圣经典的完整文集,这一文集包括赞歌和后来增补的文献,后者包括《梵书》《森林书》和《奥义书》。在本书中,我们是在后一种意义上使用这个词的。

事的基本描述。根据赞歌的数量,最受人们关注的神是因陀罗,他是雷电云雨之神,并且是天神的首长。因陀罗是特别重要的,因为他作为混乱无序之化身的黑魔——弗栗多(Vrtra)的征服者为人们所纪念。仅在《梨俱吠陀》中就有250多首赞歌是专门献给他的,以下文字就节选自其中一首赞歌:

> **文献摘选**
>
> 这聪颖的首席神刚一出世,
> 就以强力胜超众神;
> 在他英勇无畏的威慑力前,
> 天地两届震颤,他就是因陀罗神。
>
> 谁使颤动的大地稳固,
> 谁使晃动的山岳宁静,
> 谁测量了广阔的空界,
> 支撑了苍天,他就是因陀罗神。
>
> 谁杀死恶魔,让七河奔流,
> 谁驱出伐拉囚居的母牛,
> 谁两石敲磨,诞出圣火,
> 战场上的胜者,他就是因陀罗神。
>
> 世上一切因他而震颤,
> 令达萨屈服,驱强敌宵遁,
> 像赌场的胜者席卷一切,
> 对手的拥有丧尽,他就是因陀罗神。
>
> 这可怖者,人们问道,"他在哪里?"
> 人们也说,"他不存在"。
> 他像赌场高手,扫荡吝啬鬼的拥有,
> 请信任他,他就是因陀罗神。[①]

[①] 林太:《〈梨俱吠陀〉精读》,73—74页,上海:复旦大学出版社,2008。

吠陀文献也提到许多其他的雅利安人的神。有 200 多首赞歌提到火神阿耆尼。他主要被人们视为众祭司之神和众神之祭司，引领众神来到筹备得当的祭祀当中，并且作为火神将烧烤过的祭品带给其他神。在吠陀文献中，也有一些赞歌是献给水天伐楼拿（Varuna）的，人们将他视为主宰宇宙秩序之神和宽宥罪人的神。

> **文献摘选**
>
> 啊！您这位伟大领袖，统辖万物的伐楼拿，众英雄之主，愿吾等在您的保护中。
> 啊！永远忠诚可靠的无缚女神之子，请宽恕我们，接纳我们的友谊。①

吠陀经典中简要地提到了毗湿奴（Vishnu）；但是在这些吠陀经典创作之时，毗湿奴并不像在后来的印度教中那样是一位重要的神。另一位其功能和名字在后来的印度教中发生了变化的神是荒神楼陀罗（Rudra），后来他的名字变成了湿婆（Shiva）——死亡和毁灭之神。湿婆和毗湿奴在日后才变成印度教中最受大众喜欢和仰慕的两位神。在吠陀经典中受到人们关注的死神是阎摩（Yama），他被认为是第一个死去的人。

> **文献摘选**
>
> 遵循峻急的广途逝去的，为许多人察出了道路的，
> 聚集了众人的，毗婆薮之子，是阎摩王，请向他呈献祭礼。
> 阎摩第一个为我们发现了道路。这一片牧场决不会被人取去。
> 我们的先人们逝去的地方，后生下的人们要依各自的道路前往。②

除了献给雅利安人万神殿诸神的赞歌，吠陀经典还包含早期印度人的传说和神话故事。其中最令人感兴趣的一个神话是摩奴（Manu）的故事，它讲述了女人的起源和人类的后续发展。如同在其他吠陀经典中一样，祭祀在这一故事中也扮演着重要的角色。

在现代印度教中，吠陀文献受到高度重视，但是只有少数学者知晓它的经文。一些在《吠陀》中被提到的神已经不再被人们敬拜了。《吠陀》这一古代神圣文献的主要作用是充当印度教其他发展的背景资料，这一点很类似于《希伯来圣经》在基督教和伊斯兰教发展中所起的作用。

---

① Ralph T. H. Griffith, trans., *The Hymns of the Rig-Veda*, Vol. I (Banaras: E. J. Lazarus and Co., 1920), p. 294.
② 《金克木集·第三卷》，北京：生活·读书·新知三联书店，2011。

文献摘选

　　他们将水盆端到摩奴跟前让他洗手，因为在当时端水来洗手已是常事。当他正洗手的时候，一条鱼跳入他的手中。

　　这条鱼对他说："请把我养大吧，我将救你的命。"摩奴问："你将从什么灾难中把我挽救出来呢？"这条鱼答道："一场大洪水将冲走所有生灵。我将从这场大洪水中把你救出来。"摩奴问道："我如何把你养大呢？"

　　"大鱼吃小鱼。只要我们还小，等待我们的只能是死。请把我先养在一口坛子里。当我长大之后，请你挖一座池塘，把我养在里边。当我再长大之后，就请你把我放入大海。那时我就毫无危险了。"

　　它很快长成了一条大鱼。在此之后它说："有一年将发大水。听我的劝告，造一条船。当洪水到来的时候，赶紧上船，我将把你从洪水中救出。"

　　摩奴按要求把它养成了一条大鱼，之后将它放入大海。在这条鱼对他所说的那一年里，他听从这条鱼的劝告造了一条船。当发大水的时候，他就上了船。这条鱼当时游到他的跟前。他将这条船的绳索系在这条鱼的角上，并很快驶达北面的大山。

　　在此之后，这条鱼说："我已经把你救了。请你将这条船系在一棵树上，当你在山上的时候，不要让你的船搁浅。当洪水退去的时候，你就走下山来。"就这样，（随着大水退去）他逐步走下山，从那时起，北面大山的那面斜坡就被称为"摩奴的下坡"。这场大水毁灭了所有的生物，只有摩奴活了下来。

　　由于他希望能有一个后代，他就开始敬拜神灵，修习苦行。在此之后，他用熟食向神献祭。他在水中投祭了酥油、酪乳、乳浆和凝乳。在一年的时间里，长出一个女人。她湿淋淋地站起身来，身后的脚印里堆积着酥油。因为希望得到一个后代，他继续和她一起敬拜神和进行艰苦的修行。通过她，摩奴创造出这一种族：摩奴的种族。无论他通过她要求什么幸福，神都会赐给他。[1]

《奥义书》

　　前文已经提到，每一部吠陀经典的第四部分是《奥义书》。[2] 在这些资料中，我

---

[1]《百道梵书》第一卷第八章。
[2]《奥义书》书名的基本意思似乎是"近坐"，这个词表示《奥义书》是在老师与他们的学生坐在一起讨论《吠陀》的哲学含义时产生的资料。

们可以发现那些后来成为印度哲学之基础的早期哲学表述。目前大约存在200种《奥义书》——虽然之前可能有更多这类论文——其篇幅从1页到50多页不等。在这些《奥义书》中,有14种被认为是最重要的。学者的研究显示,最早的《奥义书》可能形成于公元前9世纪。

一些学者争辩说,《奥义书》是吠陀经典的一个组成部分,它们本来就是关于早期赞歌和礼仪文本的注释。

印度尼西亚日惹附近的婆罗浮屠,一座建于公元9世纪的佛塔,上面刻有佛陀与其信徒的画像。

这些学者倾向于将《奥义书》视为人们可以在吠陀经典的其他部分中见到的内容的哲学表达。其他学者不同意这种观点,而且指出了两者在根本上是不一致的。其他吠陀文献中的赞歌、颂词、传说和礼仪的文本显而易见是多神论的,它们指导人们以恰当的方式祭拜众神,而《奥义书》却从一元论的前提进行论述。早期吠陀文献中的神并不十分重要。《奥义书》认为只有一个实在,这就是被称为梵(Brahman)的不具人格的神性存在。所有其他存在都只是梵的一个表现,梵之外的任何东西都是不真实的。当人们相信此生以及我们与梵的分离状态为真实的时候,他们就有了一个虚假和错误的认识(maya,摩耶)。《奥义书》与其他吠陀文献在根本上的不一致不仅体现在这一处,还体现在《奥义书》的创作似乎是对其他吠陀经典中规定的依靠祭司的敬拜形式的反对。大多数吠陀经典似乎教导人们说,敬拜雅利安人的各种神的正当方式是举行献祭,但是《奥义书》强调沉思默想的敬拜方式。它们教导人们,人的真正问题是对自身困境的茫然无知,只有当人认识到这一无知并获得真知的时候,他们才能得到解脱。那些指出《奥义书》与吠陀经典的其他部分之间存在这些基本差异的学者相信,《奥义书》可能与后者有着不同的起源,它是后来被附在吠陀文献后面的。虽然《奥义书》作为后来印度哲学的基础具有巨大影响,但除了在知识分子中,它们也许可以说从来没有得到广泛的传播。它们是一些复杂和艰涩的讨论,而且它们要求人们接受一种不易被理解的世界观。

我们已经指出,《奥义书》的基本认定是在宇宙中只有一个真实的存在——梵。梵是永恒的、无限的、不可知的、无性别的,没有过去、现在和未来,而且完全是非人格的。①

> **文献摘选**
>
> 诚然,太初,此世界唯大梵也,为"太一",为"无极者"。东无极,南无极,西无极,北无极,上,下,各方,皆无极也。诚然,于彼无东或余方,无纵,无下无上。
>
> 彼,不可知之超极"自我"也,不可量,无有生,不可理推,不可思议,以无极(太空)为自我。②

居住在我们世界上的众生实际上只是梵的表现。它们是构成梵的灵魂之大洋的一部分,被称为"阿特曼"(atman,我、个我)。因此,所有凭靠感官感觉到的(现象性的)存在都是"摩耶"(幻觉),这种幻觉产生于对实在之真正本性的无知。一个人与梵相分离的个体性——即人们生活于其中的世界,人们看见、听见、接触和感受到的世界——全部都是幻觉,是一场梦。

> **文献摘选**
>
> 唱赞,与祭祀,礼仪,兼誓约,过去,及将来,《吠陀》之述作,凡此固皆是,摩耶主所拓;其余一于此,亦被摩耶缚。
>
> 自性即摩耶。当知摩耶主,即是大自在。其分为万有,遍漫此世界。③

人类的困境是,他们被束缚在这一幻觉和无知的世界之中,并且认为它是真实的,而没有意识到他们与梵的真正同一。"人遵'无明'兮,入乎冥幽。"④人们经常以这样一则寓言说明这一无知:一只无依无靠的虎崽自小由山羊抚养长大,它一直都相信自己也是一只山羊;它像山羊一样吃草而且咩咩地叫。一天,它遇到了另一只老虎,这只老虎把它领到一个水塘边,在此,它看到了自己的真实面目。第二只老虎又强迫它第一次吃肉,它逐渐开始认识到自己的虎性。与此类似,人也因为受到

---

① brahman 是一个中性词,它的根本意思是"永远生长"。
② 《弥勒奥义书》第六章,第十七节。(《奥义书》中译文均来自《五十奥义书(修订本)》,徐梵澄译,北京:中国社会科学出版社,1995。)
③ 《白净识者奥义书》第四章,第九至十节。
④ 《伊莎奥义书》,第九节。

蒙蔽而没有认识到他们的真正本性。宗教的使命正是揭示我们内在的神性并告诉我们如何在新的层面上生活。

在讨论生命的本性时，《奥义书》引入了"业"（karma）的概念。是什么使一个人与另一个人不同呢？为什么一个人是善良的、聪明的、有天赋的或智慧的，而他的兄弟或姐妹却与他相反呢？现代人在回答这些问题时经常是围绕着遗传或环境的影响进行争论。古代的印度思想家倾向于将善或恶归因于个人所做的选择。他们将"业"的概念引入宗教语言。karma这一梵文词来自这样一个词根，它的意思是"做"或"行动"。在古典时期，印度人开始相信，每一个行动和每一个思想都有其对应的结果，它以内在的方式将个人标示出来，并在此生或来世展现出它的影响。因此，看起来具有良好的先天资质的人仅仅是其过去的良好行为的一个表现。同样，犯了罪的人是在承受过去做出的选择的后果。

与"业"的概念一道，印度思想家又引入了"轮回"（samsara）的概念，它的字面意思是"流转"。印度人的宗教相信一个人的生命力并不随着肉体的死亡而死亡，而是"流转"。这种生命力转移到另一个时代的另一副躯体身上，并继续生存。许多西方思想家将这一思想表述为"再生"或"灵魂的转世"。一些思想家将这一过程视为得到神恩和祝福的过程；但在印度人的思想中，轮回被视作一个诅咒。一个人被束缚在无知和痛苦的生命上，在无数的世代中不断重生。事实上，大多数印度宗教的目的都是打破业报轮回的循环，从生命的负担中脱离出来。这种与生命的分离被称为解脱（moksha）。

《奥义书》说，当人们获得人生是幻觉这一真知的时候，也就实现了生命的解脱。"时若见余一，可敬拜者，主，得睹其光荣，遂尔离忧苦。"①当一个人认识到生命是一场幻觉时，他就能摆脱生命的束缚，实现与梵的合一。这是非常困难的。只有在经历长期的学习并度过许多人世之后才能实现这一点。"起！起！汝醒觉，往就明导师，从彼学以知。有如利刃锋，难蹈此路危。——圣者教若斯。"②

与犹太教《塔木德》相类似，《奥义书》内也有这样一个文集，在其中，人们用各种传说和故事来说明这些书中的哲学资料。它们通常是以学生与导师进行讨论的形式写成的，而且显而易见是在长达几个世纪的运用过程中收集起来的。《唱赞奥义书》记录了父子之间的一段对话。父亲是用以下方式教诲他的儿子的：

---

① 《白净识者奥义书》第四章，第七节。
② 《羯陀奥义书》第二章，第三轮第十四节。

> **文献摘选**
>
> "置此盐于水中，明晨再来见我！"
>
> 彼为之。
>
> 则谓之曰："取汝昨夜置水中之盐来！"
>
> 彼探之（于水中）不得，盖全已溶解。
>
> "汝由此边饮之！——如何耶？"
>
> "咸也！"
>
> "汝自中间饮之！——如何耶？"
>
> "咸也！"
>
> "汝由彼方饮之！——如何耶？"
>
> "咸也！"
>
> "弃之！尔来此坐。"
>
> 彼坐已，曰："此固常在也。"
>
> 乃谓之曰："诚哉！吾儿！于此（身中）汝固不能见彼'有者'，然彼固在其中也。"
>
> "是彼为至精微者，此宇宙万有以彼为自性也。彼为'真'，彼为'自我'，彼为尔矣！"
>
> "愿阿父更有以教我！"
>
> "吾儿！可也！"①

《摩奴法典》

在古典时代产生的另一部传统印度文献是关于道德伦理的《摩奴法典》（*Law of Manu*，也称《摩奴法论》）。这部法典可能写于公元前300至公元300年的某个时间点，它之所以具有价值，不仅是因为其宗教教义，还因为它揭示了这一历史时期印度人民的生活。在这部书中，学生可以了解到在印度历史的古典时代被视作标杆的伦理标准和社会规范，也可以看到《吠陀》的宗教和哲学教义给印度社会带来的影响。此外，我们还可以从中找到许多属于现代印度教的特征的社会和宗教传统的根源。

---

① 《唱赞奥义书》第六篇第十三章。

《摩奴法典》的基本认定之一是种姓制度，它显然是从早期雅利安人的社会分级发展而来。法典中关于种姓制度的描写基于《梨俱吠陀》中一个更早的记述，这一记述将诸神献祭原人（Purusa）之举描述为印度社会的起源。

> **文献摘选**
>
> 原人之身，若被肢解，试请考虑，共有几分？何是彼口？何是彼臂？何是彼腿？何是彼足？
>
> 原人之口，是婆罗门；彼之双臂，是刹帝利；彼之双腿，产生吠舍；彼之双足，出首陀罗。①

《摩奴法典》更明确地阐述了这四个种姓的义务。它为这四个社会群体中的每一个都具体地指明了其应从事的特定职业，人们视此为神定的。

> 当时，为了繁衍人类，梵从自己的口，臂，腿，足，创造了婆罗门，刹帝利，吠舍和首陀罗。②

前三个种姓被称为"再生族"，第四个种姓即首陀罗被称为"一生族"。每个种姓的成员都具有特定的义务（dharma，达摩）和机会，他们必须也只能服从这些规定。③

> **文献摘选**
>
> 他命婆罗门学习和传授吠陀，执行祭祀，主持他人的献祭，并授以收受之权；
>
> 他将保护人民，行布施，祭祀，诵读圣典，屏绝欲乐，规定为刹帝利的义务；
>
> 照料家畜，布施，祭祀，学习经典，经商，放贷，耕田，为给予吠舍的职司；
>
> 但无上尊主对首陀罗只规定了一种本务，即心甘情愿服役于上述种姓。④

在当时，婆罗门要过一种宗教生活，致力于研究吠陀经典并实践其教义。其他种姓的成员则要忠实地履行他们的义务，并在不断的投胎转世中渐渐地穿越种姓体系。即使在早期，印度社会就已经被分成固定的等级。只有通过再次投胎转世才能改变

---

① 《梨俱吠陀》第10卷第90曲。（中译请参看《梨俱吠陀〈神曲选〉》，巫白慧译解，255页，北京：商务印书馆，2010。）

② 《摩奴法典》第1卷第31节。（中译文均来自《摩奴法典》，[法] 迭朗善译，马香雪转译，北京：商务印书馆，1982。据原书英译略有改动。——编者注）

③ 在印度教中，dharma 一词有多种用法。它的词根是 dhri，意为"支持"。它可以表示义务、教义或真理。在此，dharma 指支撑或维持一个正常社会的规则。

④ 《摩奴法典》第1卷第88—91节。

自己的种姓地位。

《摩奴法典》还说明了在这一历史时期人们对投胎转世持怎样的理解。

> **文献摘选**
>
> 人主要是因来自身体方面的罪行而在死后转化到非动物的地步;特别是因言论上的错误而变成鸟兽的形相;尤其是因思想上的错误而转生到最低贱的种姓中。①

《摩奴法典》的另一个核心教义是上等种姓的成员在生命中需要经历不同的阶段。人们认为,在生命的第一阶段,一个典型的上等种姓印度人应该成为一个学徒,研究吠陀经,并仔细聆听师父的教诲。在第二阶段,他将娶同种姓之女,成为一家之主。在《摩奴法典》描述的理想婚姻中,男方要比他的妻子年长许多。户主和供养人是极其重要的角色,因为人们将户主视为社会的奠基石之一。在这一时期,他

印尼巴厘岛中部山顶的一座献给毗湿奴和吉祥天女(Lakshmi)的印度教庙宇。

---

① 《摩奴法典》第12卷第9节。

可以去享受生活中可能出现的所有财富和欢愉。当这位印度男人尽完户主义务的时候（一般要等到孙儿长大），他可能会退入山林，在那里度过几年隐居的生活，沉思冥想并向神献祭。在此期间，他学习对世事的"无执"（non-attachment）。最后，当隐士的生活结束的时候，这位印度人可能就成了托钵乞食的漫游僧人（sannyasi）。这四个阶段只是再生族男人（前三个较高种姓）的理想，首陀罗的角色是服侍较高的种姓。

这生命的四个阶段只是针对男人而言。女性则应待在家里，处在男性户主的控制和保护之下。即使在家中，女人也不能自主地做任何事情，无论她是一位年幼的小姑娘、年轻的少妇还是年长的老太太。在年幼的时候，她应遵从其父亲；在年轻时，她应遵从

印度孟买的一位印度教圣徒、苦行僧。这位圣徒已经修至生命的最后一个阶段，将自己全身心地投入冥想，向灵性世界献祭自我。

其丈夫。当丈夫去世之后，她应该受其儿子的保护。她不应热衷于自主。她永远不应要求与她的父亲、丈夫或孩子分离。如果与他们分离，她就会给两个家庭都带来恶名。①女性意味着生子。她们给家庭带来美好和光明。人们必须敬仰她们。在一个家庭中，这样一位女性与给家庭带来财富和荣耀的女神无异。②

《摩奴法典》主要是对这一历史时期的伦理和道德理想的表述。它包含人们所期望的关于杀人、盗窃和通奸的禁律。以下10个特征总结了这一时代的道德宗旨：坚定、容忍、克制、不偷盗、清净、诸根调伏、智慧、知识、信实、不怒。③

值得注意的是，即使是在这一早期阶段，印度社会也非常重视牛的生命，并对屠宰牛的那些人施加刑罚。

---

① 《摩奴法典》第5卷第147—149节。
② 《摩奴法典》第9卷第26节。
③ 《摩奴法典》第6卷第92节。

> **文献摘选**
>
> 吠舍在接受束圣纽仪式并娶和自己同种姓的妻子后,应始终该勤勉从事自己的业务,并饲养家畜。①

杀牛被列为最严重的罪行之一。②对犯此重罪的人来说,补救的办法就是和牛一起生活一年,养心制欲,学习神圣的经典。③

《摩奴法典》还有助于人们理解印度人的神圣时间的概念,这一时间实际上是没有终止的。

> **文献摘选**
>
> 十八瞬间(Nimechas)构成一迦什陀(Kachtha);三十迦什陀构成一迦罗(Kala);三十迦罗构成一牟睺多(Mouhourta),同样数目的牟睺多构成一昼夜。
>
> 太阳为诸神和人区分昼夜;夜供物类睡眠,昼供劳作。
>
> 人间一月相当于祖灵的一昼夜,月分为两个半月,晦冥的半月是祖灵从事活动的昼,晴明的半月是他们用以睡眠的夜。
>
> 人间一年是诸神的一日一夜;其区分如下:日相应于太阳南去,夜相应于其北去。
>
> 现在你们可以扼要和循序地学习何者为梵的一昼夜,何者为四时代(Yougas)中每一时代。
>
> 据贤者称第一个时代是由四千神年构成的。(先于它的黎明是由四百神年构成的;后于它的黄昏亦然。)
>
> 在前后同样都有黎明黄昏的其他三个时代中,千年和百年内依次递减一个单位数。
>
> 上述四时代总计,为数一万二千年,称为诸神的时代。
>
> 须知神间千年合计,共得一个梵日,而一夜的时间亦相等。
>
> 只有知道梵的圣昼终于一千年,夜也包括同样时间,才真正知道昼夜。④

一般来说,在古代印度哲学中,时间的存在形式是一个接一个的永无休止的循环。在一个循环的开始,梵天创造了世界。起初世界上到处都是和平富裕的景象,人人

---

① 《摩奴法典》第9卷第326节。
② 《摩奴法典》第11卷第59节。
③ 《摩奴法典》第11卷第257节。
④ 《摩奴法典》第1卷第64—73节。

都有美德。此后，世界开始衰败。毗湿奴为了人类的利益而干预世界上的事情；但总的来说，世界仍在继续衰败。饥荒、战争和普遍的道德败坏成为惯例。最后，湿婆毁灭了世界。当一个循环结束的时候，世界就分解消散了，所有灵魂都分解成悬浮物。休眠了一段时间之后，世界又重新开始，灵魂又投入新的形体中。

耆那教与佛教

公元前6世纪，两种新的宗教在印度兴起，为人们提供了在印度人的世界观之内的另外两种道路。在之后的章节中，我们将详细讨论这两种宗教，但是在目前我们对古典印度教的讨论中，值得注意的是这两种宗教的出现给母教带来的严峻挑战。

无论是耆那教还是佛教都反对《吠陀》所宣传的祭祀制度。这两者都教导人们，解脱不是来自向神的献祭或任何形式的敬拜，而是来自每个人在自己生命中的成就。它们都拒绝承认《吠陀》是神圣的经典，并教导人们说，不拘种姓，生活正派的任何人都可达到解脱。

耆那教教导人们说，通过苦行和禁欲，人们可以获得生命的解脱。一个人越是舍弃肉身的欢愉和享乐，就越有可能从永无止尽的生死轮回中解脱出来。除此之外，耆那教的创建者进一步拓展了印度人对牛的传统关注，并教导人们说，所有形式的生命都是神圣的，应尽可能对生命加以爱护和保存（ahimsa，不害、不杀生）。虽然耆那教也曾流行过一段时间，但是它对一般人的要求实在太多，以至于最终无法成为一项大众运动。在耆那教兴起之后的几个世纪里，印度教吸收了它的苦行观和不害思想。今天，耆那教在印度只有大约200万信徒，而印度总人口却超过10亿。[①]

形成耆那教之基础的许多热望和信仰也是佛教的生长之源。只是佛教教导人们，虽然一个人可以不必通过祭司和祭祀制度得到解脱，但极端的苦行和禁欲主义是没有必要的。这样一种更为温和适度的宗教似乎一度已经成为印度的主要宗教。它变成了一个传播型的宗教，并将其传道者派往其他亚洲国家。尽管如此，印度教最终还是再次彰显了自己的力量，并吸收了佛教的特征元素。佛教的创建者乔达摩·悉达多成为印度教万神殿中的一员，他的一些教义成了印度教的一部分。人们认为，他是毗湿奴神的一个化身。截至公元15世纪，印度所剩的佛教徒已寥寥无几。然而，佛教确实成了其他许多亚洲国家的主要宗教，并一直存续至今日。而耆那教和佛教在公元前6世纪兴起并受到人们的欢迎这件事则说明，并非所有人都满足于古典印度教的教义。

[①] 来自印度政府内政部的资料显示，印度国内的耆那教徒在2011年数量已超过400万。——编者注

克里希那（Krishna）与罗陀（Radha）、牧牛女一起跳生命之舞（Rasa Lila）的画面。印度教徒尊奉克里希那为毗湿奴神的第八个化身。克里希那青年时是一个牧牛人，作为与众女嬉戏之情人而妇孺皆知。每当他吹奏长笛，牧牛女（牧牛人的妻女）都来与之共舞。

《薄伽梵歌》

关于古典印度教的最终陈述可能就是印度文化和宗教的伟大史诗——《薄伽梵歌》（Bhagavad Gita）。这首诗之于印度教就如同《荷马史诗》之于希腊和希腊文化。像《荷马史诗》一样，《薄伽梵歌》也是述说一场伟大的战争；它叙述杰出的英雄及神战斗的故事，也包含了对印度文化中的主要哲学思想的大量描述。

人们在一首被称为《摩诃婆罗多》（Mahabharata）的更长的史诗中发现了《薄伽梵歌》。① 《摩诃婆罗多》记载了自印度历史开端以来就在进行的发生在两大主要家族之间的斗争的故事。最后，这两个家族在俱卢之野（Kurukshetra）的战斗中相遇，历史学家将这次战役的时间大致确定在公元前850—前650年。就在这次战役之前，一位武士——阿周那（Arjuna）一直在慎重地考虑他的命运和发生在他面前的这场斗争。他的御者克里希那与他进行对话。他们的对话被记载于《摩诃婆罗多》的第25章与第42章之间，这一部分构成了《薄伽梵歌》。

---

① 《摩诃婆罗多》包含11万个对偶句，共22万行诗，其英译本有13卷。

虽然人们相信《摩诃婆罗多》的创作经历了一个非常长的历史时期——可能开始于公元前9世纪或前8世纪，但是，《薄伽梵歌》被认为创作于公元前2世纪和公元3世纪之间的某个时间点。《薄伽梵歌》共有18章，每章被分成3个部分，每一部分又分6节。在第一部分，阿周那（那位年轻武士）遥望着战场，思考即将发生的战争和在这场战争中他的角色。

宗教与暴力

"在这里，阿周那看到父辈、祖辈和老师，舅父、儿子和孙子，还有兄弟和同伴。阿周那还看到岳父们和朋友们，他的所有亲戚都站在两军之中。他满怀怜悯之情，忧心忡忡地说道：'看到自己人，黑天啊！聚集在这里渴望战斗，我四肢发沉，嘴巴也发干；我浑身颤抖，汗毛全竖起。神弓从手中脱落，周身皮肤直发烧，我的脚跟站不稳，脑子仿佛在旋转。我看到不祥之兆，黑天啊！我不明白，打仗杀死自己人，能够得到什么好处？我不渴望胜利，黑天啊！不渴望王国和幸福。王国对我们有什么用？生命和享受有什么用？①……我宁可手无寸铁，在战斗中不抵抗，让持国的儿子们，手持武器杀死我。②'"

这样，像所有时代的其他武士一样，阿周那反思了战争的愚蠢，尤其是家族内部的战争，所以他想赤手空拳投入战斗，以此自我了结。阿周那的御者克里希那回答了他的忧虑。这首诗的其余部分就是阿周那与克里希那之间关于生命的本质和一个人在生命中的义务的对话。在这首诗的第二部分，克里希那显示出他是毗湿奴神的化身。他以这种方式来到人间，帮助那些与苦厄做斗争的世人。在第三部分，克里希那与阿周那继续讨论世人所面对的人生问题。

克里希那给予阿周那的大多数劝诫和教诲所反映的是《奥义书》中的哲学，即世人视之为生活及其问题的大部分东西都只是幻觉。克里希那给予阿周那的最直接的教诲是：他不应害怕投入战斗，因为他是刹帝利种姓的一名成员，而作为一名武士，奋勇杀敌就是他的义务（*dharma*）。如果阿周那属于另一个种姓，如婆罗门，他可能就有理由拒绝上战场。然而，作战是刹帝利的义务，阿周那必须遵守。

---

① 《薄伽梵歌》第1章第26—32节。(《薄伽梵歌》中译文均来自［古印度］毗耶婆：《薄伽梵歌》，黄宝生译，北京：商务印书馆，2011。)
② 《薄伽梵歌》第1章第46节。

文献摘选

即使不参与行动,并不能摆脱行动,即使弃绝一切,也不能获得成功。因为世上无论哪个人,甚至没有一刹那不行动,由于原质(Nature)产生的性质,所有的人都不得不行动。①

《薄伽梵歌》中包含有许多基本的教诲和宗教内涵,其中最明确的教诲是,人应履行所属种姓的义务,以此避免造业——业是一种将人束缚于永无休止的生死轮回之上的力量。②分配给每个种姓的责任被抬高到宗教义务的层面。

《薄伽梵歌》所清楚展现的第二个印度教的特征是它对宗教表达方式之多样性的开放态度。人们可通过禁欲、冥想、向神祈祷和敬拜或服从种姓制度来获得生命的解脱。因此,人们经常把印度教描述为世界上最宽容的宗教。

《薄伽梵歌》中影响最为久远的教诲可能就是其对毗湿奴神作为一位热爱并关心人类的神的形象之描画。毗湿奴对人类的关注可见于以下表现:在某些时刻,他会化身成各种形象来到人间,帮助世人斗争。正如克里希那所说:

文献摘选

一旦正法衰落,非法滋生蔓延,婆罗多子孙啊!我就创造自己。③

在古典时期以后的印度教中,毗湿奴变成了最受大众欢迎的神之一。《薄伽梵歌》阐明,对毗湿奴等神的虔信(bhakti)是印度教认可的一种正当行为。

阿周那确信这一点:"我"不会遗弃以忠诚和爱心敬拜"我"的任何人。

文献摘选

即使出身卑贱的人,妇女、吠舍和首陀罗,只要向我寻求庇护,也能达到至高归宿。更何况婆罗门和王仙,他们圣洁而又虔诚!你既然来到这个世界,痛苦无常,就崇拜我吧!你要思念我,崇拜我,祭供我,向我敬礼,你就这样约束自己,以我为归宿,走向我。④

---

① 《薄伽梵歌》第4章第4—5节。
② "业"一词的确切意思是"作为"或"行动"。在印度的宗教中,它一般指影响未来生活的那些作为或行动。
③ 《薄伽梵歌》第4章第7节。
④ 《薄伽梵歌》第9章第32节。

4.3 古典时期之后的印度教

随着《薄伽梵歌》的创作完成,以雅利安人来到印度为起始的印度教古典时代行将结束。《吠陀》和其他一些宗教文献,如《摩奴法典》《奥义书》和《薄伽梵歌》均创作和发展于这一时期。这些文献及其展现出的哲学思想和描画的众神成为后来印度教的基础。

一些学者把早期宗教称为婆罗门教而把晚期宗教称为印度教,就此区分开了古典时代的宗教与后古典时代的宗教。在婆罗门教的范畴内,印度人民的宗教非常类似于希腊罗马世界的宗教。人们在露天祭坛上摆设祭品来敬拜神灵,身为祭仪专家的祭司非常重要。

在古典时期结束之后,印度的宗教逐渐发生细微的变化。人们仍然承认许多神的存在,但其兴趣却趋向于集中敬拜几个主神,而且敬拜的形式并不相同。对这些神的敬拜逐渐变成了对这些神的热爱和忠诚。人们建起神庙来尊崇他们,创作出颂诗来歌颂他们的杰出品质。古典时期的文学倾向于讲述印度历史的伟大史诗,古典时期之后的文学则倾向将目光聚焦于男性神祇和女性神祇上。在人们眼中,这些主神幻化成各种形象,并干预人类的事务。诸神的妻妾和伴侣在古典时期之后的印度教中尤为重要,某些女神已和她们的配偶一样受人仰慕;许多印度人成为这些女神的信徒,发展出关于这些女神的崇拜仪式,并为她们建起了神庙。尤其是在印度南部,那里的主要神庙节日都是在庆祝男性神祇和女性神祇的婚礼。印度的男性神祇和女性神祇具有许多属人的品质,但是他们是在一种更大的程度上具有属人的品质。有些神仁爱,有些神残暴;有些神纵欲享乐,热爱俗世生活,有些神清心寡欲,致力苦行。在这些男性神祇和女性神祇的故事里,有些是讲述爱情和欲望的浪漫故事,其他则是关于神与恶魔战斗的故事。

一些学者还指出在古典时期与其后的时代之间,人们对生活的态度所发生的变化。当雅利安人来到印度的时候,他们是有进取心的、乐观的人,悲观和消极被动的人绝不会从他们的家乡迁徙几千英里,征服一片领土,并自立为它的统治者。然而,到现代印度教发端的时候,人们可以看到在印度哲学中出现了某些消极被动的否定生命的力量。如果印度教的基本世界观认为生命是出生—在世—死亡—再生的无尽循环,而且宗教的目的是终止生命,那么这就是一个消极的和否定世界的宗教。拒绝此生的欢愉和安乐的禁欲主义者(而不是战士)成为宗教和文化上的英雄。

这些变化都不是在一夜之间甚至不是在一百年之内发生的。我们甚至可以在《吠陀》中找到它们的源头。无论如何，截至纪元初，印度教的基本宗教结构确实出现了某些变化。

对三位主神的虔信

印度教为它的信徒提供了许多信仰的道路。个人可通过忠于一个或更多的印度教的神从生命中解脱出来。他们可通过在神庙里敬拜、献祭、祈祷和供养神庙的祭司等向这些男神或女神中的某位表达自己的虔敬之心。以这种方式，神祇们可能以宠爱的目光看待这些信徒，接济信徒的生活，帮助他们战胜生活中的困难。这条道路被称为"虔信的道路"（bhakti-marga）。

梵——终极实在是印度教思想的核心。他是完整而不可分割的。然而，古典时期之后的印度教则视其有三种形式或功能。此三者［称为 Trimurti（三相神）］分别是创造、毁灭和保护。梵的这三项功能中的每一项都由一位古典文献中的神来表达：梵天，创造者；湿婆，毁灭者；毗湿奴，保护者。这三位神中任何一位的信徒都常常认为他们自己选择的神身上有着梵的所有这三项功能。伟大的女神提毗（Devi）代表印度教思想中的女性原则。她是以女性形象被人们敬拜的创造力，人们相信她也是众神和屠宰恶魔者背后的无所不在的能量［sakti（性力）］。诸神可被视为至高神梵的显现，在大致相同的意义上，人们认为其他女神是天神提毗的显现。

梵天 作为印度教万神殿之三个主神之一，梵天很少受到人们的关注。① 虽然人们普遍崇敬梵天，并将他视为世界的创造者，但是在全印度专门为他建的神庙只有两座，而且信徒并不为之举办祭仪。在印度的艺术作品中，梵天的身体是红色的，他有四张长着胡须的脸和四条胳膊。他的正妻辩才天女（Sarasvati）是知识、语言、诗歌和智慧女神，在巴厘印度教中被视为表演艺术的主要保护人。虽然《吠陀》中没有提到梵天，但是在《吠陀》之后的时代里，关于梵天及其创世之举的神话逐渐增多至一个庞大的数目。

湿婆 在古典时期之后的印度教中，湿婆是最受大众欢迎的神之一，他被称为"毁灭者"。湿婆是死亡、毁灭和疾病之神。和梵天一样，湿婆并没有出现在吠陀文献中，

---

① 我们必须把梵天这个神与《奥义书》中的梵——无所不在、遍布宇宙的神力区分开来。Brahman（梵）这个词是中性的。Brahma（梵天）一词是阳性的，而且指一个特定的实体。

马来西亚吉隆坡寺庙里的一尊印度教女神像。在穆斯林占多数的东南亚国家里,印度教只是一个小教派。

但是人们相信他是从雅利安人的楼陀罗神发展而来的。

　　湿婆的功能是多种多样的。他不仅仅是死亡、疾病和毁灭之神,还是舞蹈之神。在与湿婆有关的神话中,经常出现关于他的舞蹈的叙述。对印度的禁欲主义者来说,他是一位特殊的神。这也许是因为禁欲者在折磨和摧残自己皮肉的过程中,这位可怕的神在他们眼中是最接近真实的神。湿婆最常见的象征是三叉戟，人们经常看到禁欲主义者携带三叉戟或在他们的脸上画有三叉戟的图案。

湿婆之所以最受大众欢迎，最重要的原因可能在于，他还是植物、动物和人类的繁衍之神。在印度人的思想中，死亡只是重生的前奏。随之而来的结论便是，死神也将是重生和性爱之神。在湿婆的神话中，他被描述为始终挺直着阴茎，而且永远处在性兴奋状态中。其他用来描述湿婆的象征是"林伽"（lingam）和"约尼"（yoni），它们分别为男人和女人的性器官。这样，对那些寻求丰产富饶或将性作为宗教之基础的人来说，湿婆成为一位特殊的神。

湿婆的信徒被称为 Shivaites 或 Shaivites（湿婆教信徒）。今天，湿婆教（Shivaism/Shaivism）的几个教派仍存在于印度教中。所有湿婆教信徒都将《吠陀》和特定的湿婆教经文视为经典。他们的哲学立场是：湿婆是终极实在，他是创造者，守护者和毁灭者。他们认为人类因为无知、业报和幻觉而与湿婆分离开来。为了实现与湿婆的合一，人必须沿着湿婆指定的道路前进，并在他的神庙中敬拜和伺候湿婆。他们还必须在宗教导师的指导下沉思和研究。有些湿婆教信徒需要重复背诵特殊的咒语（mantra）。所有这些活动都在湿婆和敬拜者的合一中告终，并最终从生死轮回中解脱出来。

湿婆的各个配偶也像湿婆一样受到大众的欢迎。人们将很多女神与湿婆配对；但是最重要和最受大众欢迎的是时母（Kali），有时她也被称为难近母（Durga）或雪山神女（Parvati）。时母甚至可能比湿婆更为可怕。在人们的描述中，她经常戴着用人的头骨制成的项链，撕下祭品的肉，喝祭品的血。在神话中，现代城市加尔各答的建立便与她有关。

> **文献摘选**
>
> 当时母去世的时候，湿婆既悲伤又气愤。他将她的尸首扛在肩上，绕着世界跳起了哀悼她的令人眩晕的舞蹈。这场舞蹈持续的时间越来越长，也越来越狂乱。其他的神意识到，除非他们制止湿婆，否则整个世界都会被他的盛怒毁灭，而只要他肩上扛着妻子的尸首，他的怒气就不可能消散。所以毗湿奴拿起一把刀并向这具尸首砍去，将它分解为52块，这些碎块散落在大地各处。在孟加拉地区的一条大河的岸边，右脚的小脚趾落地了，人们在这里建起了一座神庙和守护供奉这座神庙的村庄，人们把这个地方称作加尔各答。[1]

---

[1] Geoffrey Moorhouse, *Calcutta* (San Diego: Harcourt Brace Jovanovich, 1971), p. 6.

雪山神女几乎就是时母的反面。她是喜马拉雅山之女，作为男性湿婆的配偶时，她是这对完美的恩爱夫妇中的女方。人们经常将其描绘成完美的妻子和母亲。因为想要嫁给湿婆，雪山神女开始修习苦行。她的责任是劝告湿婆终止沉思并用他的力量为世界造福。她同时是一位保佑丰产的女神。和湿婆的神话一样，雪山神女的神话也是既强调她个性中禁欲的一面，又强调她好色放荡的一面。在人们的描述中，当雪山神女以破坏性的形象出现时，她经常骑在一头狮子上面。①

毗湿奴 后古典时代的印度三主神中的第三位是保护神毗湿奴。与湿婆相比较，毗湿奴是爱情、仁慈和宽恕之神。他的主要特性之一就是热爱戏剧。他在戏剧中扮演人并加入人的行列，他喜欢耍诡计和制造恶作剧。毗湿奴的主要特征是对人类的关注，他凭借着各种不同的化身（avatar）多次出现在人间，表达自己对人类的关注。据神话所说，毗湿奴曾以九种形式出现在人间，在一些变化中，他曾作为一个人来到人间。据《薄伽梵歌》所说，他曾作为克里希那出现在人间。由于印度教吸纳了佛教的明显特征，它宣称：毗湿奴曾作为乔达摩即佛陀出现在人间。他还曾有目的地以各种动物和畜生的形象来到人间，以便帮助人类。例如，人们相信毗湿奴曾作为 Matsya 出现，这是一条从大洪水中挽救摩奴性命的鱼。在任何情况下，他都来帮助人类，他是保护人和修复者。毗湿奴的第十个化身将在这一时代的结尾出现，到那时，他将作为 Kalkin 出现在一匹白马上。他将把时间带到终点，惩罚恶人，奖赏有道德的人。

毗湿奴的信徒被称为毗湿奴教徒（Vaishnavites）。在印度，他们因对神的挚爱和为赞美神而写下的诗歌而闻名。锡克教的创建者卡比尔（Kabir）和那纳克（Nanak）就是这一传统中的诗人。和湿婆教徒一样，毗湿奴的敬拜者将他们的神视为终极实在。一般来说，他们强调毗湿奴的爱和恩典，而不是信徒的行为。

吉祥天女是毗湿奴的妻子。人们相信她是从海洋中升起的，她会确保世界的丰产和幸福。她既是丰产和富饶女神，又是胜利女神。在印度尼西亚的爪哇岛和巴厘岛上，人们将她称为 Sri，并将她作为稻谷女神加以崇拜。人们经常把她视为人类与毗湿奴之间的调解人——毗湿奴有时让人敬而远之，难以接近。吉祥天女还以她对丈夫的忠贞不渝而闻名，尽管她经常与外人私通。毗湿奴与吉祥天女的爱情是印度另一首伟大的史诗《罗摩衍那》的中心主题。在这一故事中，毗湿奴与吉祥天女出生在罗摩（Rama）和悉多（Sita）的世界中。这个故事集中讲述这样一件事情：当悉多被魔鬼国王拉瓦

---

① 关于古典时代之后的印度教女神，请参看 C. Dimmitt and J. A. van Buitenen, *Classical Hindu Mythology. A Reader in the Sanskrit Puranas* (Philadelphia: Temple University Press, 1978), pp. 219–41。

印度教中最受欢迎的神之一：象头神迦内什（Ganesha）。他是湿婆和雪山神女的儿子。迦内什是抄写员和会计的保护神，以"解困者"之名而为人所知。印度教的每一个神都与一种动物对应，象头神和老鼠对应。

那（Rawana）绑架的时候，罗摩努力寻找和营救他的亲爱的悉多。

在过去几十年中，一个忠于一神的极端案例已经在许多美国大城市中越来越常见，这就是所谓的哈里·克里希那运动（Hare Krishna movement，又称国际黑天觉悟运动）。克里希那神的这群信徒将它的起源上溯至《薄伽梵歌》中克里希那以人类形象显现的时候。从那时起，便有一群印度人全心全意崇拜克里希那。

对知识的热爱

在古典时期之后的印度教中，人们可以选择崇拜一个或多个神，并全心全意侍奉这些神及其神庙。对大多数人来说，这可能是最受欢迎和最便捷的道路。但对于另一些人来说，一条同样受欢迎的道路是所谓的知识之路（*jnana-marga*）。对于那些有时间研究神圣经典中的各种哲学内涵的富人或智者来说，知识之路是有可取之处的。

一般来说，当一个人提到印度教中的知识之路时，他所指向的是各种不同的哲学体系（*darshan*）。这些体系是数论（Samkhya）、瑜伽（Yoga）、弥曼差（Mimansa）、胜论（Vaisheshika）、正理（Nyaya）和吠檀多（Vedanta）。它们全都声称自己是建立在《吠陀》的基础之上，以解脱为目的，信仰重生和前世。虽然哲学体系的数量一般就限于这六个，但是在这六派之下还存在许多其他较小的体系和变体。

数论体系　据说，数论的哲学体系是由圣人迦毗罗（Kapila）创立的，他生活在公元前6世纪。数论体系产生于耆那教和佛教创立的时代；它显然影响了这两个宗教，反过来又受到它们的影响。与耆那教和早期佛教一样，数论体系不承认人格神，它可以被视为对生活抱持无神论的态度。它也像耆那教那样将宇宙视为精神力量［*purusha*（神我）］与物质力量［*prakriti*（自性）］的二元对立。一切存在都是这两种力量，从这两种力量中产生出我们所知道的世界上的所有东西。

瑜伽体系　在所有印度哲学中，最为西方人所知的就是瑜伽派哲学，虽然他们通常想到的只是身体性的瑜伽（Hatha yoga，哈他瑜伽）或瑜伽信徒可能达致的各种极端的禁欲主义。yoga一词衍生于词根yuj，意思是"将轭加在牛马身上"或"联合"。瑜伽派基本遵循数论体系的哲学观点，将世界视作二元对立，并教导人们说，人应该努力将个体精神（阿特曼）与神（梵）相结合。

雅利安人到来之前的古印度城市的遗址——其历史可上溯至公元前3千纪——中出土了许多雕像和印章，其上描绘有摆弄出各种瑜伽姿势的人物形象。然而，我们今天所知道的瑜伽哲学是由圣人波颠阇利（Patanjali）发展起来的，他生活在公元前2世纪，并将他的瑜伽教义整理在《瑜伽经》（*Yoga Sutra*）中。

所有瑜伽的主要特征都是禅定（meditation）。哪怕是神，如果要从生死轮回中解脱出来，也必须静虑和禅定。瑜伽有多种不同的形式，每一形式又具有若干特征，并且每一形式都各自强调不同的方面。胜王瑜伽（Raja Yoga）强调智力和精神的发展。在这种形式的瑜伽训练中，人们通过各个阶段的修行，使内心摆脱怒气、色欲、怨恨、贪婪等邪念。据《瑜伽经》，为了达到胜王瑜伽中的入定或超意识层面，人们必须采取八个步骤：

（1）在一个人开始修习之前，他必须宣誓克制己身（*yama*，禁制）。这些誓言关乎禁止杀生和禁止邪淫。

印度中部地区敬拜丰产女神吉神天女的场面。

（2）在这一阶段，人们试图实现内在的控制，拥有平静和沉着的心态（niyama，劝制）。

（3）在第三阶段，人们学习摆出特定的身体姿势（asana，坐法），这些姿势是为帮助人们实现瑜伽的目的而设计的。①

（4）在掌握了这些姿势之后，人们接下来要进行调息（pranayama）。

（5）第五个阶段是制感（pratyahara），在这一阶段中人们努力把自己封闭起来，不接触外部世界。

（6）第六个阶段是把心思完全集中在单一的物体之上（dharana，执持）。

（7）此后，人们寻求实现禅定（dhyana，亦称静虑）。

（8）最后，行瑜伽法的人寻求入定（samadhi，三昧），在其中，行瑜伽法的人与梵融合为一。

按照这些步骤修行的人会获得强壮的体力和异乎寻常的集中精神的能力。掌握

---

① 人们在坐禅时采用的最普遍的姿势是所谓的莲花坐姿，即将右脚放在左边的大腿之上，左脚放在右边的大腿之上，后背挺直。在这种极为平稳的坐姿中，人们的精神比在其他大多数坐姿中更容易集中。

和精通瑜伽的禁欲主义者是那些能够完成禁欲主义的显著技艺的人，在西方人的心目中，这种禁欲主义被等同为瑜伽。

弥曼差体系 弥曼差哲学体系的全名"前弥曼差"（Purva Mimamsa）的意思是，对《吠陀》的"早期考察"。这一体系的拥护者的主要经典是《吠陀》和《弥曼差经》（*Mimamsa Sutra*），后者大约创作于公元前200年。弥曼差哲学的主要倡导者是鸠摩利罗（Kumarila）和波罗跋伽罗（Prabhakara），他们生活于公元8世纪。

弥曼差的主要关注点是避免生死轮回。只有通过服从《吠陀》定下的规则，并遵行《吠陀》规定的仪式才能实现这一点。弥曼差哲学的早期倡导者否认神的存在，但是到公元前8世纪，这一体系的一些哲学家开始向湿婆祈祷。

胜论体系 Vaisheshika（胜论）一词的词根意为"特殊性"。胜论派哲学可能产生于佛教和耆那教创立时的公元前6世纪。胜论的创建者是迦那陀（Kanada），他创作了最基本的文献《胜论经》（*Vaisheshika Sutra*）。与宣传除了梵之外没有任何实在的哲学相比，胜论认为宇宙是由9种不同元素组成的，它们是地、水、火、风、空（ether）、时、方、我（soul）、意（mind）。因为这些要素是永恒的、自存的，所以在宇宙中也不需要神。后来，这一体系的哲学家接受了一个作为宇宙支配者的最高存在的理念。

正理体系 正理哲学体系采纳了胜论体系的形而上学系统，那些对印度哲学进行分类的人经常将它与胜论体系并列放在一起。正理是由生活在公元前3世纪的乔达摩（Gautama）创立的，他创作了《正理经》（*Nyaya Sutra*）。一些哲学系的学生将乔达摩称为"印度的亚里士多德"。和胜论的拥护者一样，乔达摩基本上持无神论的观点，而且相信世界的真实性。因此，他推断说一个人能够拥有关于世界的真实知识。所以正理体系主要关注逻辑分析，把逻辑作为认识世界之真理的一种手段。

吠檀多体系 Vedanta（吠檀多）一

一座巴厘岛庙宇中的雕像（约公元1600年）。印度教三位主神之一的保护神毗湿奴与神鸟迦楼罗（Garuda）在一起。

词通常被译为"吠陀的终结",这说明吠檀多体系的主要素材都取自被置于吠陀文献最后一部分的《奥义书》。这一词还被译为"吠陀之顶",这说明吠檀多哲学是在《吠陀》中发现的宗教教义的巅峰。无论在哪种解释中,吠檀多哲学都是基于《奥义书》中的篇章及其关于生命的观点。人们相信吠檀多哲学最初是在一位名叫跋达罗衍那(Badarayana)的圣人那里得到了系统的阐述,这位圣人可能生活在公元前1世纪,并可能是《梵经》(Vedanta Sutra,亦称《吠檀多经》)的作者。

与数论体系相比较,吠檀多是一元论的,而且认为在宇宙中只有一个真实的实体。这一实体可被称为神或梵。除了梵以外不存在任何其他东西。人类世界以及其中的肉体、灵魂和物质实体并不真正存在。我们所感知到的世界是基于虚假的认识(摩耶),这一虚假的认识遮蔽了梵的真实性。人类认识不到梵,与此相反,他们试图紧紧抓住生命里的各种客体,而这些客体像海市蜃楼一样,总是从我们的把握中消失得无影无踪。事实上,只有梵是真实的。因此,人类的基本问题并不是邪恶,而是无知。人们不知道实在的真实本质,而且相信他们是与梵相分离的独立个体。因此,这种无知将他们束缚在无止无休的生死轮回之上,直到他们通过知识获得解脱。

在公元9世纪发展起来的一个吠檀多哲学分支叫作吠檀多不二论(Advaita),它的意思是"非二元的",这表明了它的一元论观点。它的创建者是商羯罗(Shankara,公元788—820年),他可能是中世纪印度教最杰出的学者。虽然他在当时也是一个著名的苦行者和导师,但是,他最为人所知的是其在解释《奥义书》时所使用的哲学方法。他作为一位哲学家的能力和声望,使一些西方读者将其称为"印度教的阿奎那"。他在写作上最杰出的贡献是为《梵经》作注。这一注释在印度教文献中已成为经典,它自身也成为许多人注释的对象。在商羯罗的注释中,他以《奥义书》中使用的古典方式坚持和维护了梵的绝对唯一性。梵是一切存在。宇宙中的其他一切东西都是幻觉,人们被束缚在无穷无尽的生死轮回之中,直到他们撕掉这一虚幻的面纱才能从中解脱。商羯罗本人是湿婆的信徒,因为他相信湿婆是梵的真实本质的最佳象征。

商羯罗还因其对佛教的激烈反对而为人们所纪念。人们认为,他在反对佛教的斗争中所起的领导作用是摧毁印度佛教并重建印度教主导地位的主要因素。

据一个故事所说,商羯罗并没有死,他只是消失了。因此,一些湿婆教的信徒相信这位伟大的学者实际上是湿婆的一个化身。

中世纪印度教的第二位哲学家是罗摩奴阇(Ramanuja,约公元1056—1137年),他代表着关于《吠陀》真意之争论的其中一方。罗摩奴阇相信对神的虔敬是极为重

位于印度尼西亚日惹的印尼普兰巴南（Prambanan）印度教神庙（建于公元9—10世纪），庙中供奉三位主神：梵天、毗湿奴和湿婆。

要的。他本人献身于对毗湿奴的敬拜。他推论说，如果商羯罗是正确的，如果每个人都仅仅是梵的一部分，那么向神表示虔敬就不可能，因为一个人如何能向自身表示虔敬呢？虽然他不可能偏离传统的吠檀多唯一神的立场，罗摩奴阇还是宣传一种有限的二元论；在这种二元论中，他坚持说人的灵魂和神的灵魂是一体的，但又是有所不同的。他所用的类比是人的肉体和精神——一方不存在，另一方也不存在；但是，它们是分离的实体。

这场争论中的第三个观点是由哲学家摩陀伐（Madhva，公元1199—1278年）提出的。和罗摩奴阇一样，摩陀伐崇拜毗湿奴神，而且坚信对神的崇拜和献身是唯一正确的宗教表达。然而，他试图比罗摩奴阇走得更远。虽然他大体上还是属于吠檀多学派，但是他采取了二元论的立场。他完全放弃了神是一切和所有其他东西都是幻觉的观念。对于他来说，世界和个体的灵魂与梵是完全分离的，个体灵魂之间也相互分离。因此，每一个单独的个体灵魂都能适当地敬拜神那独特的本性。

4.4 穆斯林在印度的影响

在公元 7 世纪，一个富有活力的新宗教从阿拉伯沙漠兴起。在几十年之内，伊斯兰教通过征服和改变他人的信仰传遍整个中东世界。到 8 世纪，它几乎传入欧洲。穆斯林还向东迁移，到公元 8 世纪征服了波斯和阿富汗，并不时对印度发动袭击。

早在公元 712 年，印度西北部的部分地区就被穆斯林的领袖征服。在 11 世纪，土耳其将军伽色尼王马哈茂德（Mahmud of Ghazni）曾 17 次入侵印度并将大量财宝带回他在阿富汗的总部。到 13 世纪，伊斯兰教已在印度牢固扎根，并在德里建立了一个苏丹国。在 16 世纪，一个土耳其人的王朝——莫卧儿王朝在此建立帝国，统治了印度次大陆的绝大部分土地。大多数莫卧儿王朝的皇帝都试图接纳他们的印度教臣民。然而，到 18 世纪，这一帝国走到了尽头。它瓦解为许多互相攻伐的小国，这些国家最终被入侵的英国军队轻而易举吞吃入肚。而莫卧儿帝国虽然在政治和经济方面衰落了，但是直到 1857 年被最后摧毁之前，它仍然保留着象征性的重要地位。

> **宗教与暴力**
>
> 1857 年，英国东印度公司的印度雇佣兵与穆斯林雇佣兵联合起来反抗英国殖民者，因为东印度公司用牛油和猪油的混合物擦拭枪弹。印度士兵将用牛油擦枪视为对神的亵渎，而穆斯林士兵将用猪油擦枪视为对神的亵渎。这酿成了历史上一场最为惨烈的宗教暴力冲突。印度教徒和穆斯林屠杀基督徒，基督徒又在锡克人的帮助下反过来屠杀前者。令人感到奇怪的是，英国人饶恕了莫卧儿王朝的最后一位皇帝——巴哈杜尔沙二世（Bahadur Shah Zafar II）。他被流放到缅甸的仰光，于 1862 年在此地去世。他被埋在一座没有墓碑的坟墓里，直到 1991 年人们才发现这座坟墓的位置。自那时起，它就成了印度穆斯林的一个重要的朝圣地，尤其是政治家的朝圣地。

今天，印度次大陆上的穆斯林比世界上任何其他地区的穆斯林都要多，印度的穆斯林人口数量居世界第二，仅次于印度尼西亚。印度教徒与穆斯林之间的关系总是非常紧张。的确，人们很难找到两个比印度教和伊斯兰教更不同的宗教。穆斯林是坚定的一神论者，印度教徒的信仰却倾向于无限的多神论；穆斯林反对以任何形式表现安拉，印度教徒却用大量神像装饰神庙、居室，在现代，他们还以这些神像装饰他们的小汽车和大卡车；为了纪念《圣经》和《古兰经》所记述的亚伯拉罕的献祭——即为了服从上帝的命令，亚伯拉罕愿意献祭自己的儿子——穆斯林以牛和其他动物为祭品，印度教徒却将牛视为神圣的动物，并努力保护它不受任何伤害；穆斯林认为安拉面前人人平等，印度教徒却遵守将社会分为不同等级的传统的种姓制度——在这一制度中，高等级成员具有比低等级成员更多的宗教特权。

早期访问印度的穆斯林对印度教神学的开放性感到惊讶。以下是一位 11 世纪的穆斯林学者阿尔－比鲁尼（Al-Biruni）对印度教徒的描述：

> **文献摘选**
>
> 他们在宗教方面与我们完全不同，因为我们完全不信他们所信的东西，他们同样不相信我们的信仰。从总体上看，他们很少针对神学问题发生争论；他们最多在口头上争辩，但是从不以他们的灵魂、肉体或财产为赌注进行宗教方面的争论。[①]

尽管有这些巨大的差异，印度教徒和穆斯林还是设法一起相处了一千多年。虽然印度教并没有因与伊斯兰教的接触而改变它的基础神学，但是印度社会却吸收了伊斯兰文化的许多要素。特别是在莫卧儿帝国时代，印度社会受到伊斯兰世界的艺术、建筑式样、科学甚至服装风格的影响。在几个世纪的时间里，印度教和伊斯兰教也在一些重要方面变得一致，许多穆斯林将种姓制度作为社会组织模式加以采纳，还有一些神庙和圣人是这两个宗教信徒都会敬拜的。

在 15 世纪，出现了最值得注意的在伊斯兰教和印度教之间进行调解的尝试：锡克教（Sikhism）。我们将在第 7 章详细讨论锡克教；然而，在此我们必须说，锡克教设法在伊斯兰教毫不妥协的一神论与印度教世间一切皆为幻觉和生死轮回的教义之间达成了某种和谐。我们还必须说，尽管印度教徒与穆斯林曾以某种方式尽力在印度和平相处，两大群体之间的宗教和政治差异仍是印度今天面临的一个主要问题。

4.5 现代印度教

和所有主要的宗教一样，印度教也不得不面对现代社会的严峻挑战——要应付民族主义运动、社会改革、宗教之间的冲突和科学革命。在影响印度教的现代因素中，

[①] R. C. Zaehner, *Hinduism* (New York: Oxford University Press, 1962), p. 4.

最重要的因素之一是它与基督教及其欧美信徒的相遇。根据传统的说法，基督教是于公元 1 世纪被耶稣的门徒多马（Thomas）传入印度的。在欧洲人到达印度几个世纪之前，在印度南部就存在基督教社团。然而，在近代以前，基督教对绝大多数印度人民的影响是微乎其微的。在近代以前，人们只是把基督徒作为另一个种姓来对待，就和他们在印度绝大部分地区对待穆斯林的方式一样。然而，当基督教与大英帝国的政治势力和现代科学知识相伴而来的时候，印度人才不得不将它视为一个更为严峻的挑战。

印度与现代欧洲国家之间的第一次重要接触发生在 1510 年，当时葡萄牙人征服了果阿。在 17 世纪，英国侵入印度并建立了英国东印度公司，由此开启了英国对印度长达 3 个世纪的统治。虽然英国人出现在了印度，但此时他们只是士兵和商人；直到 19 世纪，传教士才被允许进入这个国家并向印度人传教。后者姗姗来迟的原因之一是许多新教教派之前并没有积极主动地外派传教士。

浸信会士威廉·克理（William Carey，公元 1761—1834 年）是进入印度的英国传教士之一。和 19 世纪的其他许多传教士一样，克理不仅关注传播基督教的福音，还关注提高被传教的印度人民的生活和教育水平。他是第一个将现代印刷技

新加坡印度教徒的商店中摆放的男神或女神的塑像和画像。

术引入印度的人，他还为印度人民发起了许多新的教育计划。与其他传教士一道，克理对印度社会生活中的一些习俗感到惊讶，他认为这些习俗是不人道且有害的。其中一项习俗是"殉夫"（suttee），按照这种风俗，人们将一位印度寡妇置于其亡夫葬礼所用的柴堆上，与他的遗体一起火化。"殉夫"从起源上说是一个社会习俗，而不是宗教习俗。实际上，印度教神圣文献中的一些段落是反对这种习俗的。许多印度教的改革家，如罗姆·摩罕·罗易（Ram Mohan Roy，公元1774—1833年），也反对殉夫这种风俗。在基督徒与具有改革思想的印度教徒的坚持下，英国政府于1829年宣布这种习俗非法。为欧洲传教士所抵触的另一个习俗是童婚。在印度，父母为了确保他们的孩子有一个合适的婚姻而在其幼时为其订婚这种情况十分常见。[①]在包办婚姻中，父母关心的主要问题之一就是，他们的孩子应该在他们的种姓之内缔结婚姻。这经常意味着将非常幼小的孩子许配给人，或10岁左右的孩子就结婚，这对于小女孩来说尤其痛苦，她们的父母可能将其许配给比她们大二三十岁的人。这一习俗趋向于使这一结果成为必然：当一个丈夫死后，留下了一个相当年轻的寡妇，人们不允许她改嫁，在某些情况下甚至希望她自杀。最后，官方也宣布童婚在印度为非法。

在19世纪末和20世纪，印度教中发生了几起改革运动。最早的改革家之一就是罗姆·摩罕·罗易，人们将他称为"近代印度之父"。正如上面指出的那样，罗易反对殉夫，并迫使英国政府宣布这一习俗为非法。虽然他并不接受耶稣的神性，但他在基督教中看到了许多他欣赏的因素。罗易的立场倾向于一神论，而且试图压制他眼中印度教的多神论和偶像崇拜。为了在死后他的工作还能够延续，罗易组织了"梵社"（Brahmo Samaj），它在19世纪和20世纪成了复兴印度的主要力量。

或许，19世纪最伟大的宗教改革家是罗摩克里希那（Sri Ramakrishna，公元1836—1886年）。他曾是加尔各答时母庙的一位祭司，在哲学方面他是吠檀多不二论的追随者。后来他坚信在所有宗教背后都有一个可被称为神的唯一实在。他与基督徒、穆斯林和印度教徒相处的宗教经验使他确信真理在本质上只有一个。如果没

[①] 据估计，现代印度社会中90%以上的婚姻是由父母做主的。虽然我们没有确切的数字，但是，在欧洲和北美洲的南亚人口中，包办婚姻的风俗是非常普遍的。在美国和欧洲出版的南亚人的报纸和其他期刊中，我们常能在分类广告栏里发现"征婚广告"，这种广告一般来自年轻孩子的父母，而有时他们的孩子对此并不知情。现代教育的发展对改变这种习俗也功效甚微，这种习俗所产生的幸福婚姻似乎和其他大多数习俗所产生的幸福婚姻一样多。

有他的弟子辨喜（Vivekananda，公元 1863—1902 年，原名 Narendranath Dutta），罗摩克里希那的教诲可能就和他一起在印度死去了。辨喜早年就是梵社的一名成员，后来，他遇见了罗摩克里希那并成了后者的信徒。在喜马拉雅山隐居数年之后，他成为第一位走向现代世界的印度教传教士。辨喜四处游历，宣讲印度教吠檀多哲学的价值，他把吠檀多印度教描述为"其他所有宗教之母"。他作为印度教的代表在 1893 年芝加哥世界宗教会议上给人们留下了极为深刻的印象。无论他走到哪里，这位神的唯一代言人都能够吸引和打动听众，并使一些人皈依印度教。辨喜的追随者是帕拉宏撒·尤迦南达（Paramahansa Yogananda，公元 1893—1952 年），他在 1920 年赴美，并创建了自明友谊会（Self Realization Fellowship），这一友谊会所教授的吠檀多哲学，既从印度教的圣典也从基督教的福音中汲取灵感。这一友谊会在加利福尼亚尤为活跃，它在印度、欧洲和美国大多数重要城市都有分支。

20 世纪最著名的印度改革家是甘地（Mohandas K. Gandhi，公元 1869—1948 年）。甘地之所以为人民所缅怀，主要是因为他在英国的统治接近尾声的时候，通过将宗教理想主义和非暴力斗争结合起来，为印度人民带来政治和社会福利。在童年时期，甘地深受印度教及其文学和思想的影响，他还接触过耆那教徒、穆斯林和拜火教徒。甘地最初在英国进修法学，在此他接触到许多 19 世纪的社会和政治思想。他也接触到基督教，尤其是耶稣的登山宝训。这些要素与甘地的印度传统思想一起塑造了他的人格。作为为了从英国的统治之下获得自由而进行斗争的印度人民的领袖，他亲自领导了许多次反对英国人各种政策的绝食和罢工，而且经常获得胜利。除了信奉公民不合作和非暴力主义，甘地还受到耆那教不害教义的影响。因此，他是一位素食主义者，坚定地捍卫保护牛的印度习俗。甘地还阅读了美国作家亨利·戴维·梭罗（Henry David Thoreau，公元 1817—1862 年）的著作，后者倡导对政府进行消极抵抗。反过来，甘地又成了马丁·路德·金（Martin Luther King, Jr.）在政治思想上的效仿对象之一，后者于 20 世纪 60 年代在美国领导了民权运动。倡导非暴力运动的甘地在 1948 年，也就是在他的人民赢得独立之后几个月，被一个极端印度民族主义者刺杀。

在内部改革者和外部改革者眼中，一个特别受到关注的对象是种姓制度。虽然印度古典文献早已提到社会分为四个瓦尔那（肤色），但全面的种姓制度却是一个比较现代的发展结果。有证据证明，在早期印度教中存在跨种姓的社会交往。在公元 700 年后的某个时间点，现代种姓制度才开始发展。四个基本的社会群体逐渐被分为几千个种姓团体。通常，这些种姓都是以职业为基础进行划分的，有冶金工人、纺织工人、武士、祭司和其他许多职业，这些都是不同的种姓。其他种姓是沿着民族或宗教的线路发展起来的。氏族部落村社和穆斯林、基督徒、犹太人也作为不同的种姓群体融入印度社会。最后，在印度社会出现了3000多个不同的种姓。当16世纪葡萄牙人来到印度时，他们用自己语言中的 casta（种类、种族）来称呼这些分类。[①]

在传统的印度社会中，种姓制度统辖着生活的各个方面。一个人因出身某个种姓的家庭而进入这一种姓。一个人的种姓决定了他的饮食、职业、居住地和配偶的选择。不同种姓成员之间的社会交往受复杂规则的限制。种姓等级制度是建立在纯净和污秽这两个概念的基础之上的。一个人与污染源——血、死物和秽物——接触得越多，他在这一体系中的地位越低。许多婆罗门——他们属于最高种姓——从不与任何污秽不洁的东西接触，所以是严格的素食主义者。一个人只能从同级或较高等级的人的手中接受烹制过的食物。因此，许多餐馆都是由婆罗门经营的。

贱民——最低等的一个种姓——有时被称为"不可接触者"，他们主要从事这样一些工作：打扫街道，清理茅厕，搬运尸体，鞣制皮革和洗衣服。这些工作导致他们不断接触污染源。伴随这些职业而来的是最低的工资、最恶劣的生活条件和改善生活的无望。一般来说，较高等级的成员与这些群体的成员没有社会接触，如果有的话也是非常少的。高种姓的人可能会向贱民布施，或接受贱民的布施。按照传统，人们强迫贱民居住在村东面与村庄隔开的藩篱中，这是因为害怕常年的西风使其他种姓暴露在污染的空气中。然而，这样一个事实是不容忽视的：尽管人们认为贱民是不洁净的，但是离开了他们，印度社会是不能运转的，他们的工作使较高社会等级的成员得以远离污染物。[②]

传统印度教似乎要证明贱民之社会地位的合理性。贱民之所以处于这种生活状况中，一定是他们前生所造的业决定的。如果贱民接受了此生的义务（达摩），不反抗，他们就可能有希望在来生进入一个更高的种姓。甘地这类改革家努力的一个成果便是，1950年的《印度共和国宪法》正式禁止对贱民的种姓歧视。甘地将贱民称为 harijan（神的孩子），而且教导人们说，因为他们长期默默无闻地忍受痛苦，他们已经赢得了神和人的尊敬与爱戴。许多较低种姓的印度人改信了伊斯兰教或基督教，改信其他宗教并不是对付种姓制度之不平等的有效方法，因为上等种姓的印

[①] 印度人在传统上用来指种姓制度的梵文词是 jati，即"生"。
[②] Adrian C. Mayer, *Caste and Kinship in Central India. A Village and Its Region* (Berkeley: University of California Press, 1960).

度人继续像以往那样对待改信者。长期存在、根深蒂固的种姓制度在现代印度社会中逐渐消亡。

4.6　印度教节日

因为印度教徒敬拜种类繁多的神祇（包括男神和女神），所以在印度教中有大量的各种各样的节日、斋戒、庆典和朝觐。每年都有几百万印度教徒到恒河朝圣，在它的河水中洗浴，实现他们的誓愿。除了敬拜各种神祇和朝觐圣地的宗教节日外，印度教内也有一些与季节有关的节日。在一个简短的章节中描述所有这些节日是不可能的；尽管如此，我们还是可以说说在全印度普遍庆祝的几个节日。

霍利节

霍利节（Holi）是最为大众所喜爱的节日。人们在每年的2月或3月庆祝这一节日以迎接春天的到来。霍利节是敬拜大黑天神的节日，它曾是一个祈求丰产的仪式。这一节日还庆祝恶魔的毁灭。在霍利节期间，许多种姓和禁忌的限制都被搁置在一边，这是一个欢庆取乐的日子。

排灯节

在10月或11月，印度教徒庆祝排灯节（Divali）以迎接新年。人们在排灯节供奉女神时母（湿婆的妻子）和吉祥天女（财富女神）。在这一节期里，信徒可以选择到与时母的故事有关的圣地朝圣。吉祥天女走访每一户点灯的人家，为其带来胜利和好运。

杜尔迦女神节

在10月，人们拿出9天时间来纪念湿婆的妻子降魔女神难近母（杜尔迦）。杜尔迦女神节（Dasehra）庆祝难近母战胜牛魔。人们交换礼品，并以跳舞和游行的方式纪念这位女神。

4.7　今天的印度教

和所有宗教一样，今天的印度教必须与现代化的问题进行斗争。它的主要家园

印度教朝圣者在印度最神圣的河流——恒河中沐浴。

印度是世界上最大的民主国家之一，因此，它必须倾听印度人民的要求。也许这是印度教历史上的第一次，它必须应对控制生育这类问题和城市化产生的问题。过去，人们被教导要接受他们的命运，不去抱怨，这样他们在来世的生活可能会更好。如果问题严重到让人无法忍受的程度，总还可以选择过一种苦行者的生活。

在世界其他地区，印度教也面临不同的挑战。巴厘岛的印度教徒在穆斯林占多数的印度尼西亚是一个非常微弱的少数群体。他们在人口中只占少数，加之伊斯兰教在公众生活中扮演的角色越来越重要，这有时使巴厘岛人很难充分参与国家事务。西方国家中的印度教徒则面临着在社会中保持宗教身份的困难——在这些社会中，他们是非常微弱的少数，而且他们与神圣经典、庙宇和祭司的接触是非常有限的。

印度教是一个古老的宗教，而且在长达几个世纪的时间里，经受住了许多挑战。新的宗教建立起来，随之又被印度教借鉴吸收。社会变迁来去匆匆，印度教仍然存在于数百万人民的生活之中。它的神庙、神和节日仍然满足着印度人和全世界印度教徒的生活需要。

宗教与暴力

宗教社团之间的冲突仍然是一个重要的问题。在印度，所谓的"社团暴力"已有很长的历史。1947年，英属印度被划分为印度和巴基斯坦，这导致在两国之间发生可怕的暴力行为。20世纪90年代印度教基要主义的兴起，欲将印度建成印度教神权国家，这些都导致印度教徒与穆斯林之间的关系日趋紧张。在穆斯林占多数的克什米尔地区的问题上，印度与巴基斯坦之间存在分歧，无法解决这一分歧是造成局势紧张和间歇性暴力的原因。2002年，在一场因寺庙之争而引发的骚乱中，多达2000人被杀，其中许多人被活活烧死。该圣地在阿约提亚城，穆斯林认为这一寺庙是印度最古老的清真寺，印度教中的激进人士认为它是印度教的神罗摩的诞生地。这场暴力事件导致宗教之间的分歧日益加深。在印度西北部的许多城市，去穆斯林居住区旅行现在被称为"到巴基斯坦去"。尚武的锡克教徒要创立一个独立国家的持续不断的要求甚至使局面更加复杂化了。达利特（Dalit）改信基督教这件事已导致印度教极端主义分子攻击教会并以强力手段破坏敬拜仪式。在印度东北部地区——此地绝大多数人口是浸礼会教徒，自独立的早年起，这里就发生过起义。印度教极端主义者将这些起义者称为"基督教恐怖主义者"。这些起义者自称"浸礼会民族主义者"。宗教群体之间的流血冲突似乎要一直持续下去。

需要研究的问题

1. 简要介绍印度教的早期历史。雅利安人带来的神和礼仪是如何与本土宗教相融合，进而产生出古典印度教的？
2. 详细说明《梨俱吠陀》《奥义书》和《摩奴法典》。说明这三部文献是如何解释基本的印度教概念的。
3. 讨论作为印度教之异端的耆那教与佛教。这两个宗教在印度的命运如何？在亚洲其他地区的命运如何？
4. 在《薄伽梵歌》中，阿周那必须从他与克里希那的对话中吸取哪些重要教训？
5. 列出现代印度教的三位主神，并对每一位神做出简要的描述。
6. 讨论印度教中女性神祇的角色。
7. 描述种姓制度的核心特征。
8. 比较印度教与伊斯兰教。

参考书目

1. Chaudhuri, Nirad C. *Hinduism*. New York: Oxford University Press, 1979.

2. Dalrymple, William. *The Last Mughal: The Fall of a Dynasty: Delhi 1857*. London: Knopf, 2006. 本书讲述1857年印度起义时期德里的历史。
3. Dirks, Nicholas B. *Castes of Mind: Colonialism and the Making of Modern India*. Princeton: Princeton University Press, 2001.
4. Eck, Diana. *Darsan: Seeing the Divine Image in India*. Chambersburg: Anima Books, 1985.
5. Dimmitt, Cornelia, and J. A. B. van Buitenen. *Classical Hindu Mythology*. A Reader in the Sanskrit Puranas. Philadelphia: Temple University Press, 1978.
6. Feldhaus, Anne. *Water and Womanhood. Religious Meaning of Rivers in Maharashtra*. New York: Oxford University Press, 1995.
7. Hopkins, Thomas J. *The Hindu Religious Tradition*. Encino, CA: Dickenson, 1971.
8. Hume, Robert Ernest. *The Thirteen Principal Upanishads*. New York: Oxford University Press, 1971.
9. Koller, John M. *The Indian Way*. New York: Macmillan, 1982.
10. Zaehner, R. C., trans. *The Bhagavad-Gita*. New York: Oxford University Press, 1969.

原始资料

《梨俱吠陀》节选

《梨俱吠陀》是所有后期印度教经典的基础，它是献给雅利安诸神的古典赞歌集。以下是出自这本书的代表性选段。

婆楼那

第7卷第86首，第1—8节

1. 他的伟大之力，曾将天与地分开，
   亦创立了真正的"智"。
   他将天空推升，将日与星辰高耸，
   他也拓展了地界。

2. 我沉思、自问，
   我如何能与婆楼那合一？
   我的祭品他是否欣然接受？
   当我宁静仰望，能否察觉他的仁慈？

3. 我四处询问，真想知道这是否我的罪孽，
   噢婆楼那，我寻找智者，以求解答。
   圣哲们给了我同一答案：
   "去确认，婆楼那是否对你发怒。"

4. 噢婆楼那，什么是我的主要罪孽，

你将处死颂咏你的朋友吗？
告诉我，至尊的神，
我怀着崇敬，热切祈求恕罪。

5. 宽恕我们吧，虽然祖先有不当行为，
虽然我们自己犯下罪孽；
王啊，宽恕瓦西斯塔就像饶恕偷牛贼，
就像释放捆缚的小牛。

6. 噢婆楼那，这并非我们的本意，而是
缺乏思考，以及酒、忿怒和骰子的引诱。
老手引导青年误入歧途，
甚至睡觉也不能阻止造孽。

7. 我将像奴隶一样为宽仁的尊神服务，
以救赎那些使神愤怒的罪孽。
尊神给予幼稚者智慧吧，
全能智神引导明智者富庶。

8. 噢婆楼那神，让这颂曲打动你的心灵，
让我们能够繁荣、富裕，
尊神啊，我们感恩祈求，
予我们更多庇护。①

"我们应向什么天神献祭品？"

第 10 卷第 121 首，第 1—10 节

1. 起先出现了金胎；
他生下来就是存在物的唯一主人。
他护持了大地和这个天。
我们应向什么天神献祭品？

2. 他是呼吸（精神）的赐予者，力的赐予者；
一切听从他的命令，天神们〔听〕他的〔命令〕；
他的影子是不死，他的〔影子〕是死。
我们应向什么天神献祭品？

3. 他以伟力成为能呼吸的，能闭眼的，
能行动的〔一切〕的唯一的王。
他主宰这有两足的和有四足的。

---

① 《〈梨俱吠陀〉精读》，96—98 页。

我们应向什么天神献祭品？

4. 由他的伟力而有这些雪山；
   大家说海和河流是他的；
   这些〔四〕方〔八〕面都是他的，是他的两臂。
   我们应向什么天神献祭品？

5. 由于他，天高强；地坚定；
   由于他，天宇支撑稳；由于他，天穹〔稳〕；
   他在空中使大气得流行。
   我们应向什么天神献祭品？

6. 呐喊的两军对垒求支持，
   心中颤抖着对他望。
   那里照耀着升起的太阳。
   我们应向什么天神献祭品？

7. 洪水那时来到世界，
   持着胚胎，生出了阿耆尼（火）；
   由此众天神的唯一精灵出现了。
   我们应向什么天神献祭品？

8. 他以伟力观察水，
   〔水〕持有陀刹（能力），产生祭祀，
   他是众天神之上的唯一天神。
   我们应向什么天神献祭品？

9. 愿他莫伤害我们，那位地的产生者，
   或则那位天的产生者，有真实"正法"者，
   那闪烁发光的洪水的产生者。
   我们应向什么天神献祭品？

10. 生主啊！除你以外没有
    环抱这一切生物的。
    愿我们向你献祭的欲望实现！
    愿我们成为财富的主人。①

《奥义书》节选

《奥义书》是出自古典印度教宣教师之手的哲学作品。以下是对死亡之瞬间的描述。

当此自我仿佛昏迷，痴狂也，则生命气息皆麋聚于其人。彼乃摄敛此生力之元精，而降

---

① 《金克木集·第三卷》，北京：生活·读书·新知三联书店，2011。

入内心。若彼眼中之神人，外出而返其本（太阳）矣，则彼不复辨识形色。

（临去世之人身体逐渐虚弱，显然丧失意识之时，他的知觉被困聚在自身周边，其探触外界的能力被完全收回，最终沉降入内心之中。——拉达克里希南）

人谓彼既化为一矣，则不复见；谓彼既化为一矣，则不复嗅；谓彼既化为一矣，则不复尝；谓彼既化为一矣，则不复语；谓彼既化为一矣，则不复闻；谓彼既化为一矣，则不复思；谓彼既化为一矣，则不复触；谓彼既化为一矣，则不复知。——于是其心端之光明炽盛，以其光明照耀也，性灵（自我）遂或由眼，或由顶，或由身体余处转离（其身），以其转离也，生命随之而离，以生命之出离也，生命诸气息皆随之而离；彼则化为智识身，有智识者随之（而俱）离转。于是彼之明、业、凤慧，皆正得之。①

惟人之舍离斯世也，则归于风。风于是启对之，如车轮之轴孔。彼由此上升而至于日。日于是启对之，如大鼓之孔。彼由此上升而至于月。月于是启对之，如摇鼓之孔。彼由此上升，入乎无忧无雪之世界而居之，永恒其年。②

《摩奴法典》节选

苦行主义从一开始就与印度教的某些形式相联系。以下是对一位苦行僧生活的描述。

《摩奴法典》第6卷，第33—36，41—43，45—49，60—65节

33. 林栖者这样在山林间度过其第三阶段生活后，其第四阶段，可完全戒绝各种欲累，从事苦修的生活。

34. 经过一个住期又一个住期，对圣火举行所要求的祭献，经常控制感官，疲于布施与祭供的人，献身苦行，死后得到最后解脱。

35. 清偿了对圣仙、祖灵和诸神的三债后，要专心致志于最后解脱；但在偿债以前希望解脱的人，沉沦到地狱中。

36. 依律法规定的方式学完吠陀，按照合法的方式生子，并尽力祭供，偿还三债时，可专意于最后解脱。

41. 可持净具，如手杖、水瓶等，离家，守沉默，不为物诱，过苦行生活。

42. 为得到最后解脱，要孤身无伴，视孤独为取得此幸福的唯一途径；因为不抛弃也不被抛弃，绝不感到由此而来的忧伤。

43. 不要有火，也不要有家，当饥饿苦人时，可到村落中乞食；要恬淡，有决心，默观，全神贯注于梵。

45. 不要求死，不要贪生；要等待给他规定的时刻，有如仆人等待报酬。

46. 要注视放脚的地方，使步履清净，怕踏在毛发、骨头和其他一切不净之物上；要将

---

① 《大林间奥义书》第四分，第四婆罗门书，第一至二节。
② 《大林间奥义书》第五分，第十婆罗门书，第一节。

应喝的水,用布滤过,使它净化,怕伤亡里面可能存在的小生物;要用真理净化语言;要经常保持心神清净。

47. 应该忍受侮辱性语言,不轻视任何人,不要为这衰弱有病的身躯对某人衔恨。
48. 不要以愤怒对愤怒的人;被人辱骂,可和言以对,不要说牵涉到属于七根(五觉根,意识和慧根)对象的空话;要只说梵。
49. 要乐于思考最高我,坐禅,不需要任何物品,屏弃一切肉欲,惟与灵我为伍,在期待永远解脱中活于下界。
60. 要控制自己的欲念,断绝爱憎,避免伤生,为自己准备永生。
61. 要注意思考人们由于罪孽而招致的轮回,堕落地狱,在阎摩殿遭受的拷打。
62. 与所爱离别,与所憎会合;使人感到体衰多病的老年,和恼人的疾病。
63. 灵魂出离此肉体,往生人胎,和此灵魂在亿万母胎的轮回。
64. 生物由于罪孽所遭受的灾祸,以及由于美德所感到的、由于对梵默观所产生的无穷幸福。
65. 要屏除一切、专心致志地反复思考最高我微妙而不可见的本质,思考它在最高的和最低的躯体内的存在。

《薄伽梵歌》节选

《薄伽梵歌》("世尊歌")是印度的古典诗歌。在这篇描述一场大仗的长诗中,诸位神变成人的形象,并与凡人谈话。在以下章节中,神克里希那与诗歌主人公阿周那讨论生命、死亡和神的本质等问题。

第2章第16—27节

没有不存在的存在,也没有存在的不存在,洞悉真谛的人们,早已察觉两者的根底。(16)这遍及一切的东西,你要知道,不可毁灭;不可毁灭的东西,任何人都不能毁灭。(17)身体有限,灵魂无限,婆罗多子孙阿周那啊!灵魂永恒,不可毁灭,因此,你就战斗吧!(18)倘若认为它是杀者,或认为它是被杀者,两者的看法都不对,它既不杀,也不被杀。(19)它从不生下或者死去,也不过去存在,今后不存在;它不生,持久,永恒,原始,身体被杀时,它也不被杀。(20)如果知道,阿周那啊!它不灭,永恒,不生,不变,这样的人怎么可能杀什么或教人杀什么?(21)正如抛弃一些破衣裳,换上另一些新衣裳,灵魂抛弃死亡的身体,进入另外新生的身体。(22)刀劈不开它,火烧不着它,水浇不湿它,风吹不干它。(23)劈不开,烧不着,浇不湿,吹不干,它永恒,稳固,不动,无处不在,永远如此。(24)它被说成不可显现,不可思议,不可变异;既然知道它是这样,你就不必为它忧伤。(25)

即使你仍然认为,它常生或者常死,那么,你也不应该为它忧伤,大臂者!(26)生者必定死去,死者必定再生,对不可避免的事,你不应该忧伤。(27)

第 11 章第 15—21，24，25，31—34 节

阿周那说：

在你身上，神啊！我看到一切天神和各类生物，坐在莲花台上的大梵天，所有的仙人和神蛇。（15）你有无数臂、腹、嘴和眼，无限的形象遍及一切，但我看不到，宇宙之主啊！你的起始、中间和末端。（16）我看到你戴着头冠，握着铁杵，举着转轮，光团到处照耀，难以看清，阳光火焰围绕，无边无际。（17）你不愧是不灭的至高者，你是宇宙的至高居处，你是永恒正法的保护者，我相信你是原初的原人。（18）我看到你无始无终也无中间，勇力无穷无尽，手臂无计其数。以日月为眼睛，嘴巴燃烧火焰，以自己的光辉照耀这个宇宙。（19）

你一个人，灵魂伟大者啊！遍及天地之间和四面八方，看到这样神奇可畏的形象，三界众生无不诚惶诚恐。（20）成群成群的天神进入你，双手合十，惊恐地赞颂你，众大仙和悉陀向你祝福，用大量的颂诗赞美你。（21）

你头顶天空，色彩斑斓，你嘴巴洞开，大眼放光，看到你，我内心感到恐慌，失去坚定和平静，黑天啊！（24）

看到你的一张张嘴，神主啊！布满可怕的牙齿，如同劫火，我迷失方向，失去快乐，请爱怜我吧，世界庇护所啊！（25）

你的形象恐怖，告诉我，你是谁？向你致敬，尊神啊！请你爱怜我，我想要知道你这位原始之神，因为我不理解你的所作所为。（31）

吉祥薄伽梵说：

我是毁灭世界的成熟时神，我在这里收回一切世界，对立军队中的所有战士，除了你之外，都将不存在。（32）因此，你站起来，争取荣誉吧！战胜敌人，享受富饶的王国吧！他们早已被杀死，阿周那啊！你就充当一下象征手段吧！（33）你就杀死德罗纳、毗湿摩、胜车、迦尔纳和其他勇士；他们已被我杀死，你不必恐慌！战斗吧！你将在战斗中战胜敌人。（34）

商羯罗论"梵"的本质

公元 9 世纪的印度哲学家商羯罗是印度不二论学派的创建者之一。他对世界及神的本质的理解是以《奥义书》为基础的。[①]

但是，人们可能会问，梵是已知的还是未知的（在考察它的本质之前）？如果它是已知的，我们就无须对其进行考察；如果它是未知的，我们也不能进入这样一个考察。

我们的回答是：梵是已知的。梵是存在的，它是全知全能的，在本质上是永恒的纯净、智慧和自由。如果我们考虑一下 Brahman 的词根 brih（至于伟大），我们立刻就会理解梵拥有永恒的纯净等属性。而且，根据梵是一切的我这一事实，我们也可知晓梵的存在。因为，每个人都感到（他的）自我是存在的，从不认为"我不存在"。如果自我的存在是未知的，

[①] George Thibaut, trans., *Shankara, Commentary on Vedanta Sutra*, vol. 1, in *Sacred Books of the East*, vol. XXXIV(Oxford: Clarendon Press, 1890), passim.

那么每个人都将认为"我不存在"。这个我（所有人都意识到它的存在）就是梵。但是，如果梵作为我被人们知晓，那么就没有考察它的余地！我们回答说：并非如此；因为，围绕梵的本质有许多争论。未受教育的人和顺世论者（Lokayatika）赞成这样一种观点，即只有被赋予智慧这一特质的身体是自我；另一些人认为，被赋予智慧的器官是自我；也有人认为，内脏是自我；又有人认为，自我仅仅是一个瞬间的理念；还有另一些人认为，自我就是空。又有其他人（他们诉求于这样一种见解，即承认吠陀经典的权威）认为，有一个不同于身体和其他种种的不断转生的存在，它既是业果的发起者，又是业果的享受者；还有人教导人们说，这一存在只享受，不作业；另外一些人相信，除了个体灵魂，还有一个全知全能的主。最终还有另外一些人（即吠檀多学派）认为，这位主是享受者的自我［即个人灵魂的自我，其个体存在只是表面性的，是无明（Nescience）的产物］。

因此，有许多不同的见解，它们之中的一部分以合理的论证和经典为依据，一部分以谬误的论证和经典为依据，一部分以谬误的论证和被误解的经典为依据。因此，如果一个人在没有预先思考的情况下接受了其中的一些见解，他就将自己与至上的幸福隔绝开来，并会遭受严重的损失。

正是这一最高的梵构成——正如我们从诸如"你是那"（that art thou）一类的语句中知晓的那样——个体灵魂（即阿特曼）的真实特性，而它的第二特性，即依赖于虚假的限定条件的它的那一外观并不是它的真实特性。因为，只要个体灵魂没有把它自己从以二元形式显现的无明中解放出来——这一无明可比作一个人在微光中错将某根柱子看作人；只要这一个体灵魂没有达到对自我的认识——这一自我的本质是不变的、永恒的认识（Cognition），这一认识以"我是梵"的形式将它自己表述出来；这一个体灵魂就仍然是个体灵魂。但是，当它抛弃了身体的聚合、感觉器官和意的时候，它就依靠经典达到这样一种认识：它不是它本身的聚合，它并没有形成轮回转世的存在的一部分；它是真实，是实在，是自我，它的本性是纯粹的智慧；在此之后，则知晓它自己的本性是不变的、永恒的认识，它使它自身超越了与身体同一的虚妄的自负，而且它自身则成为自我，其本性是不变的、永恒的认识。正如在这样一段经典的话——"无上梵已知，彼则成大梵"（《秃顶奥义书》第三书，下篇，第九节）中宣称的那样。这就是个体灵魂的真实本性，凭借着这一本性，它脱离身体而上升，而且出现在它自己的形式中。

只有一个永远不变的最高的主，它的本性就是认识（即认识不单单是它的一个属性）。它凭借着无明，以各种方式将自己表现出来，正像一位术士凭借着其魔力以不同的形式出现一样……这一最高我是永远纯净的、智慧的和自由的，是常住的，唯一的，一个不与任何东西接触，不存在任何形式的实在；人们错误地将个体灵魂的一些相反的特征归给这一最高我，正如无知的人将蓝色归于无色的太空一样。

在黑暗中，一个人可能会把一条放在地上的绳子当成一条蛇而迅速避开，他因此而受到惊吓，战栗不已；随即，另一个人可能会告诉他："不要害怕，这只是一条绳子，不是一条蛇。"在此之后，他可能会消除由这条想象的蛇造成的恐惧，不再跑了。但是，他将绳子认成一条蛇这一错误观念的产生和消失，始终未对这条绳子本身产生丝毫的影响。个体灵魂这一情况正与此相似，个体灵魂在实际上与最高的灵魂是同一的，虽然无明使它看上去是另一种样貌。

因此，由于个体灵魂和这一最高我只在名字上有所不同，所以，完美认识的目标就在于认识到二者绝对的同一性；坚持自我的多样性（如某些人所做的那样），坚持认为个体灵魂与最高我不同，而且最高我与个体灵魂也不同是愚蠢的和毫无意义的。因为自我的确是有许多不同的名字，但它是唯一的。这一段话——"大梵为真、为智、为无极，在高天兮隐深穴"（《鹧鸪氏奥义书》第2卷，第1章）——也不指某一个（不同于个体灵魂所在的）洞穴。我们从后面的一段话中也可得知，没有任何其他人，只是梵隐藏在这一洞穴中，这句话就是"（梵）创造之已，乃自入其中"（《鹧鸪氏奥义书》第2卷，第6章）。根据这句话，只是创造者进入了被创造的存在。那些坚持个体灵魂与最高我有区分的人将他们自己与吠檀多经典的真实意思对立起来，从而阻挡了通向完美认识——这一完美认识是通向完美的无上幸福之门——的道路，而且毫无根据地认为解脱是某种被产生的东西，故而不是永恒的。（如果他们试图说明解脱虽然是被产生出来的，但却是永恒的，）他们就让自己陷入与正确逻辑的冲突之中。

与此同时，梵是世界的动力因，我们必须从这一事实中得出这样一个结论：没有任何其他的支配性存在。的确，一般来说，像黏土和金块这类质料因为了把它们自己造成器皿和装饰品也要依赖于陶工和金匠这类外在的动力因；但是，除了作为质料因的梵，就不存在质料因所能依赖的任何其他动力因；因为经典说，在开辟鸿蒙之前，梵是独一无二的存在。而且，不存在此质料因（即梵）以外的指导原则这一事实可凭借着在经典中使用的观点得到确立，即这一事实与（经典中的）命题和例证相一致。如果人们承认一个与此质料因不同的指导原则，那么，就会由此得出这样一个结论，即人们不可能通过一个东西知晓所有东西，命题和例证也就因此而无效了。因此，这一自我是动力因，因为不存在其他的指导原则；这一自我也是质料因，因为不存在世界能由之起源的其他实体。

只要梵是所有的个我这一认识还没有产生，现象性存在的整个复合就被视为是真实的；正如直到一个睡眠者醒来之前，他都认为一场梦是真实的。因为，只要一个人还没有达到自我之统一的真实认识，没有意识到现象世界，以及该世界中的正确认识的手段和对象及行为的结果是不真实的；他便与此相反地，由于无知将纯粹是结果和印象的东西（如身体、儿女、财富等）视为他的自我的组成部分，而且属于他的自我，完全忘记了梵实际上就是所有的自我。因此，只要真正的认识还没有将它自己呈现出来，世俗和宗教活动的通常过程就应不受打扰地进行下去。这种情况类似于一个正在睡觉的人的情况，他在睡梦中看到各种各样的东西，直到醒来的那一刻，他都坚信他的思想是由真实的感知产生的，而不怀疑这一感知仅仅是一个表面上的东西。

第五章
耆那教

本章目的

- 在本章中，你将学习耆那教的不害的概念；了解耆那教的创建者大雄（筏驮摩那）的生平；探索耆那教教义，研究耆那教教派；考察耆那教社团在当代印度的社会地位。

关键词

二十四祖

解脱

命

非命

白衣派

天衣派

耆那教大事年表	
公元前 599—前 527 年	大雄在世
公元前 1 世纪	白衣派与天衣派之间出现区分
公元 9—11 世纪	天衣派耆那教徒得到印度南部诸国王的支持
1473 年	斯塔纳迦瓦西派出现
1700 年	英国成为印度的主要势力
1857 年	印度大起义；英国的基督徒，印度的印度教徒、穆斯林和锡克教徒以宗教的名义犯下暴行；一些耆那教徒在战斗中被杀死
19—21 世纪	耆那教是印度受过最良好教育和最繁荣的社团之一
20 世纪	耆那教社团在全世界出现，尤其是在从前的英国殖民地出现

本章提要

公元前 6 世纪，在印度出现了两个印度教的反对者：耆那教和佛教。它们各自提出了一种不同的教义，以取代在吠陀经典中表达并由婆罗门传授的教义。耆那教和佛教都否认作为神启经典的《吠陀》的合法性，而且这两者都斥责印度种姓制度的宗教内涵。在这两个新宗教中，耆那教可能是首先产生的。

5.1 大雄的生平

虽然人们在传统上将若提子·筏驮摩那（Nataputta Vardhamana）——他的门徒将他称为大雄（Mahavira）——确认为耆那教的创建者，但还是很难严格确定耆那教的起源。大雄的生平故事明显隐藏在各种传说之中。实际上，在正统的耆那教中，大雄只是长长的祖师名单中的最后一位。人们相信，在漫长的历史过程中，真理曾被发现，但慢慢变得模糊并消失，之后又被重新发现。这一对时间和宗教的理解为上座部佛教徒和耆那教徒所共同持有。在筏驮摩那之前，还有23位祖师参与了耆那教的创建。这些人与筏驮摩那一起并称为二十四祖（Tirthankaras），即渡津者。人们相信他们是那些在此生和涅槃之间建造桥梁的理想人物。这24位祖师全都在他们的庙宇中接受耆那教徒的敬拜。

虽然一些权威人士认为筏驮摩那直至公元前467年才去世，但是大多数资料都表明他生活在公元前599到前527年。这意味着他与乔达摩·悉达多、孔子、老子及公元前6世纪伟大的希伯来先知（耶利米、以西结和《以赛亚书》40—66的无名氏作者）同时代。

关于筏驮摩那生平的一些细节描述在许多方面与佛陀类似，一些人指出这些细节取自佛教。其他人则认为这些细节是佛教借自耆那教的。和佛陀一样，筏驮摩那生于公元前6世纪，父母也是刹帝利种姓；他的父亲是一位部族统治者。筏驮摩那是次子。据传说，这个家庭极度富裕，生活奢侈。他们居住在印度北部摩揭陀（Magadah）的首府吠舍离（Vaisali）。到了适婚的年龄，筏驮摩那结婚并生一女。尽管他富有且具有很高的社会地位，可他并不幸福，并为这种不幸福寻找宗教上的答案。当一群四处流浪的苦行僧来到他的村庄并居住在此地的时候，筏驮摩那开始对他们产生兴趣，并渴望加入他们的行列。尽管如此，作为一个孝顺的儿子，他还是等到他的父母去世而且家庭的事务由他的哥哥成功接管之后才去实现这一愿望。[①]在此之后，他告别他的家人，抛弃他的财富和奢华的生活，一把撕掉头发和胡子，

---

① 根据一些耆那教的传说，大雄的父母是在自行的禁食中死去的。因为耆那教高度重视禁欲主义，这种死亡就成了一种理想的死亡形式。

加入这些苦行僧的行列。

筏驮摩那并没有在这群苦行僧中找到他曾经想找的东西。与此相反,他开始相信,一个人必须践履比当下的实践更为严格的苦行主义才能使灵魂从此生解脱。除了他对极端苦行主义的关注,筏驮摩那最终发觉一个人还必须实践不害(ahimsa)的理念才能获得这一解脱。因此,他走上了他自己的道路。

那些讲述到筏驮摩那生平这一时期的传说,都着重强调他施于自身的那些严苛的苦行。因为他并不希望依附于他人或具体的事物,所以他在旅程中从不在任何地方过两夜。在雨季,他就不走那些自己不经意间可能会踩死昆虫的道路。在旱季,他就边走边清扫前面的道路,以免踩死昆虫。他将所有要喝的水都加以过滤,以防吞下水中可能包含的任何生物。和所有真正的苦行僧一样,他靠乞食过活;但是他拒绝吃生食,而且只喜欢吃其他人剩下的食物,使自己不致成为其他人死亡的原因。为了更严酷地磨炼自己的身体,冬季他就到最冷的地方去,夏季他就到最热的地方去,而且他总是赤身裸体地四处行走。每当有恼怒的或邪恶的人纵狗追他,他宁可被狗咬也不反抗。传说,有次在筏驮摩那沉思默想的时候,一些人在他座下点起了一堆火,看他是否有反应——他竟毫无反应。经过12年最严苛的苦行生活之后,他从束缚中得获解脱——那束缚曾将他的灵魂捆绑在无穷无尽的生死轮回之上。因此,他的门徒将他称为"耆那"(Jina,征服者),因为他英勇地征服了生命的力量。筏驮摩那在获得解脱之后又活了30年,于72岁时去世。

5.2 耆那教的教义

和其他印度宗教一样,耆那教视生命为无穷无尽的生死轮回。人们出生,走过自己的生命旅程,继而死亡,然后再次出生。这是印度宗教始终围绕的问题。一个人如何才能摆脱生死轮回不再降生?印度教给出了各种不同的答案,佛教和锡克教也是如此。耆那教认为,因为人造了业,所以他们被束缚于生命之上。

> **文献摘选**
>
> 所有生物的现有存在方式都归因于他们自己的业;他们怯懦,邪恶,遭受潜在的痛苦,误入歧途(在生死轮回中),经受生老病死的磨难。[①]

---

① Herman Jacobi, trans., "Sutrakrtanga," *Gaina Sutras, in The Sacred Books of the East*, vol. XL (Oxford: Clarendon Press, 1895), pp. 1–3, 18.

筏驮摩那教导人们说，业作为各种活动的结果在个人身上被确立起来。因此，对于一位耆那教徒来说，理想的生活只能是尽可能少做事情，以此避免造业并从生死轮回中解脱出来。

> **文献摘选**
>
> 由于缚因的消除与灭，并从所有的业脱离，可得解脱。①

耆那教的哲学世界观是二元论的。根据耆那教的教义，世界主要由两种实体组成——灵魂（jiva，命）和物质（ajiva，非命）。灵魂是有生命的，它是永恒的和有价值的。物质是没有生命的、有形的和邪恶的。宇宙万物要么是灵魂，要么是物质。所有人都被视为包裹在物质里的灵魂。由于过去的行为（业），物质缠缚在灵魂之上。只要灵魂陷在物质之中，它就永不得解脱，而且必定处在永无休止的生死轮回之中。因此，耆那教的目的便是将灵魂从物质中解放出来。这一哲学的基本观点视肉体为邪恶，因为它捕捉并困住了精神。如果肉体是邪恶的，那么一种苦行主义的解答就是通过以某种方式折磨肉体来解放灵魂。针对人类困境的这一解答出现在印度教、佛教、基督教、伊斯兰教和几乎每一种世界主要宗教的一些形式中。然而这些宗教还持有解决人类困境的其他方案，耆那教的观点却是一贯的。它将世界视为二元对立的。面对世界的二元性，它的答案是严格的苦行。因为不是所有的耆那教徒都能从生活的责任中解放出来并献身苦行，所以人们相信那些能做到这些的耆那教徒是最接近于从生死轮回的循环中解脱出来的

一位耆那教的朝圣者。他戴着面罩，以防在行路时吞掉小虫；手拿扫帚，清扫面前的道路，免伤蝼蚁的性命。这样，他便恪守了不害的信仰。

---

① 《谛义证得经》（*Tattvartha Sutra*）第10章第2节，方广锠译，摘自《藏外佛教文献（第二辑）》，北京：宗教文化出版社，1996。

人。筏驮摩那舍弃了家庭的财富和喜乐,并甘愿使肉体接受苦行生活带来的严苛的磨炼——这为人们确立了典范;因此,他获得了解脱。

耆那教认为,远离生死轮回的解脱必须由个人完成。灵魂只有凭借着个人的行为才能从物质中解放出来,同时这个人也无法从外界接受帮助。因此,在耆那教中,神是无足轻重的。耆那教徒不需要一个作为创造者的神,因为他们相信物质是永恒的。因此这里从来没有创世的说法。世界自古就存在而且将永远继续存在。如果耆那教有任何对神的意识,那么他们认为神也是某种生物,但是跟人类生活在不同的位面上。当人类寻求解脱的时候,这些神不可能帮助人类。因此,祈祷和敬拜是没有用的。虽然耆那教可能承认神的存在,但它并不依赖他们。

在耆那教徒的宗教实践中,他们倾向于把自己分为两个不同的群体:不能离开家庭、不能接受严酷的苦行生活的大多数,以及能够离开家庭并接受严酷的苦行生活从而成为僧侣的少数。后一个群体代表了一个耆那教徒的理想生活。耆那教的僧侣发五大誓愿以作为他们生活的向导。

1. 他们宣誓不害。根据耆那教的传统,筏驮摩那教导人们:

> **文献摘选**
>
> 那些伤害这些(动物)的人不能理解并放弃罪恶的行为,那些不伤害这些的人能理解并放弃罪恶的行为。知晓了这些,一个明智的人不应对动物行有罪之事,也不应使其他人行此种罪行或允许其他人行此种罪行。知晓这些伤害动物的罪因的人被称为懂得回报的圣人。我如是说。①

这一誓愿已成为所有耆那教徒最显著的特征和他们为全世界所知的典型行为。一位耆那教徒会竭尽全力避免伤害任何生物;他们是素食主义者,不使用皮革制品,因为制造这些产品必然会杀生。一些耆那教徒非常注意不接触肉制品,如果一口锅先前被用来烹制肉食,那么他们不会食用此锅烹制的食品。耆那教的僧侣以筏驮摩那为榜样,走路的时候会清扫面前的道路以避免踩死昆虫,把要喝的水全部过滤以保护其中可能存在的任何生命。甚至有时,耆那教徒会将其对生物的关注推及老鼠。②大多数耆那教徒不会从事包括农业在内的任何可能涉及伤

---

① *Ayaranya Sutra*, 1, 1, 6, 6。
② 当老鼠在孟买成为一个问题的时候,耆那教徒为它们建立了救济院。人们给捕到的老鼠一个家,并将雌老鼠与雄老鼠分开,使其不能再生小老鼠,并对它们加以抚养和照看,直到它们自然死亡。

害人或其他生物的职业。因此，耆那教几乎是一个彻头彻尾的城市宗教。耆那教的不害原则在甘地和施韦泽（Albert Schweitzer）这类非耆那教徒的人中也具有广泛影响。然而，也有一些信仰耆那教的国王会发动战争。耆那教并不要求完全的和平主义。一些耆那教徒持有这样一个观点，即允许使用武器，但只能用于自卫，而僧侣在任何情况下都不允许使用武器。

2. 耆那教僧侣发誓不欺诳。 耆那教徒发此誓愿，故因诚实而广受人们的尊重。然而，在他们寻找真理的过程中，耆那教徒倾向于将真理视为相对的而不是绝对的。①

3. 耆那教僧侣发誓决不偷窃。 这一誓愿进一步提升了耆那教徒诚实的美名。

4. 他们放弃性欢乐。 传统的禁欲主义将肉体上的愉悦视为邪恶的，而性是最强烈的愉悦的肉体体验之一。因此为了遵循传统的禁欲主义，耆那教徒必须弃绝性行为。（筏驮摩那甚至走得更远，他不仅弃绝性欢乐，而且完全弃绝女人。据说他曾宣称："女人是世界上最大的诱惑。"）

5. 他们放弃所有爱慕和依恋。 对其他人或物的爱慕和依恋是将人束缚于生命之上的诸要素之一。（因此，筏驮摩那放弃了家庭和财产，并拒绝在任何地方逗留超过一天，防止形成新的依恋。）②

一般来说，所有耆那教徒都尽可能努力遵循前三个誓愿；那些出家的僧侣则必须遵守五大誓愿。因此，一位耆那教的普通信徒可以结婚，可以有家庭和财产，同时他们也认识到自己并没有过理想的生活，不能期望在此生获得解脱。

耆那教徒的神圣经典被称为"阿含"（Agama，教、传）或"悉檀多"（Siddhanta，宗义）。正统的耆那教徒相信《阿含经》是筏驮摩那传给弟子的真正教诲或训诫。但这些经典中有多少是真实且权威的，耆那教的不同宗派持有不同的看法。许多不

---

① 著名的盲人摸象的故事据说就起源于耆那教，而且它说明了真理的相对性。在这个故事中，人们请几个盲人描述一头大象。每个盲人都摸到了这头大象的躯体的不同部分，因此，每个盲人都以不同的方式描述这头大象。对于某个人来说，这头大象像一面石墙，因为他摸到了大象的侧身；对另一个人来说，这头大象像一条绳子，因为他摸到了尾巴；对第三个人来说，这头大象像一把扇子，因为他摸到了大象的耳朵。每个盲人都忠实地描述了这头大象，但是，因为人们从不同的立足点摸它，所以描述也大不相同。

② 在公元前4世纪，当亚历山大大帝进入印度的时候，他遇到了赤身裸体的耆那教哲学家，并为他们所吸引。这些耆那教徒在亚历山大面前只踩他们的脚。当亚历山大就这一奇怪的举动发出疑问的时候，这些耆那教徒告诉他："亚历山大国王，每个人只能拥有像我们现在脚踏的这么一小片土地。你只是一个和我们一样的人，只有这一点是不同的：你总是忙忙碌碌，而又不干好事，跋山涉水，远离故乡，给自己和别人带来麻烦。啊，好啦！你的死期就在不远，到那时你所拥有的土地也只有埋你的那么一片大。"（Arrian 7: 1.4—7: 2.1）

太著名的《阿含经》还没有被译成英文。

5.3 耆那教的宗派

到公元前80年，耆那教徒就"什么是耆那教的真实教义"这一问题发生了严重分歧，他们分裂成至今仍然存在的两个宗派。在解释耆那教教义时持更为开放的态度的一派是白衣派（Svetambara，字面意思为"穿白色衣服"）。这一群体如今主要居住在印度北部。他们在解释筏驮摩那关于穿什么衣服的教义时持更为开放的态度。之所以被称为"白衣派"，是因为他们认为没必要裸体，而且准许他们的僧侣穿白色外衣。他们的开放性还表现在：允许女性入教并进入寺院，甚至接受女性也能获得解脱的可能性。相比天衣派，白衣派拥有更多的信徒。

第二个派别——天衣派（Digambara，字面意思为"以天为衣"）相比白衣派更为保守，其成员主要生活在印度南部。天衣派遵循古老的典范，要求他们的僧侣几乎赤身裸体地四处游走；只有那些最伟大的圣人才会完全赤身裸体。除此之外，他们认定女性没有获得解脱的机会，还把女性视为对男性最大的诱惑。因此，他们禁止女性进入寺院和庙宇。天衣派的成员甚至拒绝相信筏驮摩那曾经结过婚。

加尔各答耆那教中心，覆满珍宝的帕拉斯纳特耆那教神庙。

1473年，第三个派别从白衣派分裂出来，成为一个新群体。这一群体被人们称为斯塔纳迦瓦西派（Sthanakavasi），他们的特点是反对烦琐的祭祀礼仪和偶像崇拜。该派还因只承认33部《阿含经》为权威经典而与其他耆那教派别区分开来，而其他教派承认的《阿含经》多达84部。

5.4 耆那教的节日

虽然耆那教徒并不特别重视集体的敬拜和礼仪，但是他们还是会庆祝某些主要的年度节日。这些节日与每一位耆那教祖师一生中的五个主要事件相关。它们与耆那教祖师的投胎、诞生、出家、得道和从此生获得最后解脱的时间重合。人们在4月初庆祝大雄的生日。

持斋节

人们在耆那教历的年底（通常是在8、9月）庆祝持斋节（Paijusana），它是最受大众喜欢的节日。在这八天里，每一位耆那教徒都举行斋戒并参加特殊的敬拜仪式。

印度古吉拉特邦巴利塔纳的沙查扎亚山上一处耆那教徒的重要朝圣地。这处圣地至少有863座寺庙。

大雄的雕像。这位耆那教的修习—解脱之道的创建者在这幅雕像中展现出了"征服"轮回的耆那教徒所拥有的宁静沉着。

耆那教鼓励所有普通信徒至少当一昼夜的僧侣。在此期间，这些信徒要居住在寺院中，斋戒，沉思。在这一时期结束的时候，耆那教徒要经历苦修并寻求宽恕，以清白的纪录开始新的一年。这一节日以信徒举着耆那教始祖的像穿过村庄，并向穷人施舍告终。

排灯节

耆那教徒取用了印度教的排灯节，人们在 11 月庆祝这一节日。耆那教徒庆祝这一节日并不是为了敬拜印度教的女神时母，而是在这一节日里用灯火纪念大雄的解脱。除了这些节日，耆那教徒每逢月圆都举行斋戒，并到各个圣地朝圣。

5.5　今天的耆那教

耆那教教义影响了印度教，并促使印度教接受它对苦行主义和不害主张的重视。虽然耆那教及其苦行运动可能曾在印度非常普及，但是今天它却是一个少数人的宗教。

宗教与暴力

耆那教徒有时会受到印度教徒的迫害。最广为人知的事件之一发生在 11 世纪，当时在印度西南部的卡纳塔克，大约有 8000 名耆那教徒因拒绝改信印度教而被杀。

全世界范围内约有 400 万名耆那教徒，其中大多数生活在印度西部的城市地区。耆那教僧侣的数目则不足 6000。[①]由于耆那教徒极为关注生命的神圣性，他们被禁止从事某些职业。

[①] *1998 Ontario Consultants on Religious Tolerance.*

> **宗教与暴力**
>
> 任何耆那教徒都不能从事杀害生命的职业，也不能从屠宰业中获益。例如，他们不能当士兵、屠夫、皮匠、根绝害虫的人，甚至农夫——因为农夫要定期耕地，所以可能杀死地里的蚯蚓和昆虫。然而，在过去，也有当兵和当皇帝的耆那教徒。这些禁律迫使耆那教徒经商。这一事实与他们因诚实和有德而得到的声望一道使他们成为杰出的商人。一个开始志在苦行和清贫的教派凭借着它对生命的尊重已变为印度最富有的阶层之一，这确实是悖论性的。虽然一些耆那教徒也会被卷入战火之中，但是他们并没有积极参与在现代印度已非常普遍的宗教和民族暴力活动。

耆那教徒是非常严格的素食主义者。一些耆那教徒拒绝在可能也提供肉食的素食餐馆用餐，因为害怕细微的肉质混入素食中。美国一位信奉耆那教的教授解释说，基于相同的原因，当他与朋友一起出去吃饭的时候，他从不考虑芝士和意大利腊肉肠双拼的披萨。

虽然耆那教徒不需要神，但他们崇拜二十四祖，并在印度建起了超过4万座神庙来敬拜这些人物。许多神庙以其建筑之美著称；在阿布山（Mount Abu）上的神庙被视为印度的七大奇迹之一。除了在神庙中敬拜二十四祖，耆那教徒也会在家中举行许多敬拜礼仪。这些礼仪可能包括默念耆那（过去的圣人）的名字、灌洗偶像、并向他们献上鲜花或为敬拜者焚香。在敬拜时，人们可能还会进行沉思冥想，并恪守誓约。

需要研究的问题

1. 请描述由大雄发起的反对古典印度教的运动。
2. 根据耆那教的观点，一个人如何能够从生死轮回中解脱出来？
3. 说明"不害"的定义，举出大雄生平中实践这一教义的例子。
4. 耆那教对世界宗教的最大贡献是什么？
5. 不害的教义是如何影响耆那教普通信徒的日常生活的？

参考书目

1. Frost, S. E., ed. *The Sacred Writings of the World's Great Religions.* New York: McGraw-Hill, 1972.
2. Jaini, Jagmanderlal. *Outlines of Jainism.* Cambridge: Cambridge University Press, 1940.
3. Jaini, Padmanabh. *The Jaina Path of Purification.* Berkeley: University of California Press, 1979.

4. Mahapragya, Nathamal. *Jain Ethics and Morality*. London: Amol, 2000.

5. Rankin, Adian. *The Jain Path: Ancient Wisdom for the West*. Winchester UK: O Books, 2006.

6. Shah, Bharat. *An Introduction to Jainism*. Charlestown, South Carolina: BookSurge, 2003.（可从亚马逊网站获得）

原始资料

耆那教的一则寓言：井中之人

与其他许多印度宗教一样，耆那教一直都在告诉人们，关于生命这一难题没有是或非的确切答案。关于这一点的最好说明可见耆那教井中之人的寓言。这一故事也可以在其他许多文化和经典中见到。[①]

有一个人因贫穷而颇觉抑郁悲哀。他离开自己的家，踏上去另一个国度的旅途。他走过村庄、城市和港口，几天之后他迷路了。

他来到一片茂密的森林……里面满是野兽。当他在崎岖的小路上跟跟跄跄地前行时……又饥又渴的他看到一只发狂的野象，这只野象一边凶恶地吼叫，一边举起它的鼻子，向他进攻。与此同时，在他面前出现了一个极为邪恶的女鬼。她拿着一把利剑，面目和形象都非常可怕，发出响亮且尖锐的笑声。看到它们之后，他四肢发抖，恐惧至极，四下张望。然后，在他的东边，他看到一棵大树。

他迅速跑到这棵大树下。但是，他心灰意冷了，因为这棵大树太高，连鸟儿都很难从上面飞过，他也不可能爬上那高不可攀的树干……他恐惧异常，四肢发抖，直至他四下张望，看到近处一口被草丛掩盖着的古井。因为怕死，希望哪怕能再多活一会，他跳入树下的这口古井。从深处的井壁里长出了一丛芦苇，他紧紧抓住这丛芦苇。与此同时，在他身下，他看到许多条可怕的蛇，它们被他下落的声音所激怒；而从井底传来的嘶嘶声，他知道在那里有一条黑色的巨大蟒蛇。这条蛇张着大嘴，蛇身和神象的鼻子一样粗，睁着一双可怕的红眼睛。

他想："只要这些芦苇不被连根拔掉我就能活命。"他抬起头来，在芦苇丛中看到两只大老鼠，一只白，一只黑，它们的尖牙正在啃噬芦苇根。在上面，野象来到井口，因为没有抓住他而更为恼怒，用鼻子一再摇撼大树的树干。由于它不断摇晃树干，悬在古井上方一个大枝杈上的蜂巢落了下来。这个人全身都被恼怒的蜂群蜇咬。但是，仅仅是出于偶然，一滴蜂蜜落在他的头上，这一滴蜜滚落到他的眉梢，又落到他的唇上，让他尝到了一点甜味。他渴望能再尝到一滴蜜。他极度渴望喝到更多的蜂蜜，所以他再也不想蟒蛇、大象、老鼠、水井或蜜蜂了。

这则寓言是强有力的，它可以使那些走向自由的人的心灵更为明晰，现在让我们听一听它的确切解释吧。

[①] A. L. Basham, trans., in *Sources of Indian Tradition*, ed. William T. de Bary (New York: Columbia University Press,1958), pp. 56–58.

这个人是灵魂或精神，他在森林中的漫游是存在的四种类型。这头野象是死亡，女鬼是老年。大树是拯救，在此，没有对死亡——大象的惧怕，但是，没有任何一个耽于肉欲的人能爬上这棵树。井是人生，蛇是激情，这种激情在如此之大的程度上控制住了一个人，以致他不晓得自己应该做什么。芦苇丛是人的寿数，在此期间，灵魂附着在人体之上；不断啃噬芦苇的老鼠是白昼和黑夜。蜇咬他的蜜蜂是各种各样的疾病，这些疾病不断折磨人，直到他没有片刻的欢乐和宁静。可怕的蟒蛇是地狱，它控制住沉溺于肉欲中的人，灵魂落入地狱中之后，要遭受成千上万种痛苦。这几滴蜜是无价值的欢乐，最后这种欢乐是可怕的。现在，一个处在如此险境和艰难困苦中的智者会想要它们吗？

耆那教对生命的尊重

不害是耆那教的主要教义之一，而且可能是它对其他宗教的首要贡献。以下文段详细论述了耆那教对所有生命的尊重。[①]

大地是痛苦的和悲惨的，它很难被教化，它从不偏袒。因过去行为的业果而受苦的愚昧的人在已经充满痛苦的世界上造成巨大的痛苦，因为在大地上，灵魂被包含在个体之中。如果……由于想得到称赞、荣誉或尊敬……或更好地投生……或赢得拯救，或逃离苦难……一个人触犯了大地，或使其他人或允许其他人触犯了大地……那么他不会得到欢乐或智慧……伤害大地就如同殴打、砍割、伤害或杀死一个盲人……知晓这一点之后，人就不应该触犯大地，或促使和允许其他人触犯大地。理解了触犯大地的罪的性质的人被称为理解了"业"的真正的圣人。

水中包含有许多灵魂。的确，水……是活的。那些伤害水中生命的人并不理解罪的性质，也不会放弃罪行……知晓了这一点之后，人就不应该触犯水，或促使和允许其他人触犯水。理解了触犯水的罪的性质的人被称为理解了"业"的真正的圣人。

通过邪恶的或无意的行为，一个人可能会毁灭与火有关的存在物，而且还会因使用火而伤害其他生物……因为有生活在泥土、草、树叶、树木、牛粪以及垃圾堆中的生物，还有一些跳来跳去的生物，如果这些生物靠近火的话就会落入火中。如果火碰到它们，它们就会变得枯焦……失去感觉并死亡……理解了与火有关的罪的性质的人被称为理解了"业"的真正的圣人。

出生和变老是人的特性，同样是植物的特性……人被赋予理性，植物也是如此；如果一个人受到伤害，他就会生病，植物也是如此；一个人会长大，植物也是如此；一个人随着时间发生变化，植物也是如此……理解了触犯植物的罪的性质的人被称为理解了"业"的真正的圣人。

一切生物都具有两种、三种、四种或五种感觉……事实上所有创造物都以个体的方式知道欢乐和不快、痛苦、恐惧以及悲伤。所有生物都充满来自四方的恐惧。而且，这里还有给

[①] A. L. Basham, trans., *Sources of Indian Tradition*, pp. 62, 63.

他们造成更大痛苦的人……一些人为祭祀而杀生，一些人为得到它们的皮、肉、血……羽毛、牙齿或长牙而杀生；一些人有意杀生，一些人无意杀生；一些人之所以杀生，是因为在从前他们被这些动物伤害过……而一些人之所以杀生，是因为他们怕被伤害。伤害动物的人并不理解罪行，也没有放弃罪行……理解了触犯动物的罪的性质的人被称为理解了"业"的真正的圣人。

连风都不愿伤害的人知道所有生物的不幸……知道什么对自己不利的人也知道什么对他人不利，知道什么对他人不利的人也知道什么对自己不利。我们应该永远牢记这种互惠互利的关系。那些心情平和、不为激情和热望所困扰的人并不希望（以其他人的生命为代价）活着……理解了触犯风的罪的性质的人被称为理解了"业"的真正的圣人。

简而言之，理解了与全部六类生物相关的罪的性质的人被称为理解了"业"的真正的圣人。

第六章

佛　教

关键词
佛陀
僧伽
法
涅槃
上座部
大乘
无我
阿罗汉
菩萨

本章目的

■ 在本章中，你将学到佛陀的生平；逐步理解佛教的基本教义；理解上座部佛教与大乘佛教之间的区别；熟知在印度之外的佛教历史的大致轮廓；了解佛教为何可被称为一个和平的宗教，而佛教徒又是如何不一定热爱和平的。

佛教大事年表	
约公元前 560—前 480 年	佛陀在世并传教
约公元前 480 年	佛教的第一次结集
约公元前 380 年	佛教的第二次结集
公元前 200 年—公元 200 年	上座部佛教的发展
公元前 297 年	阿育王鼓励佛教在印度传播
公元前 247 年	佛教的第三次结集，上座部、大乘教派之间出现分裂
公元前 3 世纪	佛教传入斯里兰卡
公元 1 世纪	佛教传入东南亚和中国
4 世纪	佛教传入朝鲜半岛
550 年	佛教传入日本
7 世纪	佛教传入中国西藏
1200 年	禅宗在日本发展起来
1250 年	佛教在印度衰落
19 世纪	佛教最早传入欧洲和北美
1950 年至今	佛教在欧洲和北美的迅速发展
1976 年至今	佛教在中国复兴
20 世纪 80 年代至今	从事社会活动的佛教出现

本章提要

　　佛教作为对印度宗教体系的另一种解释，诞生于公元前 6 世纪的印度。在许多方面，它类似于耆那教。它拒斥《吠陀》的权威性，提出一种基于个人努力的拯救观。它在如下这一点上与耆那教区分开来：佛陀教导人们追求介于处身世俗与大雄极端苦行主义之间的"中道"。因此，在几个世纪的时间里，它在印度有很大的感召力。到公元前 3 世纪，佛教发展出一种传教的紧迫感，这对于印度教的任何流派来说都是异乎寻常的。醉心于这种新宗教的印度统治者将佛教传道高僧派到邻近的亚洲国家。与此同时，佛教的哲学不断更新，对亚洲人民越来越具有吸引力。传教冲动与新哲学的这一结合使它在中国、日本、朝鲜半岛和东南亚的传播大获全胜。然而，当佛教在国外的传播获得成功的同时，在印度却被复兴的印度教逐渐排挤到边缘。穆斯林对印度的征服导致印度佛教进一步衰落。尽管在 20 世纪和 21 世纪出现了新的佛教信徒——尤其是在较低种姓的印度人中——但是，今天绝大多数佛教徒都在东亚和东南亚。

6.1 乔达摩的生平

佛教的创建者是一位名叫悉达多（Siddhartha）的人，他是乔达摩（Gautama）氏族的一个成员。人们通常认为他生活在公元前560—前480年。然而，随着乔达摩渐渐为人所熟知，关于其生平的记述却都是一些传奇，他的确切生卒年月依旧存疑。[①] 尽管如此，他可能还是生活在公元前6世纪，与耆那教的大雄同时代。

乔达摩是迦毗罗卫国净饭王（Suddhodana）的太子，属刹帝利种姓，母亲为摩耶夫人（Maya）。传说，他出生时发生了异乎寻常的事件，还出现了异乎寻常的预兆。据一个传奇故事说，一位预言者断定，这个孩子要么成为一位统治全世界的伟大的国王，要么成为一位伟大的佛陀（Buddha，觉悟者）。乔达摩的母亲在他出生之后不久就去世了，他由姨母抚养成人，姨母成了他父亲的第二位妻子。

当乔达摩出生的时候，他被断定将成为一位伟大的国王，但是，他一旦见到人类的悲惨景象或僧人的宁静安详，他就会成为一位宗教导师。他的父亲不希望这样，所以试图把他保护起来，不让他看到人类的丑恶和痛苦。净饭王尤其注意不让这位年轻王子看到这四种景象：死尸、老年人、病人和苦行僧。因此，乔达摩是在年轻、美丽和健康的人中长大的。他接受了那个时代一位王子应该接受的正规教育。他学习艺术、军事，接受了一些哲学训练。19岁时，他与表妹结婚并共同建立了一个幸福的家庭，他们生了一个儿子，名叫罗睺罗（Rahula）。[②]

当乔达摩临近30岁生日的时候，他逐渐意识到真实世界的丑恶。根据某些传说，诸神希望把未来的佛陀从他所过的奢侈生活中唤醒，共谋打破在他周围建立起来的以年轻美貌的人构成的围墙。他开始一个个地看到他父亲禁止他看的东西。他看到

[①] 在一些年表中，佛陀去世的时间被定在公元前368年。尽管如此，更为古老的、也许是更为可靠的斯里兰卡的原始资料认为他生活在公元前6世纪。

[②] 罗睺罗是一个非同寻常的名字，它的意思是"脚镣"。这就证明，在这个小孩出生的时候，乔达摩就在思考：所有东西，甚至一个漂亮的小孩，也会像一副脚镣那样将一个人束缚在生命之上。对这一名字的选择证明，甚至在乔达摩的第一个孩子出生的时候，他就已将家庭生活视为追求精神自由的一个障碍。

泰国的佛陀塑像。

了一位满脸皱纹、弯腰驼背的老人，一位患有令人讨厌的病症的病人，一具腐烂的尸体，最后看到一位宁静平和的僧人——这位僧人离家出走，了断尘缘，以寻求从痛苦中解脱。乔达摩此时已近中年，他意识到人生中总是要有灾难和痛苦。据说，有一次他到后宫，那里住着一些最美丽的年轻女子。就在这里，他看到这样一种景象：这些女子很快变得满脸皱纹、白发苍苍、弯腰驼背。这些启示使这位年轻王子不可能继续在宫殿中过一种安逸且富有的生活。一天夜晚，他决定离家出走。他蹑手蹑脚地走入妻子的卧室，向她和年幼的儿子告别。此后，他骑上快马，消失在夜色中。跑出一段路程之后，他剪掉头发，剔去胡须，把马放回。他与一位乞丐换了衣服，开始为生活的苦难寻求答案，进入了人生的另一段时期。

起初，乔达摩认为，困扰他的问题的答案就在各种哲学学派中。因此，他跟随一位印度教的宗教教师学习了一段时间，但是，他对自己的学业并不满意。乔达摩尝试的第二条道路是苦行主义。从耆那教的大雄和他的门徒的生平中可以看到，在公元前6世纪，追求苦行主义是一种为社会所认同的解决人生问题的方案。乔达摩加入到其他五位僧人的行列中，并与他们一起开始了长达六年的严格的苦行生活。乔达摩所采取的苦行措施就像在宗教史中记录下来的那些苦行措施一样严苛。传说中，他所修习的苦行是其他人都没有做到的。乔达摩竭力寻找任何令人不快、痛苦或不适的事情，以作为他能以之寻求解脱的手段。在人们的传言中，乔达摩甚至曾经每天只吃一粒米。

许多西方人倾向于将佛陀想象为一个又胖又快活的人，因为他们受到中国雕像的影响——这种将"佛陀"刻画得非常圆润的雕像经常出现在中国餐馆和商店中。然而，这些雕像并非是在刻画历史上的佛陀。据说在修习苦行的这一时期，乔达摩变得很瘦，当他用手抓向自己的腹部时，便能触及脊背。他身穿粗糙衣物，以令人痛苦的姿势静坐达数个时辰之久。他坐在荆棘之上，曾有一段时间睡在火化场里，身边是腐烂的尸体。遵照许多苦行僧的传统，乔达摩允许污物沾在他的身上，也允许寄生虫聚集在他的身上。但是，尽管有过这些苦行壮举，他还是没能找到他所寻求的大彻大悟。

一天，当他在一条小溪旁行走时，乔达摩追求解脱之过程的转折点终于到来了。他折磨自己，变得极为虚弱，所以晕倒在溪水中。冰冷的溪水使他苏醒过来；当他能够反思他的境况的时候，他认识到，自己即使做了一位苦行僧所能做的一切，也仍然没有感到满足。因此，他站起身来，走到附近的一个食品摊，吃了一顿饭。另一个传说是这样的：他从一位名叫苏迦塔（Sujata）的村妇手中接受了他的第一顿饭。①他的五位朋友正好从他身边路过；当他们看到他又吃又喝，自得其乐的时候，就将他当作一个叛徒加以鄙弃。乔达摩吃完晚饭，来到河边，坐在一棵无花果树的树荫下开始静虑。②他决定一直这样静虑，直到大彻大悟。最终，在经过一段时期的静虑之后，乔达摩觉悟了。从此之后，人们称他为佛陀（Buddha，觉悟者）。佛陀静虑时，他看见了生死无限循环的轮回，这种生死轮回是人类的宿命。他认识到人类因 tanha（欲望和渴爱）而被束缚在这一循环和轮回之中。正是欲望造成了"业"，把人束缚起来。佛陀曾想要得到觉悟，并通过苦行和知识来寻求，但是前路却更加扑朔迷离，难以捉摸。当他不再寻求时，他觉悟了。

觉悟之后，佛陀做的第一件事情就是步行到圣城波罗奈（Banaras），并找到曾将他抛弃的五位励志苦行的朋友。他在鹿野苑找到他们，虽然一开始他们看不起他，但是，他们还是听了他的讲道。第一次传道时，佛陀教导他们说，无论是极端的纵情享乐，还是极端的禁欲苦行，作为一种生活方式都不可取，一个人应该避免极端而寻求中道。这五位苦行僧人注意到佛陀的变化，接受了他的教义。这五个人形成了第一批僧伽（Sangha，佛教的僧团组织）。

佛陀觉悟时大约是 35 岁。他将余生都用来教导日益增多的门徒。与正统的印度教徒不同，他教导人们说，不拘种姓或性别，任何人都可找到他曾获得的那种觉悟。③因此，他的门徒里有各种各样的人。当妇女要求加入他的团体时，佛陀在一开

---

① 这一传说继续影响着在家信徒的修习。在许多佛教社会中，妇女在资助佛僧和为他们提供食物及其他生活必需品方面起着主导作用。
② 因为他在这棵树下得到了觉悟（bodhi，菩提），所以这棵树被称为菩提树。
③ 虽然佛陀很少花时间来揭露种姓制度的弊端，但是，他把所有种姓的人都接纳入他的修会中，这一做法有效地打击了种姓制度的核心。只有斯里兰卡的佛教仍保留着种姓制度，在此，每一个主要的种姓群体都有自己对应的修道团体。

东南亚岛国印度尼西亚的爪哇岛上一尊雕刻于9世纪的佛陀雕像。如今爪哇岛上大部分是穆斯林,但这里一度是佛教徒和印度教徒的长居地。

始不太情愿,但是他最终还是发了慈悲,允许她们形成一个女尼僧团。传说,佛陀的继母和前妻都在寻求进入这一团体的第一批妇女之中。与正统的印度教和耆那教不同,早期佛教教导人们说,妇女和男人一样能获得觉悟。作为僧侣严肃地加入佛陀的僧团的人要剃去头发,披上袈裟。他们唯一的所有物是他们化斋时手中所持的钵盂。据说他们的信条是:"皈依佛,皈依法,皈依僧。"在家信徒以衣食和其他生活必需品供养僧伽。

佛教也要求在家信徒遵守五项基本的道德行为准则,它们是戒杀生、戒偷盗、戒妄语、戒邪淫、戒饮酒。巴利文佛经则记载了僧侣要努力遵守的以下行为准则。

文献摘选

　　大王！如何为比丘戒具足耶？大王！于此有比丘，舍杀生，离杀生，不用刃、杖，有羞耻之念，充足慈悲心，怜悯利益一切生物、友善而住。此为比丘戒之一份。

　　舍不与取，离不与取，取所与物，期望所与，无何等之盗心，自清净而住。此为比丘戒之一份。

　　舍非梵行而修梵行，离染污浊，离淫欲法。此为比丘戒之一份。

　　沙门瞿昙舍妄语、离妄语，语真实、不外真实，诚实可信赖，不欺世间，此为比丘戒之一份。

　　舍两舌，离两舌，不此处闻往彼处告以离间此等诸人，亦不彼处闻来此处告以离间此等之诸人。如是和合离间者，亲密者更令亲密，爱和合、好和合、喜和合、持和合。此为比丘戒之一份。

　　舍恶口，离恶口，凡语无过失、乐耳、悦意、感铭、众人所爱。此为比丘戒之一份。

　　舍绮语，离绮语，语适时，语真实，语法，语义，语律仪，语应明确、有段落、适义、可铭记于心。此为比丘戒之一份。

　　离采伐诸种之植物，〔日中〕一食，夜不食，离非时食；远离观剧、歌谣、舞、乐之娱乐；离持华鬘、香料、涂香之化装；离使用高床、大床；远离受蓄金银；远离受生谷物；远离受生肉；远离受妇人、少女；远离受男、女之奴仆；远离受牝牡之山羊；远离受鸡、猪；远离受象、牛、牝牡之马；远离受耕田荒地；远离差使、仲介所为之事；远离买卖；远离欺瞒秤、升、尺〔之计量；〕远离贿赂、诈欺、虚伪之邪行；远离伤害、杀戮、捕缚、劫夺、窃盗、强盗。此为比丘戒之一份。①

　　据说，佛陀在80岁的时候去世。他最后的话是："一切存在皆有灭，当勤精进勿放逸。"

6.2　佛陀的教义

　　在佛陀的生平和教义中，没有任何东西显示他要建立一个新的宗教。他对生

---

① 节选自《沙门果经》。(《汉译南传大藏经·长部经典一》，72—73页，高雄：元亨寺妙林出版社，1993年。)

命的理解仍处于印度宗教的那些范畴内，并且使用这些范畴和当中的词汇来教导他的门徒。佛陀反对当时存在的许多不同形式的宗教崇拜，当然也反对献祭动物的婆罗门制度。除此之外，他拒不承认《吠陀》的权威。佛陀接受了印度教中的许多关于神的教义，但是却把他们视为终有一死的存在，并且难逃业报轮回的命运。虽然佛教教导人们说神具有强大的力量，但是他还是更加关注这样一件事情：人寻求他们自己的觉悟，而不是诉诸神的帮助和支持。

佛陀的独特教义之一是灵魂并不存在。根据佛陀的教义，人生活在无我（anatman，不存在常恒自在的主体我）的状态中。人们所说的灵魂实际上是五种精神的或物质的聚合（即五蕴），它们是色（physical body）、受（feelings）、想（understanding）、行（will）、识（consciousness）。这一构成人格（personality）之存在的聚合被捆绑在生死的无限轮回（这是典型的印度宗教的思想）之上。佛陀对人类困境的理解可见于佛教对四圣谛的经典表述中：

文献摘选

诸比丘！云何乃能如来[①]于中道现等觉（enlightenment），资于眼生、智生、寂静、证智、等觉、涅槃耶？乃八支圣道是。谓：正见、正思惟、正语、正业、正命、正精进、正念、正定是。诸比丘！此乃如来所现等觉之中道，此乃资于眼生、智生、寂静、证智、等觉、涅槃。

诸比丘！苦圣谛者，即是此，谓：生苦、老苦、病苦、死苦、愁悲忧恼苦、遇怨憎者苦、与所爱者别离苦、所求不得苦，略说为五取蕴苦。

诸比丘！苦集谛者，即是此，谓：后有起、喜贪俱行、随处欢喜之渴爱，谓：欲爱、有爱、无有爱是。

诸比丘！苦灭圣谛者，即是此，谓：于此渴爱无余、离灭、弃舍、定弃、解脱而无执着。

诸比丘！顺苦灭道圣谛者，即是此，所谓八支圣道是。谓：正见、正思惟、正语、正业、正命、正精进、正念、正定是。[②]

遵循八正道的人将打破将他捆绑在生命之上的束缚，并从生死轮回中解脱。用来描述这一解脱的词是"涅槃"（Nirvana），它的基本意思是"熄灭的"或"像一支蜡

[①] "如来"是佛陀自指。它的意思是"真理的收集者"。
[②] 巴利文大藏经，"如来所说"。(《汉译南传大藏经·相应部经典六》，311—312页。)

烛一样被吹灭的"。因此，佛教的基本修习的目的并不是获得某种在天堂中的幸福状态，而是欲望和渴爱的熄灭。欲望熄灭时，这个人就从出生—受苦—死亡—再生的生命轮回中解脱出来。遵循八正道并实现涅槃的人被称为阿罗汉（arhat），即"圣人"。

佛陀的教义成了一个呈现出很多宗教性成分的组织的基础。他的门徒将他们自己组织成一个僧团组织（僧伽）。他的教义被编为僧团的律法和各种经文。人们逐渐将佛陀本人视为最伟大的人物。早期佛教僧侣在生活中被期望应当遵守的规则是值得注意的，它们展示了佛陀的教义是如何被实际执行的。

6.3 佛教的发展

佛陀的教义与同时代的其他印度宗教的教义差别显著。他否认神的价值以及敬拜或献祭的必要性。虽然佛陀同样具有印度人的这一思想，即生活的目的是从存在中解脱出来，但是他教导人们，这一解脱完全取决于个人的作为。在佛陀活着的时候被他的教义吸引的那些人一定是非常聪明智慧的，他们对生活感到不满，并且具有训练他们自己的能力。如果佛教一直处于起始时的状态，那么在这一少数群体之外，可能不会有更多的人对它感兴趣。然而在21世纪，佛教是世界上的主要宗教之一。在几乎所有亚洲国家和在世界的许多其他地区都可以见到佛教信徒。佛教能够发展成为世界上最大的宗教之一，这确实令人百思不得其解。

正如在所有其他宗教中那样，佛陀死后不久，他的门徒就开始争论其教义的真实含义。有一种说法认为，佛陀死后的第一天，在他的弟子中间就出现了分裂。他死后不到一年，他的弟子就召开一个宗教会议，试图确定其教义的真实含义。这次宗教会议没有达成统一；在很短的时期内，就出现了四个主要的佛教宗派。在以后的十年内，宗派的数目超过了十六个。

在佛灭百年后，人们召开第二次宗教会议，而且保守的少数派宣布多数佛教徒为异端。从此之后，佛教就分化成两大主要阵营，两大阵营继而又分为数目众多的部派。佛教中较小和较为保守的一翼称为小乘（Hinayana）。小乘佛教之内一度存在十八个部派。今天，唯一剩下的小乘部派是上座部（Theravada，长者的传统）。[①]更大和更开放的派别称为大乘（Mahayana）。我们稍后会在本章讨论这两个派别之间的基本差异。

[①] 在大多数对佛教的讨论中，"小乘"和"上座部"这两个词是可以互换的。但确切来说，上座部是小乘的一个分支。

当印度的阿育王（Asoka）皈依了佛教的时候，这一新宗教获得了最大的推动力。据说，阿育王与佛教的关系就如同君士坦丁一世（Constantine I）与基督教的关系一样。两者的情况均为：巨大帝国的统治者皈依了一直以来都很弱小且总是处于挣扎之中的宗教。这两位皇帝都在当时利用其王权的力量支持他们新的宗教信仰；从此之后，这些宗教迅速发展起来。阿育王（公元前268—前232年在位）在晚年皈依了佛教。他深信，与印度的其他宗教不同，佛教有望成为世界所有人民的宗教。因此，他是将传道僧派到国外传播乔达摩的教义，并力劝非印度人民接受它们的第一位佛教徒。阿育王将他的儿子摩哂陀（Mahinda）派到锡兰（今日的斯里兰卡），锡兰的国王和他的宫廷大臣都皈依了佛教。今天，斯里兰卡因自己是印度以外具有最长的佛教历史的国家而自豪。其他传道僧则将佛教的教义带到缅甸。阿育王的"摩崖法敕"第十三章声称，传道僧西行远至叙利亚和希腊。①阿育王传播宗教的决定被证明是对佛教的拯救，因为几个世纪之后，佛教在印度实际上就不存在了。在公元前247年，阿育王还曾召开第三次佛教会议来确定具有权威性的佛教经文。

尽管阿育王和其他人为实现佛教统一做了大量的工作，但是到公元1世纪，佛教内还是存在许多大大小小的部派，最明显的分裂发生在上座部佛教与大乘佛教之间。

6.4 上座部佛教

上座部佛教是佛教两个主要派别中更为保守的一方。如上所说，它相信自己较为接近佛陀的原始教义。今天，上座部佛教主要分布在斯里兰卡和一些东南亚国家，如缅甸、泰国、柬埔寨和老挝。在欧洲、澳大利亚和北美也有日益发展的庞大的上座部佛教徒的社团。

根据上座部佛教的教义，人必须在不依赖神或任何身外力量的情况下达到觉悟。②因此，僧侣是理想的人物。正是僧侣剃去头发，披上黄色或橙色的袈裟，手持钵碗，通过禅定和修行以从生命中解脱出来。他的家就是僧伽，正如在佛陀的时代一样。当一位僧侣达到他寻找的目的时，他就成了一位阿罗汉；当他死去的时候，他就从

---

① 我们并不知道这些传道僧是否真正访问过西方国家，或他们是否成功地以佛教影响了那里的人。但是，确有印度与希腊化世界之间进行文化交流的证据。请参看 A. D. Nock, *Conversion* (Lanham, MD: University Press of America, 1985), pp. 44—47。
② 虽然这是上座部佛教的理想，但是，许多在家信徒甚至僧侣都会表达对某种形式的超自然存在的忠诚。然而，这些存在并不是神。尽管他们在世界上拥有强大的力量，既可助人又可害人，但是人们相信他们并不具有帮助人们获得觉悟的能力。

生死轮回——人类的共同命运——中解脱出来。

> **文献摘选**
>
> 路行尽无忧，于一切解脱，断一切系缚，无有苦恼者。
>
> 正念奋勇者，彼不乐在家。如鹅离池去，彼等弃水家。
>
> 彼等无积聚，于食如实知，空无相解脱——是彼所行境，如鸟游虚空，踪迹不可得。
>
> 彼等诸漏尽，亦不贪饮食，空无相解脱——是彼所行境，如鸟游虚空，踪迹不可得。
>
> 彼诸根寂静，如御者调马，离我慢无漏，为天人所慕。
>
> ……
>
> 于村落林间，平地或丘陵，何处有罗汉，彼地即可庆。①

如果一位上座部佛教徒不能或不愿加入僧伽并成为一位僧侣，这个人就必须满足于过俗人的生活，供给僧侣的生活需求，希求在来世有一个更好的身份，以成为一个圣人。一个人无须一生都过僧侣生活。大多数成为僧侣的上座部佛教徒是将出家当作了成人礼仪。许多上座部佛教徒暂时在几个星期或几个月里"披上袈裟"（即剃度出家）以标记生命过程中的关键阶段或生活压力巨大到难以承受的时期。僧侣在任何时候都有离开僧伽的自由。众所周知，人们将资助一个僧侣或新佛教徒的剃度视为善业（功德）的一个潜在来源。因为妇女无法接受剃度，所以她们中的许多人鼓励自己的儿子、孙子甚至丈夫加入僧伽并资助他们剃度。

像乔达摩的佛教教义一样，上座部佛教教导人们，宗教的目的要通过个人的努力、禅定和成就来实现。神、祭祀和祈祷是不太重要的。然而，一些传统的宗教要素还是逐渐发展起来。例如，佛陀生命中的遗物对于上座部佛教徒来说变得重要起来。佛舍利和佛的所有物在上座部佛教徒生活中的许多重要场所都受到敬拜。在人们眼中，向这些遗物表示敬意，与向一位活佛表示敬意一样值得称赞。对这些遗物的管理和敬拜在上座部佛教徒论证其政治合法性时也扮演着重要的角色。无论是在现代国家，还是在传统的王国中，都是如此。而且，对这些遗物的管理和敬拜无论是在国内政治还是在国际事务中都起着一定的作用。在大乘佛教中，对佛舍利的崇拜如同在上座部佛教中一样重要。佛舍利崇拜是一种复杂的礼仪，它能将在教义、

---

① 节选自《南传法句经》（叶均译）。

哲学和文化上都极不相同的佛教徒聚合在一起。这一点在东南亚城市国家新加坡——这一国家的主要人口是华人——中表现得比在任何其他地方都更明显。在此,大乘佛教的华人高僧释法照曾发起由公共捐助和国家政府支持的佛牙寺的建设工程。佛舍利是从缅甸的一位上座部僧人那里请来的。

上座部佛教的居士有许多积累功德的方法。据说,一位早期的佛教传道僧从佛陀证悟时坐于其下的那棵神圣的菩提树上取下了一根树枝并将它种在斯里兰卡。由这根树枝长成的树被认为是世界上现存的最古老的树。从这棵树上取下的树枝已被种植在许多佛教国家。人们经常遇到有人在其树根处供奉香火。

对上座部佛教徒来说,向僧侣提供食物是最重要的积德行善的方式之一。尽管戒杀是佛教的一个核心教义,但只有少数上座部佛教徒是素食主义者,多数僧侣也是食肉的。事实上,油腻的咖喱猪肉是缅甸上座部佛教徒眼中特别适于僧侣食用的食品之一。人们经常以这样一种教义为吃肉辩护,即食用动物的肉并不产生不良的"业"(有损功德),因为人们并不是为了自己食用而故意杀死这只动物的。尽管如此,上座部佛教徒还是得避开涉及杀生的职业。例如,在缅甸的一座古老皇城曼德勒,牛羊由穆斯林屠宰,猪由中国人屠宰。鸡鸭则由这两个社群的成员屠宰。缅甸的渔民经常为他们的职业辩护,说他们并没有宰鱼,而仅仅是将它们从水中取出。与此同时,将本应遭屠宰的鸟、鱼和其他动物放生被视为值得称赞的行为。在泰国、缅甸和其他信奉上座部佛教的国家中,有专门举行这种放生活动的寺庙。

正如耆那教徒相信在过去有许多始祖一样,上座部佛教徒和其他佛教徒也相信在过去有许多佛,而且在将来还会有更多的佛。毕竟,佛也只是一个通过自己的努力发现通往涅槃之路的人。还有许多被称为"佛本生故事"(*Jataka*)的关于佛陀乔达摩从前生活的故事。本生故事是佛教艺术中最常见的主题之一,而且在所有上座部佛教社会中,这些故事是宣教和通俗宗教经典的主题。①

上座部佛教特有的一种建筑结构是在泰语中被称为 *wat*(寺)②的建筑群。在这一建筑群中,最重要的建筑是 *bot* 或 *vihara*,后者是一座用来教学、讲道和坐禅的大厅。这座大厅中通常有一座佛像,佛像前摆有祭坛,其上布置着香烛。大厅的另一部分可能有为讲师和宣教人准备的座椅。寺里的其他建筑还有僧侣的住所和一些优美的佛塔(它们被称为 *stupa* 或 *pagoda*)。一些人猜测,佛塔在一开始可能是埋葬佛骨的

---

① 关于本生故事的传说,请参看 Peter Khoroche, *Once the Buddha Was a Monkey. Arya Sura's Jatakamala* (Chicago: University of Chicago Press, 1989).
② *wat* 是一个泰语词汇。在缅甸,类似的建筑群叫作 *phongyi-chaung*,意思是"为僧侣修的建筑"。

坟墩，但是今天，它们被佛教社团用作敬拜或举行节日庆祝活动的中心。人们相信，一些佛塔内埋有佛陀或阿罗汉的舍利。其他一些佛塔内藏有佛经的手抄本或巨大的佛像。在家信徒经常朝拜这些圣地，并向其进香。然而，他们的目的并不是敬拜佛陀和那些觉悟了的圣人，而是对成佛和涅槃的理念表示敬意，并献身于对解脱的追求。据说，这些表示虔诚的行为也能产生功德。

富人也可以通过建造或修缮佛塔和寺庙以建立功德。在过去，信奉佛教的国王和贵族都热衷于进行大规模的佛教建设工程，他们建起了数百座圣殿，并拿出岁入来维护它们。今天，政治家和富商继续做这件事情，虽然建设的规模比较小。即使是穷人也可以通过这种方式积攒功德——他们只要往大多数宝塔前的功德箱内投几个硬币就行了。

僧侣不应关注积攒功德。僧侣生活的构建遵循这样的方式：既阻止自己积攒功德，又阻止自己做下恶业——两者都导致生死轮回并阻碍了通向觉悟的进程。与此相反，通过坐禅和研读佛经，他们培养了一种促成觉悟的精神状态和认识。无论是出家的和尚还是在家的居士，都将佛塔用作坐禅的地方。今天，也有一些被用作隐退地的禅思中心，这些隐退地是为那些要在一个时期内完全献身于这一修习的人开辟的。上座部的坐禅有两种类型。止（*sammatta*）涉及高度的精神集中，其目的是达到开辟觉悟之路所需的精神状态。观（*vipassana*）的目的则是达成一种对佛教真理的突然的、直观的认识，它是按照乔达摩在菩提树下的经验塑造出来的。

6.5 大乘佛教

大乘佛教的信条

公元前 3 世纪，在阿育王通过各种传教行为传播佛教教义的时候，这一宗教内部开始出现了某种微妙的变化。潜藏于这些新发展之下的一个基本假定是，在佛陀公开教授弟子的东西之外，还存在许多其他的佛教信条，但是佛陀只秘密传授给能正确理解它们的少数人群体。大乘佛教徒很喜爱的一个故事是，在佛陀授课的时候，他从覆盖着森林的土地上拾起一把树叶，并向他的弟子解释说，正像在他手里的树叶比森林里的所有树叶要少得多一样，他公开传授给他们的教义也要比以秘密的方式传授的真理少得多。大乘佛教只是捡起了几片更多的树叶。一旦接受了这一假定，人们就可能接受新的和扩展了的对佛教基本概念的解释，将之作为佛陀原始教义的一部分。

在公元前 3 世纪到公元 1 世纪，大乘佛教内开始发展起第二个信条：乔达摩实际上并不是一个凡人。与早期佛教的教义和上座部教派的那些教义相比，大乘佛教开始宣传佛陀实际上是一个有同情心、永恒且几乎神圣的存在，他变成人来到人间是因为他爱人类并希望帮助人类。

大乘佛教徒提出的第三个信条是，乔达摩并不是人民可向其诉求的唯一佛陀。大乘佛教信徒认为，如果乔达摩是一位来到人间帮助人类的永恒存在，那么一定有许多其他的佛。大乘佛教的教义是，在宇宙的不同部分存在着许多佛，他们都能帮助人走上通向觉悟的道路。①这一新思想比任何其他东西都更加增强了佛教的感召力：如果有许多这类有同情心的、来到人间帮助受苦受难之人的永恒存在，这类存在就值得尊敬。乔达摩并不关注神；在他关于事物的图解中，敬拜的意义微乎其微。而现在，大乘佛教信徒能把他们的宗教关注集中在这许多永恒的佛陀身上。他们能够研究其生平，并为之建立寺庙。人们能在敬拜他们的过程中培训僧人，为他们建立包含礼仪、祭祀、赞美诗和其他类似的东西在内的崇拜体系。这还意味着人民能求助于他们。这一直是大乘佛教虔信主义的重要组成部分。

这一发展对佛教传教运动来说也必不可少。当佛教传道高僧进入一个新的国度的时候，他们没有必要请当地人放弃其本土神灵；这些神可以被视为佛陀的不同化身，对他们的崇拜能够继续存在。印度教把乔达摩看成毗湿奴的一个化身，借此吸收了佛教；佛教也以同样的方式，通过把新国度的本土神看成诸佛之一的化身吸收了许多其他宗教。

大乘佛教还发展出一个菩萨（Bodhisattva）阶层，他们能够帮助与生活中的困难做斗争的人类。大乘佛教教导说，某些人在他们有生之年的某个时间点已发愿要成为菩萨（未来的佛）。然后，通过过典范的生活，他们能积攒功德。在离世后，这些菩萨推迟涅槃的时间，直至所有生灵都能达到涅槃的那刻，并与人类分享他们的功德。人们认为，一些菩萨居住在天上，而其他菩萨继续变身成人。人们相信他们会回应寻求帮助的人。大乘佛教的菩萨观念是基于古老的早期佛教和上座部佛教的本生故事的传统。在这一传统中，未来的佛被称为菩萨。大乘佛教与古老且相对保守的佛教传统不同的一点是，他们将菩萨视为救星和大众虔诚敬拜的主要对象之一。

---

① 上座部佛教徒也相信许多佛的存在，但是他们坚持认为，这些佛和其他人一样终有一死，而且在一个时间里只能有一个佛。根据上座部佛教的教义，存在一个很长的历史时期，在这一历史时期中，世界上没有佛。

大乘佛教的传播

佛陀的教义在印度普及之后不久,它就被传入中国。有一些证据表明,在公元 1 世纪前小乘佛教就已经在中国获得了一个立足点。然而直到公元 3 世纪大乘佛教被引入中国,佛教才真正开始在中国站稳脚跟。从那时起,佛教与中国本土的儒教和道教一起,成为中国的三大主要宗教。

从中国出发,大乘佛教又被传播到其他东亚国家。因为与中国关系亲密,朝鲜半岛早在公元 4 世纪就受到佛教的影响。在 6 世纪,佛教继续向东传播,此时佛教传入日本。日本人一开始拒绝接受这一新宗教。但是不久之后,他们便对佛教表示欢迎,让它与本土的神道教分享宗教领导权。大乘佛教也传播到印度尼西亚的爪哇岛、苏门答腊岛和巴厘岛。到印度取经的中国僧人经常在东南亚的岛屿上逗留数月甚至数年,以提高他们的梵文水平,并增进对佛教教义的理解。蒙古地区和西藏地区也接受了大乘佛教的变种。这些地区的地理位置较为偏远,其宗教形式的发展路线与其他地区略有不同。在今天,它们仍然是独特的存在。

大慈大悲观世音菩萨是中国佛教中的重要神祇之一。

当佛教作为一个传教性质的宗教在东亚和东南亚取得巨大成功的时候,它在印度却逐渐衰亡了。由于印度教的吸纳,佛教惨遭厄运。因为印度教能够吸纳耆那教和佛教这两个主要的具有挑战性的宗教的特征。到公元 7 世纪,它已吸纳了佛教的许多特征——仅仅通过把乔达摩说成是毗湿奴的一个化身。因此,关于佛教的任何新的、重要的或独特的东西,都被理解为是在印度教的框架中的关于毗湿奴的表达。在佛教占统治地位的国家,印度教寺庙中会摆放佛像——旁边的题字会将其解释为毗湿奴的化身。一波又一波的入侵,尤其是发生在 11—13 世纪的伊斯兰教的入侵摧毁了印度的许多佛学中心。在那时,许多佛教徒改信了伊斯兰教。随着佛教王国的毁灭,寺院也很难存活下去了。在社会向穆斯林统治转向的这一时期,印度教以某种方式存活了下来,但是佛教并没有。

大乘教派

大乘佛教起初就是一个对革新和变迁持开放包容态度的宗教。它在不同的亚洲国家传播和发展，从各地人民那里获得许多新概念。因此，今天我们并不把佛教说成一个单一的宗教，而是说成一个宗教家族；在这一家族之内，我们可以找到许多不同的宗教表达形式。

净土宗　大乘佛教最流行最普及的分支之一是净土宗。它的信徒的目的是离世后往生被称作"极乐世界"的佛界净土。大乘佛教相信存在许多佛陀和菩萨。在这些佛中有五智如来（Dhyani Buddhas），他们统治着像天堂一样的佛土。在那里，修持者可修习佛法善德，邪恶也不存在。这些宇宙佛中最受大众仰慕的就是无量寿佛（Amitabha）。①无量寿佛统治着被称为"净土"的西天。他的信徒相信，过行善积德的生活并反复念诵无量寿佛的名字可以往生极乐世界。

> **文献摘选**
>
> 　　彼极乐界无量功德具足庄严，国土丰稔天人炽盛，志意和适常得安隐，无有地狱、畜生及琰魔王界。有种种香周遍芬馥，种种妙花亦皆充满。有七宝幢周布行列，其宝幢上悬诸幡盖及众宝铃，具足百千诸妙杂色。
>
> 　　阿难！彼如来国多诸宝树，或纯黄金、白银、琉璃、颇梨、赤珠、马瑙、玉树，唯一宝成不杂余宝，或以二宝乃至七宝庄严……复有无量摩尼珠等宝庄严树，周遍其国。是诸宝树光辉赫奕世无能比，以七宝罗网而覆其上，其网柔软如兜罗绵。②

对于净土宗的佛教信徒来说，对阿弥陀佛的信仰是值得强调的重点。这一宗派的某些成员相信，只要在一天内多次念诵阿弥陀佛的名字就能助他进入佛国净土。以对阿弥陀佛的信仰作为中心依据，以在净土的永生作为目的，净土宗的这一阐释与佛陀的原始教义非常不同。净土宗的僧侣是可以娶妻生子，并像一位俗人那样活在世上的。对于净土宗的信徒来说，敬拜活动经常在最好被描述成 churches（佛堂）的地方举行；事实上，一些西方国家的净土宗会众会使用这一称号。净土宗的佛教徒会为他们孩子的宗教教育创办"星期日学校"，会举行敬拜聚会，会听他们的高僧讲经，还会向阿弥陀佛祈祷。

---

① 在中国，人们将这个佛称为阿弥陀佛；在日本，人们将他称为阿弥陀（Amida）。
② 节选自《大宝积经·无量寿如来会》，[唐] 菩提流志译，收录于《大正新修大藏经》第十一册。

禅宗　在佛教之内，一直存在一个强调以下教义的群体，即人们并不是通过理性的思考、对佛教经典的学习，或通过信仰来认识宗教真理，而是通过一种突然的顿悟的闪念。这些群体通常将他们的起源追溯到佛陀在菩提树下的体验。他们回忆说，佛陀认识到他并没有通过师从婆罗门教的宗教教师，或在度过六年的极端苦行生活之后找到他所要找的真理。因此，他决定进行沉思（参禅）。他坐在菩提树下达几个星期之久，最后，在灵光一现中认识到真理。这一见解的拥护者认为，在一个时期的沉思之后得到的直觉或灵感是获得佛教真理的关键。在整个佛教世界中，人们把这些群体称为"沉思的"或"直观的"佛教徒。在印度，"沉思"一词为 *dhyana*。在信奉上座部佛教的国家里，它与各个内观的学派相联系；在中国和日本，它是禅宗。

虽然这些佛教徒相信，佛陀本人以直观的形式获得了知识，并以这种方式教导他的弟子，但是直到公元 5 世纪的某个时间，才出现了信奉直观的学派。它的创建者叫菩提达摩（Bodhidharma）。关于菩提达摩生平的大多数说法都是传奇故事；然而，在 5 世纪末或 6 世纪初，直观佛教的概念从印度传入中国似乎是显而易见的。人们又把它们从中国传入朝鲜半岛和日本，在日本，人们将佛教的这一变种称为 Zen（禅宗）。传说菩提达摩作为一位传教高僧于公元 470 年从印度南部到达广州，后又受中国皇帝的邀请赴金陵。在此，他教导这个皇帝说，经书、寺庙和慈善事业对他毫无用处；他还教导说，只有通过禅定和顿悟才能找到佛教的真理。又是据传说，当他向皇帝传授完教义之后，菩提达摩隐居到一个少林寺，他在此面壁沉思九年；在此期间，他的下肢萎缩了，再也不能走路。

一个纯粹虚构的故事讲道，菩提达摩想多时不睡以作禅思，但是他还是会堕入梦乡。因他自己无法清醒，这位僧人一怒之下拿起一把刀把自己的眼睑割掉了。眼睑掉在地上并长成一棵茶树。因此，菩提达摩在画像中是瞪着一双严厉且没有眼睑的眼睛的。传说中还提到，菩提达摩将茶从印度带到中国。确实大约是在这一时期，人们将茶从印度引入中国，后来又传到日本，而且禅宗的僧人也开始大量用茶作为提神的手段以长时间坐禅。

在所有佛教禅宗背后的基本原理是，觉悟是个人的问题，因此一个人不能从他人或机构那里得到很多帮助。个人通过坐禅和认识到佛性即在他们自身内得到觉悟。尽管在日本禅宗中，宗教的外在方面——其中包括对经文的研读、寺院的戒律、庙宇和佛像——也很重要，但是只有直接的顿悟才能产生觉悟。日本禅宗教导人们说，所有人都必须通过他们自己的经验，为他们自己学习关于宗教和生活的真理。一个

缅甸仰光大金塔前，一群年轻的上座部僧侣和小沙弥走过。

人坐在树下或扫地劈柴都可得到觉悟。①

  根据禅宗的观点，人们不能相信理性，因为它不可能引导人们走向真理。而且事实上，人们要发现真理，必得故意弄乱理性。因此，佛教禅宗使用精心编造的谜语来脱离或弄乱理性，以便引导初入佛门的人走向觉悟。禅宗的这类谜语叫作公案。整卷整卷的书籍都写满这些被禅宗大师用来启发他们弟子的谜语、故事和简短的话语。西方人最熟知的可能是这样一个简单的陈述："你听过双手击掌的声音，但是

---

① 一部关于日本禅宗的卡通影片非常好地说明了禅宗对宗教之外在方面的态度。它展示了一个在寒冷的早晨寻求温暖的僧人，这个僧人劈开一座佛像，将其付之一炬，并掀起僧袍在火旁烤他的屁股。

单手击掌的声音是怎样的呢？"这个问题本身并没有意义，但是它旨在引导初入佛门的人超越感知或理性去沉思。另一个学生们经常会听到的公案是："在你父母出生之前你的面目是怎样的呢？"还有另一个公案是："从你所在的地方止住遥远的渡船。"

日本禅宗的弟子首先得坐禅。当这位弟子的心灵摆脱了日常事务并准备从理性中解脱出来的时候，禅师就给这位学生一个公案。人们希望，在这位新手思考这些无意义的陈述的时候，一个觉悟（satori）的闪念会把这位初入佛门的人引向超越理性的真理。

除了这些公案，禅师还使用其他方法将学生引向顿悟。一般来说，任何可以使学生的推理过程发生混乱的方法都会被使用。

宗教与暴力

> 禅师可能会突然喝斥，甚至掌掴或踢踹他的学生以接引禅徒。来自禅寺的故事会提到，为了促使学生产生顿悟，禅师给他们的弟子当头一棒，甚至割掉他们的一根手指。然而，这种残忍的行为只是例外，而不是惯例。

在日本，佛教禅宗产生的社会影响最为深刻。禅宗中关于美、简洁和深刻的教义深入日本人生活的许多领域。因为茶是与佛教禅宗一道被引入日本的，禅宗的教义影响了茶艺。茶馆的建筑式样，在表演茶艺时所用的陶器、演奏的音乐、朗诵的诗和装饰茶馆的花卉的摆放都反映了禅宗的教义。在日本的艺术中，被人们视为最有价值的是"控制之下的偶然"；这就是说，有偶然性参与的艺术比完全规划或设计好的艺术的价值要高。一把偶然被打破的，又被人们用金色的洋灰黏合在一起的茶壶，因为它那美丽的"偶然的"裂纹而被视为比画有设计好的图案的茶壶更有价值。在宣纸上画的无法涂改的水墨画，比打好底稿又经画家细致描绘并修改的画作更美。因此，日本人生活中的美的概念受到禅宗非理性方法的深刻影响。

天台宗 禅宗倾向于怀疑理性思维的过程，而且认为在他们寻求觉悟的过程中几乎不需要研习佛经。而6世纪诞生于中国的另一个群体却教导人们说，除了坐禅，一个人还应当应用理性和研习佛经来发现佛教真理。这一宗派被称为天台宗，它是由一位名叫智𫗧的僧人创建的。根据智𫗧的学说，佛陀在他的一生中使用了各种不同的方法传授他的真理。在一段时期，他传授上座部佛教的教义；在另一段时期，他感到通过传授大乘佛教的教义能够更好地与弟子交流；另外还有一些时候，他的传授方式与禅宗中所使用的方式类似。实际上，只有一种真正的佛教教义，而个人必须通过研读佛经去发现这一真理。因此，虽然在某些时候坐禅有助于人们理解佛教教义，但它并不是唯一的道路，人们不应忽视理性思维和研读佛经。公元9世纪，智𫖮的学说被传入日本，人们将其称为天台宗。

日莲宗（社会政治学派） 佛教的不同宗派不时会对一些国家的社会和政治生活产生重大影响。这类宗派之一是所谓日莲宗，日莲宗的产生纯粹是一种日本现象。日莲宗的创始人生活在13世纪的日本。他身份卑微，15岁时进入天台宗的佛教寺院。住在这所寺院的10年间，他开始相信，佛教的一切现有宗派都是对佛陀真实教义的曲解。他还相信，对想要成为一名真正的佛教徒的人来说，《妙法莲华经》是唯一需要研习的佛经。在思考这部佛经的过程中，他的信仰发生了变化。他将自己的名字改为日莲，发誓忠诚地遵守《妙法莲华经》的教义，并自此踏上巡游各地寺院的旅程，以一种让人回想起犹太先知的热情开始了宣教和论辩的生涯。他宣讲说，只有他理解了真正的佛教的真理，其他宗派——禅宗、净土宗等——都是在宣传虚假的佛教教义并把人们引向地狱。因为大多数日本人追随这些"虚假的"宗派，所以国家遭受着内忧外患。自然，这种说法给他带来了强大的敌人；日莲被日本统治者两次驱除出境，两次判处死刑。

在日莲宗的整个历史过程中，它都表达了对其他佛教宗派之礼仪和教义的敌视。结果，它总是一个弱小的、被迫害的少数人的宗派。日莲宗还特别强调一种简单的佛教形式，强调不妥协的爱国主义和对日本的忠诚。它教导人们说，当佛教在日本被净化之后，它将传播到世界其他地区。虽然今天日莲宗的信徒只有200万多一点，但它却是另一个大得多的佛教宗派——创价学会的源头。

藏传佛教

代表了大乘佛教另一面的是这样一些宗派：它们强调为达到各种不同的目的可以使用咒语（某种固定的表述）。如同在几乎所有其他宗教中一样，在佛教中也有人相信念诵某些语句、名称或咒语能达到特定的目的。这类佛教宗派中最大和最著名的一派一度在西藏占据主导地位。

西藏的本土宗教强调以咒语和符咒来保护人，使其不被藏在这片山石嶙峋的土地之阴暗处的魔鬼和精灵伤害。当佛教传入西藏的时候，它显然把这种对巫术和保护人不受魔鬼的伤害的关注当作一个重点。今天，藏传佛教的这一变种被称为苯教（Bon），这是民间佛教的一种形式。这种形式更关注现世的生活，而不太关注怎样达到觉悟。

佛教正式传入西藏是在 7 世纪，当时在位的是郡王松赞干布，他很愿意将印度和唐朝文化的好处带给他的人民。他的一个妻子是唐朝公主，另一个妻子是印度人——她们都是佛教徒。因此，他把她们分别送回家乡，并请她们带着佛经和经师回来。在 8 世纪，佛教的传播被打断了。当时，本地的萨满教僧使西藏人相信是本土神灵的愤怒带来了某种传染病。然而，这一中断并没有持续太久，人们很快又允许佛教徒回来继续他们的传教活动。

藏传佛教的哲学与在整个大乘佛教世界中发现的哲学非常相像。但是由于此地所处的与世隔绝的地理位置，它产生并保持了许多独有的特征。藏传佛教最重要的实践上的特征是它对作为处理生活问题的一种手段的巫术的关注。人们经常把藏传佛教称为怛特罗佛教（Tantric Buddhism，即密宗），因为它极其依赖《怛特罗》（tantra，即《密续》）——教授各种咒语的指南。这些咒语可以帮助人们对付未知之物，而且人们相信，它们能引导人们寻求更加美好的重生并最终达到觉悟。在印度教和佛教的一些宗派中，我们都可以发现怛特罗宗教的存在。在原始的印度教思想中，人们相信，每一个神祇中都包含两种要素：属于男性的和属于女性的。有时，这些要素在信徒的心目中被分离为一个神和他的配偶或妻子，就如同湿婆与时母那样。意识到这两种神圣要素的存在，某些印度教徒和后来一些佛教徒通过性行为寻求与它们的神秘结合。人们还相信，人可以通过过度体验某激情来征服这一激情。因此，除了要达成信徒与神之间的结合，怛特罗宗教还通过使激情持续过长的时间来寻求觉悟和征服肉欲。人们还相信，人能够通过过度沉溺于酒肉而克服对酒肉的欲望——同样的道理也适用于其他被禁的事物。这种宗教形式在中古时期的西藏变得流行起来。直到一位名叫阿底峡（Atisa，公元 982—1054 年）的僧人领导了一场佛教的改革，怛特罗佛教才清除掉其中大部分有关性欲的内容，并获得了一个更为灵性的基础。

藏传佛教的另一个特征是它使用"唵嘛呢叭咪吽"这样一句真言，它的意思是："呕，莲花中的宝石，唉。"人们用这一表述来祈求

新加坡佛牙寺龙华院内，一位华人大乘佛教徒向佛陀行敬拜礼。

观世音菩萨的保佑。尽管在大乘佛教的许多教派中都存在观世音菩萨，但是他在西藏尤为重要。因为他极为怜悯世人，而且有能力将他的门徒从世界的危险中解救出来，也有能力引导他们走上通向觉悟的道路，所以西藏人民把他当作自己的保护人加以敬拜。

转经筒是藏传佛教的另一个特征，而且似乎是它独有的。没有人知道这一器具的起源，但它主要在藏族人中被使用。转经筒的一种形式是一个圆筒，内藏经文和咒语。圆筒内有转轴。人们相信在摇动转轴和转动经文时，信徒便以某种方式完成了祈祷。最常见的转经筒是小型转经筒，人们可随身携带并经常摇动它。其他较大型的转经筒在寺庙中。善于创造的藏族佛教徒还会在溪流边设置转经筒，这些转经筒都是由水力驱动。

藏传佛教的另一个明显特征来自它的神职阶层——喇嘛。"喇嘛"一词的基本含义是"上人"。从很早开始，摒弃了常规的生活追求并进入寺院的人就都很有权势。早在9世纪，西藏地区的领主就将特定的土地赐给喇嘛，让他们建立寺院；与这些土地一起，喇嘛还获得了从人民手中征集资金的权力。到公元14世纪，寺院的领袖变得比各部领主还要强大。领主消失了，实际进行统治的是佛教僧侣。虽然喇嘛最初发誓独身，但是到14世纪，他们都抛弃了这条誓约，娶妻生子，过着豪华气派的生活。然而，也是在14世纪，人们又进行了改革，独身制度又恢复了。

藏传佛教的喇嘛基本上被分为两派：西方学者将较大的一派称为黄帽派，另一派称为红帽派。红帽派最令人感兴趣的贡献之一是他们的经书《度亡经》（*Bardo Thodol*）。人们相信，这部书成形于公元8世纪的某个时候，虽然它可能包含更早的几个世纪的内容。当然，它的一些教义本质上是佛教之前的。它的基本教义是：人在离世后，灵魂逗留在被称为中阴（*Bardo*）的类似梦幻的状态达49天之久。在这一时期，灵魂的最终命运被确定下来。过有道德的生活的人将从中阴的状态出发到达涅槃，而如果一个人在一生中确立了一个"业"的拉力，他将被再次拉入生死轮回。①人们还相信，离世前几个小时的活动可以影响到逗留在中阴状态中的灵魂。因

---

① 在其他佛教和印度教的传统中可找到类似的——虽然不那么著名的——文献。出自泰国的一部上座部佛教文献——《僧人马来的传奇》（*Phra Malai Kham Luang*）讲述了一个僧人的故事，这位僧人访问了佛教的天堂和地狱，并问在其中的人是什么善良或邪恶的行为导致了他们的重生。请参看 Bonnie Brereton, *Thai Tellings of Phra Malai. Text and Rituals Concerning a Popular Buddhist Saint*（Tempe: Arizona State University, Program for Southeast Asian Studies, 1995）。另有巴厘语文献《彼马走向佛国》（*Bhima Swarga*），请参看 Idanna Pucci, trans., *Bhima Swarga. The Balinese Journey of the Soul*（Boston: Little, Brown and Company, 1992），它从印度人的角度出发讲述了一个类似的故事。

此，藏传佛教的僧侣会受训来帮助离世者度过这一阶段。西方的见证者有时观察到，当僧侣试图帮助离世者时，他们会举行复杂的宗教仪式，并做出大量的工作。

6.6 佛教节日

佛教因其哲学思想和所处地理位置上的差异，被以多种方式划分为许多流派，它们庆祝的节日很不相同。在一些上座部佛教中，僧侣们每年要庆祝的节日多达四十个，但是并非所有佛教徒都庆祝这些节日。以下是大多数佛教徒都会承认的一些主要节日。

藏传佛教的转经筒内含有祈祷文。信徒认为，旋转经筒和念诵经文一样，都能产生积极的业力。

新　年

在上座部佛教国家中，人们在 4 月庆祝新年。这一节日经常持续三天，并具有某种狂欢节的气氛。在节期的前两天，人们腾出一部分时间进行洗浴，并为新年做准备。在缅甸，人们将水泼在过路人身上。在第三天，人们重新过佛教徒的生活；敬拜者参拜寺庙并进行献祭，以为新的一年做准备。①

佛诞节

在中国，人们在农历四月初八庆祝乔达摩的诞辰；日本的佛诞节是在 4 月 8 日；东南亚的佛诞节则是在 5 月的最后一个月圆日。在佛诞节期间，日本佛教寺庙会举办花祭。其他佛教社团则准备一盆盛满花瓣的散发芬香的水，在其中灌洗还是婴孩的佛陀的雕像来庆祝这一节日，他们以这种方式向那在佛陀诞生之后立即给他洗浴的神表示尊敬。有时，人们抬着佛像列队走过大街，四处都有欢呼声和鞭炮声。信佛的儿童还在这一天打扮成小佛陀的样子。

盂兰盆节

佛教徒相信，地狱的门在 7 月（在日本）或 8 月（在中国）被打开，死者的灵魂

---

① 第八章和第九章将更详细地介绍中、日两国的新年以及其他一些节日的情况。

新加坡佛牙寺龙华院。遗物崇拜在跨越宗教分歧的佛教崇拜中十分重要。比如这座寺庙是由一位大乘佛教的华人僧侣创立的,他从一位缅甸上座部僧侣那里迎请佛牙圣物供奉寺中。在大乘佛教国家,佛教圣遗物在文化交流方面扮演着十分重要的角色,尤其是佛教徒之间定期的圣遗物巡礼培养了他们之间的友好关系。中国、印度、新加坡、斯里兰卡都全力资助这种圣遗物巡礼。

可在世界上游荡。出于同情,一些家庭为这些游荡的灵魂留出食物来。在月中,僧人们会举行复杂的礼仪来安抚并超度亡灵。

供僧衣节

在 10 月雨季结束的时候,上座部佛教举行庆典纪念阿育王时代派出的第一批佛教传教僧。在家的居士向其所在地的僧侣赠送新的袈裟和其他礼品。在庆典中,人们会举行公共聚餐,并在一棵"祝愿树"上展示袈裟。人们以制造和赠送大袈裟(*mahakathina*)结束这一节期。袈裟是在一个白天或一个夜晚制成的——从纺线到成衣。制作这个袈裟是为纪念佛陀母亲在听说佛陀要抛弃世俗生活之后,连夜为他织成第一件袈裟的行为。

6.7 今天的佛教

佛教在其存在的前 15 个世纪中进行了大范围的传教活动,在这个过程中,斯里兰卡、缅甸、泰国、中国、日本和朝鲜半岛等亚洲地区和国家皈依了佛教。在此之后,佛教便进入一种静止状态，在几个世纪的时间里都没有发生大的运动和变革。然而进入20世纪以后，佛教因为若干原因开始复兴并再次得到发展。

令人感到十分奇怪的是，导致人们对佛教重新产生兴趣的因素之一是基督教传教士和其他西方的东方学专家所做的工作。当欧洲人在19世纪和20世纪进入亚洲国家时，他们感到有必要更加深入了解佛教。因此，他们开始进行古代佛经的翻译工作，并且当中一些人实际上皈依了佛教。[①] 这标志着西方人迷恋佛教之始，这种对佛教的迷恋一直持续到今天。

亚洲民族主义的兴起是带来佛教复兴，尤其是上座部佛教复兴的第二个要素。随着第二次世界大战之后殖民帝国的崩溃，许多新兴亚洲国家都开始为他们是佛教国家而感到骄傲。在过去，过西式的生活、说一门欧洲语言或研习基督教都很时髦。而在第二次世界大战之后，在缅甸和泰国这样一些国家，上座部佛教又重新引起人们的注意。对佛教和印度教的一些现代主义的解释声称，佛教因其无穷世代的理论比犹太－基督教的创世叙事更与科学相符。而且，佛教关于和平和宽容的教诲似乎刚好适合核时代的需要。因此，一些佛教徒逐渐将他们的宗教视为现代世界中的一个宗教选项。这些关注导致人们重新强调传教工作和一个被称为"人间佛教"的普世佛教运动，该运动尽量缩小教派之间的差异，并且强调非暴力和同情所有生灵这类普遍的佛教教义。尽管佛教确实可以被理解为一个非暴力的宗教，但佛教徒还是会像其他任何人那样成为暴徒。纵观历史，缅甸和泰国之间已发生了多次战争。尽管当代藏传佛教徒注重对其信仰采取一种非暴力的、偏重精神性的解释，但是在18世纪和19世纪早期，他们还是当之无愧的凶猛武士。

在历史上，大乘佛教的主要所在地是中国、日本、越南和朝鲜半岛。在第二次世界大战之后，佛教在中国遭受了严重的挫折。然而在今天，中国内部似乎又重新出现了佛教徒的活动。在越南战争结束之后，大量的越南、老挝和泰国佛教徒移居美国。在过去几十年里，禅宗、日莲宗和藏传佛教在美国和欧洲也吸引了许多信徒。今天，人们经常能在美国主要的城市中心找到各种各样、分属不同宗派的人数众多的佛教徒社团。美国的佛教正开始发展出自己独有的特征，像《三轮》（*Tricycle*）这类大众佛教杂志中的文章会涉及许多不同的佛教形式，它们强调禅定的学习和实践，以及人所应担负的社会和生态责任。他们相对来说不太注重寺院生活，很少有美国人觉得寺院生活有感召力。佛教徒曾采取各种方式试图将佛陀的教义广泛应用于不同

---

① 关于在西方的佛教，请参看 Rick Fields, *How the Swans Came to the Lake. A Narrative History of Buddhism in America*（Boston: Shambala Publications, 1992）。

的文化、社会和历史背景，如今发生在美国的这些趋势正是这样一些方式在当代的表现。

在日本和朝鲜半岛，大乘佛教仍然在人民的生活中占据重要地位。在最近几十年里，日本的佛教形式（如禅宗、日莲宗和净土宗）在西方国家吸引了很多人的注意。今天，在许多西方国家中都可找到佛教寺庙和佛龛，佛教文学也被人们广泛阅读。佛教似乎正处在另一个大范围传教运动的进程中。它在全球的信徒数量目前估计约达 3.24 亿。[1]

需要研究的问题

1. 比较乔达摩的生平与大雄的生平。为什么他们的生平细节是类似的？
2. 列出乔达摩在外看到的四种景象。为什么这些景象促使他开始寻找宗教上的解答？
3. 乔达摩在波罗奈城鹿野苑传授的四谛是哪四谛？
4. 在乔达摩的教义中，是什么东西促使人们将佛教称为"中道"？
5. 根据佛陀的观点，使人类束缚在生死轮回中的核心问题是什么？
6. 在佛教发展成世界宗教的过程中，阿育王起到了怎样重要的作用？
7. 列出大乘佛教与上座部佛教之间的四个基本区别。
8. 区分大乘佛教中的净土宗与禅宗。

参考书目

1. de Bary, William Theodore, ed. *The Buddhist Tradition*. New York: Vintage, 1972.
2. Beyer, Stephen. *The Buddhist Experience*. Encino, CA: Dickenson, 1974.
3. Conze, Edward. *Buddhist Scriptures*. New York: Penguin, 1959.
4. Fields, Rick. *How the Swans Came to the Lake. A Narrative History of Buddhism in America*. Boston: Shambhala Publications, 1992.
5. Gyatso, Tenzin. *The Buddhism of Tibet and the Key to the Middle Way*. London: George Allen and Unwin, 1975.
6. Khun Eng, Kuah-Pearce. *State, Society and Religious Engineering: Towards a Reformist Buddhism in Singapore*. Singapore: Eastern Universities Press, 2003.
7. Küng, Hans, et al. *Christianity and the World Religions: Paths of Dialogue with Islam, Hinduism, and Buddhism*. Translated by Peter Heinegg. New York: Doubleday, 1986.
8. Robinson, Richard H., and Willard L. Johnson. *The Buddhist Religion*. Belmont, CA: Wadsworth,

---

[1] *1998 Encyclopedia Britannica Book of the Year*（Chicago: Encyclopedia Britannica, 1998）, p. 298.

1997.
9. Spiro, Melford. *Buddhism and Society. A Great Tradition and Its Burmese Vicissitudes.* Berkeley: University of California Press, 1982.
10. Strong, John. *The Experience of Buddhism. Sources and Interpretations.* Belmont, CA: Wadsworth, 1995.
11. Suzuki, Daisetz T. *Zen and Japanese Buddhism.* Boston: Charles E. Tuttle, 1958.

原始资料

乔达摩论述其苦行

乔达摩在菩提树下达到觉悟之前,已苦苦奋斗了多年。他所走的其中一条道路把他引向极端的苦行主义。在以下段落中,乔达摩将他的苦行经验讲给他的一名弟子听。[①]

《中部经典》第十二

舍利弗!予知行四支具足之梵行时,即予实是苦行者、最上之苦行者。予实是贫秽行者、最上之贫秽行者。予实是嫌厌者、最上之嫌厌者,予实是孤独行者、最上之孤独行者。

舍利弗!于此予有如是苦行,即予裸形而是不作法者、食后舐手者,不受"来"之请,又不受"停留"之请、不受赍赠、不受特设、不受特定处之请、不直接受壶口皿缘之食者、不受食于门内、不受食于柴薪之间、不受食于杵之间。二人之食时,(只由其一人与)亦不受。由妊妇之食不受、有授乳之妇之食不受。与男人拥抱之女食不受。(饥馑时),集施之食不受。立于狗近处不受。有蝇之群不受。鱼肉不食。谷酒、果酒、粥汁、不饮。又予或于一家受食而住一食,或于二家受食,而住二食……七家受食而住七食。又予依一施而度日,又依二施而度日……依七施而度日。予又一日取一食、或二日取一食……七日取一食。如是予至半月一食,专心于定期食之修行。予又唯食野菜、或唯食稷、或唯食糙米、或唯食达多罗、或唯食水草、或唯食糠、或唯食泡、或唯食胡麻粉、或唯食草叶、或唯食牛粪。又予食森树根野果,或食自然落下之野果。又予着麻、或着麻之混织、或着冢间衣、或着粪扫衣、或着树皮、或着细羚羊皮、或着细条羚羊皮之编织、或着吉祥草之衣、或着树皮之衣、或着木羊片之衣、或着人发编织、或着马毛之编织衣、或着枭羽衣。又予从拔须发行者而取拔须发行,又予常直立行者不坐,常排座、又常蹲踞、而精勤常蹲踞、又卧棘刺行者而常卧棘刺床、或予一晚三浴于水中,如是行种种身体之苦行难行。舍利弗!予有如是之苦行。

舍利弗!于此,又如次予有三贫秽行。即多年积蓄尘垢于予身,自然皮生苔。舍利弗!恰如帝因多加树株多年积蓄尘埃,自然皮生苔,如是予多年蓄积尘垢于予身,自然皮生苔。舍利弗!如是予心不生"噫嘻!予手拂拭尘垢"。又"或他人手拂予拭此尘埃"。舍利弗!如是实予有贫秽行。

[①]《汉译南传大藏经·中部经典一》,101—106页。

舍利弗！于此予又如次有嫌厌行。舍利弗！即进或退，予甚深注意，而于一滴之水，亦唤起予之怜悯心，愿："予于小生类之恶道，不得杀。"舍利弗！如是予实有嫌厌行。

舍利弗！于此，予又有如次之孤独行。舍利弗！即予或住于闲林处，若见有牧牛者、或牧畜者、或采草者、或采薪者、或樵夫，予由森林至森林、由密林至密林、由低地至低地、由高地至高地逃行。其故为彼等不见予，又予不见彼等也。舍利弗！恰如住闲林之鹿，见人即由森林至森林、由密林至密林、由低地至低地、由高地至高地而逃行。如是，舍利弗！予或见牧牛者、或牧畜者、或采草者、或采薪者、或樵夫，予由森林至森林、由密林至密林、由低地至低地、由高地至高地之逃行。其故为彼等不见予，又予不见彼等。舍利弗！如是予有孤独行。

舍利弗！予追走母牛，牧牛者行他处（去）时，于牛槛中，四肢匍匐而行，于幼乳食犊之粪。而又，舍利弗！予自己粪尿未终之间而食自身之粪尿。舍利弗！如是予有大不净食。

舍利弗！又予入恐怖丛林而住。舍利弗！于其处，于可畏怖之丛林，实使畏怖，谓："不论何人，未去贪欲者，若彼入丛林，几乎皆身毛竖立。"舍利弗！予于寒冷之夜，从降雪之季月前分第八日、后分第八日止，夜宿露天，昼在丛林。又于酷夏最后之月，昼于露天，夜在丛林。舍利弗！如是予此可惊叹，而生未曾闻之偈：

暑日及寒夜，独处怖畏森。
裸形无火坐，默者愿成果。

舍利弗！又予卧于冢间，铺死尸之骸骨为床坐。其时牧童近之唾予、放尿、投尘芥、塞树皮于予耳。予对彼等不起恶心。舍利弗！如是予于舍而住。

舍利弗！或沙门、婆罗门抱如是说、如是见。即："依食清净。"彼等言："我等以枣果度日。"食枣果、食枣果粉、饮枣果浆、造种种枣果而食。舍利弗！予亦称唯食一枣果者。舍利弗！汝或生念："实其时枣果硕大也。"其实不然。其时，虽有之枣果如今日之所见。舍利弗！要唯食一枣果，予之身极衰瘦。其因少食，予之肢节恰如阿氏提加（草）、草节，又如伽罗草节。又其因少食，予之臀部恰如骆驼之足，因少食予之脊柱恰如纺锤之连锁凸凹，因少食予之肋骨如经年堂屋折碎之椽。因少食予之眼球深陷眼眶之水光，可见如深洼，予因少食，予眼窝之眼光，可见如深洼。因少食又恰如取切未熟之苦瓠，因风热而凋萎皱缩，如是予之头皮，因少食凋萎皱缩。如是，舍利弗！因如是少食，予之腹皮密着于脊柱时，"触及予腹皮"即触到脊柱，"触及脊柱"即触得腹皮。因如是少食，予"行粪或尿"而于其处头向前倾倒。舍利弗！又予慰藉身体，以手摩擦肢体，以手掌擦肢体时，因少食，予身毛腐蚀，与根皆从身脱落。

舍利弗！或沙门、婆罗门抱如是说、如是见。即："依食有清净。"彼等云："我等以腰豆度日。"……乃至……云："我等以胡麻度日。"……乃至……云："我等以粳米粒而度日。"彼等食粳米、食粳米粉、饮粳米浆、造种种粳米而食。舍利弗！予亦称认食一粒粳米者。舍利弗！汝或生念："实其时有大粳米。"其实不然。其时最大粳米，如今日所见也。舍利弗！

食一粒粳米，予身极度衰瘦［……］①舍利弗！以如是行、如是道、如是难行，予以超越人法，未到达特殊最上智见。其为何故，此乃未达圣慧也。若达此圣慧，依解脱之圣导而随其行，正引导苦灭也。

佛陀对八正道的解释

佛陀的关于生命和死亡之特性及生活之正确道路的教义的核心是八正道。以下选段包含了佛陀对八正道的解释。②

《相应部经典·大篇·道相应·无明品》第八

"诸比丘！我为汝等分别说示八支圣道，谛听，当善思念之，我宣说。"

彼诸比丘应诸世尊曰："唯唯！大德！"

世尊说曰："诸比丘！云何为八支圣道耶？谓正见、（正思惟、正语、正业、正命、正精进、正念、）正定是。

诸比丘！云何为正见耶？诸比丘！苦之智、苦集之智、苦灭之智、顺苦灭道之智是。诸比丘！此名之为正见。

诸比丘！云何为正思惟耶？诸比丘！出离之思惟、无恚之思惟、无害之思惟是。诸比丘！此名之为正思惟。

诸比丘！云何为正语耶？诸比丘！离虚诳语、离离间语、离粗恶语、离杂秽语。诸比丘！此名之为正语。

诸比丘！云何为正业耶？诸比丘！离杀生、离不与取、离非梵行。诸比丘！此名之为正业。

诸比丘！云何为正命耶？诸比丘！于此圣弟子，断邪命，于正命为活命。诸比丘！此名之为正命。

诸比丘！云何为正精进耶？诸比丘！于此有比丘，对未生之恶不善法，为不令生而起志欲、精进、发勤，以持策心。为断已生之恶不善法，而起志欲、（精进、发勤，策心以持）。为令未生之善法使令生起，而起志欲、（精进、发勤、以持策心）。以往已生之善法，令不忘失，而倍修习、广修习，为使令圆满，以起志欲、精进、发勤、持策心。诸比丘！此名之为正精进。

诸比丘！云何为正念耶？诸比丘！于此有比丘，于身以随观身，而热诚、正知、具念、以调伏世间之贪忧而住；于受以随观受，而热诚、正知、具念、以调伏世间之贪忧而住；于心以随观心，而热诚、正知、具念、以世间之贪忧而住；于法以随观心、而热心、正知、具念、以调伏世间之贪忧而住。诸比丘！此名之为正念。

诸比丘！云何为正定耶？诸比丘！于此有比丘，离诸欲、离诸不善法，有寻有伺、由离生喜与乐，具足初静虑而住。寻伺寂静故内净、为心一趣，由无寻无伺之三摩地生喜与乐，具足第二静虑而住。离喜故，于舍而住，正念正知、以身集正受，如诸圣者之所宣说，有舍

---

① ［ ］内为编者省略内容。——编者注
② 《汉译南传大藏经·相应部经典五》，126—128页。

有念之乐住，即具足第三静虑而住。断乐、断苦故，及已灭忧与喜故，成不苦、不乐而舍念清净，具足第四静虑而住。诸比丘！此名之为正定。"

菩萨的无限同情心

大乘佛教的一个重要特征是菩萨。由于他们对人类的同情，他们可能会下凡并推迟他们的涅槃时间。在下面出自《大乘集菩萨学论》的段落中，有关于菩萨的同情心的论述。[①]

是时菩萨见彼众生造是业已。心不动乱亦不拣择无有惊畏。发坚勇心不生退转。决定代彼受诸苦恼。所以者何。我当荷负彼诸众生。乃至世间生老病死苦恼之难。八无暇难。诸轮回难。诸恶见难。坏善法难。生无智难。我当毕竟令脱是难。是诸众生无明所蔽。爱网所著。有结所缚。诸苦笼萦不生觉了无求出离。常怀疑惑与愿相违。于轮回海一向漂没。我当安住一切智王。令诸众生成就义利皆得解脱。唯我一人能为救护。假使一切世界悉为恶趣。受苦众生充满其中。以我所集一切善根。平等回向无不与者。乃至最后边际所经时分。一一恶趣消灭无余。一一众生皆得解脱。若使一人未离苦者。我当以身质而出之。愿诸众生因我身故得尽苦际获安隐乐。各各乐出真实语言。勿相欺诳不生损害。我当令发一切智心离五欲境行菩萨行。毕竟安住无上正等菩提。所以者何。是诸众生由著欲故摄属魔境。

坐禅的重要性

在日本称之为"禅宗"的大乘佛教的分支中，坐禅是觉悟的关键。以下出自《正法眼藏随闻记》（Shobogenzo Zuimonki）的经文，其中谈到了禅宗中坐禅的重要性。[②]

我在天童禅寺停留期间，尊敬的如净禅师曾彻夜坐禅至凌晨，继而稍作休息，次日又早起坐禅。在禅堂，我们继续参与集会一同坐禅，一晚都不曾停歇。坐禅时，有些僧侣却要睡着了。住持便在他们身边来回走动，用拳头或便鞋敲打他们，朝他们喊叫以使其醒来。如果他们还继续瞌睡，他便到走廊去，敲钟召集僧侣们到另一间屋子里，他会在那里点亮烛火训诫他们。

"被召集来禅堂却只是睡觉，这有什么用？远离俗世成为僧侣，难道是为了这个？俗人们都不曾轻松度日，不论是皇帝、皇后还是官吏。统治者要行君主分内之事；大臣则侍奉君上，忠心耿耿，鞠躬尽瘁；庶民需垦田耕地。没有人轻松度日。逃离这众多的负担，在僧院里懒散度日，有何功绩可言？生死是大事，此生转瞬即逝。禅宗与重讲经的宗派对此都没有异议。今夜会遭受何种病痛，明日会以何种形状死去？生时不践佛法，只睡觉度日，实在愚蠢之至。这愚蠢正是如今佛教衰退之缘故。佛教鼎盛之时，僧侣莫不专心坐禅，而今坐禅不被视为普法，佛教因此丧失其根基。"

[①] 节选自《大乘集菩萨学论》，[宋] 法护等译，收录于《大正新修大藏经》第三十二册。

[②] William T. de Bary, ed. and trans., *Sources of Japanese Tradition* (New York: Columbia University Press, 1958), pp. 253, 254.

另有一日，侍者对他说："僧侣们十分疲惫，已经开始生病，有些人在考虑离开寺院，这都是因为他们被要求太长时间坐禅。坐禅的时间是不是应该缩短一些呢？"住持大怒。"这是大错特错。一个不是真正专心于宗教生活的僧侣，即使只打坐半小时或一小时也会睡去，但专注于宗教生活并持心坚守戒律的人最终将欣悦于坐禅，无论坐禅的时间多长。年轻时我曾拜访各寺院的高僧，其中一人曾对我说：'从前我用力痛击那些要睡着的僧侣，拳头都要碎掉。现在我老了，身体虚弱，击打他们的力度也不足了。因此，优秀的僧侣产生地越来越少。寺院今日的上座者不够强调坐禅，因而佛教在衰退。你打他们打得越多越好。'他如此建议我。"

第七章

锡克教

本章目的

- 在这一章中，我们将学习那纳克和其他锡克教古鲁的生平；逐步理解锡克教如何在许多问题上站在伊斯兰教与印度教之间；理解在锡克教传统和历史中的和平主义与好战精神之间的张力。

关键词

《格兰特》
辛格
乌达斯
萨哈达里斯

锡克教大事年表	
公元 1469—1538 年	祖师那纳克在世
1658—1707 年	奥朗则布皇帝统治时期锡克教徒遭受迫害
1699 年	锡克教社团军事化
1700 年	英国成为印度的主要势力
1780—1839 年	兰吉特·辛格统治在旁遮普的锡克教王国;鼓励宗教宽容;英军占领旁遮普;锡克教徒的独立历史结束
1857 年	锡克教的军队帮助镇压印度大起义;英国的基督徒,印度的印度教徒、穆斯林和锡克教徒以宗教的名义犯下暴行
19 世纪和 20 世纪	锡克教徒移居英国、非洲、北美和其他说英语的殖民地或国家
1947 年	印度从大英帝国获得独立;锡克教徒提出的建立独立国家的要求被漠视;英属印度被划分为印度和巴基斯坦,造成印度教徒、穆斯林和锡克教徒之间大规模的暴力冲突
1983 年	锡克教武装人员占领了金庙,印度军队攻占了金庙;在印度教徒造成的骚乱中有几千人死亡
1984 年	印度总理英迪拉·甘地遇刺,引发了印度教徒的暴力行为,几千名锡克教徒被杀害
2004 年	锡克教徒曼莫汉·辛格成为第一位由非印度教徒担任的印度总理

本章提要

锡克教起源于公元 16 世纪,其发源地在印度西北部的旁遮普省。锡克教徒相信他们的信仰是一个基于其第一位导师——那纳克的顿悟的独立的新宗教。学者们很久以来就认为,锡克教是在印度教虔信派与伊斯兰教神秘主义之间的宗教对话的背景中发展起来的。和佛教与耆那教一样,锡克教的很多世界观来自印度教,同时它也在试图改革印度教的某些要素。然而,与印度教的其他改良运动不同,锡克教还努力从另一个世界主要宗教——伊斯兰教那里吸纳要素。许多锡克教精神领袖同时是武士。

锡克教在印度一直是一个少数人的宗教。今天，全世界锡克教徒的数量大约只有1910万人。①锡克教徒的主要聚集地仍是旁遮普，虽然在印度的其他地区、欧洲、北美和东南亚也存在实体的锡克教社团。

7.1 那纳克的生平

从公元10世纪起，各种穆斯林的群体就开始从他们位于印度以西的基地侵入印度。这些侵入最终导致莫卧儿王朝对印度的统治。虽然整个印度都不时面临穆斯林的征服，但是，西北部是最频繁遭受穆斯林侵略的地区。伊斯兰教在印度西北地区吸收了最多的信徒，建立了最强大的基地。伊斯兰教和印度教在许多领域里有着根本的不同，所以穆斯林与印度教徒之间的相遇经常是敌对的和具有暴力冲突的。

然而，从一开始就有不相信这两个宗教是相互敌对的，而且认为能对两者进行某种综合的导师。试图将印度教与伊斯兰教结合在一起的最为人们所怀念的改革家是卡比尔（公元1440—1518年）。此时，印度教与伊斯兰教已比它们在穆斯林入侵时更为密切。有一些圣人同时受到印度教徒和穆斯林的敬拜，双方的信徒有时共有一个圣地和其他进行宗教祈祷的场所。这之所以可能，是因为印度教宣称诸神是以许多种形式出现的，而伊斯兰教的神秘分支苏菲教派也信仰其坟墓已成为敬拜对象的圣徒。有一些人——印度教徒，也有穆斯林——把这些相似性当作这两个宗教趋向一个共同的神圣实在的标志。

卡比尔生来便是穆斯林，但他发现完全有可能与他的印度教邻居一起敬拜。而在敬拜印度教诸神的同时，他仍宣称真正的神只有一个。神的唯一性是最基本的穆斯林教义。卡比尔后来被印度教徒和穆斯林作为圣人或圣徒接受下来，他对锡克教徒及其文学深有影响。

锡克教的创建者名为那纳克（公元1469—1538年），他是卡比尔同时代的晚辈。

---

① *1998 Encyclopedia Britannica Book of the Year* (Chicago: Encyclopedia Britannica, 1998), p. 298.

那纳克生于旁遮普的一个印度教家庭，其出生地离拉合尔城大约40英里。由于这一地区的混合性，那纳克的中学校长是一位穆斯林，那纳克无疑受到了此人的影响。

人们把那纳克描绘成不通庶务、不顾实际的梦想家。他的兴趣和天赋主要在诗歌和宗教上。他的父亲曾努力给他找过许多工作，但是那纳克一个也没能做下去。他12岁的时候与一位年轻女性订了婚，19岁的时候完婚。婚后生二子。那纳克最终离开他的妻儿到苏丹普尔城去谋生。在此，他所做的事情略有成功。

那纳克于苏丹普尔城逗留时大约30岁，他从神那里接受了一个改变他一生的幻象。在一些故事中，当神对那纳克开口讲话时，他正在森林中沉思。这一幻象传达的信息是，那纳克作为那一真正宗教的先知被挑选出来。他得到的启示是："既没有穆斯林，也没有印度教徒。"因此，他要成为一位传教士，宣传这两个宗教的统一。与他的忠实伙伴马尔达纳（Mardana）一道，那纳克成为四处游走的讲道者，向人们宣扬这一教义。在随后的几十年时间里，这两个人在印度四处游历，宣传伊斯兰教和印度教在本质上的统一。为了强调他的教义，那纳克穿一身混杂了印度教徒和穆斯林的特征的服装，无论他走到哪里，他都试图将接受他的教义的人组织为一个团体。他的每一位信徒都被称为锡克（Sikh），这是一个旁遮普语的用词，意思为"门徒、弟子"。在他游历的过程中，那纳克甚至曾朝拜过麦加，虽然他招来当地人的怨恨，因为他不愿对穆斯林圣石表现出应有的尊敬。

在多年的游历之后，那纳克回到印度西北部的家乡，在此，他继续宣传锡克教教义并组织锡克教徒的社团。根据一个迷人的锡克教传说，当那纳克行将就木的时候，他的信徒仍因其先前的宗教信仰而存在分歧。那些原来是印度教徒的人想把他的遗体火化，而那些原来是穆斯林的人希望将他埋葬。那纳克知晓了这一关于他的遗体的争论，他请这两个群体都将花卉摆在他的身边，其花卉在第二天仍然鲜活的那个群体可以处理他的遗体。当这两派同意了他的要求并将他们的鲜花摆在他身边的时候，那纳克自己盖上一张被单就去世了。当人们在第二天早晨揭开被单的时候，他们发现这两组花卉都还很新鲜，但是那纳克的遗体却消失不见了。因此，根据这一传说，这位平静祥和、充满爱心的那纳克祖师，即使是在离世之际还在试图使穆斯林与印度教徒和睦相处。①

---

① 关于卡比尔的离世，人们也讲了同样的故事。

7.2 那纳克的教义

与卡比尔和其他人一样,那纳克也努力综合伊斯兰教和印度教的要素。他从这两个宗教中采纳了他认为最重要的东西。从伊斯兰教中他采纳了只有一个神这一教义。虽然印度教徒可能认为这个神有许多面目且在以多种方式发挥作用,但是神在本质上还是一个。锡克教徒将这个神称为"真名"(The True Name)。

那纳克还教导说,真名是整个宇宙的创造者,而且人类是神的最高的创造物。因此,那纳克反对不杀生的教义,这一教义在许多其他印度的宗教中可是相当重要的。人是首要的创造物,所以他们可随意屠宰和食用动物。锡克教徒是少数能够合法食肉的印度群体之一。

那纳克的确采纳了印度教的一些要素。他接受了生死轮回的法则,这一法则在许多印度的宗教中都是最为基本的。锡克教徒逐渐相信,在那纳克之后的那些祖师都是前者灵魂的化身,他们继承了那纳克的锡克教领袖的身份。那纳克还教授印度的"业"的观念,而且相信人不断积累业,又不断生死轮回,直到被真名从这一循环链中解放出来。

那纳克反对印度教和伊斯兰教中的烦琐礼仪,他教授一种怀疑和拒斥一切繁文缛节的非常平凡和简单的宗教形式。

> **文献摘选**
>
> 穆斯林赞美伊斯兰教法,研读这一教法,思考这一教法:
> 但神的仆人是这样一些人,他们全心全意地为神服务,以便能够瞻仰和敬拜他。
> 印度教徒赞美应被赞美的神,他的外观和形式是无与伦比的;
> 他们在圣河里洗浴,使用大量的檀香敬拜偶像。
> 瑜伽信徒默想创世神,他们将这个神称为看不见的神圣存在,
> 他的形式若隐若现,他的名字是光明之神,他是他们的身体的形象。[①]

据一个故事说,那纳克在伊玛目(伊斯兰教教长)布道期间放声大笑而被人从穆斯林的敬拜仪式中驱逐出去。当人们问他为什么对穆斯林的敬拜仪式如此不尊重时,他回答说,他发觉伊玛目在布道的时候并没有真正想着神,事实上他正在想他的马,并担心他的马会否掉到井里。这一察觉使那纳克震惊,因为这荒唐可笑,他忍俊不禁。

---

① Asa Ki War, Slok VI, *The Sacred Writings of the World's Great Religions*, ed. S. E. Frost (New York: McGraw-Hill, 1943), p. 362.

印度阿姆利则的金庙前,一位锡克教导师向听众宣道。金庙里供奉着圣格兰特经,金庙是锡克教最重要的圣地。

宗教与暴力

那纳克宗教中的另一个要素是他的和平主义。在他的全部漫游历程中,尽管吃了许多闭门羹,那纳克仍然坚持和平主义的立场。他从不与敌人冲撞,而且明显教育他的弟子也遵守这一规范。锡克教徒在后来的历史发展中却没有遵守这一教义,变成了最富有战斗精神的武士。许多锡克教的精神领袖也是武士。

7.3 锡克教的历史发展

那纳克死后,新的宗教运动的领导权由安格德(Angad)掌握,他一直到1552年都在掌管教会。直到18世纪,领导锡克教的共有十位古鲁,那纳克和安格德是前两位。一般来说,"古鲁"(guru)一词在印度教中具有"教师"的含义;但是对锡克教徒来说,它的意思是"领袖"。锡克教这十位祖师中的前四位倾向于遵从那纳克的教义,并对他们的敌人持一种相当温和的态度。人们之所以纪念安格德,是因为他将一种文字标准化了,并开始编纂锡克教的圣经。其他祖师也沿着同一条道路走下去。

随着第五位祖师阿尔琼(Arjan Dev,他在1581—1606年担任锡克教领袖)的上台,无论是官方机构还是锡克教都发生了重要的变化。人们之所以纪念阿尔琼，是因为他启动了锡克教的正式经典——《阿底·格兰特》的编纂。自从祖师的时代起，《格兰特》在锡克教中就变得日益重要。《格兰特》本质上是一部赞歌集，其中大部分赞歌由那纳克创作，剩下的赞歌则来自卡比尔和其他祖师。《格兰特》中包含3384首赞歌，篇幅大约是《梨俱吠陀》的三倍。

宗教与暴力

人们之所以认可阿尔琼，不只是因为他是《格兰特》的编者，还因为他赋予了锡克教好战的维度，而这种好战的特质与那纳克和早期祖师所持守的和平主义是截然相反的。从那纳克成立锡克教到阿尔琼担任锡克教领袖的这段时间里，锡克教运动已大大发展，并已成为穆斯林统治者眼中的一个威胁。莫卧儿皇帝命令阿尔琼从《格兰特》中删除所有违反《古兰经》教义的内容。阿尔琼拒绝了这一要求，继而遭到监禁并被折磨致死。然而，他离世前命令他的儿子哈尔·戈宾德（Har Gobind，于1606—1645年担任第六代祖师）武装自己并建立卫队。后者接受了阿尔琼的建议，自此，锡克教徒更加好战，他们对待敌人的态度更具有攻击性。

锡克教的最后一代祖师是戈宾德·辛格（Gobind Singh，于1675—1708年担任锡克教领袖）。他刚上任时还只是一个孩子，因为当时他的父亲，也就是第九代祖师被穆斯林统治者关押并处死了。戈宾德·辛格组织并训练锡克教徒，使其能够自卫和应对战争，其他祖师在这方面是无法与之相比的。他将对可怕的印度教死亡女神——难近母的敬拜引入锡克教，并将《格兰特》确立为锡克教徒言行的最终依据。因为锡克教徒要听从《格兰特》的教诲，所以在戈宾德·辛格死后，祖师就不存在了。戈宾德·辛格还酷爱兵器，据说他为剑举行洗礼，将之作为一种宗教礼仪引入锡克教。为了使他的人民变得更强大且更适于作战，他培养了一个锡克教徒的精英团体，这个团体中的人都是非常勇敢的武士。这一团体被称为辛格（狮子），他们的特征主要有：蓄发（kes），戴发梳（kangha），穿短裤（kachk），戴铁手镯（kara），身佩短剑（kirpan）。这一团体的成员不得抽烟、喝酒或使用任何其他兴奋剂。他们可以吃肉。所有种姓的男性都可以加入辛格。以上提到的这些要素，再加上生死轮回的神学观念，使这些辛格成了惊人的武士。

最后一位祖师戈宾德·辛格于1708年被暗杀。从那时起到现在，锡克教徒一直都听从他们的圣经《格兰特》的教诲，他们的历史中充满了斗争和冲突。在这段时间里，锡克教徒时而是暴力行为的受害者，时而又成为侵害者。到19世纪初，他们控制了旁遮普的绝大部分地区。当英国人试图进入这一地区的时候,锡克教徒不惜流血牺牲、奋起反抗,但最后他们还是被征服了。英国人看重锡克教徒作为战士的勇猛和刚毅,在整个印度任命他们为士兵和警察。即使是在今天,在远离旁遮普的缅甸北部等地区,人们还是聘用锡克教徒当银行保安。20世纪40年代,英国人撤离之后,印度于1947年按照宗教信仰被划分为两个国家(分别信仰印度教和伊斯兰教),锡克教徒的居住地则位于印度的旁遮普邦。在那里,锡克教徒的人数只略多于印度教徒的人数。

7.4 锡克教内的派别

现代锡克教徒主要居住在印度,但是在世界其他地区也存在锡克教的团体。现代锡克教中主要有三个派别,它们都接受那纳克的核心教义,信仰圣经《格兰特》,尊十位祖师为锡克教的精神领袖。

第一个派别是乌达斯派(Udasis),它基本上是一个圣人修会。这个派别中的锡克教徒所遵从的那些原则和规范,当中有一些正是为印度教、佛教和耆那教中的苦行主义者所信奉的。这些锡克教徒像佛教僧侣一样奉行独身主义并身穿粗糙的黄色外衣,或者像耆那教僧侣一样赤身裸体地在大街上行走。他们唯一的财产是一个寻

纽约一处锡克教圣庙的会餐场面。宗教活动结束之后,每个人都参与到锡克教传统的公共会餐(Langer)之中。这种会餐象征着人人平等。

求施食的碗钵。与其他锡克教徒不同，乌达斯派经常剃去头发和胡须。他们经常积极传教，试图使非锡克教徒相信锡克教的优点。

第二个派别被称为萨哈达里斯（Sahajdharis，保守的，行走缓慢的）。他们作为锡克教徒的发展似乎在戈宾德·辛格之前的某个时间点上就停止了。他们反对如今存在于大多数锡克教中的好战倾向，而且喜欢把发须刮得干干净净。第三个派别即辛格，这个我们之前已经描述过了。

7.5 锡克教徒的宗教生活

现代锡克教徒的宗教生活趋向于简单化，这可能是出于对繁文缛节的不信任，这种不信任曾是驱动锡克教早期创建者的一个因素。一

一位前去朝圣的锡克教男子。

个人并不是因生于一个锡克教家庭而成为锡克教徒，而是在长大到足以接受洗礼的时候受洗成为锡克教徒。在举行洗礼的时候，人们用一把短剑搅动一碗甜水。此后，人们向初信者传授锡克教中的真理和禁忌，同时将水洒在他们的身上。和入教仪式一样，锡克教中的婚礼和葬礼也非常简单。

锡克教徒要举行一些日常的礼仪。他们在清晨洗浴，之后要读赞美诗和背诵祈祷文，这种诵读活动在晚间还会再来一次。锡克教徒在名为谒师所（gurdwara，锡克教祖师圣地）的礼拜寺里举行集体的敬拜活动。在这些寺庙中，受敬拜的主要对象是神圣经典《阿底·格兰特》。集体敬拜的内容包括向《格兰特》祈祷，读各种赞美诗，进行一次布道，举行一次聚餐。锡克教中没有牧师，教中的任何成员都可以主持敬拜。此外，在敬拜时不存在种姓或性别的区分。

阿姆利则的锡克教"宝座"（Takht）是全世界锡克教徒都特别关注的一个物件。

新加坡的锡克教圣庙。

这一类宝座在整个锡克教世界里共有四个,但是,位于阿姆利则金庙之内的这个宝座是最重要的。在此,锡克教世界的权威做出关于锡克教徒该如何敬拜和修习的决定。虽然那纳克特意禁止朝圣,因为他认为这对于真正的宗教来说是没有意义的,但是,大多数锡克教徒还是想要去阿姆利则,并计划在他们的一生中至少到这里朝拜一次。

7.6 锡克教的节日

因为锡克教的极端简朴及其注重个人的特质,这一宗教的日历上没有那么多精心安排的事项或是一系列的节日。作为印度北部的住民,锡克教徒会与信奉印度教的邻居一起庆祝霍利节和排灯节。[①]在6月,锡克教徒纪念《阿底·格兰特》的编纂者、阿姆利则金庙的建造者阿尔琼祖师的殉难。锡克教徒还在每年的11月纪念那纳克的诞辰,在12月或1月纪念祖师阿尔琼的诞辰。在这些庆祝的场合里,人们都会举行一场公共游行,并一同享用圣餐。

---

① 请参看本书第120页。

7.7 今天的锡克教

宗教与暴力

在现代印度，锡克教徒的生活变得越来越不安全。在旁遮普地区，印度教徒和其他宗教团体的人数的增长已再次使锡克教徒变成了少数群体。他们既不是印度教徒，也不是穆斯林，所以锡克教徒没有印度主要宗教所持有的那种政治力量。因此，锡克教中的激进成员已开始要求将旁遮普宣布为一个独立的锡克教国家。当与锡克教的尚武传统相结合的时候，政治上的极端主义就具有产生暴力行为的强大潜力。这一结合有时导致锡克教徒与印度政府发生武装冲突。1984年，当印度总理英迪拉·甘地被她的锡克教侍卫刺杀时，德里爆发了反锡克教的骚乱，大量的无辜平民在此次骚乱中罹难。

近年来，许多欧美人被吸引到锡克教当中。他们主要看重锡克教的简朴和宽容，及其对男女在宗教信仰上的平等的强调。这些皈依锡克教的人通常遵从卡比尔和那纳克所倡导的和平主义传统。生活在西方世界的许多印度锡克教徒更为世俗化，所以在这两个群体之间有时存在着张力。

需要研究的问题

1. 讨论作为印度教与伊斯兰教之融合的锡克教。它分别从这两个宗教中吸收了什么特征？
2. 是什么因素使那纳克的和平运动转变成后来锡克教的战士团体？
3. 列出锡克教的三个主要派别。每一派别的主要特征是什么？

参考书目

1. Archer, John Clark. *The Sikhs*. Princeton, NJ: Princeton University Press, 1946.
2. Banerjee, Anil Chandra. *Guru Nanak and His Times*. Columbia, MO: South Asia Books, 1971.
3. Fenton, John Y. et al. *Religions of Asia*. New York: St. Martin's Press, 1983.（参看其中关于锡克教的部分）
4. Singh, Harbans. *The Heritage of the Sikhs*. New York: Asia Publishing House, 1964.

原始资料

《贾卜吉》

以下被称为《贾卜吉》（*Japji*）的资料对锡克教徒来说极为重要。人们每天都要记诵它，而且人们相信，它在所有经典中是最基本的。传统上一般认为，《贾卜吉》的作者是锡克教的创建者那纳克。①

祖师那纳克的一本赞美诗集
啊，真名！你是唯一的，积极的，
你是行动者，无所不在，无所畏惧，无有对立，
不为时间和岁月所烦扰，
独立自在，可被觉知——
赞美！
卓越之真理，原初之真理，
那纳克口中的永恒之真理。
1. 思考的人很多，但思考之路无法抵达他，
沉默的人很多，但沉默之路上没有他；
人类享用无尽的美味，但他们总是处在饥饿当中；
千千万万的精妙设计，无一样于他们助益！
如何寻得真理，如何破除虚假？
遵从经典所确实记载的神的意志，那纳克如是说。
2. 形体来自他的命令，而那命令仍未被察觉；
生命出自他的意志，经由此意志，生命得以扬起。
高与低都是他的意志，喜与悲都随他的心愿；
在他的心意中，只有那遵循自己本性的人才被护佑。
他统治一切，无一物在他统治之外。
觉知到他的意志者，必会变得谦逊，那纳克如是说。
3. 有些人赞颂他的强力，虽则他们自己是微弱的，
有些人赞颂他的天赋才能——比如他们知道的那些；
有些人赞颂他的某些特质，他的荣耀，他的告诫，
有些人赞颂他那有力的智慧的内容；
有些人赞颂他能将躯体化为尘埃，
有些人赞颂他将生命力赋予物质，
有些人声称他是显明的，虽则是在远处，
有些人赞颂他显现在当下，即时可见；
谈论他的话语无穷无尽——
上百万，上千万的人，说这又说那；

---

① S. E. Frost, ed., *The Sacred Writings of the World's Great Religions* (New York: McGraw-Hill, 1943), pp. 357–60.

他赐予，而人类获取至厌烦，
又继续，继续在岁月里享用着；
他一如既往，决意实现自己好的意愿，
让这进程不至力竭而亡，那纳克如是说。
4. 主是真实的，这确切无疑，他充满情意的仁爱是无限的：
渴望且寻求他的恩赐的人，将收获满满。
我们要贡献何物，他的王庭才会向我们敞开？
我们要念诵何种言语，他的爱才有回应？
在永恒的黎明沉思真名，赞颂真名的荣耀，
如实去做——救赎之路就在眼前！
要确信，他是完全真实的，那纳克如是说。
5. 他非虚构之物，非人力所造。
他内在全无情欲；
尊崇他的人转而得荣耀。
唱诵和聆听的人，一直衷心赞美他的人，
他的忧愁会消散，他将蒙福佑。
祖师开口，传授智慧，教人耐心，
无论他是湿婆、毗湿奴、梵天、帕尔瓦蒂……
如果我确实知道他，我定要开口讲述他！
言辞是徒然的，祖师，请教授我秘义吧，
关于那位带来生命的神——愿我珍重此等智慧！
6. 在朝觐之地，不得他欢心，洗浴也无甚帮助，
我眼中所见的天地万物，都出自他手，
倾听祖师之言，箴言隽语如无价珠宝般闪耀。
祖师，请教授我秘义吧，
关于你带来的生命——愿我珍重此等智慧！
7. 哪怕再活四时代，甚至十倍于此的时间，
因每个人的虔敬而累积至九重的声名，
整个大地上都宣扬他的好名声——
不得神的恩惠，无人会在意他。
蠕虫只是蠕虫，罪盘踞在罪人身上，
但他宽恕，施美德于美德之上——无存在之人不需这施加的美德，那纳克如是说。
8. 众领主、众神祇、众圣徒、众先师为回应真名而降世，
听从白色的公牛，天和地得以产生。
听从他，诸界、诸地狱、诸岛屿得以产生，

听从他,死亡自身可被征服。
虔敬之路通往幸福,那纳克如是说。
听从他,罪与忧愁灭散无踪。

9. 听从他,梵天、湿婆、因陀罗降世,
他们的口舌迦耶德丽受鼓舞而开口,
听从他,瑜伽和奥义得以产生,
听从他,吠陀赞歌和智慧得以产生。
虔敬之路通往幸福,那纳克如是说。
听从他,罪与忧愁灭散无踪。

10. 听从他,可收获真理和知识,充盈而满足,
听从他,沐浴之地获得其价值,
听从他,可收获荣耀和阅读之技艺,
听从他,沉思冥想可跨越其终阶。
虔敬之路通往幸福,那纳克如是说。
听从他,罪与忧愁灭散无踪。

11. 听从他,可知晓神的化身,
听从他,教士、圣徒、领主降世,
听从他,盲者识其道路,
听从他,湍流可涉水而过。
虔敬之路通往幸福,那纳克如是说。
听从他,罪与忧愁灭散无踪。

12. 牢记真名之人的情状难以描述,
描述此种情状的人不久便会懊悔,
纸笔于此无益——
让他们到冥想的片语里去想象吧。
通过恰当的沉思,在内心深处识得真名之人,
真名在他眼前便是这般,丝毫没有情欲。

13. 通过沉思,智慧与理解有了,
通过沉思,天地万物的知识有了,
通过沉思,轻慢和侮辱都不值一提,
通过沉思,死亡之结断离开来。
通过恰当的沉思,在内心深处识得真名之人,
真名在他眼前便是这般,丝毫没有情欲。

14. 通过沉思,个人的路途再无阻碍,
通过沉思,个人终将赢得荣耀,

通过沉思，个人行路的步伐异常坚定，
终将合于诸法。
通过恰当的沉思，在内心深处识得真名之人，
真名在他眼前便是这般，丝毫没有情欲。
15. 服从他，救赎的大门便会打开，
服从他，方能救家族于水火，
服从祖师将获得救赎，
服从之人不会终生处身穷困之中，那纳克如是说。
通过恰当的沉思，在内心深处识得真名之人，
真名在他眼前便是这般，丝毫没有情欲。
16. 有些圣徒是真实的，有些圣徒是假冒的，
有些在门槛处荣誉加身，
有些圣徒在统治者的王庭中显耀，
还有一些真诚地记念祖师。
思想与言论已滋生蔓延至极大的数量，
但它们都非创物主所造，
非因公牛，而是因为慈悲法，
喜乐成为人类的守护者和向导。
理解它的人便发现了真理，
也别将他的不忠的重负置于公牛身上，
万物有如此之多，一个接一个，
他的力量远远不足以支撑这重负。
各种生物，各种种姓，颜色的浓淡深浅，
不同的词句曾描述过它们，
通晓写作技艺的那许许多多的人
曾在许多文章中讲述它们。
种种变幻的美实在让人难忘，
可谁知道那整全中的慷慨和宽大？
多少事物有着一处来源——
成千上万条支流可追溯到一条溪流。
人类要固置自己的思想于何种伟大的力量之上！
没有哪种克己之行能完全理解它，
取悦你是一个人最好的热望，
永恒的你，永远停驻于安宁之中的你！
17. 无数的复诵，无数的致意，

无数的屈膝，无数的禁忌，
无数次地念诵吠陀经典，
无数的瑜伽行者仍漠然处世；
无数热心美德的信徒，
无数的慷慨之士和诚挚之人，
无数无畏持剑的战士——
远远比不上那些在静寂中，专注沉思的灵魂。
人类要固置自己的思想于何种伟大的力量之上！
没有哪种克己之行能完全理解它，
取悦你是一个人最好的热望。

第三部分

起源于中国和日本的宗教

直到相当晚的时候，中国和日本的宗教相对来说还不为西方世界所知。与起源于中东和南亚的宗教不同，东亚的宗教从来没有强烈的传教意愿。因此，它们的影响局限于中国、日本、朝鲜半岛、蒙古和越南这些亚洲国家和地区。然而，在上一世纪，与东亚日益频繁的政治、文化和商业接触及基督教的传教运动给美国带来了道教、儒教和神道教的经文和传统，与之俱来的还有佛教的东亚形式，在这些文化传统中还有现代人对自然美和家庭的深深的爱。今天，在整个欧洲、美洲和东南亚都有大量的具有东亚文化传统的人口。

中国的宗教——基本教义

存在于中国的各种宗教被综合在一个整体当中

大多数中国人都认为道教、儒教、佛教与占卜和祖先崇拜之间并不存在矛盾和冲突。

每一套信仰和实践都是整个宗教和社会体系的一部分并各有其功能。

阴和阳是基本的哲学概念

阴代表着黑暗、寒冷和女性。阳代表着光明、温暖和男性。要想生命平稳流动，这两股力量必须保持平衡。

祖先崇拜和孝悌是重要的社会和宗教概念

中国人认为，孩子有义务照顾其年老的父母，甚至在他们死后也要为其尽孝。大多数中国人的家庭中都会供奉祖先的小牌位。人们还会前往佛寺和道观去祭拜他们。祭品可能包括食物、香烛，甚至纸钱、纸做的信用卡、纸糊的汽车和房子。

道教源自老子的学说，据说老子生活在公元前6世纪

道教最基本的教义是，生命的旅程是由一个被称为道的神秘力量统辖和控制的。

最理想的情况是，人努力顺随大道，而不与其相抵触。因此，生命本身就是最重要的财产。人们应该简朴地生活——最理想的是住在很小的村社中。人们应拒绝财富和社会地位。许多人相信，那些真正得道的人将长生不老。

儒教为大多数中国历史上的社会和一些当代社会提供了道德基础

孔子生活在公元前6世纪。他既是一位宗教思想家，又是一位社会和政治思想家。他的教诲强调秩序、礼仪和对当权者的尊重。在时间的长河中，人们渐渐将他视为一位宗教人物，并且为了敬拜他而建起孔庙。中国宗教的各种形式仍活跃于中国香港和台湾地区，以及新加坡等国家。

神道教——基本教义

神道教是日本的本土宗教

在过去的几个世纪里，神道教的一些变种与日本皇室有着密切的关联。日本神话认为，日本天皇是天照大神的后裔。神道教中也有祖先崇拜和万物有灵论的成分。一些神道教的礼仪在遍布全国的众多神社中举行，其他一些礼仪则是在个人家中举行的。

即使对日本人来说，*kami* 一词也很难有一个准确的定义，但它在神道教信仰和实践中非常重要

Kami 可被视为精神生命体，但是，它们远不止如此。该词还指那些赋予自然界以生命的精神存在和力量。它们既具有给人类带来痛苦和灾难的力量，又具有给人类提供帮助的力量。

神道教的一些变种是军国主义的

武士道在德川幕府时期很重要。它强调忠诚、勇敢、尊重权威和仁义。国家神道教于1889年建立。新兴的现代化的国家接管了11万座神社，并利用国家神道教鼓励爱国主义精神，支持日本的军事冒险。国家神道教于第二次世界大战之后被废除。

教派神道是日本大众宗教的公共维度

至少存在十三个教派，它们注重山岳和自然崇拜的其他形式、萨满教、占卜和

日本神话。

家庭神道教是许多日本人的家庭宗教

几乎每一个日本人的家里都设有家庭祭坛,其上一般放置着刻有祖先名字的牌位、从国家神社买回的物品和过去曾帮助这一家的神的塑像。祭品则包括食物、酒和花。

第八章
中国宗教

本章目的

- 在本章中,你将了解中国宗教如何融合万物有灵论、道教、儒教和佛教的要素,并了解这些传统的基本教义;探索这一综合性文化传统的历史发展;了解存在于中国的少数人的宗教,如基督教、伊斯兰教等。

关键词

祖先崇拜

孝悌

阴阳

礼

上帝

道

中国宗教大事年表	
公元前 11 世纪	对上帝的信仰发展起来
公元前 6 世纪	老子在世
公元前 4 世纪	《道德经》的创作完成
公元前 551—前 479 年	孔子在世
公元前 468—前 390 年	墨子在世
公元前 3 世纪	佛教传入中国
公元前 372—前 289 年	孟子在世
公元前 298—前 238 年	荀子在世
公元前 195 年	人们开始敬拜孔子
1503 年	敬拜孔子的活动开始受到压制
1851—1864 年	太平天国起义
19 世纪	大规模的基督教传教运动
1949 年	共产党的革命创建了中华人民共和国

本章提要

西方的学生经常会对中国宗教的综合性特质感到困惑。一般的欧美人会觉得，同时宣传和倡导一种以上的宗教很困难。基督徒可能会容忍一位犹太教邻居或一位穆斯林邻居的观点，但是，他从不会说"我既是一位基督徒，又是一位犹太教徒"，或"我既是一位基督徒，又是一位穆斯林"。这些宗教的性质本身就使得人们几乎不可能同时依附一种以上的宗教。中国宗教的情况却不是这样。对传统的中国人来说，同时做一个佛教徒、道教徒和儒教徒是完全可以的。下面这个故事很好地说明了这一问题。一位皇帝问一位佛教学者他是否是一位佛教徒，这位学者指了指自己的道冠。这位皇帝又问："那么你是一位道士吗？"这位学者又指了指他的儒履。这位皇帝又问："那么你是一位儒学家了？"这位学者又指了指他的僧服。一位佛教长老参拜道观并背诵孔子的话是司空见惯的事。许多寺庙由所有这些宗教的信徒共有。几百万侨居海外的华人仍是这些传统中国宗教的信徒。

中国宗教史可大致划分为几个阶段。从最早有文字可考的时期到公元前 11 世纪的商朝末年，中国人民所信奉的宗教显然在本质上是一种多神教，其中混合有祖先崇拜的成分。从公元前 11 世纪周朝发展起来到公元初年，一部分中国文人断定，在所有其他神灵之上有一个至高神。第二个历史时期的特征是对道德的强调，尤其是对统治者道德的强调。这是产生老子（传说中道教的创建者）和孔子的时代。从公元初年到公元 11 世纪，佛教和道教在中国发展起来，并且在这段时期，首次发展出了完备的宗教礼仪。宗教发展的第四个时期是从 11 世纪至今的这段时间。在这一时期，出现了一种兼收并蓄的运动，它在大多数中国人民之间实现了一种佛教、道教和儒教之间的综合。

8.1 基本的中国宗教概念

从很早的时候起，中国人就已经持有一定的宗教概念，并举行某些宗教活动，这些宗教概念和宗教实践影响了后来道教哲学和儒教哲学的发展。古代文献对这些概念只做了简要的描述，但是，为了更好地理解中国宗教，我们必须首先对它们进行考察。

承认众多神灵的存在

正如已经说过的那样，中国人民最早的宗教似乎是建立在一种多神信仰的基础之上，人们相信有众多的神灵控制着宇宙。与其他许多信仰基本宗教的群体一样，古代中国人对宇宙的理解显然是一种多神论和万物有灵论。天地之神尤其受到关注和祭拜。在春秋两季，古代中国的皇帝举行复杂而又耗资巨大的祭天和祭地礼仪。其中许多礼仪的目的都是要确保土地的肥沃多产和农业的大丰收。官员和普通百姓也祭拜这些神灵。

除了主要的天神地祇，中国人还认为存在一些地方神灵。一般来说，有益的神灵被称为"神"。他们都在大地的光明之处，与太阳和春天有关。邪恶的神灵被称为"鬼"，

印度尼西亚爪哇岛三宝垄市一处中国寺庙里的中心祭坛。

他们与黑暗之地有关。普通百姓举办祭拜礼仪一般是为了与神保持良好关系,并保护自己不受鬼的伤害。通常,人们以动物或谷物为祭品,但是偶尔也有实行人祭的记录,人祭在这里是对神的最高献祭。考古发掘曾打开过一些富人的坟墓,这些坟墓里埋了几百具仆人及墓主妻妾的遗体。人们推测,这些仆人和妻妾被埋时还是活人。有一段历史记录说,某位皇帝的所有未能生育的妻妾都做了他的陪葬品。面对这种情形,人们会有这样一种怀疑:它真的是宗教献祭吗?这难道不是一场单纯的报复?到周朝末年,即在公元之前,这一习俗已经不存在了。显然,稻草人或类似妻妾的纸人替代了真实的人类被埋入墓中。今天的中国人通常会向祖先供奉固定样式的纸钱,甚至"升天的签证"。

阴和阳

古代的中国哲学家在寻求一种原则来解释宇宙真正的本质之时,发展出了阴和阳的概念。在他们的观念中,是这两种力量之间的平衡使得宇宙能够按现有的方式运行。阴是自然中的消极和否定的力量。人们在黑暗、阴冷、女性、潮湿、大地、月亮和阴影中能够看到这种力量。阳是自然中的积极和肯定的力量。人们在光明、温暖、男性、干燥和太阳中能够看到这种力量。

阴和阳之间的相互作用被认为是宇宙运行的要素之一。除了（纯粹属阳的）太阳和（纯粹属阴的）大地等少数几个物体，大自然中的其他所有存在物，包括人类，甚至是事件都是这两种力量的结合。当这两种力量和谐共处时，生命就处于它的应然状态。

孝悌与祖先崇拜

中国文化在其整个历史上都有这样一个特征，即对家中老人十分敬重甚至尊崇。在面对中国人的生活时，西方学生感到最难理解的一个方面可能就是这种对老人的尊崇。传说中道教的创建者是李伯阳，但是，他的弟子将他称为"老子"，意思是"老先生"。

对中国人来说，"老了"或"上了年纪"并不像在许多西方国家中那样是不恭敬的用语，与之相反，它们是最高的敬辞。对中国人来说，也许真的就像所说的那样，生命在60岁时才刚刚开始，此时，一个人活到了他应受到尊敬的年龄。在历史上，正是年老的父亲、母亲、祖父或祖母主宰着中国人的家庭。赡养老人，对老人毕恭毕敬、唯命是从，在老人死后厚葬他们，这些都是孩子的责任和义务。甚至在父母死后，孩子还应当继续维护他们的墓地，追忆父母及其作为，并为之行祭奠之礼仪。

研究中国人生活的西方学生经常将这种态度称为"祖先崇拜"。的确，这些风俗习惯有其宗教性的一面：人们尊敬父母，无论是在其生前还是死后。在老人活着的时候，他们代表着家中的智慧；在其死后，由于与灵界的接触，他们能够进一步帮助这个家庭。因此，追忆和祭奠祖先相当重要。忘记祖先的中国人是让人瞧不起的，而且终有一天会成为无家可归的孤魂野鬼。人们还普遍相信，那些不讲孝道的人将会受到凶神的折磨。在历史上，中国人的家里一般都会有一个神龛，人们在里面记录家中先人的名字和功德，并在此供奉米酒以进行小型的祭奠。另一种常见的祭品是纸钱，其上经常印有文字显示此币由"冥国银行"发行。祖先的牌位还经常被放置在庙宇和家族集会的地方。

占　卜

和许多其他信仰基本宗教的群体一样，早期的中国人也相信，因为宇宙具有统一性，所以人们能够凭借某些手段预见未来的事情。某些古代宗教根据鸟的飞行方式、牺牲的内脏或各种神谕的说法预见未来，中国古人则根据龟壳裂纹的纹路或使用蓍草梗来预测未来。人们认为由于乌龟的寿命很长，所以龟壳上的纹路与宇宙的节律尤为协调。人们经常用火烤龟壳,然后观察龟壳上出现的裂纹以占卜未来。中国古人的占卜活动可能是随着一本名为《易经》的书的撰述而达到了它的顶峰,这部书至今仍在被中国人使用。人们投掷钱币或某种植物的叶柄,一定的图案就出现了。将这些图案对应到《易经》六十四卦的某一卦上,就能产生一个陈述或预言。

上帝信仰的发展

正如上文所说的那样,中国宗教基本上是多神论的。然而,在公元前11世纪,某些政治事件影响了中国人的宗教思想,这种影响也许延伸到了之后所有的时代。当时,周氏宗族奋起反抗统治他们的商王朝,到公元前11世纪末的时候,周氏宗族的武士已有效地完成了这次革命,并建立起了一个即将统治中国几个世纪的新王朝。周朝的统治者这时开始宣称,统治权需建立在道德和宗教的基础之上。他们进一步称,至高神支配着一切人类的命运。这个神就是"上帝",在这之前,他一直被认为是保护商朝的祖先神。周朝统治者声称,上帝不仅仅是一个祖先,他是至高神,商朝人因为无德而倒台是他的旨意。上帝被视为美德的奖赏者和不道德行为的惩处者,这种奖赏和惩处尤其针对统治者。因此,统治必须建立在道德的基础上。虽然上帝可能喜欢丰盛的献祭和复杂的礼仪,但是他更喜欢道德。世界上的所有祭祀都不可能掩盖邪恶。上帝对道德的关注可见于《尚书》中的段落。

> **文献摘选**
>
> 辜在商邑,越殷国灭无罹。弗惟德馨香,祀登闻于天,诞惟民怨。庶群自酒,腥闻在上,故天降丧于殷,罔爱于殷,惟逸。天非虐,惟民自速辜。①
>
> 我西土惟时怙冒,闻于上帝,帝休。天乃大命文王,殪戎殷,诞受厥命,越厥邦厥民,惟时叙。②

一些学者提出,在这一时期的中国人之间发展起来的宗教很接近一种道德一神教,它类似于公元前8世纪希伯来先知所宣传的那种宗教。然而,该宗教在强调道德是一种满足至高神的手段时,说的只是统治者的道德,并且在这一历史时期中没有先知的存在。尽管如此,中国的统治者在位之时,还是一边看着老天爷的脸色,

---

① 《尚书·酒诰》。(《尚书》文本均来自《十三经注疏·尚书正义》,《十三经注疏》整理委员会整理,北京:北京大学出版社,1999。)
② 《尚书·康诰》。

一边关注个人道德和良好的政治。

封建制度的衰落

周朝的政治制度类似于欧洲中世纪的封建制度。整个周王国被划分为许多诸侯国，各诸侯均臣服于周天子。诸侯国进一步被分封为由臣属于诸侯的卿大夫统治的采邑。每一个封地都在财政上支持它的主人，而主人又反过来为这些封地提供保护。这样，社会就分成不同的阶层。社会中的每一个成员都知道自己的阶层和义务，也知道谁在他们之上，谁在他们之下。

在公元前8世纪到前3世纪之间的500年里，中国的封建制度逐渐崩溃。主人再也不能保护他们的封国，使其不受敌军的侵略。这就导致霸主出现，这些霸主能够为弱小的诸侯国提供保护，并得到这些诸侯国的尊敬。在这个天翻地覆、礼崩乐坏的时代，奴隶有时变成了地主。城市中开始出现商人阶级，人们开始察觉到他们的经济实力。旧贵族发现自己既无财富又无权力。整个封建社会都天翻地覆。伟大的诸子

身着后世学者之服的孔子。

百家就诞生在这一时代。针对国家面临的这一局面，每一学派都给出了自己的应对方案。儒家梦想恢复封建制度的理想统治形式；法家所要的与封建主义相去千里，他们希望建立一个强大的中央集权政府；道家希望没有政府的存在，如果一定要有，那它越小越好。那些伟大的中国哲学–宗教正是产生于这一混乱的历史背景下。

8.2 道 教

界定道教①确实非常困难。我们可以描述道教的历史和它对中国人的影响，但是，我们不能像描述伊斯兰教或基督教那样，将其清晰地描绘成一个具有一定教义和礼仪的宗教组织。它的起源隐藏在中国古代的历史迷雾中。对它的创建者，我们知之甚少，事实上，还有一些人甚至否定他的存在。它的宗教经典与其说是一部圣经，不如说是一部以诗歌形式写成的简短的哲学论述。该经典名为《道德经》，道教的

---

① 原文为Taoism，本文一般将其译为"道教"，但在提及早期道教的一些情境中也会使用"道家"一词。——编者注

名字即来自于此，"道"一字可能最好被理解为"道路"或"自然之道"。尽管道教的名称使它看上去是一个宗教，但最早的道教导师所信仰的只是一种模糊的有神论。然而，到公元初年，道教已完全转变成一个具备了神仙、神职人员、宫观和祭祀仪式的宗教。在现代中国，道教则更多让人联想到符咒、被除妖魔，以及旨在延年益寿的各种法术。道教是一种关于自然的哲学，是一种宗教，也是一种巫术体系。

老子的生平

虽然道教的基本哲学思想可能更为古老，但是在传统上，人们认为道教的创始人是生活在公元前6世纪的老子。人们对老子知之甚少，一些学者怀疑他可能不是一个历史人物。据传说，他大约比孔子早生50年。在儒家经典的记载中，孔子和老子之间曾有一次会面。他的原名据说叫李耳，但是他的弟子称他为老子（老先生）以示尊敬。据说，在这一礼崩乐坏的躁动时期，他担任周朝守藏室的官吏。他对宫廷中不自然的生活感到厌恶，便退了职，一路西行至中国西北边界群山之间的函谷关，试图经此离国远遁。守关的官员认出了这位智者并向他表示，如果他不把他的全部智慧都写出来就不让他出关。于是，老子坐下来，写下了《道德经》。写完这本书时，老子被允许离开，从此，人们再也没有见到他。这一故事的真实性从来没有得到证实。当然，相比起我们对任何其他世界宗教的创始人的了解，我们对老子的了解最是少得可怜。

《道德经》

《道德经》一书被认为写于公元前6世纪，它已经成为除《论语》之外最具影响力的中国文学作品。书名的准确意思是"道及其力量或美德的经典"。它是一本很小的书，只有5000多字，共81章，外文译者常常使用诗体来翻译它。至少有1000部研究或注释这本书的作品，《道德经》的英译本数量也超过了40个。事实上，除了《圣经》之外，它比世界上任何其他书籍被翻译的次数都要多，因此，它可能是最为人所知的中国作品。

《道德经》是否是公元前6世纪老子在等着得到出关的允准时写下的，已经被学者们讨论了有一段时间了。人们普遍同意的是，这本书经历了好几个世纪的发展，在公元前4世纪左右演变成目前这种形式。亚瑟·韦利（Arthur Waley）指出，这本书是在公元前3世纪作为与儒家和法家进行论战的著作被写出来的——儒家希望恢复封建制度的理想形式,法家则希望建立某种强大的中央政府。①《道德经》的主题却是,所有的人类成就都是愚蠢的,尤其是精心设计的政府。

早期道教哲学家的教义

早期道教徒的信仰是很难弄清楚的。公元前关于道家的两个主要原始文献是《道德经》和公元前4世纪老子的弟子——庄子的著作。正如早期的道教信徒修习道教的全部礼仪,庄子的论述也覆盖了道教的全部领域。他把这一材料收集在一本书中,并试图以这本书劝说中国人把老子而非孔子,作为他们的主要导师接受下来。早期的道家学说是围绕以下主题展开的:

1. 宇宙背后的基本统一体是一个被称为"道"的神秘而又难以捉摸的力量。一般来说,我们将"道"确定为"道路",关于"道"的最恰当的解释可能是"宇宙之道"或"自然之道"。然而,真正的"道"是不可能被定义的。《道德经》在篇首便提出了以下告诫:

> **文献摘选**
>
> 道,可道,非常道。名,可名,非常名。②
> 道无名且难以定义,但它是宇宙的起源。
> 无名,天地之始;有名,万物之母。③
> 即使是神,也随其他宇宙万物一起,在"道"的运行中演化而来。

虽然我们把"道"定义为"道路",但由于它永无终止、毫不动摇地向前行进,人们经常把它比作一条河流,或一道巨川。因为水能磨穿最坚硬的石头或金属,能冲垮挡住路的任何障碍物,所以与"道"为敌,毫无益处。因此,古代的道教哲学家相信,一切人类的成就和丰功伟业都将或迟或早被"道"摧毁。最伟大的建筑物将倒塌,人们费尽艰辛获得的知识将被新知识代替,财富将被耗尽,即使最锋利的刀剑也将变钝。因此,人绝不应与"道"为敌,而应寻求与"道"融合为一,以"道"为旨归。真正的道教徒过清静简朴的生活。除了寻求对"道"的理解,他们不去追求任何功业。

---

① Arthur Waley, *The Way and Its Power* (London: George Allen & Unwin, 1956), p. 86.
② 《道德经》,第一章。(《道德经》文本均来自《老子道德经注校释》,[魏]王弼注,北京:中华书局,2008。)
③ 同上。

2. 生命是最大的财富。 因为早期的道教哲学家相信"道"是所有生命之源,相信任何成就的取得都是愚蠢的,所以他们教导人们说:生命本身是最大的财富,所有其他东西都注定要衰朽。名誉、财富、权力和教育都是转瞬即逝的幻觉。如果人不再对获取财物、权力或教育感兴趣,他们就可以把全部的注意力集中在丰富自身的生命这件事情上。这导致道教去寻求延长生命的方式。最终,他们使用各种巫术以图延长和丰富自己的生命。

3. 人应当过简单的生活。 由于相信一切生命都起源于"道",且"道"最终将摧毁人类所有的成就,早期道教舍弃文明及其所有的好处和坏处,努力过一种尽可能简单的生活。道教哲学家或许将这一梦想推向了它的极致。他们认为教育、财富、权力和家庭的牵绊实际上全都是生命的障碍。

文献摘选

> 绝圣弃智,民利百倍;绝仁弃义,民复孝慈;绝巧弃利,盗贼无有。此三者,以为文不足,故令有所属,见素抱朴,少私寡欲。①

最理想的是,个人背离文明的发展,过尽可能简朴和清静的生活。"天真单纯"一词就是对这一理想状态的描述。和地球上的植物以及其他生物一样,天真无邪的人类也满足于"道"赐给他们的东西。按照早期道教哲学家的观点,在理想的国家中只应有一个很小的政府。最小的政府就是最好的政府,这实际上是道教中的一个自明之理。老子曾说过一句著名的话:"治大国若烹小鲜"——意思是不要做得过火。②小村庄是理想的社会单位。最好的统治者是无所作为的统治者,而且实际上是无名的统治者。如果所有这些都实现了,那么一切斗争、吵闹和战争都将停止。道教是爱好和平的,但这种对和平的爱好并不是出于对和平主义的任何道德义务,而是因为战争是无益的和浪费的。如果一个幅员辽阔且强大的国家希望将一个平静的道教式的小村庄纳入自己的领土,那么这个小村庄就应该完全顺从这一强大的国家。从长远看,做出这一决定并没有什么可悲伤的,而且这一村庄最终将以它的谦逊行为征服这一强大的国家。

早期的道教信徒将婴孩的天真无邪视为所有人都应努力达到的一个理想状态。婴儿不知道使用手腕和诡计,也不具有野心,而只知道活着;但是婴孩需要关注,

---

① 《道德经》,第十九章。
② Herbert A. Giles, *Religions of Ancient China* (Salem, NH: Books for Libraries Press, 1969), p. 47.

需要被喂养和给予衣物。婴儿的柔弱正是道教的理想。

4. 人们应该鄙视浮华和虚荣。 因为道教关注的是根据自然之道生活（即尽可能简单），所以他们鄙视为大多数人所追求的名誉、浮华和荣耀。他们将这些东西视为社会中的争斗不和的原因。如果每个人都能满足于像"道"期望的那样生活，不追求出人头地，那么生活就将成为它所应成为的样子。这种态度里也有一种对骄傲自大的谴责。中国人相信：满招损，谦受益；木秀于林，风必摧之。这种信念可能比道教还要古老。因此，低微贫贱、有所欠缺比出人头地、威风赫赫要好。

文献摘选

曲则全，枉则直，洼则盈，敝则新，少则得，多则惑。是以圣人抱一，为天下式。不自见故明，不自是故彰，不自伐故有功，不自矜故长。夫唯不争，故天下莫能与之争。古之所谓曲则全者，岂虚言哉？诚全而归之。①

道教藐视浮华、荣耀、名誉地位和财富的最好例证可能就是公元前4世纪庄子的故事。道教哲学家庄子因其智慧而得到人们的尊敬，楚威王曾试图聘他为宰相。当楚威王的信使来传达这一聘请的消息的时候，据说庄子做出了这样的回答：

文献摘选

吾闻楚有神龟，死已三千岁矣，王巾笥而藏之庙堂之上。此龟者，宁其死为留骨而贵乎？宁其生而曳尾于涂中乎？……往矣！吾将曳尾于涂中。②

历史没有记录这位楚威王的答复——他的聘请就被庄子以这样一种轻蔑的态度拒绝了。

早期道教中几乎没有什么有神论的思想。"道"本身是一个在宇宙背后的非人格化的、不明确的力量，它更接近第一因的定义，而不是任何传统意义上的神的定义。在《道德经》的某个译本中，"神"这个词只被使用了一次；在其他许多译本中，这个词根本就没有出现。③"天"一词只在很少的地方出现。人们并不把"道"想象

---

① 《道德经》，第二十二章。
② 《庄子·秋水篇》。（《庄子》文本均来自《庄子集释（第一册）》，[清]郭庆藩撰,王孝鱼点校,北京:中华书局,1961。
③ James Legge, trans., "How pure and still the *Tao* is. I do not know whose song it is. It might appear to have been before God." In *The Sacred Books of the East*, vol. XXXIX (Oxford: Clarendon Press, 1891), p. 50.

为可向其祈求或献祭的一种力量，而且早期的道教中似乎并不存在敬拜礼仪。事实上，道教一直都反对宗教及其各种配套措施，这种反对属于他们对儒家的拒斥的一部分——儒家赋予礼仪很高的价值。

早期道教徒似乎很少关注死后的生活。庄子最常被人提起的一个故事是发生在他妻子死后的一件事情。在他为妻子服丧的时候，他的弟子试图安慰他，但却发现他正在一个木盆上边打拍子边唱歌。

文献摘选

> 惠子曰："与人居，长子老身，死不哭亦足矣，又鼓盆而歌，不亦甚乎！"庄子曰："不然。是其始死也，我独何能无概然，察其始而本无生，非徒无生也而本无形，非徒无形也而本无气。杂乎芒芴之间，变而有气，气变而有形，形变而有生，今又变而之死，是相与为春秋冬夏四时行也。人且偃然寝于巨室，而我噭噭然随而哭之，自以为不通乎命，故止也。"①

一般来说，早期道教关注一种基于日常生活层面的生命的特质，而对天堂、神、礼仪或死后的生活不太感兴趣。

与早期道家相抗衡的学派

公元前4—前3世纪是中国的动荡年代。旧的封建社会的政治结构瓦解了，国家经常遭到侵略，社会秩序处在不断的变迁中，古老的价值体系受到人们的严肃质疑。道教哲学家和他们对现存价值观和社会结构的挑战当然也是那一时代的一部分，其他哲学家、政治家和各学派的导师带着他们关于人生和政治的不同观点周游列国。根据亚瑟·韦利的观点：

> 中国的每一位统治者都受到"周游列国的哲学家"的骚扰，哲学家们轮流向不知所措的统治者灌输他们的主张：积极主动的、清静无为的，道德的、非道德的，使用暴力的、不抵抗主义的，个人主义的、国家至上的。他们只在一件事情上是一致的，即每个人都宣称自己有秘密的"治国之术"，过去的祖先曾靠这种治国之术变得强大起来。②

---

① 《庄子·至乐篇》。
② Waley, *The Way and Its Power*, p. 70.

除了道家，那一时期里还有其他三个极具影响力的主要思想学派，它们是儒家、法家和墨家。

儒家 在之后的部分中，关于儒家学派我们还将说得更多一些。然而，在此我们要说的一点是，在公元前4—前3世纪，儒家的成员在就政治问题对中国的统治者进行游说方面是道家的竞争对手。道家相信最小的政府是最好的政府，孔子的弟子却相信，封建制度的理想形式是最好的政府形式。道家认为，形式宗教几乎毫无用处，儒家却相信，宗教中的礼仪至少能够发挥团结人民的功能。道家相信最好的社会是组织松散的社会，儒家却教导人们，社会需要一个被礼仪和规矩强化的精密组织的结构以有效运行。

法家 在这一历史时期与其他学派争夺中国统治者的注意力的另一个群体，是一个没有特定导师的巨大群体，它的成员被称为法家或现实主义者。他们相信，人性和当时中国的社会状况要求有强大的领导。在他们眼中，人性趋向于邪恶和懒惰。人不会克服本性去选择一条艰难的道路。如果让他们自行其是、不加干涉，人们就会做出对作为一个整体的社会有害的决定。因此，政府应坚持西方人所说的马基雅维利主义的原则。政府不应受到道德或怜悯心的影响。人是不需要爱或怜悯的，他们只需要食物和房子。因此，政府的领导人应该决定对于社会的大多数人来说什么是最好的东西，并采取那些必要的麻烦的措施来实现这些目的。这些决定不应因其使少数人受到损害而变更。法家没有为宗教留下空间，与其将时间和金钱花在献祭事项上，不如拿来建立和维护良好的统治。自然，法家的这些导师与消极被动的道家圣贤很少有共通之处。

墨家 在公元前4—前3世纪试图影响统治者的第三个群体是墨家，墨家当中的那些导师都是墨子的弟子。墨子生活在公元前5世纪（约公元前468—前390年），他在一开始学习儒学，但是后来脱离了儒家学派，开始形成他自己的独具特色的哲学。他和他的弟子相信，最好的政府是在传统中国宗教的指导下运行的政府。在这些宗教的指导之下，人民因受到教化而相亲相爱；这样，人们将从兼爱的立场出发来运行政府。墨家的信徒是和平主义者，但他们也承认自卫的必要性，并允许建立防御性的工事。

这些不同的哲学学派或许各自都有很多代表性的人物，但这些人是否真的切实影响过中国的统治者，还是不太好说的——法家可能是个例外。但不管怎样，中国人民以一种奇异的兼收并蓄的方式接受了道家、儒家和墨家的学说，并在几千年里将这些学派所追求的东西视为理想目标。

道教后来的发展

《道德经》和庄子笔下的道教在最根本上关注的是，过一种与大自然背后的基本力量——"道"和谐相处的生活。这时的道教纯粹是一种哲学，它只吸引了一小群对社会和政府的复杂不满的人，但它恐怕从没能引起大众的兴趣。

然而，在早期哲学家生活的这一历史时期之后，道教确实发展成为大众感兴趣的宗教，而且经常被列入世界主要宗教的名单之中。从只有少数人感兴趣的哲学到为许多人所信奉的宗教，道教的这一发展十分有趣。

在早期道教哲学家的时代之后，出现了两种道教信徒。一群人奉老子和庄子的哲学著述为圭臬，另一群人则寻求永恒的生命。但是，第二群人不是要追求存在于其他许多宗教中的那种死后的生命，而是要通过各种方法无限延长现有生命。他们曾教导人们说，生命是最大的财富，过一种与"道"完全相符的生活的人可以长命百岁。这十分吸引盼望长寿的中国人，他们向往（在中国传统上）与高寿相伴的安逸和尊崇。由于接受了道教的这一观点，学者、道士和方士开始寻求可以使生命无限延伸的方法。他们发掘各种能用的手段，包括特殊的饮食规则。一些人渐渐相信所有食物——尤其是固体食物——都是有毒的，因此，他们努力训练自己的身体，使其能够只靠非常少的一点流食过活。一些人声称，他们最终能够只靠唾液和空气为生。另一些人则实行斋戒和练习呼吸吐纳，其方式类似于印度瑜伽信徒的做法。

另一个被普遍采用的延长生命的手段是炼丹。一些人相信，死人尸体可以用盐来保存，以避免腐烂变质，那么活人的肉体也可以用一些矿物——如黄金——来保存。我们只能猜测这些长寿试验中的某些试验的结果。但无论如何，人们能够实现长生不老这一希望在中国人中没有熄灭。当时有人曾这样记载过其中一位领导者：

文献摘选

他辟谷炼丹，长生不老。他死之时，人们认为他已经得道，数年后人们开棺发现，棺中没有尸身，只有衣帽。[1]

试图使其巫术奏效的道教炼丹家很快开始关注可能影响这一过程的神。因为炼丹家在火炉边工作，所以他们开始向炉灶之神——灶君献祭。因此，据说灶君在公元3世纪成了道家的第一位神。这一神化的过程一直在持续，直到道教中出现了许多位神。

---

[1] Smith, *Chinese Religions*, p. 100.

这样，一个以对人格神的根本否定为起点的哲学却产生出它自己的神。

到公元2世纪，《道德经》已被正式认作中国的一部经典，而且很快就变成了道教的经典。那些寻求长生的人开始相信，他们能够实现长生不老的唯一方式是修德养道和善待他们的同胞。

还是在公元2世纪，统治中国长达几个世纪的汉王朝开始崩溃。在这一混乱的时代，某些宣称自己具有天赐神力的道教领袖出现了。他们中的一些人不仅领头追求长生，而且还啸聚山林，参与与道家的宗旨完全相悖的战争。到公元3世纪初，有了这些人建立起来的组织，加上道教称自己能够治病、带领信徒追求长生，且各种道教神祇、道德规范、宫观、神职人员、礼仪等配套要素也齐备了，道教成为中国人民的大众宗教之一——如果不能说是唯一的宗教。

因为从很早的时候开始中印两国就有接触，而且在阿育王的影响下，佛教成了一个传教型的宗教，所以无疑早在公元前3世纪中国就有佛教的传教僧和商人。然而，早期的中国人接触到的是上座部佛教。或许是佛教的这一支派注重寺院生活，这对中国人来说太印度化了，它在中国的传播没有取得多大进展。之后，有着复杂的礼仪、供奉许多神明的大乘佛教才在中国发展起来。杰出的传教高僧也来了，如传说中的菩提达摩，在公元5世纪，他将主张用禅定概括大乘佛教的学说从印度带到中国。在中国，同样在其他大多数亚洲国家，这一版本的佛陀教义对普罗大众产生了巨大的感召力。

到公元4世纪，大乘佛教已成了一支道教徒必须认真应对的力量。一开始，这两个宗教之间似乎不存在竞争。道教徒帮助佛教徒翻译佛经，佛教徒利用道教中的用语来解释佛教的概念。然而，随着佛教在中国人中日益普及，道教徒开始将它视为一个威胁。为了决定谁将影响各个统治者以控制他们统治的省份，这两群人之间展开了激烈的斗争。他们都以一种极不寻常的方式开始敌视和迫害对方。在公元9世纪，深受道教影响的唐武宗对佛教徒展开大规模的迫害，摧毁了很多寺庙。在另外一些时候，统治者受佛教徒的影响而贬低道教徒。

佛教徒与道教徒之间的这场斗争以两者的同化，而非一方对另一方的迫害而结束。佛教与道教互相借鉴，直到双方结合在一起，同孔子的教义一道，成为人民大众的共同信仰。道教广泛借用了大乘佛教中关于来世的教义，其中包括对天堂、地狱和审判的论述。佛教徒依照他们的传统模式，将本土的神和英雄视作佛教的菩萨，将其纳入自己的体系；道教徒则试图扭转局势，宣称老子和其他道教领袖先天地而生，因此他们高于佛陀。总的说来，道教徒似乎模仿了佛教的大部分内容。到公元6世纪，道教徒已经接受了佛教的僧侣主义模式。现在，道士可以居住在宫观，且在某些情况下被要求独身。人们还为想独身的女性建立了宫观。到10世纪，道教确立了其样貌；在以后的千年时间中，道教几乎没有什么变化。

在21世纪，有着充分发展起来的宗教维度且在传统上强调用巫术手段益寿延年的道教，在普通民众中仍有一定的影响力。中国的知识分子仍然在阅读《道德经》和其他道家哲学经典。

8.3 儒 教

人们普遍将儒教视为世界主要宗教之一，所以更合适的做法也许是另辟一章单独讨论它，而不是将它作为中国宗教之总篇章的一部分。然而，从儒教的起源和发展来看，它和道教一样深深纠缠在中国人的全部哲学之中。因此，在一个与道教和中国宗教思想相分离的新章节中单独讨论儒教，将是把它呈现在一个不真实的背景中。

一些人坚决主张，孔子及其弟子从来不想建立一个宗教，孔子可能是一个无神论者，他不鼓励人们向神祷告，认为向神祷告毫无意义，他主要关注人类社会的性质。要说儒家是一个宗教，它也是一个非常不同的宗教。它不具有祭司阶层；儒家经典虽然重要，但从来不像《吠陀经》或《古兰经》那样被人们视为神的启示；它不赞成苦行主义和修道主义；它也没有关于死后生活的教导。儒教虽然有这些"非宗教的"外观，但是它在历史中也发展出了一些祭拜的要素，而且儒教的哲学已深刻地影响了中国人的禀性。因此，儒教至少可以作为一种可能的宗教受到我们的检视。

孔子的生平

孔子被西方人称为Confucius，他实际姓孔。当他成了一位著名的老师的时候，他的弟子称他为"孔夫子"（孔先生）。当西方传教士和学者知晓他的教义的时候，他们用拉丁字母将他的名字拼写成Confucius。

虽然孔子生于公元前6世纪，但是因为他和他的弟子对中国人的影响，关于他的传记资料十分丰富且相当可靠。这与老子的生平形成鲜明的对比，老子虽然也生活在公元前6世纪，但是，关于他的生平我们几乎一无所知。关于孔子的最早和最真实的资料包含在《论语》中，这部关于他的教义的文集大约编于他去世70年之后。除了儒家作品中的传记资料，在同时代的道家和墨家的作品中也提到了孔子。没有任何人真正怀疑孔子的历史真实性。

孔子于公元前551年生于鲁国（在现在的山东）。他是一个贵族家庭的孩子。这个贵族家庭在中国封建诸侯国衰落的混乱时期失去了它的财富和地位。据说他的父亲是一位身材高大、体魄强壮的著名武士，当他70岁的时候，孔子的母亲才怀孕。在这个孩子出生后不久，他的父亲去世了，寡母在贫困中将他养大。虽然他的母亲必须为生存而苦斗，但她还是决心让她的儿子接受教育。因此，她让孔子跟随私塾先生读书。据传记所说，他学的是他那个时代的中国学生要学的传统科目：礼、乐、射、御、书、数。早在青年时代，孔子就对社会运行中的相互作用极为感兴趣，尤其是对什么能构成一个良好的政府这一问题非常感兴趣。在他的余生中，这就是他的主题。

在他将近20岁的时候，他接受了政府中的一个小官职，在这个职位上，他近身观察统治的程序。他娶妻并生一子。除了这些稀少的事实，我们对孔子的妻子或家庭知之甚少。然而，今天仍有一些中国人声称他们是孔子的后裔。当孔子25岁左右的时候，他的母亲去世了。作为一个孝子，孔子为母亲守丧3年。

在他20多岁的时候，孔子开始了他真正的教师生涯。他作为一个学者的声誉使他能够成为年轻人的导师。在以后的几年里，他声名远播，并吸引了许多学生前来求教。他们住在他的家中，而且追随他周游列国。他向他们教授历史、良好的政治原则和占卜方面的知识。①

传说，孔子在50岁时终于能够将他的一些良好的政治原则付诸实施。当时人们邀请他加入鲁国国君的政府任中都宰，后官至司寇。据这些记载，孔子的政府是理想的政府。在他主政期间，国家被治理得很好，犯罪率几乎为零。人们夜不闭户，路不拾遗。然而，孔子的敌人嫉妒他的成功，阴谋陷害他。结果，在55岁时，他被迫退出政坛。

在后来的14年的时间里，孔子没有任何职位。他和几个忠实的弟子周游列国。有时他受到民众的欢迎和殷勤的款待。而另一些时候，他们则饱受嘲弄，甚至被拘囚。最后，人们为68岁的孔子谋得一份工作，即为鲁哀公提供建议。虽然这个职位不像从前他持有的职位那么重要，但至少给了孔子自己和他的弟子一个家。在以后的几年里，他一直在讲课，并整理了一些中国古代典籍。这位大师于公元前479年去世，他的弟子都向他致哀。根据一种说法，他最忠实的一位弟子在他的墓旁结庐而居，为孔子守丧6年。

---

① 孔子传授的占卜的主要形式可能来自中国的经典——《易经》。人们相信，目前的《易经》版本是由孔子编订的。

中国科举考试的场面。在很长的时间里，懂得孔子的著述是进入中国官场的硬性条件。

孔子的教义

孔子对宗教的态度如何已是引起大量争论的一个问题。一方面，一些人将他视为世界伟大宗教之一的创建者；在另一方面，一些人认为即使他不是一位无神论者，也是一位不可知论者。孔子关于宗教的真实态度可能就在这两个极端之间的某一点上。就他的同时代人来说，他处于中间的位置，在他的左边是否认宗教之存在的老子，在他的右边是提倡回归中国古代宗教的墨子。

孔子似乎相信，虽然神是存在的，祭神及相关的礼仪在团聚人民方面也是有价值的，但是，这些东西对于一个公正的社会秩序来说还是居于次要地位。向神的祈祷不应干扰和妨碍一个人履行其应尽的社会义务。他的态度似乎是这样的，从理想上说，人应敬鬼神而远之。[①] 即使孔子不是一位无神论者或反宗教的人，也没有任何证据证明他对创建一个宗教感兴趣。他发展出的是一种伦理体系、一套政治理论和一系列个人和社会的理想目标，它们在几乎长达 2500 年的时间里深深地影响着中国人。

孔子的学说有一些基础的核心主题。其中一个主题即"礼"，这个词在英文中

[①]《论语·雍也篇第六》，第二十二章。（《论语》文本均来自《论语译注》，杨伯峻译注，北京：中华书局，1980。）

有很多译法，如 propriety（礼节、规矩）、rites（仪式）、ceremonies（礼仪、礼节）或 courtesy（礼貌、谦恭）。这个词的原意可能是树木上的木纹或玉器上的图案。在根本的层面上，"礼"似乎意味着"本应如此的生活道路"。当然，它有着宗教和社会的意涵。当社会符合"礼"的时候，它就平稳运行：男人和女人都尊敬他们的长辈和上级，人们举行适当的礼仪，万物和人都各得其所。

自然，在一个具备理想形式的封建政府中，"礼"的原则被最严格地执行。在这样一种状态中，所有人都知道自己的上级和下级，都能以一种文明的方式行事——在孔子眼中，这种方式是一个平稳运行的社会所不可或缺的。而孔子认为，人们再也不能循"礼"而行，所以他那个时代的中国处在混乱的状态中。

儒家经典之一的《礼记》——它的主题是"礼"——记录了以下对话：

文献摘选

> 哀公问于孔子曰："大礼何如？君子之言礼，何其尊也？"孔子曰："丘也小人，不足以知礼。"君曰："否，吾子言之也。"孔子曰："丘闻之，民之所由生，礼为大。非礼无以节事天地之神也，非礼无以辨君臣上下长幼之位也，非礼无以别男女父子兄弟之亲、昏姻疏数之交也。君子以此之为尊敬然。"①

根据孔子的观点，在生活中有五种基本的关系。如果在整个社会中，这些关系都遵循"礼"的要求，那么社会秩序就是理想的。以下是这五种关系：

1. 父子关系　这种关系应是父慈子孝。
2. 兄弟关系　兄长应该辞让，弟弟应该谦恭。
3. 夫妇关系　丈夫应行为正直，妻子应服从丈夫。
4. 长幼关系　长幼有序，应尊老爱幼。
5. 君臣关系　君待臣以恩，臣事君以忠。

在孔子的理想中，"礼"的原则是君子对待社会中其他人的态度的外在表现，而内在表现被称为"仁"。人们经常在英文中将"仁"译为 love（爱）、goodness（好意）或 human-heartedness（恻隐之心）。根据孔子的观点，只有古代的伟大圣贤才真正具有"仁"这一品质，但是，这又是所有人都应努力培养的一种品质。《论语》中多次提到对这种品质的追求。

---

① 《礼记》，第二十七章。（《礼记》均来自《十三经注疏·礼记正义（上、中、下）》，《十三经注疏》整理委员会整理，北京：北京大学出版社，1999。）

文献摘选

子曰："民之于仁也，甚于水火。水火，吾见蹈而死者矣，未见蹈仁而死者也。"①

子曰："克己复礼为仁。一日克己复礼，天下归仁焉。"②

因此，孔子教导人们说，人们在日常生活中应该相亲相爱，互相尊重，互相谦让。他并没有像耶稣走得那么远，没有要求人们以善报恶，他也不这样下命令："你们愿意别人怎样待你们，你们也要怎样待人……"③与此相反，孔子教导人们说，人们以"恕"的态度为人处世对社会最为有利。

文献摘选

子贡问曰："有一言而可以终身行之者乎？"

子曰："其恕乎！己所不欲，勿施于人。"④

如果"礼"和"仁"的原则能够在一个人身上得到体现和贯彻，那么最终的产物将是孔子的目的，即一个优秀的崇高的人。

显而易见，孔子相信人类的本性的善，或至少相信人类在本性上具有可完善性，虽然这一点不像在他的弟子——孟子的著作中那样清晰。这种论述将儒家学者直接置于与基督教这类哲学相对立的位置上，后者认为，人类的自然状态是邪恶的，如果想得到拯救的话，就需要神的介入。孔子显然相信，在适当的情况下，个人达到至善并最终达到圣贤的高度是可能的。

人们要想达到至善，良好的统治是必需的。孔子相信，推行恶法的坏的统治会促使人作恶，而良好的统治能够治愈人们的多数道德缺陷。统治阶级确立的良好榜样将使人们发展出真正的道德。因为人生而有德，所以孔子相信，用奖赏或惩罚引导人们向善是不必要的。善行就是对它自己的报偿。因此，无论孔子信不信神，他从来不曾提及在天堂或地狱的死后生活以奖赏善行或惩罚恶行。在适当的条件下，人完全能成长和发展为孔子所说的"圣人"。

---

① 《论语·卫灵公篇第十五》，第三十五章。
② 《论语·颜渊篇第十二》，第一章。
③ 《马太福音》7：12。
④ 《论语·卫灵公篇第十五》，第二十四章。

儒家的发展

孔子在公元前479年去世时，只有一小群弟子牢记和遵从他的教导。他并不具有他所希望的作为一个执政者的成功，他的学说也没有受到人们的广泛支持，中国的统治者也没有向他的嫡传弟子敞开大门。然而，在以后的500年里，孔子的弟子在教育和规谏中国的统治者方面开始发挥主要作用，他们所发挥的作用让孔子的学说成了中国文化一个必不可少的组成部分。

孔子死后，大约有70名孔子的弟子分散在这一帝国的疆域内。一些弟子想为统治者提供建言，另外一些想建立自己的学派。他们的这些企图并不特别成功，其中的原因至少有两点。首先，他们面对与其竞争的学派——道家、法家和后来的墨家的进攻，这些学派都在愿意听其言论的大人们面前，声称自己掌握着实现良好统治的锁钥。其次，孔子的弟子教导人们，最好的政府形式是一种理想的封建制度，但在他们所处的时代，封建社会正在整个中国土崩瓦解；他们早已跟不上他们的时代了。尽管如此，一些弟子仍旧想方设法使他们的学说和忠告抵达了一些统治者的耳朵，孔子的学说因此被保存了下来。在公元前4—前3世纪，出现了两位史上最杰出的儒学大师——孟子和荀子，他们为孔子学说的传播和普及做了大量工作。

在中国人的思想中，仅次于孔子的中国圣人是他后世的弟子——孟子。[①]孟子出生于孔子去世约百年之后，生活在公元前372—前289年。我们并不能确切地知道他生平的大量细节，但是，正如许多古人的情况一样，关于孟子存在非常多的传说。这些传说资料中的大部分显然是要将他与孔子相提并论。我们被告知，和孔子一样，孟子也是一位穷寡妇的独子。他的母亲勉力抚养他，使他能接受教育。和孔子一样，孟子也成了一位老师，并谋求到一个为统治者建言的职位。和孔子的情况一样，统治者也不愿意听孟子的劝告。孟子也一边授徒教学，一边周游列国。更为权威的说法是，孟子受业于孔子的孙子——子思的门人，并且实际上他的建言没怎么影响到当时的一些统治者。

孟子的学说保存在《孟子》一书中。从这一经典和其他文献中，我们可了解到他作为一位儒家学者的贡献。和孔子一样，孟子对宗教并不特别感兴趣。他的作品中很少提到神，而且从不试图让人们回到对传统中国神的崇拜中去。孟子在伦理学上的主要地位在于他丰富和巩固了孔子人性本善的学说。这一学说在孔子的著作中还不十分清晰，而它在孟子的著作中变得十分清楚。后者坚定地断言人性在根本上

[①] 他的真实姓名是孟轲，但是西方学者将他的中国名字用拉丁文写成Mencius。

是善的。他观察到并不是所有人的行为都是道德的，但这是环境所致。他教导人们说，若有适当的环境，所有人都可以成为有道德的。自然，对一位儒家学者来说，最好的环境有这样的特征，即它的政府是基于家长制封建主义的、服务于人民利益的政府。因此，孟子在封建暴君与圣王之间做了区分。

文献摘选

以力假仁者霸，霸必有大国；以德行仁者王，王不待大——汤以七十里，文王以百里。以力服人者，非心服也，力不赡也；以德服人者，中心悦而诚服也。①

战争摧毁了人性的善能于其中发展的那种公正和有荣誉感的环境，所以孟子反对战争。另一方面，因为在任何国家中人都是最重要的因素，孟子相信，人民有权奋起反抗压迫他们的政权。孟子在许多方面尖锐化了孔子学说中的核心观点，另一方面，他为儒学经典补充了自己独具特色的思想。

第二个著名的孔子思想的解释者是荀子（公元前298—前238年），他属于孟子之后的那一代人。孟子逐渐被人们视为孔子的正统的解释者，而荀子被视为非正统的解释者。然而，荀子在他那个时代却具有更大的影响力。一些学术权威甚至将儒家思想在汉代（公元前206年—公元220年）的发展归功于他。②他是赵国人，而且是一位受到人们普遍尊敬的学者。晚年，他做了兰陵令。除了这些粗略的事实，我们对他知之甚少。

荀子因对儒家思想的两个主要贡献而为人们所纪念。首先，他看重"礼"作为团结民众、教化民众之方法的价值更甚于孔子。

文献摘选

礼起于何也？曰：人生而有欲，欲而不得，则不能无求，求而无度量分界，则不能不争；争则乱，乱则穷。先王恶其乱也，故制礼义以分之，以养人之欲，给人之求。使欲必不穷乎物，物必不屈于欲，两者相持而长，是礼之所起也。③

---

① 《孟子·公孙丑章句上》，第三章。（《孟子》文本均来自《孟子译注》，杨伯峻译注，北京：中华书局，1960。）
② Smith, *Chinese Religions*, p. 54.
③ 《荀子·礼论篇第十九》。（《荀子》文本均来自《荀子集解》，[清]王先谦撰，沈啸寰、王星贤点校，北京：中华书局，1988。）

荀子的第二个贡献是他对人性本善的否定，正是这一观点使他更为人所知。与孟子的观点相反，荀子认为人性本恶。他相信，只有通过适当的训练才能产生善。因此，要维护人类社会的存在，训练、法律和限制是必要的。这就使礼变得尤为重要，正是通过礼，人们接受如何过一种正当的生活的训练。除此之外，荀子还相信天神基本上是非人格的力量。在所有早期儒家学者中，荀子是人们眼中最不具有宗教倾向的一位。

汉朝的兴起在中国的历史上标志着一个新时代的开始。汉朝之前的那段历史时期是一个政治大变动的时期。当汉朝的统治者掌握了政权的时候，他们需要大量新的行政官员和顾问。这一政治理论家的新市场吸引了许多曾受过孔子门人的训练的学者。在公元前136年，当这些学者担负起教育中国年轻人的责任，尤其是教育那些最终将统治中国的年轻人的责任的时候，儒家的地位又得到进一步的巩固。文职官员的考试是以孔子的学说为基础的。从那一时代起直到公元1905年，在中国接受教育的人都要学习孔子所传授的知识。孔子本人也不能设计出一个他的哲学能于其中对中国的未来有更大影响的体系。

在汉代，除了儒家发展成为中国的主导教育理论，对孔子本人的祭拜也有所发展。据说，鲁国的统治者在孔子去世后就哀悼过孔子，为他建起一座祠堂。然而，随着汉朝统治者的到来和儒家学者的登场，对他的敬拜有增无减。公元前195年，汉朝的第一位皇帝祭拜了孔子的陵墓，并献上一猪、一羊、一牛作为祭礼。50年之后，人们在孔子的家乡建起了一座孔庙来纪念他。公元前8年，皇帝将头衔和土地赐给他的后裔。人们也开始将谥号封给孔子本人，他被授予"公"这一头衔。在整个中国，人们不断加盖孔庙，日益频繁地举行祭拜孔子的仪式。到公元6世纪，中国的每一个县都建有孔庙，一些人开始将他视为神。尽管如此，还是没有产生出围绕孔子建立的大众化的宗教。人们普遍将他视为守护中国学者的圣人或祖先，正如人们应该纪念自己的祖先一样，人们也当纪念和尊敬他。

1503年，对孔子的崇拜的发展受到了限制，当时，政府命令将孔子的像从孔庙中移走，替换为其上刻有孔子教导之言的木牌位。除此之外，所有加封给他的头衔都被撤掉了，人们只简单地将他称为"至圣先师"。1906年，人们试图恢复祭孔原来的些许风光。但是，随着中华民国的诞生，祀孔之礼日益式微。

8.4　中国传统节日

中国社会中的节日有着各种宗教和世俗的基础。古代的节日与农业生产的季节有关,也有一些节日与道教、儒教和佛教有关。在一些节日里,人们庆祝各种神和宗教创建者的诞辰。下面列出了一些中国社会中的传统节日。中国的年份是以阴历为基准,所以同一个节日在不同的年份有着不同的阳历日期。

春　节

人们在阳历的1月底或2月初庆祝春节。每一年都与一种特定的动物相关。春节庆祝活动的重点是洒扫庭院、万象更新,为新的一年的到来和即将开始的春耕做准备。春节期间,商店经常关张数日。人们打扫房间,为过节和迎接宾客做准备。除夕夜,家人聚在一起敬拜各种神祇,祭祀祖宗。祭拜活动之后,人们会享用备有多道菜肴的盛宴。大人在这时为孩子买新衣服和礼物。过节期间人们还燃放烟花爆竹。中国春节的庆祝活动一直持续到正月十五。

清明节

4月初,中国人民庆祝另一个关于祖先的节日。在庆祝这一节日时,人们进行礼仪性的洗浴,生新火,新火象征着春季的万象更新和大自然的阳气回升。每个家庭在这一节日里清扫和修葺祖先的坟墓。人们在坟前为先人献上祭品,在世的家人会享用一顿野餐。

端午节

中国人在6月的端午节庆祝夏季的开始。人们以赛龙舟和吃粽子来庆祝这一节日。人们相信,夏至(全年最长的一天)时,大地的阳气最盛,阴气又开始恢复。在夏至,人们举行道教的仪式以祓除有害的鬼怪。

中元节

在8月底,人们过鬼节。它是佛教盂兰盆节的中国版。佛教中的地狱之说与中国人传统上对祖先福祉的关注结合在了一起。人们相信,在这一天,死人的灵魂会在大赦之下从地狱中被释放出来。人们向祖先的灵魂供奉纸钱和其他祭品,并在门外为四处游荡的鬼魂留下食品和鲜花。也有一些人会在大街上点燃火烛以驱赶鬼魂。

在这一天，家人也会团聚在一起吃饭。

中秋节

中国人在阴历八月的满月之日庆祝秋收。人们会在这一天赏月、吃新鲜水果和月饼以庆祝中秋节。这一节日的独特之处还在于，人们会在这一天吟诗，并感谢老天爷带来的好年景。

冬 至

在冬季，人们会庆祝冬至日的到来。在晚秋和初冬，人们还纪念各位英雄、神仙和圣贤的诞辰。

8.5 今天的中国宗教

几个世纪以来，中国的政府都试图管理或控制宗教，这部分是因为，传统中国当中的宗教和政治的联系非常紧密。而宗教为政治权威提供统治基础的同时，也包含了反叛的种子。19世纪到20世纪是中国宗教所经历的一个困难时期。在19世纪中叶，自然灾害和欧洲列强的政治军事干预在这个国家的大部分地区导致了社会和经济动乱。在当时，出现了许多赋予人们重归和平和繁荣的希望的宗教上的回应。

宗教与暴力

这些回应当中破坏性最大的是太平天国起义，这次起义从1851年一直持续到1864年。它的领导人是洪秀全，他将中国传统宗教的要素和基督教新教的要素结合在一个革命性的观念当中。洪秀全相信，他是耶稣基督的弟弟，上帝派他消灭妖魔和那些敬拜妖魔的人。这些人包括佛教徒、道教徒、儒教徒。洪秀全还致力于推翻清王朝的统治。他宣告了一个新的"太平天国"的诞生，他就是这一天国的"天王"。在他的教义中，他将基督教中基督作为天主的概念与中国思想中作为权威的天的概念结合在了一起。这次起义吸引了大量民众，并在中国东南各省得到了迅速的传播。到1864年起义被镇压下去的时候，已经有近3000万人死去。

当今的中国政府对宗教持越来越开放的态度，允许教会和寺庙对外开放并举行宗教仪式。南京大学于1979年成立了宗教研究中心。许多中国学生现在就读于美国几所大学的宗教学系。中国政府资助中国的穆斯林学生去埃及学习。道教、佛教、罗马天主教、基督新教和伊斯兰教是当今中国的五大宗教。①

需要研究的问题

1. 道教和儒教是真正的宗教吗？请分别做出分析。
2. 描述作为宇宙的统一性解释的中国的"阴阳"理念。
3. 《易经》的卦象为何能被视为占卜的手段？它们为何能被视为具有各自的特点，且携带有自身的智慧？指出孔子整理编纂的著作。
4. 为什么中国古代封建制度的衰落为道家和儒家提供了舞台？
5. 试比较《道德经》和孔子学说中的关于最佳政府的观点。
6. 道教是如何成为一个信奉巫术的宗教的？

参考书目

1. Bush, Richard C. *Religion in Communist China*. Nashville, TN: Abingdon Press, 1970.
2. Giles, Herbert A. *Religions of Ancient China*. Salem, NH: Books for Libraries Press, 1969.
3. 曹雪芹：《红楼梦》，北京：人民出版社，2006。中国古典文学名著之一。这是一部情节复杂的长篇小说，讲的是一对男女神灵投胎进入贵族人家的故事。
4. Kohn, Livia. *Daoism and Chinese Culture*. Cambridge, MA: Three Pines Press, 2001.
5. Overmyer, Daniel L. *Religion in China Today*. Cambridge, Cambridge University Press, 2003.
6. Reilly, Thomas H. *The Taiping Heavenly Kingdom: Rebellion and the Blasphemy of Empire*. Seattle: University of Washington Press, 2004.
7. Smith, D. Howard. *Chinese Religions*. New York: Holt, Rinehart and Winston, 1968.
8. Thompson, Laurence G. *The Chinese Religion: An Introduction*, 3rd ed. Belmont, CA: Wadsworth, 1979.
9. 《论语译注》，杨伯峻译注，北京：中华书局，1980。
10. 《老子》，饶尚宽译注，北京：中华书局，2006。

原始资料

  中国经典文献节选

  道教的首部著作是《道德经》。据说，它是老子在公元前6世纪西出函谷关时所写。现代学者认为，这些诗歌实际上是在一个漫长的历史时期中由许多道家圣人撰写的。我们可以在被称为"天道"的这一部分了解《道德经》的要旨。

---

① 1991年，《大不列颠百科全书》估计全世界有1836.46万名"中国民间宗教的信徒"和59.17万名儒教信徒。*1992 Encyclopedia Britannica Book of the Year* (Chicago: Encyclopedia Britannica, 1992), p. 269.

《道德经》

第一章

道，可道，非常道；名，可名，非常名。无名，天地之始；有名，万物之母。故常无欲，以观其妙；常有欲，以观其徼。此两者同出而异名，同谓之玄，玄之又玄，众妙之门。

第二章

天下皆知美之为美，斯恶已；皆知善之为善，斯不善已。

故有无相生，难易相成，长短相较，高下相倾，音声相和，前后相随。

是以圣人处无为之事，行不言之教。万物作焉而不辞，生而不有，为而弗恃，功成而弗居。夫唯弗居，是以不去。

第十四章

视之不见名曰夷；听之不闻名曰希；搏之不得名曰微。此三者不可致诘，故混而为一。其上不皦，其下不昧，绳绳不可名，复归于无物。是谓无状之状，无物之象，是谓惚恍。迎之不见其首，随之不见其后。

执古之道，以御今之有。能知古始，是谓道纪。

第二十七章

善行无辙迹，善言无瑕谪，善数不用筹策，善闭无关楗而不可开，善结无绳约而不可解。

是以圣人常善救人，故无弃人；常善救物，故无弃物。是谓袭明。

故善人者，不善人之师；不善人者，善人之资。不贵其师，不爱其资，虽智大迷，是谓要妙。

第五十七章

以正治国，以奇用兵，以无事取天下。吾何以知其然哉？以此。

天下多忌讳，而民弥贫；民多利器，国家滋昏；人多伎巧，奇物滋起；法令滋彰，盗贼多有。故圣人云："我无为而民自化，我好静而民自正，我无事而民自富，我无欲而民自朴。"

第七十八章

天下莫柔弱于水，而攻坚强者莫之能胜，其无以易之。

弱之胜强，柔之胜刚，天下莫不知，莫能行。

是以圣人云："受国之垢，是谓社稷主；受国不祥，是为天下王。"正言若反。

孔子的《论语》

《论语》是孔子和他的弟子的言论集，其创作时间可追溯至公元前 5 世纪。下面的选段体现了它对秩序良好的社会的关注。

八佾篇第三

1. 孔子谓季氏，"八佾舞于庭，是可忍也，孰不可忍也？"
2. 三家者以《雍》彻。子曰："'相维辟公，天子穆穆'，奚取于三家之堂？"

3. 子曰："人而不仁，如礼何？人而不仁，如乐何？"
4. 林放问礼之本。子曰："大哉问！礼，与其奢也，宁俭；丧，与其易也，宁戚。"
5. 子曰："夷狄之有君，不如诸夏之亡也。"
6. 季氏旅于泰山。子谓冉有曰："女弗能救与？"对曰："不能。"子曰："呜呼！曾谓泰山不如林放乎！"
7. 子曰："君子无所争。必也射乎！揖让而升，下而饮。其争也君子。"
8. 子夏问曰："'巧笑倩兮，美目盼兮，素以为绚兮'。何谓也？"子曰："绘事后素。"曰："礼后乎？"子曰："起予者商也。始可与言诗已矣！"
9. 子曰："夏礼，吾能言之，杞不能征也；殷礼，吾能言之，宋不足征也。文献不足故也。足，则吾能征之矣。"
10. 子曰："禘自既灌而往者，吾不欲观之矣。"
11. 或问禘之说。子曰："不知也；知其说者之于天下也，其如示诸斯乎！"指其掌。
12. 祭如在，祭神如神在。子曰："吾不与祭，如不祭。"
13. 王孙贾问曰："'与其媚于奥，宁媚于灶'。何谓也？"子曰："不然。获罪于天，无所祷也。"
14. 子曰："周监于二代，郁郁乎文哉！吾从周。"
15. 子入太庙，每事问。或曰："孰谓鄹人之子知礼乎？入太庙，每事问。"子闻之，曰："是礼也。"
16. 子曰："射不主皮，为力不同科，古之道也。"
17. 子贡欲去告朔之饩羊。子曰："赐也！尔爱其羊，我爱其礼。"
18. 子曰："事君尽礼，人以为谄也。"
19. 定公问："君使臣，臣事君，如之何？"孔子对曰："君使臣以礼，臣事君以忠。"
20. 子曰："关雎，乐而不淫，哀而不伤。"
21. 哀公问社于宰我。宰我对曰："夏后氏以松，殷人以柏，周人以栗，曰，使民战栗。"子闻之，曰："成事不说，遂事不谏，既往不咎。"
22. 子曰："管仲之器小哉！"或曰："管仲俭乎？"曰："管氏有三归，官事不摄。焉得俭？""然则管仲知礼乎？"曰："邦君树塞门，管氏亦树塞门。邦君为两君之好，有反坫，管氏亦有反坫。管氏而知礼，孰不知礼？"
23. 子语鲁大师乐，曰："乐其可知也；始作，翕如也；从之，纯如也，皦如也，绎如也，以成。"
24. 仪封人请见，曰："君子之至于斯也，吾未尝不得见也。"从者见之。出曰："二三子何患于丧乎？天下无道也久矣，天将以夫子为木铎。"
25. 子谓韶，"尽美矣，又尽善也"。谓武，"尽美矣，未尽善也"。
26. 子曰："居上不宽，为礼不敬，临丧不哀，吾何以观之哉？"

里仁篇第四

1. 子曰："里仁为美，择不处仁，焉得知？"
2. 子曰："不仁者不可以久处约，不可以长处乐。仁者安仁，知者利仁。"
3. 子曰："唯仁者能好人，能恶人。"
4. 子曰："苟志于仁矣，无恶也。"
5. 子曰："富与贵，是人之所欲也；不以其道得之，不处也。贫与贱，是人之所恶也；不以其道得之，不去也。君子去仁，恶乎成名？君子无终食之间违仁，造次必于是，颠沛必于是。"
6. 子曰："我未见好仁者，恶不仁者。好仁者，无以尚之；恶不仁者，其为仁矣，不使不仁者加乎其身。有能一日用其力于仁矣乎？我未见力不足者。盖有之矣，我未之见也。"
7. 子曰："人之过也，各于其党。观过，斯知仁矣。"
8. 子曰："朝闻道，夕死可矣。"
9. 子曰："士志于道，而耻恶衣恶食者，未足与议也。"
10. 子曰："君子之于天下也，无适也，无莫也，义之与比。"
11. 子曰："君子怀德，小人怀土；君子怀刑，小人怀惠。"
12. 子曰："放于利而行，多怨。"
13. 子曰："能以礼让为国乎？何有？不能以礼让为国，如礼何？"
14. 子曰："不患无位，患所以立。不患莫己知，求为可知也。"
15. 子曰："参乎！吾道一以贯之。"曾子曰："唯。"子出，门人问曰："何谓也？"曾子曰："夫子之道，忠恕而已矣。"
16. 子曰："君子喻于义，小人喻于利。"
17. 子曰："见贤思齐焉，见不贤而内自省也。"
18. 子曰："事父母几谏，见志不从，又敬不违，劳而不怨。"
19. 子曰："父母在，不远游，游必有方。"
20. 子曰："三年无改于父之道，可谓孝矣。"
21. 子曰："父母之年，不可不知也。一则以喜，一则以惧。"
22. 子曰："古者言之不出，耻躬之不逮也。"
23. 子曰："以约失之者鲜矣。"
24. 子曰："君子欲讷于言而敏于行。"
25. 子曰："德不孤，必有邻。"
26. 子游曰："事君数，斯辱矣；朋友数，斯疏矣。"

礼的意义和价值

荀子是一位极为重要的孔子的解释者。在下面摘自《荀子》的段落中，荀子阐述了孔子关于礼对社会所具有的价值的观点。

礼论篇第十九

礼有三本：天地者，生之本也；先祖者，类之本也；君师者，治之本也。无天地恶生？无先祖恶出？无君师恶治？三者偏亡焉，无安人。故礼上事天，下事地，尊先祖而隆君师，是礼之三本也。

凡礼，始乎梲，成乎文，终乎悦校。故至备，情文俱尽；其次，情文代胜；其下，复情以归大一也。天地以合，日月以明，四时以序，星辰以行，江河以流，万物以昌，好恶以节，喜怒以当，以为下则顺，以为上则明，万物变而不乱，贰之则丧也。礼岂不至矣哉！

礼者，谨于治生死者也。生，人之始也；死，人之终也；终始俱善，人道毕矣。故君子敬始而慎终。终始如一，是君子之道，礼义之文也。

礼者断长续短，损有余，益不足，达爱敬之文，而滋成行义之美者也。故文饰、粗恶、声乐、哭泣、恬愉、忧戚，是反也，然而礼兼而用之，时举而代御。故文饰、声乐、恬愉，所以持平奉吉也；粗衰、哭泣、忧戚，所以持险奉凶也。故其立文饰也至于窕冶；其立粗衰也，不至于瘠弃；其立声乐恬愉也，不至于流淫惰慢；其立哭泣哀戚也，不至于隘慑伤生；是礼之中流也。

丧礼者，以生者饰死者也，大象其生以送其死也。故如死如生，如亡如存，终始一也……凡礼，事生，饰欢也；送死，饰哀也；祭祀，饰敬也；师旅，饰威也；是百王之所同，古今之所一也，未有知其所由来者也。

祭者，志意思慕之情也。愅诡、唈僾而不能无时至焉。故人之欢欣和合之时，则夫忠臣孝子亦愅诡而有所至矣。彼其所至者甚大动也，案屈然已，则其于志意之情者惆然不嗛，其于礼节者阙然不具。故先王案为之立文，尊尊亲亲之义至矣。故曰：祭者，志意思慕之情也，忠信爱敬之至矣，礼节文貌之盛矣，苟非圣人，莫之能知也。圣人明知之，士君子安行之，官人以为守，百姓以成俗。其在君子，以为人道也；其在百姓，以为鬼事也。

第九章
神道教

本章目的
- 在本章中,你将了解神道教的各种形式,看到神道教是如何与佛教和儒教相互影响的,了解神道教在日本前现代时期和现代早期的政治中的作用。

关键词
神
武士
武士道
天照大神
天理教

神道教大事年表	
公元6世纪	人们使用"神道教"一词将佛教与本土宗教区分开来
8世纪	神道教经典的编纂完成
8世纪—17世纪	神道教与其他宗教结合在一起
17世纪	古代传统的复兴
1868年	明治时期的国家宗教
1887年	佛教得到承认
1889年	宗教信仰自由
1946年	国家神道教被废除

本章提要

神道教是一个组织松散的日本本土宗教，在其内部存在着各种各样的信仰和实践。各种神道教派别之间的差异很大，人们很难精确界定神道教的含义。因此，我们只能列举出它涉及的某些领域。在其中一种意义上，神道教是日本民族主义的一种宗教形式。神道教的神话在讲述日本的形成过程时，将其视为是所有陆地中最为优越的，日本历史上的伟大英雄和事件都会在神道教的神社中为人们所纪念。

日本人在传统上认为，他们的天皇是天照大神（太阳女神）的后裔。西方的评论家经常将日本的神道教信仰比作美国人拜谒葛底斯堡或华盛顿纪念碑时的感情。最贴切的比照可能是美国阵亡将士纪念日当天，在一些城镇中产生的某种东西——当是时，人们回忆民族历史上的重大事件，祭拜阵亡将士的陵墓，在一个美丽的暮春的日子里祈求上帝保佑这个国家。[1]

然而，神道教毕竟不仅仅是一种宗教形式的民族主义。[2]它还涉及日本人对他们国土的美，尤其是它的群山和森林的美的崇敬的态度。它也包含万物有灵论和祖先崇拜的维度。在整个日本，大规模的、公共的神道教敬拜仪式在神社中举行，私人的、家庭的敬拜仪式在日本人家中的小型神龛前举行。从基本的神道教中还产生出许多组织严密且活跃的宗教派别。因此，"神道教"（Shinto）一词所指涉的可以是数目众多、各种各样的日本人的宗教和文化习俗。

Shinto 一词本身直到公元6世纪才被正式创造出来。当时，佛教、道教和儒教从中国和朝鲜半岛传入日本，为了将日本本土宗教与新宗教区分开来，人们创造出这一名称。它实际来自中文的"神""道"二字，在这里可大致理解为"神的道路"。通常被用来描述这一本土宗教的日文词汇是 *kami-no-michi*，意思与上面相同。

9.1 日本的神话

为了理解公元6世纪之前的日本宗教，我们必须看一看关于日本之起源、日本本土神明和早期历史的一些传统神话。在一开始，就存在 *kami*。人们经常将 *kami* 一词定义为神，这是不确切的。一些学者选择将其定义为曼纳。"*kami*，从它的原义上说实际上等于曼纳，后者来自美拉尼西亚语，学者采纳这一名字来称谓在文字出现以前，

---

[1] 关于将阵亡战士纪念日视为"美国神道教"的讨论，请参看 W. Lloyd Warner, *American Life, Dream and Reality* (Chicago: University of Chicago Press, 1953), pp. 1–12.

[2] 在1945年之前，许多神道教的神社都接受政府的财政资助。尽管神道教的大多数方面并非本质上是民族主义的，但是，日本的民族主义者有时会利用神道教来强调日本文化的独特个性。

人类在激起他们的惊异感和敬畏感的物体和经验面前感受到的神秘力量。"①

其他人认为 kami 与希腊文中的 daimon 所指相同。然而，这也是不恰当的，甚至 18 世纪的日本神道教学者本居宣长也承认："我确实还不理解 kami 一词的意思。"② kami 当然指日本人民敬拜的天地之神，但是，它也可以指存在于人类、动物、花草树木、海洋和群山中的精灵。古代的日本人将拥有超自然的力量，或以某种方式引起人们敬畏的所有东西、人物或力量都描述为 kami。虽然 kami 一词可以有如此宽泛的含义，但是，在神话中，它一般指诸神或具有神力的人。

关于日本神话的知识的主要来源是《古事记》。这些记录在公元 7 世纪和 8 世纪被收集起来，以应对中国文化和宗教的传入。虽然日本人愿意接受先进的中国文化，但在这几个世纪里，他们还是在寻找自己的遗产。寻找的结果便是《古事记》的诞生。《古事记》中包含一个被称作"神之时代"的章节，在这部原始资料中，我们能够发现日本文化的神话背景。《古事记》中的一些故事分别描述了日本诸岛的诞生，这些岛屿是由两个神创造的，他们是伊邪那歧命（Izanagi）和他的妻子伊邪那美命（Izanami）。这两个神成为日本神话中的其他神明的父母。这些神明的首领是天照大神（Amaterasu）。人们相信所有的日本天皇都是天照大神的后裔。

9.2 神道教的历史

公元 300 年之前的神道教

根据神话传说，第一位日本天皇在公元前 7 世纪登基，但是大多数的现代学者都同意，真正的日本历史直到公元 3 世纪才开始，此时，日本人才为其他国家所知晓，并开始记录历史。因此，日本是所有亚洲国家中最年轻的文化之一。

我们很难确切地说清在这一历史时期之前日本人崇拜的是什么。在公元 6 世纪，佛教的传入促使日本人将他们的各种神话和礼仪汇集在神道教的名下，以便将本土宗教与从中国和朝鲜半岛传入的那些宗教区分开来。在此之前，日本人的崇拜可能是一个由各种各样的宗教实践构成的结构松散的集合。在这些神话中，既存在无数的男神、女神和精灵，也存在祖先崇拜和各种形式的万物有灵论。人们在日本的诸

---

① Daniel Clarence Holtom, "Shinto," in *Religion in the Twentieth Century*, ed. Vergilius Ferm (New York: The Philosophical Library, 1948), p. 147.
② William T. de Bary, ed., *Sources of the Japanese Tradition* (New York: Columbia University Press, 1958), p. 23.

岛屿建起神社以敬拜各种神明，各个家庭里则摆放着敬拜祖先和神明的神龛。天照大神和须佐之男出现的次数可能是最多的，在专为他们建造的神社和日本人的家庭里，他们得到的关注多到让人意外。关于史前日本人的崇拜状况，除了像上面这样做一些笼统的陈述，我们无法说出更多的内容了。

中国对神道教的影响

在日本早期的历史中，它便已成为来自中国和朝鲜的商人、传教僧关注的对象。这些关注者带来了大量的中国古老文化，包括艺术、语言、书写系统，当然还有各种宗教和伦理体系。公元4世纪之后，日本人受到佛教、道教和儒教的影响。所有这些宗教都对日本文明产生了持久的影响。《古事记》记录了中国文化是如何进入日本的。

在接下来的时间里，中国与日本之间的交流日益频繁。在此之前，日本人并没有书面语言。后来，他们吸收了汉字和中国文化的许多其他要素。儒家伦理受到欢迎，因为日本受封建制度的统治，而儒家为日本的政治制度提供了伦理基础。在日本，人们一直有祖先崇拜的传统，因此，人们乐于接受儒家和道家中强调孝道的成分。日本人也在学习中国的艺术，尤其是那些与佛教礼仪相关的艺术。总的来说，公元4世纪到8世纪是日本发生剧烈变化的一个时期。

来自中国和朝鲜半岛的佛教的传入在日本宗教的发展中是极为重要的。根据日本编年史的记载，人们在公元522年向日本天皇献上了一尊佛像和几卷佛经。这位天皇非常高兴，但是，他的大臣警告他说，引入蕃神可能会激起本土神的愤怒。在佛教传入之后不久，日本爆发了一场瘟疫。这位天皇害怕这场瘟疫是一心想复仇的神在作祟。他下令把佛像扔到河里，并将放置佛像的寺庙焚毁。这部编年史解释说，这位天皇对外来宗教的拒斥结束了这场瘟疫。

然而，佛教是不可能那么轻而易举就被从日本驱逐出去的。在接下来的时期里，其他的佛像又进入了日本，祈祷和礼仪也被引进来。到公元6世纪末，大乘佛教已在日本站住了脚。

日本人对佛教的回应有四重。首先，他们引入"神道教"这一名称来区分日本本土宗教与新的外来宗教。这可能是日本人真正开始把他们自己的本土信仰视为一个独特的宗教的时代。

第二，日本的神道教倡导者承认了佛教的许多佛和菩萨，但是他们认为这些佛和菩萨是 *kami* 在印度人和中国人面前的显现。自然，佛教徒倾向于颠倒过来，认为

在日本木曾,一位神道教祠官和一对母子在一起为新生儿庆生。

kami 是佛和菩萨在日本的显现。

第三重回应是两部神道,它在公元 6 世纪到 9 世纪发展起来,试图对神道教与佛教进行某种综合。神道教的各种神明渐渐被等同于佛教中的那些神。这两个宗教之间的界限逐渐消失。佛教的僧人开始在神道教的神社中主持宗教仪式。两个宗教在这些神社中举行的仪式几乎没有任何区别。佛教中的建筑要素也出现在了神道教的寺庙中。大致来说,日本人的生活开始被区分成两个领域。跟日常生活相关的领域由神道教来把持,跟死后生活相关的领域则由佛教负责。因此,我们可以说,一个传统的日本公民生来便是一位神道教徒,但是,死时却是一位佛教徒。千年以来,神道教与佛教在日本比肩而立,各自满足着人们特定的需求。

日本人对佛教的第四重回应是在日本发展出佛教的一些特殊形式。大乘佛教是一个极有弹性的宗教,它对内部差异的容忍度很大,人们可以把它视为一个宗教家族,而不是佛教的一个单一分支。佛教传入日本不过几百年,佛教主题的一些新变种便发展起来。佛教把禅定当作洞察宗教真理的一种手段加以强调。中国的佛教徒接受菩提达摩的传教,继承了对这一手段的强调,并将它称为他们佛教中的禅宗。日本人在 Zen 的名下进一步发展了大乘佛教中的禅宗。日本人还发明或发展了佛教的其他形式,如净土宗和日莲宗。[①]这些宗派和其他一些佛教形式在日本已非常普及,即使神道教与它们混合在一起,日本人民也几乎已经忘记了这是一个尚有生命力的宗教。

---

① 关于这些形式的进一步的讨论,请参看本书的第六章。

神道教的复兴

公元8世纪以后,神道教和佛教互相融合,形成一种综合两者的宗教,其综合的程度非常之高,神道教作为一个独立的宗教几乎消失了。尽管如此,许多改革者还是希望修正和复兴日本的本土宗教。早在14世纪,便有不同的学者试图指出神道教的力量,并恢复它的重要地位。然而,直到17世纪的德川幕府时期(1600—1867),神道教才得到官方的支持。在这一时代,意志坚强的军事首领统一了日本,他们试图闭关锁国,使其不受外界影响。

宗教与暴力

因为佛教和基督教是起源于外国的宗教,所以它们被推到了一边,而神道教是日本的本土宗教,所以国家政府给予它新的力量和支持。大量拒绝放弃自身信仰的基督徒被处死了。在这一历史时期,儒家的日本变种是唯一得到政府支持的外来体系,因为儒家伦理可以被用来支持德川幕府的军国主义政权。

在德川幕府时期,日本人生活中极为有意思的一种存在是被称为武士的封建"骑士"。在日本的整个历史中,一直有一些武士作为保镖或雇佣兵受雇于封建领主,但是在德川幕府时代,人们把武士理想化,并为之确立起一套行为规范。在17世纪,政府将儒家的朱子学确立为上层阶级之正统行为典范。曾研习朱子学的一位领袖山鹿素行(公元1622—1685年)将神道教与儒家结合起来,并发展出被称为"武士道"的武士行为规范。除了没有浪漫的爱情,人们为日本封建武士确立的行为规范在许多方面与欧洲中世纪理想化的基督教骑士的表现非常相似。一般来说,我们可用以下范畴概括武士道的内容:

1. **武士必须忠于其在封建等级制度中的主人。**日本文学中有一个很著名的故事,它极好地阐释了武士的这种忠诚所达到的极限,这就是四十七浪人的故事。在1702年,某位藩主受到一位政府官员的侮辱。他拔出利剑刺伤了这位官员。由于这一行为,政府要求这位领主自尽,并将其财产充公。他所雇佣的47位武士因其主人死去而成了"浪人"(这是对没有主人的武士的正式称号)。这些武士发誓要为他们遭遇不公正对待的主人复仇。为了避免引起人们的怀疑,他们分散开来,在公开场合表现得好像对他们的主人漠不关心似的。当他们的敌人放松警惕的时候,他们就聚集在一起,向那位曾羞辱过他们的主人的官员的城堡发动进攻,并将其杀死。在此之后,他们静待政府命令他们自杀。因此,这47位浪人就成了武士向主人表现忠诚的理想典范。

2. 在生活和战斗中，武士必须具有极大勇气，并愿意为他的主人献出生命。

3. 首先，武士必须是一位正直体面的人。他宁死不屈，宁可牺牲生命也不在遭受屈辱的处境中苟活一天。

4. 人们期望武士能像一位真正的儒生一样，尊敬他的主人和位高权重的人。然而，这种尊敬和友善并不惠及社会中的每一个人。在一些关于武士的传说中，如果手头没有仗可打，那么武士会在农民身上试刀，并将这视为完全合理的行为。在一个古老的故事中，一个人用他的刀砍了一位农民七次，但是没有明显的结果，直到这位农民的身体碎裂成八块。这一故事可能来自武士的传说。

5. 尽管武士对农民的态度是这般恶劣，但是一位被称为"武士"的人在任何意义上都是一位地地道道的君子。人们期望一位武士是仁慈的，纠正社会上错误的行为，并为遭到不公正对待的受害者申冤。广为人知的日本电影《七武士》就是这种正义感的极好例证。

武士本身宁死不屈的意志和作为一个整体的日本人对待自杀的态度（长期以来一直）使西方人感到惊讶。许多欧洲的宗教传统都禁止自杀。然而，在日本，自杀作为避免遭受屈辱的一种手段，作为逃避恶劣处境的一种手段，作为表示抗议的一种手段，以及在第二次世界大战中作为摧毁敌人军舰的一种有效手段，经常受到人们的鼓励。在世界历史中可能没有任何其他文化持有这种对待自杀的态度。

在武士道中，武士会以一种被称为切腹的缓慢而又痛苦的方式自杀（西方人喜欢用 *hara-kiri*①一词来表示切腹）。武士会在适当的时候切开他的肚腹，让他的内脏流出来。到后来，有一种做法变得很普通，即在一位武士别无他法只能切腹之后，他的一位朋友可以在切腹行为之后立即砍去他的头。只有武士和贵族才能采取这种死亡方式。人们是禁止妇女和农民切腹自杀的，只希望他们用自刎这种更快捷的方式自尽。19世纪的一位英国公使馆秘书米特福德（A. B. Mitford）目睹过一场仪式性的自杀，他对这一事件进行了如下记录：

> 泷善三郎被判处死刑，他是备前国冈山藩家老的家臣，他于1868年2月下令向在兵库县的外国人居留地开火。

---

① 这个词经常被错发成 harry carry 的发音。

这一仪式由天皇本人安排，于夜晚 10 时 30 分在能福寺中举行，这座寺庙是驻扎在兵库县的萨摩藩军队的指挥部。每一个外国公使馆都派出了一名见证人。我们这些外国人一共有七位。焦急等待了几分钟之后，滝善三郎，一位三十二岁的高大健壮的男子，穿着只有在重大场合才穿的带有特制的麻布双翼的礼服，带着高雅的气质，走入大厅。他由一位介错人和三位军官陪同，他们身着带有黄色镶边的阵羽织（战袍）。我们应该注意，"介错人"一词与我们的"刽子手"一词并不一样。这一职位是君子的职位：在许多情况下，它是由死刑犯的一位男亲属或朋友担任的，他们之间的关系与其说是被处决的人和刽子手之间的关系，不如说是主次之间的关系。在此处，介错人是滝善三郎的一位弟子，他因为剑术高超而被滝善三郎的朋友们从他们之中推选出来。介错人站在滝善三郎的左侧，他们一起慢步走向由日本人担任的见证人，在他们面前鞠躬。在此之后，他们走向外国人，并以同样的，也许更为尊敬的方式向我们鞠躬——每次致敬都得到了郑重的回应。被判死刑的人缓慢而庄重地登上台阶，两次拜倒在祭坛面前。他在左边的地毯上坐下，背对高高的祭坛，介错人蹲坐在他的左手边。三个在场军官中的一位手持一个在寺庙里祭拜时用的台架走上前来，在这个台架上摆放着用纸包好的日本短刀，它有 9 英寸半长，锋刃如剃须刀片一般锋利。他将这把短刀递给被判死刑的人，并向他跪拜，这位被判死刑的人恭敬地接过短刀，双手将其举过头顶，并将其置于自己的面前。

在又一次深深的鞠躬之后，滝善三郎开始讲话，他的语气中透露出一种进行痛苦忏悔的人会有的激情和犹豫，而面部和身体姿势上又毫无迹象，他说："我，而且只是我自己未经获权便下达命令向在神户的外国人开枪，当他们试图逃跑的时候，我又再次下达了这一命令。因为这一罪行，我要切腹自杀，我祈求在场的人见证这一行为，这将是我的荣幸。"

这位发言人再次鞠躬，他脱掉上衣，裸露至腰部。根据风俗习惯，他小心翼翼地将他的袖子塞在他的膝下，以防自己向前跌倒①。他从容地拿起面前的那把短刀，他的手丝毫没有颤抖。他充满渴望，而且几乎是情深意切地看了它一会儿，似乎是在最后一次集中自己的全部思绪。在此之后，他将短刀深深刺入腰下左腹，并将刀缓慢地划向右腹，又在伤口之中转动刀柄，向上轻微划了

---

① 根据后文，可能是向后仰倒。——编者注

一刀。在进行这一令人作呕的痛苦操作的时候,他的面部肌肉从未抽动一下。当他拔出刀来的时候,他的身体前倾,脖子伸了出来。痛苦的表情第一次出现在他的脸上,但是他一声不吭。蹲坐在他身边的介错人,之前一直在专心盯着他的每一个动作,此时一跃而起,把刀举在空中。只见寒光一闪,刀重重砍了下来,砰的一声,这个人就身首异处了。

在此之后,全场鸦雀无声,只有我们面前的死尸往外喷血的可怕声音打破了这片沉寂,这具死尸在片刻之前还是一个勇敢和豪爽的人。这是何等可怕。[①]

武士为了个人的荣誉或日本民族的利益愿以这种方式死去的意志,在对生命之神圣和自杀之邪恶耳濡目染的西方人眼中似乎是不恰当的。但是,如果把神道教徒对国家民族及其英雄人物的热爱和崇拜,与儒家的崇高荣誉感综合起来加以考虑,切腹自杀就应被视为非常神圣的一种行为。

现 代

在德川幕府时代,日本竭尽全力避开外国人的各种影响。它将自己封闭起来,拒绝与外国进行贸易,抗拒外交使团和外来的宗教。在这一历史时期,它试图只利用它本土的资源。与此同时,世界的其他地区——尤其是西方——正走向工业化。在1853年,当美国海军准将佩里出现在东京湾并要求日本人开放其港口、建立美日间的贸易关系的时候,日本人突然发现他们面对的是一个现代世界。1854年,佩里率领更多的军舰、部队和大炮再次出现,日本统治者被迫向外国人开放他们的国门。

关于宗教在新日本将要扮演怎样的角色,人们曾为之困惑了一段时期。之后,日本人在1889年的宪法中决定,日本在宗教一事上将遵从许多西方国家的模式,即国家应该有一个国立宗教,同时也允许其他所有宗教存在和传教。国内将建立一个国立神道教,它的基本内容是在某些神社中举行的爱国仪式。除此之外,只要愿意,人们可以发展他们自己的神道教宗派,这些宗派将由其信徒来供养。而且,神道教还可以存在于每一个家庭里的布置简单的神龛前。除了神道教的这些形式,任何其他宗教——佛教、基督教等——也可在日本自由存在。然而,只有在国家神社中举行的爱国仪式才能得到日本政府的资助。

[①] A. B. Mitford, *Tales of Old Japan*, vol. I (London: Macmillan, 1871), pp. 231–36.

9.3 神道教的三种形式

国家神道教

根据1889年宪法，国家负责供养全国大约11万个神道教神社和大约1.6万名主持这些神社的祭司。神道教的这种形式被称为神社神道，以与更具宗教性的教派神道区分开来。

由国家资助的这些神社各自都供奉着一些本地的神祇、英雄，或纪念着某些事件，伊势的大帝国神宫供奉着日本的天照大神。参拜者穿过被称为"鸟居"的独具特色的拱门走近神社。鸟居与神道教总是形影不离，全世界都将其视为神道教的象征。

伊势神宫是由两个建筑物构成的，即内宫和外宫。这两个神宫都必须由未经漆画的木头建成，每过20年必须拆掉重建一次。任何人都可参拜外神社，但只有祭司和政府官员才可参拜内神社。内神社藏有对它纪念的神或事件来说十分重要的物品。例如，在大帝国神社，圣物是一柄镜子、一把剑和一块串起的玉，它们对天照大神的神话来说都十分重要。在某些场合或节日里，这些圣物会被公开展示。

> **宗教与暴力**
>
> 人们建立国家神道教是为了激发爱国主义情操和对日本民族的忠诚。它为日本民族确立了宗教基础，但却没有任何其他宗教功能。1889年宪法确立之后，日本政府禁止主持国家神社并由国家供养的祭司举行任何宗教活动，如主持葬礼等。1889年宪法的开篇讲道："日本帝国应由永不间断的皇家世系统治和管理……皇帝是神圣不可侵犯的。"[1]这部宪法也使军队的领袖只对皇帝负责，而不对国会负责。因此，在日本于19世纪末和20世纪前半叶参加的战争中，国家神道教成了支持军事行动的工具。它尤其支持第二次世界大战期间日本发动的侵略战争。神道教已成为日本军国主义的一个密不可分的部分，以致美国占领军认为在1945年12月废除国家对神道教的支持是必要的。1946年1月，占领军指令天皇发表一个声明，宣布他不是神。[2]
>
> 自1945年以来，曾受到日本政府资助的神社仍继续存在，但是现在却以个体公民的资助来维持。第二次世界大战刚刚结束，参拜这些神社的人数立即大幅度下跌，许多神社已被废弃。然而，在后来的日子里，人们又对它们重新产生了兴趣。

---

[1] Floyd Ross, *Shinto: The Way of Japan* (Boston: Beacon Press, 1965), pp. 138, 139.
[2] 大多数日本人都觉得这一声明非常怪异，因为他们从来没有把天皇想象为神，他们认为天皇只是天照大神的人类后裔。

广岛市宫岛的一处神社鸟居，鸟居是神道教的标志。

进入外神社的参拜者会对此地纪念的神或事件的伟大进行沉思，为之献上少量的祭品，或在此进行简短的祈祷。国家并不强迫任何人参拜神社，但是，这已经是一个不成文的约定，即每一位忠于国家的日本人都必须在一生中至少到伊势神宫参拜一次。

教派神道

随着明治天皇时代（公元1868—1912年）的发展，尤其是当政府将神道教视为一个民族主义和军国主义的机构的时候，神道教中的宗教性部分被迫将自己独立出去以确定自己的身份并寻求支持者，其他在日本的宗教同样如此。（人们认为这些宗教的信徒数量超过1800万。然而，任何有关宗教的统计数字都总是令人怀疑的。在日本，情况尤其如此——在此，一个人可以既是一位佛教徒，又是一位儒教徒，同时又是一位神道教徒。）

神道教的十三个主要教派可被分成三类。第一类重在崇拜山岳。日本那美丽幽静的群山一直是日本人民敬拜的对象。从历史上的某个时间开始，日本人民在适合郊游的季节爬山已是非常普遍的事情，这是一种把自然崇拜和苦行主义结合起来的修习方式。一些人从谷底爬到山顶，另一些人则在群山中支起帐篷以修习苦行。御岳山和富士山尤其受到人们的喜爱。在明治时代，有三个信仰自然崇拜和苦行主义的团体被确立为神道教派。

第二类是从萨满教和日本农民的占卜活动发展而来的。在现代日本，这些教派的基本吸引力在于，它们承诺人们通过信仰可以疗愈病苦。这类教派的代表是天理教。天理教是在19世纪由一位名叫中山美伎（公元1798—1887年）的农民创立的。当她41岁的时候，她感到自己被天理之神附体，并在经历这次神启事件之后开始向其他人传授这一经验。她的宗教所强调的那些不同的要素，如萨满教、狂舞和信仰治疗，一直是日本农民所信仰的基本宗教的一部分。在今天，这一教派强调为公共慈善事业从事义务劳动，当然，信仰治疗仍然是它的一个宣教要点。

教派神道的第三类中所包含的那些教派或多或少可被归入纯粹神道教的概念。当日本的统治者在明治时代接管了神道教的神社并将它们用于政治目的的时候，神道教的宗教传统、神话和礼仪成了被抛掷在身后的基本残留物。有三个比较大的教派发展起来，它们强调这些宗教性的要素，并从古代史中复兴日本起源的神话。他们相信神道教存在宗教、伦理和政治的一面，并强调通过斋戒、导引行气、洗冷水浴、念经等方法来净化身体，有些修炼方法与印度教的瑜伽派中所使用的那些方法类似。今天，这些教派在日本人民中已失去了基础，而天理教这类组织还在发展。

家庭神道教

除了国家神道和教派神道这些有组织的形式，神道教还有另外一种更为基本的形式，即出现在许多日本家庭中的非常简单和普遍的家庭神道。家庭神道的基本单位或象征是存在于许多日本人家中的神棚。神棚不论精致或是简朴，其中都包含有对于家庭来说可能具有宗教意义的标志物。家中祖先的名字常出现在这里，因为孝道是家庭宗教的一部分。这里也会放置神像，放在此处的神可能曾对此家族有所帮助，也可能只是人们比较尊崇的神明。许多日本人的家庭和日本手艺人的商店中会放置各种保护神的像。日本文学中的很多故事会讲到，技艺娴熟的工匠在一位看不见的保护神的指导下创造出了杰作。

传统的神棚里会放置从伊势神宫之类的大神社买来的物品。任何被家庭视为神圣之物的东西也可以在神棚中得到供奉和敬拜。有这样一个故事，它讲的是某个家庭的神棚里供有一双被人扔掉的鞋，这双鞋的主人曾在这个家庭遇到麻烦时出手相助。家中成员相信，这双鞋是朋友的善行和美德的象征，或者这双鞋里寓居着促使朋友做出这一善举的曼纳或神。无论如何，它们已成了被敬拜的对象。①

在日本人家中的神棚前举行的敬拜活动并不复杂。每天，人们都会在这一祭坛前点烛燃香，摆放上鲜花、食物和美酒等祭品。人们还会在此举行每日一次的简单仪式：敬拜者洗手，献祭，拍手——象征与神交通的一个动作，并进行简短的祷告。在节假日、婚庆或纪念日这种特殊的场合，人们会在神棚前举行更加复杂的仪式。然而，如果是在明显的宗教性场合，例如在葬礼上，日本人的家庭便不会诉求于神道教的神或祭司，而是诉求于佛教的祭司。在发生于日本的这种独特的宗教融合中，

---

① 有人指出，在美国，与日本的神棚最相近的东西是汽车的仪器板或壁炉台，在这些地方经常摆设着向人们允诺好运或带来美好记忆的东西。

京都一处神道教神社中祈福者拴在神社篱笆上的祈福结。

神道教是为今世而设的，佛教是为来世而设的。因此，除了神棚，许多日本人的家中还有一个佛坛，即一个佛教徒的家庭祭坛，人们在此也敬拜佛教的神祇。

正如我们已经看到的那样，神道教这一日本的本土宗教在不同的人眼中是不同的东西。对一些日本人来说，它是一套使他们重新想起本民族的特殊起源的神话和礼仪。在国家节日或参拜国家神社期间，他们偶尔会记起这些神话和礼仪。人们更经常敬拜的、对来世投入更多关注的宗教恐怕还是佛教。对那些属于某些神道教宗派的人来说，神道教可能与信仰治疗、苦行或身体的净化有关。在日本的许多农村家庭中，神道教徒会在家中的神棚里每日进行敬拜，这里的神道教信仰包含祖先崇拜和万物有灵论的成分。

9.4 日本人的节日

传统的日本节日是不同性质的庆祝活动的集合，这些庆祝活动或是世俗性质的，或是跟农业相关，又或是为佛教徒和神道教徒而举办的。有时，一种传统或宗教占主导地位。有时，所有文化资源又都混合在一起。在一年当中，各种节日的庆祝活动都在当地神道教的神社中举行。

新 年

日本的新年是人们最广泛庆祝的节日。在过去人们使用阴历的时候，这个节日是在2月，但是今天，人们在1月1日至6日庆祝这一节日。在节日期间，商店关张，人们与家人团聚。每个家庭都为准备过新年而打扫房间。在除夕夜，人们吃平日不常吃的食品并向祖先献祭。午夜，佛寺的钟会响108声，代表着在新的一年里人们心中的108种渴欲会被消除。在新年这一天，各个家庭会去参拜圣地。一些人去佛寺，但是大多数人都去神道教的神社。在这一节期结束之时，人们会将新年的装饰物投入篝火。

佛诞节

日本的人们在4月8日庆祝佛诞节。在佛寺，祭司将鲜花和香茶洒在佛像上，以纪念在佛陀诞生那天鲜花和甘甜之水从天空落下这件事。12月8日是纪念佛陀觉悟的传统节日。佛教禅宗的信徒通宵坐禅以迎接这一天的到来。

盂兰盆节

日本佛教徒于8月中旬庆祝盂兰盆节（纪念已故祖先的节日）。正像在其他佛教国家中一样，这是一个把死者的灵魂迎入家中的节日。在节日期间，人们清扫并装饰祖先的坟墓。在节日期间，人们还会游行、跳舞，点燃篝火。

新尝祭

农业节日与神道教节日的一个结合是新尝祭，人们在11月23日和24日庆祝这一节日。当是时，天皇向在伊势神宫中的天照大神和其他神明献上秋收的第一批果实。虽然这是国家的丰收节，但是在10月和11月，全国各地也会举行各种地方的感恩仪式。

9.5 今天的神道教

随着第二次世界大战结束，日本战败，有几件事情的发生使神道教的未来变得扑朔迷离。对这一宗教构成最直接威胁的是废除政府对国家神道教的官方支持和资助。第二个威胁来自日本迅速的工业化。在几十年的时间里，日本的工业和科学赶上了大多数西方国家，而且在许多领域里超过了西方国家。在这样一种快速运动的大环境中，像神道教这样一个古代宗教似乎很难有继续存活的空间。除了与现代世界进行斗争，神道教还面对着它的老对手——佛教。大多数日本人都将自己首先视为佛教徒。神道教居于次位。因此，人们可能认为神道教会带着它的古代神话、礼仪和神社很快消失。

但是，神道教根本没有消失。在日本，今天的神道教像以往一样强大。它经受住了国家撤销对它的支持和资助这一考验，并依赖私人捐助而继续存在。强调信仰治疗、积极主动的思维方式和念经的新的神道教宗派已被数百万日本人接受。在一些情况下，信奉这些新形式的神道教的信徒已步入政治领域并在某些工会中任职。这些新形式的神道教还为城市居民的宗教渴求提供了一个出口，帮助他们克服现代生活的日常压力。因此，有着各种面貌的神道教仍是日本文化中的一支重要力量。[①]

需要研究的问题

1. 讨论作为日本爱国主义之宗教形式的神道教。这两者可以被清晰地区分开来吗？
2. 回顾日本的神话，日本皇室与神有什么关联？
3. 中国人和佛教进入日本对神道教有什么影响？
4. 神道教与武士阶级之间有什么联系？
5. 列出在现代日本中的神道教的三种形式。

参考书目

1. Anesaki, Masaharu. *Religious Life of the Japanese People*. Tokyo: The Society for International Cultural Relations, 1961.
2. de Bary, William I., ed. *Sources of Japanese Tradition*. New York: Columbia University Press, 1958.
3. Davis, Winston. *Dojo: Magic and Exorcism in Modern Japan*. Stanford: Stanford University Press, 1980.
4. Earhart, H. Byron, ed. *Religion in the Japanese Experience: Sources and Interpretations*. Encino, CA: Dickenson, 1974.
5. Earhart, H. Byron, ed. *Japanese Religion: Unity and Diversity*, 2nd ed. Encino, CA: Dickenson, 1974.

---

① 据《大不列颠百科全书》，1991年全球约有316.28万名神道教徒。*1992 Encyclopedia Britannica Book of the Year*（Chicago：Encyclopedia Britannica，1992），p. 269。

6. Kitagawa, Joseph M. *Religion in Japanese History*. New York: Columbia University Press, 1966.
7. Nelson, John. *A Year in the Life of a Shinto Shrine*. Seattle: University of Washington Press, 1996.
8. Ross, Floyd Hiatt. *Shinto, the Way of Japan*. Boston: Beacon Press, 1965.
9. Yamamoto, Yukitaka. *Way of the Kami*. Stockton, CA: Tsubaki American Publications, 1987.

原始资料

神道教的神话

《古事记》记载了古代日本的神话。这部编年史是在公元7世纪和8世纪编成的,当时,日本正深受中国佛教的影响。在这时,日本人感到有必要记录他们自己的传统。①

高天原的神话

神的诞生

在天地形成之初,高天原上首生三神,即天之御中主神、高御产巢日是神和神产巢日神。此后,当大地还非常年轻的时候,即还没有凝固的时候,产生了某种类似芦芽的东西,宇麻志阿斯诃备比古迟神由此诞生。此后,天之常立神诞生。

以上这五位神是特立之天神。

继而又生两"独神":一为国之常立神,一为丰云野之神。最后,又生五双"对神":一为宇比地迩神(泥土神)、妹须比智迩神(沙土神);一为角杙神、活杙神;一为意富斗能地神、妹大斗乃辨神;第四双"对神"中,男神为淤母陀琉神,女神为妹阿夜诃志古泥神;第五"对神"中,男神为伊邪那岐命(引诱的他),女神为伊邪那美命(引诱的她)。

大地的凝固与神的婚姻

当是时,天神将天琼矛赐予伊邪那岐命和伊邪那美命,命其使陆地凝固成形。因此,这两位神站在天浮桥上,放下天琼矛搅动海水,当他们提矛时,矛头滴落的海水凝聚成岛。此岛即淤能碁吕岛。

从天上降落到岛上之后,伊邪那岐命问他的妻子伊邪那美命她的身体是什么样的,她回答说:"我的身体是这样的,它有一处没有被填满。"在此之后,伊邪那岐命说:"我的身体是这样的,它有一处多余了。把我身上多余的部位插入你身上需要填充的部位并生出大地来,如何?"伊邪那美命回答说:"那太好了。"继而伊邪那岐命又说:"那么让我们围着天柱转,最后相遇而结合吧。"

其他神的诞生

在造出大地之后,他们又继续生育其他神,如风神、木神、山神和原野之神。但是,伊

---

① 以下原始资料可在《古事记》选段的一个节略译本中找到。Joseph M. Kitagawa, trans., Kojiki, in Wing-Tsit Chan et al., *The Great Asian Religions: An Anthology* (New York: Macmillan, 1969), pp. 231–36.

邪那美命在生出火神之后就去世了。

由于希望与他的妻子再次相会，伊邪那岐命追至黄泉国。当伊邪那美命出来迎接他的时候，伊邪那岐命说："哦，我亲爱的，你我创造的国土还没有完成。因此，你必须与我一起回去。"对此，伊邪那美命回答说："我非常遗憾，你来得太晚了，因为我已经加入黄泉户了。但是，请让我与冥府的神商讨一下我要回家的愿望。然而，你千万不要看我。"因为她走的时间太长了，伊邪那岐命等得实在不耐烦，所以进入冥府的殿内找她，可他发现伊邪那美命浑身爬满了蛆虫。

看到这一切之后，伊邪那岐命感到非常害怕，掉头就跑，他说："因为我去过一个非常可怕和肮脏的地方，所以我必须净身。"这样，他来到河边洗澡并为自己祓除鬼怪。当他洗他的左眼时，太阳女神天照大神诞生了；当他洗右眼时，月神月读命诞生了。最后，当他洗鼻子时，暴风神须佐之男诞生了。

因为对此感到非常高兴，伊邪那岐命解下他的项链并将它赐给天照大神，又赋予她统治高天原的使命。在此之后，他委托月读命统治黑夜的王国。最后，他赋予须佐之男统治海洋的使命。

天照大神与暴风神须佐之男之间的冲突

以下选段出自《日本书纪》第一卷40NN45，它讲述的是天照大神与她的亲人须佐之男之间的斗争。它解释了天照大神崇拜的某些特征。①

在此之后，须佐之男的行为极为恶劣。他干了什么呢？天照大神已确定了御田——天狭田和长田。在春天播种的时候，须佐之男毁坏田界；在秋天，他放开天斑驹，并让它们倒在稻田之中。当他看到天照大神要举办新尝会的时候，他又偷偷在新宫殿中排泄粪便。而且，当他看到天照大神在斋服殿中编织神衣的时候，他将天斑驹剥皮，并在大殿的屋顶上打了一个洞，把这匹天斑驹投入大殿。天照大神大惊失色，机梭伤了她的身体。她为此怒不可遏，径直走入天石窟，关上石门之后，在此幽居。因此，四面都陷入了持久的黑暗中，再也没有日夜的交替。

在此之后，八十万位神仙汇聚在天安河边，并思考他们应以什么方式祈求她的饶恕。思兼神深谋远虑，最终集合起"常世之长鸣鸟"，并命令它们朝彼此发出长长的鸣叫声。而且，他还命令手力雄神站在石门旁。而中臣氏远祖天儿屋命和忌部氏远祖太玉命，则挖出天香山上一棵有五百个分枝的神木。在这棵树上部的枝杈上，他们挂上五百串美丽的八尺琼勾玉。在这棵树中部的枝杈上，他们挂上八咫镜。

在这棵树下部的枝杈上，他们挂上蓝色和白色的柔软的贡品。在此之后，他们一起背诵祈祷文。此外，猿女君氏远祖天钿女命手持"茅缠之稍"，站在天石窟的大门前，技巧娴熟地表演起乐舞谐戏。而且，她拿来天香山的真坂树，并用它制成发鬘，她用萝蔓束起衣袖，

---

① William T. de Bary, ed., *Sources of Japanese Tradition* (New York: Columbia University Press, 1958), pp. 29–31.

点起火来，将木桶翻过来，使其底朝上，并说出受神灵的启发而产生的言语。

现在，天照大神听到了这些话，她说："自从我把自己关在石窟里，丰苇原中国自然应该是持续不断的长夜。天钿女命怎么能如此欢乐呢？"于是，她用她那尊贵的手将石窟的石门打开一条窄缝，向外窥视。此时，手力雄神立即抓住天照大神的手并把她拉出来。中臣神和忌部神立即用绳索把她身后的路挡住了，并恳求她不要再回到石窟中去。

在此之后，所有神仙都责备须佐之男，并命其拿出千台赎罪的物品，最终将其严惩。他们将他的头发连根拔出，让他以此赎罪。

第四部分

起源于中东的宗教

在 21 世纪的黎明，基督教与伊斯兰教的信徒数量比任何其他宗教的信徒数量都要多，世界上几乎有一半的人是这两大宗教的信徒。因此，它们对人类价值观和志趣的影响巨大，关于它们的基本知识是必不可少的。这两个人数众多的传教型宗教都产生于古代中东的社会环境中，这一社会环境首先产生的是琐罗亚斯德教和犹太教。基督教和伊斯兰教正是从这两个宗教中汲取了它们大部分的世界观、伦理观，尤其是它们的世界历史的观念——在这一观念中，世界历史以世界的创造为起始，以末日审判为终结。在 19 世纪，从伊斯兰教中又产生出巴哈伊教。研究这些宗教对于学生真正了解地球上的许多人的过去和未来是必不可少的。

琐罗亚斯德教——基本教义

琐罗亚斯德教是世界上现存的最古老的宗教之一

文献资料指出，琐罗亚斯德于公元前 1400—前 1000 年间创立此教。它是曾统治中东绝大部分地区的古波斯帝国的宗教，并影响了包括基督教和伊斯兰教在内的后来的宗教的发展。

琐罗亚斯德教是一神论的宗教

阿胡拉·马兹达是创造了大地的那位神。阿胡拉·马兹达兼具男性和女性的特征。世界上存在会来帮助人类的天使。

琐罗亚斯德教是二元论的宗教

从阿胡拉·马兹达中产生出两个灵，一个是善的，另一个是恶的。他们自古就存在，并相互关联。世上存在会帮助人类的天使，也存在会伤害人类的恶魔。

人们相信，死后灵魂会在身体里停留四天，之后去往末日审判的地方

行善多作恶少的人的灵魂会进入像天堂一样的花园，恶人的灵魂则在地狱中

受折磨。尸体被放置在一个被称为寂殁塔的建筑物上,它们暴露于风雨之中,在此被老鹰吃净。

由于受到宗教迫害,大多数琐罗亚斯德教徒逃离伊朗

在西方国家,有规模很小的琐罗亚斯德教社团,在印度的孟买大约有10万名琐罗亚斯德教徒。在印度他们被称为帕西人,而且非常富有。人们有些担忧,怕这一宗教会完全消失,因为他们的出生率非常低,而且琐罗亚斯德教并不允许其他教的信徒皈依本教。

犹太教——基本教义

犹太教建立在这样的假定之上:在上帝与犹太人之间有一个圣约

几百年来,已出现了对这一教义的多种解释。《希伯来圣经》中提到,上帝曾向亚伯拉罕和其他族长显现或与他们交谈。它还描述了上帝是如何摧毁犹太人的敌人,并惩罚那些不服从其命令的人的。人们还以政治方式解释这一契约,因为《希伯来圣经》把地中海东岸的土地描述为"应许之地"。

先知是古代以色列的道德代言人

先知经常痛斥包括国王在内的所有阶层的人的邪恶行为,并要求他们遵守圣约的条款。他们还在困难的时期,比如在犹太人被掳往巴比伦的时候,为人们提供希望。

当代犹太教具有一套复杂的禁忌体系

许多禁忌与安息日和饮食规定有关。犹太人在安息日不得工作。对于某些人来说,这意味着即使是点灯这类简单的活动也是被禁止的。饮食规定告诉人们该如何屠宰牲畜,以及人们可以食用何种食物。猪肉和贝类动物是禁止食用的,牛奶和肉类食品不能混在一起食用。可食的食品被称为犹太教洁食。

几个世纪以来犹太人都受到压迫,这种压迫主要来自基督徒

在中世纪的欧洲,犹太人的住处及其所能从事的工作都是受到限制的。有些欧洲国家会驱逐犹太人。许多人为了躲避迫害而移往伊斯兰国家。犹太人在19世纪和20世纪经受了持久的迫害——最糟糕的一次发生在第二次世界大战期间,当时纳粹

屠杀了 300 多万犹太人。在此之后，犹太人发起了寻求自己家园的犹太复国运动。

当代犹太教极其多样化

犹太教正统派是最大的变种。它强调饮食规定和安息日。它要求在犹太教会堂中男女必须分坐。犹太教改革派是最自由的变种。很少有改革派的犹太教徒关注饮食规定。在祭拜仪式中，他们也不要求男女分坐。犹太教保守派就处于这两个极端之间。大多数保守派的犹太教徒都"坚持吃犹太教洁食"。他们关于安息日的限制没有正统派那样严格，而且在祭拜仪式中，他们更广泛地使用希伯来语。除此之外，还存在大量世俗化的犹太人，对于他们来说，犹太教是一个文化性而非宗教性的存在。

基督教——基本教义

基督教建立在对拿撒勒人耶稣这一独特人物的信仰之上，并相信耶稣的死而复活为人类的救赎做好了准备

耶稣的生平故事和教义是四福音书的主题。在福音书中，耶稣被置于公元 1 世纪犹太教的历史背景中。人们将耶稣的事工描述为讲道、治病和牧养的一个结合。耶稣是否将他自己视为一个新宗教的创建者，对此我们还不太清楚。许多基督教的礼仪——其中包括洗礼和主的晚餐——都是基于其传记中的情节。

保罗是早期基督教传教士中最重要的人物之一

保罗在一开始是强烈反对基督教的，并且参与了早期对基督徒的迫害。当他被来自天空的光击倒的时候，他皈依了基督教。他努力把基督教确立为一个独立的宗教，并把它的教义传达给非犹太人。

关于耶稣与三位一体中的其他两位——圣父和圣灵——的关系的本质，存在许多神学解释

这些争论在基督教传统的头几个世纪里特别重要。诺斯替教的教义说，耶稣只是精神性的存在，不过表现为人而已。在公元 2 世纪，马西昂教导人们说，旧约的上帝与福音书中的上帝不一样，福音书中的上帝是耶稣的父亲。在同一时期，孟他努教导人们说，圣灵持续向人类说话，而且人们可在福音书之外发现宗教真理。作为"正

统"出现的立场认为，耶稣既是完全的人，又是完全的神。

公元313年，罗马皇帝君士坦丁大帝使基督教合法化

基督教迅速成为罗马帝国的官方宗教。当罗马帝国在西欧垮台的时候，罗马的主教（或教皇）变得日益重要起来。罗马帝国东部的教会并不接受罗马主教的权威。这一分歧以及其他在礼仪上的分歧导致教会在公元1054年分裂为东正教和罗马天主教。

1517年，马丁·路德发起宗教改革，西方教会分裂，最终催生出数千新教教派

马丁·路德试图净化教会，在他的时代，教会是非常腐败的。他教导人们，《圣经》和理性是唯一的宗教权威的来源，所有基督徒都应阅读和解释《圣经》。他还教导人们，信仰是拯救的唯一来源，礼仪是毫无用处的。他拒绝圣徒崇拜，这种崇拜是罗马天主教和东正教信仰的一个重要组成部分。第二位伟大的改革家是约翰·加尔文，在1534年，他与罗马天主教会决裂。他的教义强调预定论，即在被创造的时候，灵魂就已被决定是进入天堂还是落入地狱。

伊斯兰教——基本教义

伊斯兰教是基于先知穆罕默德的生平和教义的宗教

"伊斯兰"的意思是"服从神"。"安拉"是阿拉伯语中的"神"。犹太教徒和基督徒也崇拜这个神。先知穆罕默德大约生于公元570年。传说在公元610年，他从神那里接受了他的第一个启示，这一神授的过程一直持续到公元632年穆罕默德去世。这些启示一起构成了《古兰经》，穆斯林相信《古兰经》是神的话语。

穆罕默德既是一位先知，又是穆斯林社团的政治领袖

在遭受数年的迫害以后，穆罕默德于公元622年率领穆斯林社团从麦加迁往位于现在沙特阿拉伯境内的麦地那。在以后的8年中，他们与麦加人经常发生激烈的冲突，后者试图摧毁这一新的宗教。穆斯林在公元630年占领了麦加，伊斯兰教迅速发展成为几乎整个阿拉伯地区的宗教。

先知穆罕默德死后，伊斯兰教进入到一个持续到今天的扩张时期

虽然伊斯兰教起源于阿拉伯，但是今天只有少数穆斯林是阿拉伯人。伊朗人并

不是阿拉伯人。大多数穆斯林居住在南亚和东南亚国家。穆斯林最多的国家是印度尼西亚。今天，伊斯兰教正在非洲、欧洲和北美洲发展。

伊斯兰教有许多禁忌

穆斯林禁食猪肉、凶禽、狗肉、驴肉和骡肉，禁酒，禁赌。在斋月期间，从日出到日落，他们必须不吃不喝，远离性行为。

最基本的教派争论发生在逊尼派与什叶派之间

这两个派别的分裂基于一场关系到穆斯林社团之领导权的早期争论。逊尼派认为，应由穆斯林社团来决定领导权归属何人；而什叶派认为，领导权应掌握在伊玛目的手中，这些伊玛目是先知穆罕默德的后裔。自从先知穆罕默德的孙子侯赛因在公元 680 年的卡尔巴拉之战中死去，他们之间的裂隙越来越大，并且经常发生教派之间的暴力冲突。大约 85% 的穆斯林是逊尼派，15% 是什叶派。什叶派集中在伊朗和伊拉克。

穆斯林礼仪最基本的一个方面是五功

第一个功是承认信仰的自白：安拉是唯一的真神，穆罕默德是安拉的使者。其他四功是每日五次礼拜、在斋月期间斋戒、纳课、去麦加朝觐（这是对有财力的人而言）。

巴哈伊教——基本教义

巴哈伊教最开始是伊斯兰教什叶派的一个支派

它是由侯赛因·阿里于公元 1863 年在波斯（伊朗）创立的。在他们的整个历史中，巴哈伊教徒在伊朗一直遭受迫害。巴哈伊这一信仰后来传遍了整个世界，部分是因为巴哈伊教徒的逃难，部分是因为他们的宣教行为。

巴哈伊教徒很快将自己视为一个不同于伊斯兰教的普世宗教

巴哈伊教最基本的教义是，所有宗教同出一源。它教导人们说，启示是一个持续的过程。它认为，过去有许多启示，其中包括佛陀、耶稣和穆罕默德所接受的那些启示，在未来还会有更多的启示。

巴哈伊教强调现代性和社会改良。它谴责一切形式的宗教迫害。它还重视男女平等、宗教与科学之间的和谐、现代教育、社会和经济公平，以及世界和平的确立。

巴哈伊教与伊斯兰教有着相似的礼仪习俗

每天必须做 3 次礼拜。从另一种意义上说，生命整体应该被理解为一场礼拜。每年都有 19 天的斋戒期，在此期间，人们从日出到日落禁食。婚姻必须征得父母双方的同意。

第十章
琐罗亚斯德教

本章目的

- 在本章中,你将学习世界最古老的宗教之一的历史,探索琐罗亚斯德教与吠陀宗教传统之间的关系,理解在琐罗亚斯德教中人的选择的作用,了解印度的琐罗亚斯德教徒(帕西人)在现代印度社会中的角色。

关键词

《伽萨》

阿胡拉·马兹达

苏什扬特

斯潘塔·迈纽

安格拉·迈纽

琐罗亚斯德教大事年表	
公元前 1600 年	琐罗亚斯德诞生（两个具有争论的时间分别是公元前 1400 年和前 628 年）；在他有生之年的基本教义的启示
公元前 600 年	琐罗亚斯德教在伊朗得到发展；首次出现成文的琐罗亚斯德教经文
公元 220—650 年	琐罗亚斯德教的萨珊王朝存在于伊朗
651 年	阿拉伯的穆斯林打败萨珊王朝，穆斯林开始迫害琐罗亚斯德教徒
900 年	向印度的迁徙开始
1381 年	在伊朗，几千名琐罗亚斯德教徒被蒙古入侵者杀害
1640—1720 年	在伊朗和阿富汗，穆斯林继续迫害琐罗亚斯德教徒，并强迫他们皈依伊斯兰教
1878 年	在美国建立了第一个拜火祠
1890—1979 年	在伊朗，对琐罗亚斯德教徒的迫害被解除或得到缓解
1979 年	伊朗革命导致对琐罗亚斯德教徒的迫害日甚一日，迫使他们向印度、欧洲、澳大利亚、新西兰和美国大量移民
2000 年	琐罗亚斯德教可能只在帕西人中继续存在

本章提要

　　琐罗亚斯德教是现存的最古老的宗教之一。它可能有三千年的历史。不同于与它有亲缘关系的基督教和伊斯兰教，今天的琐罗亚斯德教是一个很小的、大约只拥有 25 万名信徒的宗教。尽管如此，因为它对犹太教、基督教和伊斯兰教产生过的重大影响，任何对世界宗教的研究都不能忽略它。学习世界史的学生也应该研究它，因为它曾经是古波斯帝国的宗教——古波斯帝国曾一度控制整个中东地区，并在公元前 5 世纪试图征服希腊的城邦国家。研究哲学的学生则可能对这一宗教的创建者——查拉图斯特拉[①]很感兴趣，他是弗里德里希·尼采的《查拉图斯特拉如是说》一书中的主角。

[①] 这一宗教的创建者的真实名字可能是 Zarathustra。西方作家已将这一名字用拉丁文写成人们更为熟悉的形式——Zoroaster。

10.1　前琐罗亚斯德时期的波斯宗教

琐罗亚斯德教的起源是一个谜团。现存的文献资料在年代和事件上的记叙相互矛盾。自然，关于前琐罗亚斯德时期的波斯人和他们的宗教，我们的记述也不完整。有关这一历史时期的主要文献资料是早期琐罗亚斯德教的《伽萨》（*Gatha*，颂歌）[①]。对这一宗教的信徒来说，《伽萨》就如同犹太教徒的《托拉》。人们将这些颂歌视为先知琐罗亚斯德的话语，而所有保存下来的经典著作都以它们为基础。这些著作贬低波斯人的早期宗教实践，因此，关于这些宗教实践的真实情况很难查明。

在后来成为波斯帝国的这片土地上生存的古代居民普遍被人们称为雅利安人（Aryans，高贵的人）。[②] 一部分雅利安人迁入印度河谷，为印度人民及其宗教奠定了基础。其他雅利安人继续生活在美索不达米亚平原以东的地区，成为波斯帝国的基础。迁往印度的雅利安人和那些留下来的人最开始敬拜的可能是相同的神。

《伽萨》指出，雅利安人敬拜众多自然神祇。印度的吠陀文献也提到其中的许多神。人们普遍将他们称为"迪弗"（*daeva*），而且将他们与太阳、月亮、大地、火和水联系起来。在这一系列迪弗之上是更高的神，如战神因陀罗（Intar）、真理和正义之神阿沙（Asha）以及天神沃胡马纳（Uruwana）。在所有这些神祇中，最受大众欢迎和最重要的神是密特拉（Mithra），他被认为是牲畜的赐予者和保护者、光明之神、忠诚及服从的象征。虽然琐罗亚斯德试图贬低所有其他的神而只抬高一个神，他还是不能在雅利安人的心目中取消密特拉的位置。密特拉在琐罗亚斯德教的审判日作为一位判官重新出现；在印度吠陀文献中，人们将他视为密多罗（Mitra）；在罗马帝国时代，一个以密特拉的神话为基础的宗教在罗马士兵、商人中普及开来，并在帝国的某些地区对基督教构成了威胁。

在本土的自然神以上和之外，人们将一位最高的神看成唯一的真实，他被称为阿胡拉·马兹达（Ahura Mazda，智慧之主）。正如在许多其他基本宗教中的情况一样，

[①]《伽萨》包含在《亚斯那》（*Yasna*）中，后者是琐罗亚斯德教圣经《阿维斯塔》（*Avesta*）的一部分。
[②] 据说现代国家"伊朗"（Iran）的名字实际上是意为"雅利安人的国土"的名字的缩写形式。

一位最高的神祇被承认下来，但是，现实的日常敬拜似乎是围绕不太重要的本地神进行的。琐罗亚斯德的先辈是游牧民族，所以，他们可能将带血的牺牲放在祭坛上来敬拜自然神。他们还喜欢将神圣的豪麻汁用作祭品。其中的原因我们还不太清楚，但有一些人指出，敬拜者可能是为了这种液体的致幻特性才喝它。① 对火和水的崇拜也可能是古代雅利安人的宗教的一部分。

前琐罗亚斯德时期的雅利安人还相信，无论在什么时候，只要宗教实践偏离了真理，被称为苏什扬特（Saoshyant，那带来福乐的人）的先知或改革者就会来恢复宗教的纯洁性。他们相信，在琐罗亚斯德之前，就有一系列恢复纯洁的宗教的苏什扬特，而且有些人将琐罗亚斯德本人视为这些改革者中最后也是最伟大的一位。

10.2 琐罗亚斯德的生平

关于先知琐罗亚斯德生平信息的资料来源有多处。当然其中就有《伽萨》，它披露了他一生的许多事情。除此之外，还有许多古希腊和罗马的权威作家的作品，这些作家对琐罗亚斯德的生平表现出了浓厚的兴趣，像柏拉图、普林尼、普鲁塔克就曾多次提到琐罗亚斯德。据说，柏拉图试图前往波斯，与琐罗亚斯德的祭司一起学习，但是未能成行，因为希腊与波斯之间爆发了战争。在这些原始资料中，有一些资料明显是传说，但是有一些带有真实的印记。

琐罗亚斯德的出生时间是不确定的。古希腊作家们将它置于公元前1000年到前600年之间的不同的时间点上。其他一些作家认为是在亚历山大大帝的时代之前大约300年。对《伽萨》的现代调查表明琐罗亚斯德似乎是生于公元前1400年和

琐罗亚斯德教的祭司与献给阿胡拉·马兹达的圣火。

---

① See Mary Boyce, *A History of Zoroastrianism*, vol. I (Leiden: E. J. Brill, 1975, 1982), pp. 157-60.

前 1000 年之间的某个时间。①

因为传记资料的匮乏，而且许多资料是与传说掺杂在一起的，所以除了生平的大致轮廓，我们很难对琐罗亚斯德有更详细的了解。他的名字查拉图斯特拉·斯皮塔玛（Zarathustra Spitama）暗示，他生于一个与古波斯王室有关系的武士家族。"查拉图斯特拉"这个名字可能意味着"骆驼的拥有者"，一些人取此名以显示他出身游牧家族。关于他早期的生活，我们知之甚少。具有传奇色彩的资料说，一些魔鬼几次试图杀害还是幼儿的琐罗亚斯德，因为它们认定他是一个潜在的敌人。

文献摘选

> 他们大喊大叫着匆忙跑开，这些邪恶的、做坏事的迪弗；他们大喊大叫着匆忙跑开，这些邪恶的、做坏事的迪弗；"让我们在 Aresura 门口会合吧！因为他已经降生了，那神圣的琐罗亚斯德，就在婆鲁沙斯帕（Porushaspa）的家中。我们要如何杀死他呢？他是击倒魔鬼的武器；对魔鬼（Druj）来说，他就是魔鬼！"迪弗的崇拜者们消失了，迪弗制造出来的死物（Nasu）消失了，讲假话的谎言也消失了。②

对这个幼儿的生命的每一个不良企图都被监护他的力量所阻挠。关于琐罗亚斯德的童年我们没有任何其他信息，除了这一事实：在他 15 岁那年，他戴上"库斯提"（kusti）——这是一条神圣的腰带，标志着他已作为宗教一员步入成年。后来，琐罗亚斯德成为教会中的一名祭司。因此，在世界宗教的创始人当中，他是唯一一个接受过训练并成为祭司的人。记载琐罗亚斯德生平的文献资料告诉我们，他有 3 个妻子和 6 个孩子。

在生命中最为关键的那个时期，琐罗亚斯德上下求索，思考那使他困惑的宗教问题的答案。在一条河的岸边，他看到了天使沃胡·马纳（Vohu Mana），后者以一个人的形象向他显现了 9 次。在这一会面中，这位天使告诉琐罗亚斯德，只有一位真神，即阿胡拉·马兹达，琐罗亚斯德要成为他的先知。在以后的 10 年中，琐罗亚斯德又见到了其他异象，在这些异象中，阿胡拉·马兹达的每一位"天使长"都向他显现，并向他揭示更多的真理。他立即开始宣传他的新启示，但是毫无成果。在 10 年的时间里，没有任何一个人皈信这位新先知的启示。他的人民骂他是异教徒和巫师，恶鬼也试图引诱他停止传道。最后，他还是使他的表亲麦德修马赫（Maidhyomah）皈

---

① Mary Boyce, *A History of Zoroastrianism*, vol. I, p. 190.
② James Darmesteter, trans., Zend-Avesta, Vendidad Fargard XIX, 45, 46 in *The Sacred Books of the East*, vol. IV (Oxford: Clarendon Press, 1880), p. 218.

依了他的宗教。

当他和麦德修马赫一起到大夏去拜谒维斯塔斯帕国王（Vishtaspa）时，琐罗亚斯德的人生转折点到来了。琐罗亚斯德试图觐见维斯塔斯帕以说服他信教，但是无论是觐见还是与他对话都很难实现。虽然有关这些事件的历史是混乱的，但是看上去比较确定的是，琐罗亚斯德在维斯塔斯帕的宫廷中逗留了几年之久。在此期间，与他敌对的祭司阴谋陷害他，并将他投入大狱。但最终他使国王皈依了他的新宗教。据一些传说所讲，当时琐罗亚斯德医好了维斯塔斯帕的爱马，这位国王才最终皈依了他的宗教。总之，维斯塔斯帕和他的整个宫廷及王国都成了这位先知的追随者。

在以后的岁月里，琐罗亚斯德教在雅利安人的国土上迅速传播。有时，信教人数的比例会因圣战而迅速上升。在一场与图兰人的战争中，琐罗亚斯德居住的城市受到了侵略。一位敌军的士兵在拜火祠中发现了这位正在看管圣火的 77 岁的老先知，并将其杀死。

10.3 琐罗亚斯德的教义

神的本性

与琐罗亚斯德的生平一样，他的原始教义也是模糊不清的：原始资料年代久远，混乱不堪。而在漫长的岁月里，人们可能将其他教义和传奇故事掺入了这位先知的原始教义之中，这使问题变得更为复杂。然而，琐罗亚斯德的核心教义似乎是清晰的：世间只有一位真神，他的名字是阿胡拉·马兹达。

> **文献摘选**
>
> 主啊！我问您这个问题，请您如实告诉我！是谁使我们脚下的大地坚如磐石，是谁使天空悬在头上而不下落？是谁创造的河流与树木？是谁使风和云迅速地流动呢？啊！马兹达，谁是善良意念的奠基人？
>
> 主啊！我问您这个问题，请您如实告诉我！是谁仁爱善良，创造了光明和黑暗？是谁仁爱善良，创造了睡眠与觉醒？是谁规定了早晨、中午和晚上，以提醒明智者尽其职责呢？[①]

[①] L. J. Mills, trans., Yasna 44:4, 5 in *The Sacred Books of the East*, vol. XXXI (Oxford: Clarendon Press, 1887), pp. 113, 114.

从这一点出发，琐罗亚斯德开始创建和宣传他的宗教。他的人民在过去崇拜的所有那些自然神（迪弗），他们曾为之献上牺牲的那些神，全部被宣布为伪神。在当时，琐罗亚斯德的一神教应当是极具革命性的。在他之前，相信只有一位神的人，少之又少。据说，可能生活在公元前13世纪的摩西曾教导以色列人说，不可将其他神置于耶和华（YHWH）之前（我们将在下一章——犹太教中讨论这一问题），但是他从来没有否定过其他神的存在。琐罗亚斯德的这样一个断言——只有一位神——是如此具有争议就不足为奇了。

琐罗亚斯德教中的真神——阿胡拉·马兹达，与雅利安人几百年来崇拜的至高神是同一位神。琐罗亚斯德仅仅是宣布了他就是唯一的神。"阿胡拉"——"主"这一名字指一个创造并统治宇宙的神。"马兹达"这一名字的意思是"完全的智慧"。因此，阿胡拉·马兹达通常被译为"智慧之主"。在琐罗亚斯德教的经典中，这个神还有其他20个称呼：解答问题者、畜群的给予者、强壮者、完美的神、善解人意者、保佑赐福者、不可征服者、治病者、创造者，等等。[①] 人们将阿胡拉·马兹达视为不可见的、不可捉摸的宇宙的创造者和统治者。

在琐罗亚斯德的理解中，阿胡拉·马兹达通过6种样式的媒介——六大从神（Amesha-Spenta，通常被译为"神圣的不朽者"）向人类展现自己。西方的学者倾向于将这6种样式与基督教神学中的天使长或某些次级神祇的形式视作等同的。然而，这种类比是不准确的。这6个形象事实上是阿胡拉·马兹达的6个突出的属性。因为人们不能正确理解这位神的性质，所以阿胡拉·马兹达作为他的全部性质中的一个方面来到他们中间。其中3位神圣的不朽者具有男性的姓名和男性的品性，其他3位则具有女性的姓名和女性的品性。这样，阿胡拉·马兹达的全部性质就是一个阳性与阴性的平衡。属于男性或父亲形象的3位不朽者是阿沙（Asha，关于神的法则的知识和法则本身）、沃胡·马纳（善意）和赫沙特拉（Kshathra，仁政）。3位女性不朽者是阿尔迈蒂（Armaiti，虔敬）、胡尔瓦塔特（Haurvatat，完整或完美）和阿梅雷塔特（Ameretat，不朽）。虔诚的琐罗亚斯德教徒会祈求这6位不朽的圣者到自己家中保佑自己。

除了表达阿胡拉·马兹达的全部性质之各个方面的六大从神，服事他的其他存在也会帮助人类。如果这6位不朽者是琐罗亚斯德教的天使长，那么多样的亚扎塔（Yazata，那值得崇拜的）便是围绕神之宝座的众多天使。他们的数量是无限的，但

[①] James Darmesteter, trans., Ormazd Yast 7, 8, in *The Sacred Books of the East*, vol. XXIII (Oxford: Clarendon Press, 1883), pp. 24, 25.

在琐罗亚斯德教的文献中只提到大约40位亚扎塔，经常提到的只有3位。这3位天使分别是斯鲁沙（Sraosha），他是服从神的法则的人类的守护者；他的姐妹阿希（Ashi Vanguhi），她是善行的奖赏者，也是以女性形象出现的斯鲁沙；永远受人敬仰的密特拉（Mithra），他是这些天使中最强大的，而且是士兵的完美典型。

邪恶之神

琐罗亚斯德对世界宗教最伟大的贡献可能就是在关于恶的问题上。世界上充满了善和恶。将世界中的善归于创造世界的善神是非常容易的，但是，谁为恶负责呢？如果创造世界的神为世界的恶负责，那么他的善和正义又何在呢？许多宗教内部都有黑暗力量和魔鬼的存在，但只有琐罗亚斯德对世界之恶背后的力量进行了系统化的处理，并描述了它们的大致轮廓。

人们经常把琐罗亚斯德教称为二元论的宗教，即这样一种宗教，它看到两种为控制宇宙而相互竞争的最高力量。对琐罗亚斯德教的通常解释是，它承认一位善神及其天使，它们对发生在世界上的善负责；它也承认一位恶神及其魔鬼，它们为世界上所有的恶负责。但如果这是琐罗亚斯德对宇宙的理解，他就不会宣扬一神论，而会宣扬二元论。同理，人们就能说，因为基督教承认撒旦这个形象，所以它也不是一神论的。而在琐罗亚斯德的教义中，情况不是这样。根据他的观点，从阿胡拉·马兹达中产生出两个灵：一位是斯潘塔·迈纽（Spenta Mainyu），它是善灵；另一位是安格拉·迈纽（Angra Mainyu），它是恶灵。自太初之始，这两个灵就同时存在。

> **文献摘选**
>
> 这两个最初的灵，它们在人们的眼中将自己展现为一对双胞胎，它们是思想、言论和行动中的善和恶。在这两者之间，明智的人选择善，愚蠢的人选择恶。
>
> 当这对孪生的灵在太初之始聚在一起时，它们就确立了生命和非生命；到最后，最坏的存在会跌落追随谎言和假象的恶神之地，但最好的存在则抵达遵从正义的善神那里。①

这两个灵并不独立存在，而是相互联系，并在阿胡拉·马兹达这一统一体中聚在一起。在这种意义上，它们非常类似于道教的阴和阳。双方都不可能不受对方的影响，每一方都与对方相联系。在最准确的意义上，琐罗亚斯德教仍然是一个一神教，

---

① Yasna 30：3, 4.

阿胡拉·马兹达控制着善恶两种力量。

安格拉·迈纽还有一些其他的名字。有时，人们将它称为阿赫里曼（Ahriman），有时将它称为撒旦（Shaitan 或 Satan）。它身边围绕着许多魔鬼并受它们教唆，而这些魔鬼则贯彻它的命令，诱惑并折磨人类。琐罗亚斯德教可能是第一个发展出完整的魔鬼系统的宗教。前琐罗亚斯德教的雅利安人所信奉的迪弗都逐渐被确认为是安格拉·迈纽军团中的恶魔。在这些恶魔中，人们最常提到的一个是阿埃什马（Aeshma），它是暴怒魔鬼。① 阿埃什马的地位仅次于安格拉·迈纽，它在大地上蔓延肆虐，污染大地，散播疾病和死亡。

人类的本性

琐罗亚斯德认为，在世界上，善恶两种力量相互斗争，人类与这两种力量中的任何一种力量合作，在这场斗争中扮演一个角色。对琐罗亚斯德来说，男人和女人出生之时处在一种纯洁无罪的状态中，而且可以选择为善或作恶。他们的生活和最终命运取决于他们对自由意志的行使和运用。如果愿意，一个人可以服事邪恶的力量——他们可以一起撒谎、怨恨、腐败或干任何其他邪恶的事情。但是，他们也可以选择做能够改良世界的善事。这些行为的选择完全取决于个人。在这方面，琐罗亚斯德教与关于人类行为的各种决定论观点明显不同。一些宗教认为是神控制着人做出选择，也有一些宗教认为人类的行为是由经济或社会因素决定的。与这些论述人性的哲学不同，琐罗亚斯德教教导人们，所有人确实可自由决定自己行善还是作恶，并因此被认为对这些选择负有责任。

> **文献摘选**
>
> 在你选择走两条路中的哪条路之前，请你侧耳细听我宣告的最高真理，以明智的心灵谨慎地掂量它们——每个人为自己的道路做出决定；在伟大的新时代宣布到来之前，打起精神来传播阿胡拉的教诲吧。②

通过运用被赋予的理性，人类是可以选择正确的道路，并真正实现这一生的完满的。因此，像印度教中的那种拥有多次生命的结构体系对于琐罗亚斯德教来说是不必要的。

---

① 一些学者已经指出，阿埃什马就是恶魔阿斯摩太（Asmodeus），他折磨撒拉（《多俾亚传》的女主人公），杀死了她的7位新郎。

② Yasna 30：2.

> **文献摘选**
>
> 在世间的有生之年，热情燃烧的、勤恳劳作的热诚的灵魂可获得生命的完满。①

因此我们看到，琐罗亚斯德教比任何其他宗教都更为强调道德行为。因为人有选择的自由，所以道德行为才是可能的；而道德行为是重要的，是因为它决定着人的终极命运。

人类的命运

人有选择的自由，所以他们必须为自己的选择负责。每一个行为，无论是善还是恶，都必有其结果。因此，琐罗亚斯德教认为，在此生中有一种因果报应的法则在发挥作用。印度教中的所谓业报轮回，圣保罗所说的"种下什么，就收获什么"②在琐罗亚斯德教中也同样得到宣传。"恶有恶报，善有善报。"③

> **文献摘选**
>
> 谎言和虚假使人遭受长期的惩罚，真诚和善良使人享受完美高贵的生活。④

琐罗亚斯德对西方宗教的另一个贡献是其系统的末世论信仰（关于世界末日的信仰）。在琐罗亚斯德教之前的一些宗教中，人们有时会为死后的生活做精心的准备，古埃及人就是如此。然而，在大多数宗教中，人们都简单地假定，死亡之后，生命实质上也就结束了。例如，大流放（在公元前586年之前）时期之前的古希伯来人就相信，人死后在一段时间里居住在被称为"示阿勒"的王国中，然后逐渐化为乌有。或许到这一历史时期，琐罗亚斯德那生活在印度的雅利安同族已经开始考虑再生了，但是对这一问题我们并不清楚。琐罗亚斯德与他的追随者逐渐形成了一种与其自由选择和完全责任的神学观点相一致的完整的末世论。

根据琐罗亚斯德教的观点，一个人死后，灵魂会在身上滞留三天，反省其一生的作为。第四天，灵魂奔向审判处，密特拉根据这个人一生的所作所为来审判这个灵魂。密特拉在一座天平上称量这些或善或恶的行为的分量。如果一个人的一生中恶行居多的话，这个人的灵魂就将被判决堕入地狱；但是，如果天平稍微倾斜向善

---

① Yasna 51：12.
② 《加拉太书》6：7。（《圣经》经文均来自《圣经和合本》。）
③ Yasna 43：5。
④ Yasna 30：11。

的话，这个人的灵魂会上天堂。这个灵魂在去往天堂的路上将跨过钦瓦特桥（Chinvat Bridge），它是一座宽阔平坦的桥梁。美丽的仙女会迎接这个亡灵，将它护送到天堂。琐罗亚斯德教的天堂是一个美丽、光明、馥郁芬芳的地方，那里居住着高尚的灵魂，他们曾在世间渡过了符合琐罗亚斯德教的伦理道德的一生。

对恶行恶念居多的人来说，钦瓦特桥就完全不同了。一旦这个人的灵魂被判决，这座桥的边缘就将竖起来，变得像刀锋一样难以行进，这个灵魂就要被迫离开这座桥。而且，这个灵魂还要受到一位老巫婆的折磨，最终从桥上跌入地狱。琐罗亚斯德教的地狱是所有地狱中最可怕的地狱之一。创作于公元226至641年之间的《阿尔达·威拉福的幻象》（*Vision of Arda Viraf*）这部作品生动地描述了这一地狱的样貌。在这部作品中，主人公被允许漫游天堂和地狱，并观看居住于其中的居民的欢乐以及悲惨生活。

文献摘选

我看到地狱欲壑难填的狭口：一个最可怕的地狱。沿着一个非常狭窄、令人恐怖的缝隙一路往下，在伸手不见五指的黑暗中我不得不摸索前行。在其中散发着一股恶臭，所有从鼻孔吸入这种空气的人都奋力挣扎，跌跌撞撞，摔倒在地。处在这样一种困境中，生存似乎是不可能的。每个人都认为"我是孤单一人"；三天过后，每个人都以为过去了九千年，那时，时间即将停止，身体即将复活。他可能会想："九千年过去了，我却还没被解救。"在此地，即使是危害较小的生物也高大如山，这些生物残酷地撕咬、捕捉、折磨邪恶的灵魂，就如对猪狗的灵魂一般。但是，我在服从和思虑之神的指导下轻而易举地从这里通过。

我看到一个人的灵魂，一条蛇像一束光似的进入他的肛门，又从他的嘴里钻出来。其他许多条蛇缠住他的四肢。我问："这具身体到底犯了什么罪，以致其灵魂要遭受如此严厉的惩罚？"我被知之："这个灵魂的主人在世界上犯了鸡奸罪。"

我还看到一位妇女的灵魂，他们往她的嘴里一杯接一杯地灌男人的尿液。我问："这具身体又犯了什么罪以致其灵魂如此遭罪？"他们回答说："她不遵守戒律，这个邪恶的女人在月经期接近水火。"我还看到一位男人的灵魂，他的头皮被剥掉了……他在世上杀害了一位虔敬的人。我又看到一个人的灵魂，他们不断地往他的口中灌女人的经血，与此同时他正在烹煮自己的孩子并吃孩子的肉……我被告知："在尘世上，这个邪恶的人曾与一位行经的妇女发生关系。"①

---

① Joseph Campbell, *The Masks of God: Occidental Mythology* (New York: Viking, 1964), pp. 198, 199.

到这里还没有停止，接下来还有各种恐怖的场景。琐罗亚斯德教的地狱里似乎充满了各类破坏洁净与不洁净的律法、并受到相应惩罚的男女，这里还有各类破坏琐罗亚斯德教之性禁忌的男女，他们所接受的惩罚尤为可怕。

在琐罗亚斯德教的信仰系统中，死者的灵魂住在天堂或地狱中，直到时间终结。时间的循环往复在未来某个特定的点上终止，世界将达到它的最终的完善——就如同阿胡拉·马兹达在创造世界时所确立的那样。他将消除安格拉·迈纽的恶行的每一处痕迹。地狱里的灵魂将被带上来接受净化，加入到正直之人的复活的灵魂之列。之后，世界将进入一个没有过去的邪恶和苦难的崭新的循环。苏什扬特将重建世界；在这一重建的世界中，没有任何人会衰老。安格拉·迈纽和他的魔鬼将永远被消灭，阿胡拉·马兹达的意志将统治一切。

琐罗亚斯德教的伦理学

因为琐罗亚斯德教神学的本质是人在此生中有在善和恶之间进行选择的自由，并要在死后为他们的选择负责，人们可能期望琐罗亚斯德教徒有一套冗长而又复杂的伦理学规约。实际上情况也确实如此。作为单个个体的琐罗亚斯德教徒无论是在古代世界还是在现代世界，都因他们的高道德标准而长久为世人所称道。[1]

琐罗亚斯德教的绝大部分伦理学和崇拜建立在对土、火、水、气诸要素的神圣本质的理解的基础之上。无论什么，只要侵犯或玷污了这些神圣要素，就都是邪恶的。因此，在琐罗亚斯德教的地狱中，那些用他们的粪便污染大地或水源的人都要受到非常严厉的惩罚。我们可在琐罗亚斯德教徒的一生中一再看到对这些要素的关注。

琐罗亚斯德还宣传对"善思"（*Humata*）、"善言"（*Hukhta*）和"善行"（*Hvarshta*）的关注。有一篇祈祷文是这样的：

> **文献摘选**
>
> 从今以后，让我坚定不移地拥护当被好好思的善思、当被好好讲的善言和当被好好行的善行。[2]

在这些较为普遍的关注的基础之上，是琐罗亚斯德教为追求正义而制定的各种具体要求。这里的正义表现在诚实、贞洁、公正、有同情心这些品质之上，也表现

---

[1] 《希伯来圣经》中曾提到"波斯和玛代人的永不更改的律"（《以斯帖记》1:19），对波斯人的可靠表示了赞赏。
[2] Sir Rustom Masani, *Zoroastrianism: The Religion of the Good Life* (New York: Macmillan, 1968), p. 78.

在关注土地和家畜、从事慈善和教育事业、服事他人这些行为之上。古代波斯人就因这些美德而为希腊历史学家所知晓，他们的诚实尤其为人所称道。在大多数当代琐罗亚斯德教徒生活的现代印度社会，他们还因纯洁的生活、作为商人的诚实和对子女教育的关注而为人所知。

琐罗亚斯德教的崇拜

前琐罗亚斯德教的雅利安人的崇拜严重依赖对各种神祇的血祭，但是琐罗亚斯德彻底地改变了这些祭拜模式。琐罗亚斯德教的崇拜主要包括向阿胡拉·马兹达的祈祷，祈祷阿胡拉·马兹达帮助人们过正当的生活，并远离诱惑。目前存在的唯一祭拜仪式是向火祠中的圣火添加檀香木。这些圣火在火祠中恒久地燃烧着，它们由受过特殊训练的祭司照管，这些祭司戴着面罩，以免自己呼出的气息玷污了圣火。在一年中的某些场合，琐罗亚斯德教徒要拜谒火祠，献上一捆檀香木，并接受圣火的余灰。

除了这些敬拜形式，在通常要举行通过仪式的那些生命转折点到来时，琐罗亚斯德教的教徒也要举行宗教典礼，如伴随小孩出生而举办的仪式。琐罗亚斯德教的经文对小孩出生时家庭和母亲的清洁状况做出了明确的规定。

在特定的年龄（在印度是 7 岁，在伊朗是 10 岁），人们将一件神圣的衬衫（*sadre*）和一条神圣的腰带（*kusti*）授予琐罗亚斯德教的男孩和女孩，将他们接纳到宗教团体中来。除了洗澡时，他们一生都佩戴这两件圣物。作为祈祷的一种形式，那条神圣的腰带每天至少必须被解开并系上 5 次。这条神圣的腰带由 72 根细线组成，它代表琐罗亚斯德教经典《亚斯那》的 72 章。

当然，在生命的其他重要转折点，比如在结婚、进入洁净期，以及那些选择当祭司的人接受圣职的时候，人们也会举行相应的仪式。然而，最特殊的仪式是死亡时举行的仪式。如果人们相信土、火、水和气是生命中最神圣的要素，如果人们相信尸体是所有东西中最污秽的，人们又将如何处理死人呢？死尸既不能掩埋，以免污染土地；又不能火化，以免污染圣火；也不能葬入大海，以免污染水源。琐罗亚斯德教针对这一问题给出的答案已受到人们的广泛关注。

当一位琐罗亚斯德教徒去世时，人们将他的尸体清洗干净，给他穿上一套干净的衣服，将去世者的圣腰带缠在他的身上。在举行一套洁净仪式后，抬死尸的人将尸体抬出房间。抬死尸的人与送葬的人将死者的遗体抬到一个叫寂殁塔（*dakhma*）的圈形建筑里。这里看上去有点像一个小型的美国足球场。它是一个露天的圆形结构。在寂殁塔中有不封闭的分区，中间有一口枯井。人们将遗体放在一个分区之中，

传统上,琐罗亚斯德教徒死后被安置在寂殁塔之中。因为琐罗亚斯德教徒认为,尸体会污染圣洁的土壤、水、火,寂殁塔是可以接受的处置尸体的方式。

或将他的衣服脱去,或将他的衣服撕开。送葬的人随后离开现场,过不了一会秃鹰就落到这具尸体上啄食尸身。在一个频繁发生死亡的地区,经常有一大群秃鹰待在寂殁塔附近,30分钟内,它们就能把一具遗体的肉啄食得一干二净。经过一段时间,尸骨被太阳晒干,它们就被水冲入寂殁塔中心的枯井之中。这样,琐罗亚斯德教徒的遗体就以这种不污染土地、火和水的方式被处理掉了。

以尸体喂苍鹰和猛兽的原则似乎从很早的时候起就存在于琐罗亚斯德教徒的生活里了。《赞德-阿维斯塔》(*Zend-Avesta*)规定了以下程序:

文献摘选

> 两位强壮敏捷的人更换了他们的衣服,将遗体从泥土或石头上抬起来,或抬出土坯房,将其放在那些食尸体的野狗和苍鹰经常出没的地方。①

当村社很小、死人很少、寂殁塔周围没有大量苍鹰时,琐罗亚斯德教对死尸的处理就遇到了问题。在某些地方,非琐罗亚斯德教徒的主流群体会对这种处理死尸的做法提出抗议。在这种情况下,人们可以把遗体埋在衬铅的石棺里以免污染土地。

---

① Endidad Fargard, VIII, II, 10.

现代的琐罗亚斯德教徒有时住在城里，用尸体喂野兽和苍鹰的做法也会遭到人们反对。这促使他们考虑其他方法，如用电热进行火葬。这种方式不会污染火。另一种方法是将尸体埋在一口完全封闭的棺材里，杜绝污染土壤的机会。

10.4 琐罗亚斯德教的历史发展

显然，到公元前 6 世纪，琐罗亚斯德教就已经被确立为波斯人的宗教。因此它是居鲁士大帝创建玛代波斯帝国，并于公元前 558 年至前 530 年之间统治该帝国时所信仰的宗教。《希伯来圣经》提到居鲁士，称他为公元前 538 年把犹太人从巴比伦之囚中解放出来的解放者。然而，琐罗亚斯德教的原始资料并没有提到居鲁士或他的同时代人。关于波斯帝国所信仰的宗教的最早资料出自大流士时代（公元前 521—前 486 年）的石刻。虽然它们证明那个时代的人崇拜阿胡拉·马兹达，但却没有提到琐罗亚斯德。

> **文献摘选**
>
> 阿胡拉·马兹达是一位伟大的神，他创造出了世人有目共睹的杰出作品，他为人类创造了幸福，并将智慧与活力授予大流士国王。
>
> 大流士国王说：凭借阿胡拉·马兹达的恩惠和帮助，我成为这样一种人——我拥护正确，反对错误；我既不想让强者欺负弱者，也不想让弱者欺负强者。
>
> 正确的东西就是我的欲求。我绝不与谎言的追随者为友。我也不是一个脾气急躁的人。在我的怒气中膨胀起来的那些东西，我能凭借我的意志力牢牢地压制住。我对自身（冲动）的控制十分牢固。[①]

琐罗亚斯德教对波斯人以外的人民和宗教的影响也是一个值得思考的问题。许多古希腊和古罗马作家明显醉心于琐罗亚斯德和他的思想，他们在许多作品中都对他有所描述。然而，公元前 5 世纪的波斯皇帝虽然多次试图征服希腊，但都以失败告终。因此，波斯人在希腊地区的影响相对微弱。波斯人的确征服并控制中东达两个世纪之久，它对那里的人民的影响是非常大的。公元前 538 年居鲁士征服巴比伦时，犹太人正被囚禁于此，现在他们来到了波斯人的控制之下。根据《希伯来圣经》，

---

① Jack Finegan, *The Archaeology of World Religions* (Princeton, NJ: Princeton University Press, 1952), p. 95.

居鲁士允许被囚禁的犹太人回到耶路撒冷。① 当然，只有少数犹太人回到了耶路撒冷，大多数人仍旧留在美索不达米亚，并成为那里的文化的一部分。如果《以斯帖记》的记录无误，有一位犹太妇女甚至成了波斯国王的妻子。

那么在这一历史时期，琐罗亚斯德教到底对犹太教有多大影响呢？我们无法做出肯定的回答。然而，在公元前586年流放之前到公元前538年流放之后的这段时间里，犹太教神学中出现了某些变化。反映公元前586年之前的历史时期的经书中并没有撒旦的形象。然而，在流放之后写的这些文献中，出现过四次撒旦。② 在《旧约》与《新约》之间的文献（intertestamental literature）中，撒旦和他的魔鬼经常被提到；在《新约》的文献中，他们被认为是生命的一个常规的部分。③ 耶稣刚刚开始公开传道的时候就遇到了撒旦，他的大部分布道都是用来驱除恶魔的。流放之前的经书中并没有提到肉身复活，也很少关注死后在天堂或地狱里的生活，也没有提到上帝要将世界带到末日的计划，只是偶尔提到过天使，也没有一字提到过末日审判。所有这些主题——它们是琐罗亚斯德教教义的一部分——都是在流放之后在犹太教中得到发展的，到了耶稣的时代，每一个主题都成了这一宗教的一个重要组成部分。

早期的基督徒将这些内容纳入他们的宗教之中。在以后的岁月里，正是犹太教和基督教的末世论最深刻地影响了先知穆罕默德；末日审判、复活、天堂、地狱、撒旦、魔鬼和天使都成了伊斯兰教的重要组成部分。可能所有这些主要宗教都是从琐罗亚斯德教中汲取了它们的末世论观念。

亚历山大大帝于公元前4世纪征服了波斯帝国。在接下来的时间里，琐罗亚斯德教开始衰落。整个波斯帝国的文化都受到无所不在的希腊文化的入侵。在罗马帝国时期，琐罗亚斯德教也是处在沉寂状态。在这一历史时期，似乎还在活跃着的就只剩下了密特拉崇拜。罗马帝国在公元1世纪接触到了密特拉信仰。密特拉，这位光明和服从之神，对罗马士兵尤其具有吸引力，因此密特拉崇拜在整个地中海地区被确立起来。密特拉崇拜在当时变得非常普遍，以致一些人认为它是早期基督教的主要对手。然而，当基督教被宣布为罗马帝国的官方宗教时，密特拉教

---

① 《历代志下》36：22，23；《以斯拉记》1：2—4。
② 《历代志上》21：1，《约伯记》，《撒迦利亚书》3，《诗篇》109。
③ 所谓《旧约》与《新约》之间的文献是由从《希伯来圣经》的编纂过程结束（大约公元前400年）到基督教《新约》的编纂过程开始（大约公元50年）之间所撰写的书籍构成的。当中许多书籍是用经文的形式撰写的，而且是非常流行的。但是，由于各种原因，它们既没有被收入《希伯来圣经》，也没有被收入基督教《圣经》。

受到了压制。

在公元 3 世纪波斯萨珊王朝统治的时期，琐罗亚斯德教再度复兴。这些统治者确立了对琐罗亚斯德教的官方支持和资助，并派人将古代经典翻译成当时的语言。

> **宗教与暴力**
>
> 琐罗亚斯德教持续繁荣兴旺至公元 7 世纪。这时，伊斯兰教产生于沙漠地区并传播至波斯南部。到公元 642 年，穆斯林战士通过三次重大的战役打垮了萨珊帝国。一开始，穆斯林容忍了琐罗亚斯德教徒。但后者毕竟是一群只有一部经书且只崇拜一个神的民族。到公元 9 世纪，穆斯林对琐罗亚斯德教徒的迫害甚烈，以至于大多数琐罗亚斯德教徒都被迫皈依了伊斯兰教或逃离了这个国家。那些选择逃离的人沿着他们古老的雅利安同族走过的道路来到印度。

在印度，琐罗亚斯德教徒得到了占主流的印度教徒的宽容，并被人们称为帕西人（Parsi，来自波斯的人）。在 19 世纪英国人到达印度之前，他们在印度一直是一个微不足道的少数群体。因为帕西人不受种姓制度或复杂的饮食禁忌的拖累，而且重视教育，他们很快就成了英国人喜欢的人群。作为在英属印度受宠的一个结果，现代帕西人团体在教育、商业和金融这类领域居领先地位，这与他们作为少数群体的现实情况形成鲜明对比。

10.5 琐罗亚斯德教的节日

在琐罗亚斯德教的历史上存在过多部神圣历法。目前的历法包含 12 个月，每个月有 30 天。一年的起点在阳历的 2 月份或 3 月份，每年另增加 5 天以与太阳历相符。

每月的节期

在琐罗亚斯德教年的每一个月都有固定的节日（*Jasan*）。日名与当月月名相同的那天是节日。这一节日是为了向掌管这个月的从神或亚扎塔表示尊崇。这些节日中的最受大众欢迎的是法尔瓦尔丁节（*Farvardin Jasan*），人们在第一个月的第 19 天庆祝这个节日。琐罗亚斯德教徒在寂殁塔的地面上敬拜法尔瓦尔丁，人们相信他管理着已经去世的祖先的灵魂。在这 10 天里，人们相信死者的灵魂会造访他们的后裔。

新 年

人们在每年的元月（法尔瓦尔丁月）一日庆祝新年（Noruz，诺鲁孜节）。琐罗亚斯德教徒相信这一天是有好运的一天。人们以一场欢乐的节会庆祝这一节日，来见证大地回春时的万物复苏。

在法尔瓦尔丁月还有庆祝查拉图斯特拉诞辰的活动，它在这个月的第 6 天举行。人们在琐罗亚斯德教历的第 10 个月中的第 11 天纪念查拉图斯特拉的忌辰。

季节性节日

除了上述节日，琐罗亚斯德教徒还庆祝被称为伽罕巴尔（Gahambar）的 6 个节日，这些节日分散在全年。其中每一个节日都持续 5 天，并与创造的某一方面相关。这些伽罕巴尔节是分别献给天空、江河、大地、植物、动物和人类的创造的。

万灵节

万灵节（Muktad）类似于法尔瓦尔丁节，因为它也是纪念已故祖先的节日。在万灵节期间，人们相信死者的灵魂要回到他们的家人之中，家人们会接待这些亡灵。在每一个家庭中，人们都搭建起一个平台，在这个平台上，人们为祖先摆放净水、水果和鲜花。他们还点燃特制的灯和檀香木以欢迎客人。人们还烹制其他食品并将其摆放在这座平台的附近，以让回家的祖先的灵魂享用。

10.6 今天的琐罗亚斯德教

印度的帕西人社团很小，但却比较繁荣。他们可能有 10 万人，大多数居住在孟买。它的成员在许多领域都居于领导地位，并受到人们的重视。然而，帕西人的出生率低于印度其他人口的出生率，而且由于琐罗亚斯德教不允许其他民族和宗教的人改信本教，所以它也不是一个处在发展中的宗教。在世界其他地区也能找到帕西人，其中包括北美。估计全世界琐罗亚斯德教徒的总人口有 25 万。

> **宗教与暴力**
>
> 琐罗亚斯德教是现代世界最小的宗教之一。在伊朗大概仍有 1.1 万名琐罗亚斯德教徒。什叶派穆斯林——他们在伊朗是多数——总是以怀疑的眼光看待他们。穆斯林称留在伊朗的琐罗亚斯德教徒为"伽巴尔人"（Gabar，不信教者）。1979 年伊斯兰共和国在伊朗建立之后，他们的处境愈加艰难。伊朗国王被推翻，国家处在霍梅尼严格的伊斯兰律法的统治下。从那时起，包括琐罗亚斯德教徒和巴哈伊教徒在内的非穆斯林都屡受迫害。

对许多琐罗亚斯德教徒来说，社团的狭小规模和人数的日减是一个引起他们极大关注的问题。大多数伊朗人口（指琐罗亚斯德教徒——译者注）的迁徙流散使许多人担忧这一宗教会很快消失。琐罗亚斯德教的领导人非常强烈地谴责琐罗亚斯德教徒与其他宗教的信徒通婚，但是这已经越来越常见，尤其是在欧洲和北美的狭小社团之中更是这样。他们将其视为通向灭绝的道路。在这方面，琐罗亚斯德教徒的观点类似于许多正统犹太教徒的观点。在几十年之内，孟买的帕西人可能会成为唯一存活的琐罗亚斯德教徒。

需要研究的问题

1. 琐罗亚斯德教被称为二元论。这意味着什么？将琐罗亚斯德教的二元论与犹太教或伊斯兰教的一神论进行对比。
2. 琐罗亚斯德教对西方宗教的伟大贡献之一是它的末世论信仰。说明琐罗亚斯德教的末世论对犹太教、基督教和伊斯兰教的影响。
3. 琐罗亚斯德教的死后生活的图景是如何影响这一宗教的伦理学教义的？
4. 探讨为何琐罗亚斯德教徒拒绝掩埋或焚烧死尸。
5. 比较琐罗亚斯德教徒在伊朗和印度的地位。

参考书目

1. Boyce, Mary. *A History of Zoroastrianism*, 2 vols. Leiden: E. J. Brill, 1975, 1982.
2. Karaka, Dosabhai. *History of the Parsis: Including Their Manners, Customs, Religion, and Present Position*. 2 vols. Mumbai: Adamant Media Corporation, 2000.
3. Duchesne-Guillemin, Jacques. *Symbols and Values in Zoroastrianism*. New York: Harper & Row, 1966.
4. Masani, Sir Rustom. *Zoroastrianism: The Religion of the Good Life*. New York: Macmillan, 1968.
5. Vermaseren, M. J. *Mithras, The Secret God*. Translated by Therese and Vincent Megaw. New York: Barnes & Noble, 1963.
6. Zaehner, R. C. *The Dawn and Twilight of Zoroastrianism*. New York: Putnam, 1961.

原始资料

琐罗亚斯德教的末世论

琐罗亚斯德教对世界宗教的主要贡献之一是它的末世论。琐罗亚斯德教徒对死后灵魂审判、死后在天堂或地狱里的生活和世界末日的理解与犹太教、基督教和伊斯兰教的末世论相似。以下取自琐罗亚斯德教原始文献的资料说明了其中的一些观念。①

通向地狱的道路

请你不要信赖生命,因为死亡最终必定会征服你;狗和鸟将撕裂你的尸体,你的遗骨将在土地上翻滚。灵魂三天三夜坐在遗体的枕边。在第四天的黎明,神圣的斯鲁什(Srosh)、善神瓦伊(Vay)和强大的瓦赫拉姆(Vahram)陪伴这一灵魂到达又高又可怕的钦瓦特桥,一路上前有死亡魔鬼阿斯特维哈特(Astvihat)、恶魔佛雷兹士特(Frehzisht)、威兹士特(Vizisht)的堵截阻挡,后有手持带血长矛的作恶者——沃拉特(Wrath)的恶意追击,每一个灵魂得到拯救的人和每一位灵魂受到责罚的人都必须来到这座桥前。这里有许多敌人等待着他们。在此,这个灵魂将因挥舞带血的长矛的沃拉特的恶意而受苦,因毫不知足地吞吃掉一切生灵的阿斯特维哈特而受苦,他将因希尔(Hihr)、斯鲁什和拉申(Rashn)的治疗而获益,而且他必须让自己的行为受到正直的拉申的称量。这位拉申不让神灵的天平偏向任何一方,既不偏向得到拯救的一方,也不偏向受到诅咒的一方,同样不偏向国王和王公;他不让天平有丝毫的倾斜,他也不是有失公平之人,因为他以不偏不倚、公正无私的态度对待国王、王公和最微贱的人。

当得到拯救者的灵魂通过这座桥的时候,这座桥的宽度就变成 1 帕拉桑(parasang,古波斯距离单位,约为 6000 米)宽。得到拯救者的灵魂就在神圣的斯鲁什的陪伴下通过这座桥。他自己的善行就将以一位年轻姑娘的形象来迎接他,这位姑娘比世间任何一位姑娘都更加美丽。被拯救者的灵魂说:"你是谁?我在人间从未见过一位比你更美丽的年轻姑娘。"年轻姑娘回答说:"这位思想、言行、宗教信仰都美好善良的年轻人啊!我不是姑娘,而是你自己的善行。因为当你在人间看到一个人向恶魔献祭的时候,你就与他分道扬镳,向诸位神灵献祭。当你看到一个人对好人施暴、抢劫和折磨好人、并以傲慢无礼的态度对待好人的时候,当你看到一个人囤积不义之财的时候,你自己就绝不会对生灵施暴、抢劫;不仅如此,你还能为好人着想,体贴他们,热情款待他们,既周济那些来自近处的人,又周济那些来自远方的人;而且你的所有财富都取之有道。当你看到一个人通过一个错误的判决或收受贿赂或作假证的时候,你就坐下身来,说出正确的和真实的证词。我就是你在人间所想的美好善良的思想、所说的美好善良的言论、所做的美好善良的行为……"

当这个灵魂从那里离开的时候,一阵香风向他吹来,这阵香风比任何香味都更加芳香。当时这位被拯救者的灵魂问斯鲁什说:"这是什么风?我在人间从没闻到过这种香味。"

---

① R. C. Zaehner, *The Teachings of the Magi* (London: George Allen & Unwin, 1956), pp. 133–38.

神圣的斯鲁什回答这位被拯救者的灵魂说："这是从天堂刮来的风,所以它才如此芳香。"

在此之后,他以他的第一步跨越了善思的天堂,以他的第二步跨越了善言的天堂,以他的第三步跨越了善行的天堂,以他的第四步到达了无限光明的境遇,在此,所有灵魂都享受幸福极了。诸大天神和其他所有神灵都来迎接他,问他一路可好,他们说:"这位思想、言论、行动、宗教信仰都美好善良的年轻人啊!你是如何从那些短暂的、可怕的、有大量邪恶的世界来到这永恒的、不存在敌人和对手的世界的呢?"

在此之后,上主乌尔马兹德(Ohrmazd)说:"不要再问他一路好不好了,因为他刚离开他的可爱的身躯,并走过一段可怕的路程。"于是,他们给他端来最香甜的食物,甚至给他端来早春的奶油,以便他的灵魂在经历了为过钦瓦特桥所受的三昼夜的恐怖——这些恐怖是阿斯特维哈特和其他恶魔施加在他身上的——之后稍事休息。诸位神灵请他坐在一个满是宝石的王位上,他和诸位神仙一起永远享受幸福极了的生活。

但是,当一个受诅咒的人死去的时候,他的灵魂要在他的头边徘徊三昼夜,边哭边说:"我将到何处去?现在,我将投靠谁?"在这三天三夜里,他将亲眼看到他在人间所犯的所有罪行和所做的所有坏事。在第四天,恶魔维扎尔什(Vizarsh)来了,将被诅咒者的灵魂以一种最令其羞耻的方式捆绑起来,尽管有斯鲁什的反对,恶魔维扎尔什还是把他拉到钦瓦特桥前。这时,正直的拉申明确告诉被诅咒者的灵魂说,它确实该受到责罚。

在此之后,恶魔维扎尔什抓住被诅咒者的灵魂,在沃拉特的敦促下毫不留情地痛打和虐待他。被诅咒者的灵魂大声呼叫,痛苦地呻吟,在苦苦哀求中为他所干的坏事制造了许多引人哀怜的借口。他都已经没有呼吸了,但他还是做了很多挣扎。当他的所有挣扎和恸哭都被证明为毫无用处的时候,任何神仙、任何恶魔都不向他提供任何帮助;与此相反,恶魔维扎尔什却在他不情愿的情况下把他拖出来,一直拖入最下层的地狱。

这时,一位丝毫看不出是年轻女孩的女子出来迎接他,被诅咒者的灵魂问这位难看的女子说:"你是谁?因为我在人间从未看到过一位比你更难看、更可憎的女子。"那位难看的女子回答他说:"我并不是一个女子,而是你的行为,你的可憎的行为,是你的恶思、恶言、恶行,是你的邪恶的宗教信仰。因为,当你在人间看到一个人向神灵献祭的时候,你就与他分道扬镳,并向恶魔献祭。当你看到一个人热情款待好人,并既周济来自近处的人又周济来自远方的人的时候,你就以傲慢无礼的态度对待好人,并对他们表示不尊重,你对他们吝啬至极,根毛不拔,经常给他们吃闭门羹。当你看到一个人通过一个正确的判决,或拒收贿赂,或做实证,或说实话的时候,你就坐下身来,通过错误的判决,作假证,说假话。"

在此之后,他以他的第一步迈入恶思恶念的地狱,以他的第二步迈入邪恶言论的地狱,以他的第三步迈入邪恶行为的地狱。以他的第四步,他跟跟跄跄地来到受诅咒的毁灭之神和其他恶魔的跟前。这些恶魔对他进行讽刺、嘲笑、挖苦,他们对他说:"你在上主乌尔马兹德和诸位天神那里、在馥郁芳香的和使人快乐的天堂中有什么可悲伤的吗?你对他们报有怎样的怀恨和抱怨才来见阿赫里曼和诸位恶魔,并下到阴暗的地狱中来呢?因为我们会折磨你,也不会对你有任何宽恕和怜悯,而且你要在很长一段时间里受此折磨。"

毁灭之神对诸位恶魔喊叫道:"不要再问他什么事情了,因为他刚离开他可爱的身躯,走过一段最可怕的道路,只需给他吃地狱中最脏最臭的东西。"

在此之后,他们给他带来毒药和毒液、毒蛇和毒蝎子及其他活跃在地狱中的有毒的爬虫,它们就给他吃这些东西。直到复活和最后的肉身到来之前,他都必须留在地狱中,遭受折磨和各种严厉的惩罚。在此他吃的大部分食物,可以说都是腐臭的、像血污一样的东西。

琐罗亚斯德教的二元论

琐罗亚斯德教的独特贡献之一是它对世界的二元论的理解。琐罗亚斯德认为善和恶两种力量为控制宇宙而展开斗争。①

《本达希申》(*Bundahishn*) I.18—22

18. 在进行创造的活动之前,马尔马兹德并不是主;在进行创造活动之后,他就变成了主。他渴望增长,明智而有远见,远离苦难和逆境;他彰显自身,永远发布正确的命令;他是慷慨的,且是全知的。

19. (首先,他创造出了诸位神灵的灵体、良好的有秩序的运动、他以之将他的身躯制造得更美好的灵)因为他已构想出创造的行为;他从这一创造的行为得到了他作为上主的地位。

20. 凭借着他清晰的头脑,马尔马兹德看到,毁灭之神永远不会停止它的侵略和破坏活动,只有凭借着创造的活动才能消除它侵略和破坏的后果,而只有通过时间才能进行创造,但当时间形成的时候,阿赫里曼的创造也将开始进行。

21. 为了使这位侵略者和破坏者变得软弱无力,他除了创造出时间来别无选择。这是因为,除了与这位毁灭和破坏之神进行战斗,不可能消灭它的力量。

22. 在此之后,他(阿赫里曼)从无限时间中创造出长期统治的时间:有些人称它为有限时间。在长期统治的时间中,他泄漏了永恒的存在——乌尔马兹德的工作将永远不会消失。从永恒中不安显现出来——舒适和快乐将永远不会降临在恶魔身上。从不安中,命运的轨迹和不变的理念显现出来——乌尔马兹德最初创造的那些东西将永远不会发生变化。从不变的理念中,一个进行物质创造的完美意志显现出来,这个意志即正当的创造的和谐与一致。

---

① R. C. Zaehner, trans., *Zurvan: A Zoroastrian Dilemma* (Oxford: Clarendon Press, 1955), pp. 314–16.

第十一章

犹太教

本章目的

- 在本章中，你将学习《希伯来圣经》的发展历史，探索犹太人的历史，了解犹太人的禁忌，其中包括犹太教洁食的规定，知晓在现代世界中的犹太教的多样性，了解纳粹对犹太人的大屠杀。

关键词

托拉　《塔木德》　《密西拿》
犹太教洁食
《出埃及记》
大屠杀
反犹主义

犹太教大事年表

公元前 3760 年	传说中的亚当和夏娃之创造的时代①
公元前 1812 年	传说中的亚伯拉罕诞生的时代
公元前 1312 年	传说中的出埃及的时代
公元前 1000—前 586 年	《圣经》中的以色列王国的大致年代
公元前 1200—前 400 年	完成托拉之编纂的时代
公元前 825 年	完成第一圣殿的修建
公元前 586 年	第一圣殿被毁；犹太人开始被流放到巴比伦
公元前 537 年	波斯人允许犹太人从流放中返回以色列
公元前 352 年	完成第二圣殿的修建
公元 63 年	罗马征服以色列
70 年	罗马人摧毁第二圣殿；犹太人散布在整个罗马帝国
219 年	《密西拿》编纂完成
6 世纪初	《塔木德》编纂完成
1135—1204 年	迈蒙尼德在世
1215 年	第四次拉特兰公会议加剧了基督教占统治地位的欧洲对犹太人的迫害
1492 年	西班牙驱逐犹太人，许多犹太人在穆斯林的土地上寻求避难
1791—1917 年	在欧洲大多数地区犹太人都被从法律歧视中解放出来
1810 年	在德国塞森，第一个改革派犹太教的教堂建成
1881 年	犹太人开始向北美大规模移民
1897 年	第一次犹太复国主义者代表大会
1933 年	希特勒在德国上台
1938 年	希特勒开始大规模屠杀犹太人
1948 年	现代以色列国成立，巴勒斯坦的许多穆斯林逃出以色列，被迫流亡
1948 年至今	以色列信教的犹太人与不信教的犹太人之间政治冲突不断
1967 年	以色列占领东耶路撒冷和约旦河西岸地区
1972 年	第一位犹太教女拉比被授予圣职
1990 年至今	以色列与巴勒斯坦时而冲突，时而有和平的对谈
2003 年	以色列人开始建立安全隔离带

---

① 《圣经》中事件的年代不可能得到独立的核实。

本章提要

如何定义犹太教①是关于犹太教的所有讨论中最令人困惑的问题之一。如果我们像定义任何其他宗教那样给犹太教下定义，我们可以说，一位犹太人是坚守一套特定的犹太宗教信仰或实践的人。的确，在许多情况下这可能是一个非常有效的定义。不幸的是，当涉及犹太教的时候，问题就不总是那么简单了。阿兰·米勒（Alan W. Miller）在他的《丹尼尔·S. 的上帝：美国犹太人调查》（*God of Daniel S. —In Search of the American Jew*）的前言中列出了 8 种不同的在美国社会中被称作犹太人的人。这些形态的涵盖面从极端正统的哈西迪教派的犹太人到只是其父母或祖父母碰巧是犹太人的人。在现代以色列，"谁是犹太人"一直是一个令人困惑的难题。

我们不能主要根据宗教信仰来定义犹太教，因为一些被称为犹太人的人自视为无神论者。阿道夫·希特勒觉得根据种族来定义犹太教是个方便的主意，但是，犹太人群体里有着几乎每一个种族的外形特征，既有欧洲裔犹太人、非洲裔犹太人，也有亚洲裔的犹太人。我们也不能从语言或民族的角度来定义犹太教。犹太人用许多种语言说话和写作，并习得了他们所居留地区的大量文化。

如果我们不能根据可以被称作犹太人的所有人的属性来定义犹太教，我们也可说一说那些自认为是犹太教徒的人。虽然在犹太人中存在着各种各样的宗教实践，但是一般来说，所有这些犹太人的统一特征就是对唯一的上帝的信仰，这个上帝在历史事件中并通过历史事件发挥作用，并以某种方式将犹太人选为代表。围绕着这个基本原则，形成了许多种不同形式的犹太教。

11.1 《圣经》中的族长

犹太教关注上帝在历史中的活动，因此我们从历史的角度描述犹太教信仰和实践就很必要了。根据《圣经》记载，上帝认为有必要从大地上的所有人中召唤出一个人和他的家庭。《创世记》12 记录了上帝对亚伯拉罕（Abraham）的召唤。这是在与人类打了一系列灾难性的交道（亚当和夏娃、该隐和亚伯、大洪水、巴别塔等）之后发生的事情。鉴于发生过这些灾难，上帝选择了只与一个民族交流，即亚伯拉罕的子孙

---

① 原文用 Judaism 一词，本书译为"犹太教"。但在讨论其定义时，该词有"犹太文明"的含义。——编者注

后代。

根据《创世记》所说，如果亚伯拉罕能够忠于与上帝的契约，上帝就应许他成为一个伟大民族的父亲，拥有一块土地，所有人都因他得福。亚伯拉罕的儿子以撒（Isaac）、孙子雅各[Jacob，或Israel（以色列）]和雅各的十二个儿子继承了他与上帝立的约。这些人被称为犹太人的族长，他们是这个民族肉体上的祖先。我们可在《创世记》12—50中找到他们的故事，这些故事可能在这些祖先生活的年代数代之后才被创作出来。虽然一些学者怀疑这些人物的历史真实性，但是，他们的名字和生活方式符合公元前2000年初的新月沃地（Fertile Crescent）的历史。①

如果亚伯拉罕和以撒这类人是犹太人的祖先，那么他们的生活和宗教又具备什么特性呢？《圣经》将这些族长描述为游牧民，他们随着畜群从一地迁徙到另一地。亚伯拉罕被描述为迦勒底（Chaldees）吾珥城（Ur）的公民（《创世记》11∶31），他离开自己的家乡，遵从上帝的召唤来到迦南地，居住在新月沃地的西面。从历史上说，他可能是亚摩利人（Amorite）迁徙浪潮中的一员，他们在公元前2000年至前1750年大量移居到整个新月沃地。出自这个时代的美索不达米亚的马里文献（Mari Letters）显示了便雅悯（Benjamin）和雅各（Jacob）这类名字的使用，这证明了圣经叙述的历史可信性。

《圣经》并没有给读者提供一个系统的有关这些族长的宗教信仰和实践的介绍，但是，它的确揭示了他们的大量神学。他们崇拜一位支配他们命运的上帝。在古代闪米特人中，上帝的名字一般是"埃尔"（El）。在族长时代的文献中，人们经常用这个名字构成的各种短语来称呼他们的神。这位神被称为El Shaddai（山神）、El Elyon（至高神）、El Olam（不朽的神），最经常使用的神名则是Elohim（诸神）。②

人们在露天祭坛上焚烧牲畜等祭品来祭拜这位神。显而易见，在所罗门时代（公元前961—前922年）之前，以色列人并不在建筑或神殿中敬拜他们的神。族长的敬拜中还显示有基本的万物有灵论实践的迹象。亚伯拉罕在别是巴（Beersheba）与亚比米勒（Abimelech）立了约，并呼唤神的名字。为了保证这个契约的履行，亚伯拉罕在别是巴

---

① 在20世纪70年代中叶出土于叙利亚的埃勃拉（Ebla）的大量泥板中，列出了一些族长和圣经地点的名字，他们所处的历史时期最早可追溯到公元前3千纪中叶。从埃勃拉出土的文献资料还没有被完全破译，关于它们的真正价值和意义，考古学家还远未达成一致。从美索不达米亚出土的公元前2千纪中叶的其他泥板也提到了族长的名字和一些风俗习惯。

② 此处复数的用法是一个谜。这些族长可能一度是多神论者，我们是在这个意义上说这句话的，即他们承认一些神，但是他们选择只敬拜一位神。显而易见，历史叙述中没有任何东西证明他们敬拜过唯一真神之外的任何其他神祇。

栽上一棵垂丝柳树（《创世记》21：32，33）。当以撒在别是巴附近挖井的时候，神向他显现并重新确定了这个契约（《创世记》26：17—25）。雅各枕在一块石头上睡觉，在雅各的睡梦中，神对他说话并续订了这个契约（《创世记》28：11—16）。神的显现、契约的重新确认与垂丝柳树、水井和石头这类典型的万物有灵论的象征之间的联系可能是非常重要的。

从很早的时候起，对族长的敬拜中就存在对男性实行割礼的习俗。《创世记》将这个仪式上溯至神与亚伯拉罕定的约（《创世记》17：10，11）。然而，割礼是一个非常古老而普遍的宗教习俗，这个宗教习俗可能并不起源于亚伯拉罕。除此之外，

以色列国会会堂前的七灯烛台。七灯大烛台是犹太教最古老的象征之一。

奉守安息日的习俗可能也是族长敬拜的一部分。《创世记》将这个习俗与创世的日子联系到了一起，神劳作了六天之后，在第七天休息（《创世记》2：2）。在族长的故事中，他们究竟是如何守安息日的，我们并不清楚。

11.2 《出埃及记》

不管他们的宗教实践究竟是怎样的，不管他们可能崇拜什么神，存在于《创世记》中的族长故事的确为读者提供了犹太教中最重要的事件——出埃及的原因。神向亚伯拉罕应许，一个伟大的民族将从他的子孙中产生，这个民族将拥有自己的家园（迦南地），整个世界都将因这个民族而得到祝福。在《创世记》的结尾，一个伟大的民族从亚伯拉罕的后裔中产生了，但是，他们并不在迦南地，而是在埃及。在这里，他们身为奴隶。因此，在神对亚伯拉罕的应许被实现之前，他们必须走出埃及，摆脱奴隶地位，旅行迁回迦南并征服这片土地。《出埃及记》中的事件和人物成了犹太教的核心和灵魂。神行动起来解救他的选民——以色列人，通过神迹将他们从奴隶状态中解放出来（即从当时世界上最强大的民族的统治下解放出来），他向以色列人的首领揭示了神的名字和律法，最后将这些从前的奴隶作为一支意在征服的军队带入迦南。每年人们通过庆祝犹太教的各个主要节日纪念这些事件。源自西奈山经历的律法材料成为《希伯来圣经》中最重要的材料。

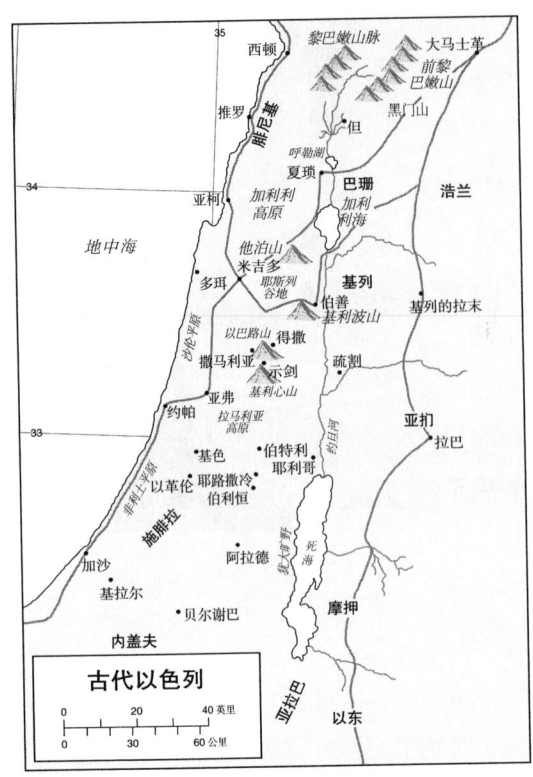
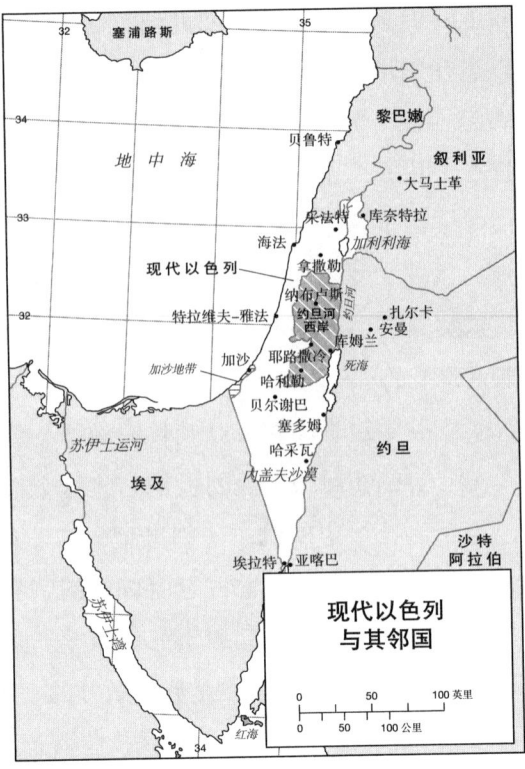

　　《出埃及记》以亚伯拉罕的后裔以色列人哭求神将他们从被埃及人奴役的状态中拯救出来作为开篇。① 在这出拯救戏剧中，关键人物是摩西（Moses）。正如许多宗教上的伟大人物一样，摩西还是一个婴孩时曾受到恶势力的危害，并借由神迹转危为安。埃及法老的女儿解救并抚养了他。"摩西"是个埃及人的名字，所以这个故事可能有事实上的根据。

　　在意识到自己的以色列血统，并为保卫一个奴隶而杀了一个埃及人之后，摩西流亡到了西奈沙漠，在此，他作为一个牧羊人生活了40年。在这片沙漠中，亚伯拉罕的神向摩西显现，并通过燃烧但却没有烧尽的荆棘丛向他说话。神宣布，他的名字是耶和华（YHWH）②，并命令摩西将以色列人从他们的奴隶状态中领出来。摩西回到埃及，在埃及人遭受10次不可思议的天灾之后，把以色列人解放了出来。最后一次天灾是每个埃及家庭中头生的人或牲畜的死亡。而吃烤羊肉的圣餐、

---

① 人们只在圣经文献中提到出埃及的历史事件。已知的埃及的历史记录并没有提到一个奴隶民族的逃亡。因此，出埃及的真实年代还是有争议的。最为人们普遍接受的年代是公元前13世纪初，即在拉美西斯二世（Ramses II）统治时期。

② 这个名字的元音已经丢失了，因为犹太人不意愿呼叫神的名字，以免对神不敬。许多学者将它发音为Yahweh。

苦药草和未经发酵的饼,并将羔羊的血涂抹在门柱上的以色列人,则躲过了死亡天使。

当以色列人逃离埃及的时候,法老追赶他们,这位法老在释放他们的问题上又改变了主意。耶和华将红海之水分开,以色列人通过干燥的陆地穿过红海①。当埃及人试图追赶他们的时候,海水又冲了回来,埃及人被拦住并被淹死。这个事件与逾越节一起成了犹太人历史的一部分——这是神直接干预以解救他的选民的行为。

11.3 西奈山与律法

下一个重要的事件是神在西奈山赐予律法。越过红海后,以色列人在他们前往迦南地的路上来到西奈山。在这座山上,耶和华通过摩西将律法传授给以色列人。我们可在《出埃及记》20:1—17和《申命记》5:6—21中找到这十条作为犹太人生活根基的绝对律法。我们可将它们总结如下:

> **文献摘选**
>
> 1. 我是耶和华你的神,曾将你从埃及地为奴之家领出来。除了我以外,你不可有别的神。
> 2. 不可为自己雕刻偶像。
> 3. 不可妄称耶和华你神的名。
> 4. 当记念安息日,守为圣日。
> 5. 当孝敬父母。
> 6. 不可杀人。
> 7. 不可奸淫。
> 8. 不可偷盗。
> 9. 不可作假见证陷害人。
> 10. 不可贪恋人的房屋;也不可贪恋人的妻子、仆婢、牛驴,并他一切所有的。②

从根本上说,这些戒律强调对耶和华的服从和忠诚,强调对社团成员要有正当文明的举止。《出埃及记》《利未记》这两部书卷,以及《民数记》《申命记》的

---

① 这片水域的通常读法"红海"来自一个古代的误译。
② 这是对《出埃及记》20:1—17中的原始资料进行划分的一种方式。犹太教和基督教的不同宗教传统有时以不同的方式划分摩西十诫。

一个犹太家庭在逾越节家宴开始前做祈祷，逾越节这个犹太教传统节日长达一周，纪念以色列人出埃及这个事件。

中部分内容详尽阐述了规定生活的每一个领域的法典。人们声称这些律法是以色列人在旷野期间神通过摩西宣告的，但是，它们中的许多律法却反映了在长达几个世纪的农业生活中建立起来的社团组织。

无论它们是在何时编纂而成的，摩西五经（Pentateuch，即《圣经》的前五书）中的律法材料对犹太教来说成了《圣经》中最重要的一个部分。在长达几个世纪的时间里，犹太人都求助于这个材料，在其中寻求灵感和指导。这个材料成了后来的《密西拿》（Mishnah）与《塔木德》（Talmud）的基础，它们之后又成了犹太教的核心文本。正是在这个时间点上，人们才将犹太教确定为一个律法的宗教，将犹太人确定为主要关注服从神的律法的人。

11.4　西奈山之后的宗教制度

除了神的律法之外，在西奈山旷野的岁月也给了以色列人另外两个与宗教相关的物事——圣约柜（Ark of the Covenant）和会幕（Tent of Meeting）。约柜是一个类似棺材的盒子，里面装有出埃及时的圣物，也可能是耶和华的便携式宝座。这个盒子是以色列人最宝贵的圣物，最终于公元前10世纪被置于所罗门圣殿的至圣所中。在公元前586年圣殿被巴比伦人所毁之前，这个约柜可能一直留在那里。会幕并不像约柜那么出名，受人仰慕，也没有那么长命。它确实如字面所言是一顶帐篷，能够随着游牧的以色列人从一处移往另一处。它为敬拜耶和华提供了一个场所。以色列人进入迦南地之后，《圣经》只在有关在示罗（Shilon）举行的崇拜活动中提到它一次。

他们在旷野中漫游这个历史时期结束之后，《圣经》记录说，以色列人征服了约旦河东岸的领土。此后，在摩西的继承人约书亚（Joshua）的领导下，他们越过约旦河，征服了迦南的一些城市。《圣经》给出了两个相互矛盾的叙述。根据《约书亚记》的记载，以色列人横扫了整个国家，并杀死了原来住在那里的人。然而，《士师记》

讲的则是另一个故事，我们在此看到一幅耶和华的敬拜者与迦南的本土居民共同生活的画面，前者有时甚至臣服于后者。后来发生的一些事件似乎支持第二个故事。

当以色列人在迦南地定居的时候，他们与耶和华续订了他们的契约。耶和华崇拜、约柜、祭司和献祭的中心都在示罗。这个时代的敬拜似乎是一种相当不正式的事情。主持礼拜的祭司照料和侍候那些为了特殊的需要在特殊的时日来到圣殿的人。反过来，那些来敬拜的人会以礼品供养他们，可能围绕祭拜中心的各个部落也用捐赠的形式来供养他们。

11.5 希伯来君主时代的宗教

当大卫（David）成为以色列人首位进行有效统治的国王时，以色列的宗教变得更为正式了。来自这个国家南部的大卫需要一座首都和一个将他的民族统一起来的祭拜仪式。他占领了位于中部山区的耶路撒冷，并将它作为首都。耶路撒冷除了地理位置、易于防守的山丘，也许还有作为圣地的历史，几乎就没有其他优点了。大卫，以及后来的历史事件强化了这些特征，并使耶路撒冷变成了世界上最重要、最有争议的城市之一。大卫作为军事领袖和管理者的能力帮助以色列发展成了古代中东的一个相当富强的小民族。希伯来经书指出，大卫曾希望在耶路撒冷建一座宏伟壮丽的圣殿，但是被耶和华禁止了。

圣 殿

于是，建造圣殿这件事就留给了大卫的儿子和继承人所罗门（Solomon）。所罗门利用父亲积聚的所有财富为他自己建了一座宫殿，为他的神建了一座圣殿。非常令人奇怪的是，这座圣殿是由推罗（Tyre）的建筑师设计的，这些建筑师崇拜的是迦南人和腓尼基人的神巴力（Baalim），而该神在《圣经》中受到谴责。这个圣殿自然采用了为巴力建立的其他迦南圣殿的形式。约柜放在圣殿中，一个祭司阶层依附和隶属于这个圣殿。这样一来，对耶和华的崇拜就呈现出了一种更为正式的形态。敬拜的主要形式仍然是以牲畜献祭，他们在庭院中熏烧牲畜的肉。人们在圣殿中向耶和华祷告，如果大卫的事例具有代表性，人们可能还会在约柜前跳神圣的舞蹈（《撒母耳记下》6∶14）。

先知运动

随着圣殿崇拜的发展，以色列人的崇拜中又引入了一个新方面。其他古代宗教，包括敬拜巴力的宗教，已产生出被叫作先知的宗教领袖集团。在他们的早期形态中，先知人物是进入崇拜的狂喜状态的人。与祭司不同——祭司的义务主要涉及适当的献祭——古代宗教的先知则唱歌、跳舞、吸入香气，使自己进入一种狂喜状态以倾听神音。以色列的先知可能就是以这种方式产生出来的。① 他们治疗疾病，降下诅咒，为人祝福，为他们的信徒提供食品，并制造其他一些奇迹。②

最终，以色列人先知运动的一部分与王室产生了关联。这些先知中第一个与王室有联系的先知是拿单（Nathan），他是大卫宫廷的成员。在大卫杀了他的忠实仆人乌利亚之后，正是拿单谴责了这位国王；但是在大卫死后，也是拿单在将所罗门扶上王位这件事上起了重要作用。或多或少服务于王室，或至少国王愿听其意见的其他先知还包括以利亚（Elijah）、以赛亚（Isaiah）和耶利米（Jeremiah）。还有其他一些先知仍是平民，他们强烈谴责一切邪恶的行为，无论做出这些行为的是王族还是平民。这个群体中的杰出人物是阿摩司（Amos）和弥迦（Micah）。这些先知一定仅仅是在困难时期传道的人中的一小部分。他们的门徒牢记并保存了他们的教导和训诫，最终将其写入《圣经》。

在当代英语中，"先知"一词具有"预言"的含义；但是，如果把以色列先知的所有工作都称为预言就是对他们不公。公元前8世纪的社会和政治剧变中，这个先知运动产生了四位经典人物——阿摩司、何西阿（Hosea）、以赛亚和弥迦，他们受到人们的纪念并不是因为他们的预言，而是因为他们痛斥其所处时代的社会不公的勇敢无畏，以及他们命令以色列人回归他们的神时所使用的优美的、诗一般的语言。

> **文献摘选**
>
> 耶和华如此说：以色列人三番四次地犯罪，我必不免去他们的刑罚；因他们为银子卖了义人，为一双鞋卖了穷人。他们见穷人头上所蒙的灰也都垂涎，阻碍谦卑人的道路。③
>
> 你们要求善，不要求恶，就必存活。这样，耶和华万军之神必照你们所说的，与你们同在。要恶恶好善，在城门口秉公行义，或者耶和华万军之神向约瑟的余民施恩。④

---

① 《撒母耳记上》19∶24。
② 在《圣经》中信息最多的，而且符合这种模式的先知是以利沙（Elisha）。请参看《列王纪下》2∶1—13；13∶21。
③ 《阿摩司书》2∶6，7a。
④ 《阿摩司书》5∶14，15。

这些不是预言未来的预言家的言论，而是一些急于向他们的人民传达神意的人的言论。古代以色列的先知运动作为对世界任何宗教的主要道德和文学贡献之一凸现出来。

11.6 流放和回归

公元前922年，即在所罗门统治的时代之后，一场暴乱将以色列民族分裂为两个国家。北边的这个国家被称为以色列，这个国家更大，更富饶多产。公元前721年它被亚述人摧毁，它的人民从历史中消失了。他们或是被杀，或是被驱除出境，或是沦为奴隶。无论他们的命运如何，他们都再也不是一个可辨识的以色列民族了；他们被称为"失踪的以色列十支派"。

宗教与暴力

南面的这个国家被称为犹大王国，它是由大卫王国的遗民组成的。在亚述人统治的时代，犹大王国存活了下来，但在公元前586年最终被新巴比伦帝国所灭。在被巴比伦帝国征服的过程中，耶路撒冷城被摧毁，所罗门的圣殿被夷平，犹大王国的公民或是被杀，或是被驱逐出境。北边的以色列国在被摧毁后就不复存在了，可是犹大王国的人民在被俘期间仍然固守他们的身份、风俗习惯和宗教。一位既是先知又是祭司的人——以西结（Ezekiel）领导他们。以西结和其他人在被俘期间坚决固守犹太人的身份，于是当公元前538年波斯人攻占巴比伦的时候，许多犹太人获得解放并回到耶路撒冷，在此重建了他们的生活和他们的圣殿。

沦为巴比伦之囚期间，犹太人不得不对他们的神学做出某些变革。从前，他们将耶和华视为他们的本土神，认为他可能居住在耶路撒冷的圣殿中。现在，圣殿被摧毁了，人民流散在异国他乡。那个时代一位不知名的诗人写下了他们的悲惨状况：

文献摘选

我们曾在巴比伦的河边坐下，一追想锡安就哭了。我们把琴挂在那里的柳树上，因为在那里，掳掠我们的要我们唱歌；抢夺我们的要我们作乐，说："给我们唱一首锡安歌吧！"我们怎能在外邦唱耶和华的歌呢？①

---

① 《诗篇》137：1—4。

以西结回答说，耶和华是可动的，而且居留在巴比伦的子民可以如同在耶路撒冷一样容易地接触到他。① 另一位先知以赛亚说，耶和华再也不仅仅是以色列人的神了，事实上，他是全世界人民的唯一真神。② 即使是波斯国王、琐罗亚斯德教徒居鲁士也只是耶和华的工具。

> **文献摘选**
>
> 居鲁士说："他是我的牧人，必成就我所喜悦的，必下令建造耶路撒冷，发命立稳圣殿的根基。"③

实际上，作为耶和华的选民，犹太人的使命是将他的启示传给世界所有国家。

> **文献摘选**
>
> 我还要使你作外邦人的光，叫你施行我的救恩，直到地极。④

从巴比伦返回耶路撒冷的最有影响的犹太人之一是以斯拉（Ezra，大约公元前428年）。以斯拉是一位身带一本经书的祭司，他将这本经书读给重建的耶路撒冷的公民听。这本书的性质和确切内容我们并不知道，但是，它对人民有深刻影响。他们根据这本书的律法改革了他们的生活。自古至今，犹太人不仅被确认为神之律法的民族，还被确认为以一部书为中心的民族。以斯拉可能开启了将书卷认定为神言的神圣化的过程。从这个时代起，人们就相信神再也不通过先知发话了，而是通过他的书发话。耶和华的信徒只需阅读这本书，并终其一生对其进行解释。

除了经书典籍的发展，第二圣殿时期（公元前520—公元70年）的宗教还包括在重建的圣殿里举行的祭献活动，活动中包含由祭司、歌者和侍者参与的祭仪。在一开始，这座圣殿（它是公元前6世纪重建的）的构造相当简单。在大希律王时代（公元前37—前4年）和后来一段时间，它被修复并被装饰得金碧辉煌，远远超过了所罗门时代的圣殿。这第二座圣殿最终修建完成仅仅几年之后，它就于公元70年被罗马人摧毁了。

---

① 《以西结书》1中描述的异象强调了上帝的可动性。
② 人们一般认为《以赛亚书》40—66的内容由某位公元前6世纪的作者写成。
③ 《以赛亚书》44：28。
④ 《以赛亚书》49：6b。

美国华盛顿埃弗里特市一处犹太教会堂,一位犹太拉比带领几个犹太人展开卷轴,阅读《托拉》。

11.7 犹太人大流散

亚述人毁灭以色列(公元前721年)之后的那几年见证了犹太人大流散的开端,自此犹太人开始流散到全世界。这种流散有时是强迫的结果,就像公元前586年巴比伦对他们的囚禁那样。在其他情况下,犹太人或主动选择移居他国,或选择留在巴比伦和波斯这类国家。截至公元前250年,在埃及亚历山大城的犹太人社团规模已经很大,以至于有必要将希伯来文《圣经》译成希腊文①。巴比伦的犹太人在波斯人的统治之下似乎过得相当不错。据《以斯帖记》记载,公元前5世纪,一位来自犹太人社团的年轻女性实际上还成了波斯的王后。在后来的岁月里,人们在托莱多、里昂、科隆、波恩这类重要城市和整个罗马帝国的大多数主要城市都能找到犹太人。②

犹太教会堂

离开以色列领土的犹太教被迫接受了新神概念和新崇拜制度。正如以赛亚宣布的那样,作为世界所有人民的唯一真神的耶和华这个概念被接受下来;许多书卷的经典地位也得到了确立。他们和耶路撒冷圣殿之间被巨大的空间分隔开来,所以大流散时期的犹太人发展出了会堂这种机构,作为当地祈祷和学习的中心。

synagogue 这一英文单词衍生于希腊文 *synagoge*(集会)。犹太教会堂依其字面意思,就是一个集会。无论在什么地方,只要有一本经书[《托拉》(*Torah*)]和十

---

① 《七十子希腊文本圣经》。当时,希腊语是整个中东的学术语言。
② Hans Kung, *Judaism: Between Yesterday and Tomorrow*, trans. John Bowden (New York: Crossroad, 1992), p. 141.

位成年（13岁以上的）犹太男性，就能成立一个犹太教会堂。十位成年男性达到法定教徒人数（Minyan）。无论何时，只要这个人数集合存在，就可以进行祈祷和教学。人们可在许多种场所举行犹太教徒的集会。这种集会可在一棵树下、在居室的里屋，或在专为此目的而设的一座精巧的建筑中举行。没有人确切知道犹太教会堂制度是何时发展起来的；无论具体的年代是何时，但它确实产生于大流散时期，当时，犹太人再也不能在耶路撒冷的圣殿中举行敬拜了。而直到今天，它还仍为犹太教所使用。

随着犹太教会堂制的建立，拉比（rabbi）这类人物出现了。拉比并不是传统意义上的祭司或牧师。"拉比"一词的字面意思是"我的导师"。随着将《托拉》确立为神的话语，也就产生了需要有人来花时间研究经书和教育社团的需求。那些有时间、有兴趣和有智力研读经书的人逐渐被犹太人社团中好钻研的成员挑选出来，并成为后者殷切追随的对象。他们最终成了我们所熟知的拉比。

拉比在试图阐释经书时所面对的犹太人，其当下生活与亚伯拉罕、摩西或大卫的生活有着很大的不同，由此便出现了许多问题。一个人如何能够将适于铁器时代的游牧民或农民的法律，应用于生活在奥古斯都·恺撒时代的罗马帝国的人民呢？拉比处理这些问题，寻找释经学的原则，并向他们的人民解释神的律法。杰出的拉比出现了；作为智者和释经者，他们的名声四处传播；学生来向他们求教；大拉比产生分歧，相互之间展开争论。一个被接受下来的拉比意见的文献集产生了。

除了犹太教会堂和拉比，大流散时期的社团还保留了其他使他们与周围的外邦人区分开来的明显特征，于是犹太人保持了他们与其他民族分离的特性。犹太人拒绝在安息日工作，借此与外邦人区分开来。在希腊和罗马世界中——当时只有宗教节日是休息日——人们将犹太人视为懒惰的，因为他们在七天中的一天拒绝工作。除此之外，犹太人还拒绝吃某些外邦人的食物。在大流散早期，犹太教洁食的规定并不像后来那么宽泛或复杂，但是，大流散时期的犹太人毫无疑问必须拒绝吃邻人所吃的许多食物。但以理的故事一定是许多类似境况的代表，在其中，一位在巴比伦的犹太人俘虏拒绝吃国王的食物。犹太人还实行割礼。人们以憎恶的目光看待这种礼仪，至少希腊人是这样，他们信仰完整无损的人体美。

不同的文献来源，如犹太历史学家弗拉维乌斯·约瑟夫（Flavius Josephus）和罗马历史学家的作品、《密西拿》和《新约》，都提到大流散时期犹太教在神学上的分歧。这些著作经常提到法利赛派（Pharisees）、撒都该派（Saddusees）和艾赛尼派（Essenes）这类派别。他们在这类问题上有分歧——是否信仰死后复活、是否信仰圣殿及其祭司的权威，以及犹太人该以什么方式实践他们的信仰。另一个派别——

奋锐党人（Zealots）以神学和政治缘由为基础鼓动人民起义反抗罗马政府。

描述大流散时期的犹太教的文献资料也说到这样一种希望：神将派一位弥赛亚（messiah）来打败犹太人的敌人，并重建大卫的古王国。犹太教的各个教派对弥赛亚抱有不同的观点。对一些人来说，弥赛亚毫无疑问是一个精神概念。对其他人来说，似乎确实有这样一种希望：神将确实派来一位军事领袖，以打败罗马的军队，并在耶路撒冷重登大卫的王座。

宗教与暴力

公元66年，在犹大的犹太人与罗马人之间苦杯满溢，酿成暴力革命。一开始，犹太人的反抗取得了阶段性胜利，但是，到公元68年，形势发生了逆转。在提图斯的指挥下，罗马人逐渐征服了这片土地并最终包围耶路撒冷。到公元70年的夏天，这座城市被占领了。数以千计的犹太教革命者被屠杀或沦为奴隶。最糟糕的是，罗马人将辉煌的圣殿劫掠一空，并将其付之一炬，从此以后，圣殿再也没有得到重建。这无疑是对所有犹太人最沉重的打击。

从被焚毁的圣殿的灰烬中诞生了一种新犹太教。这只涅槃重生的凤凰确实非常谦逊。在耶路撒冷被围困期间住在城里的一位拉比——约翰南·本·札凯（Yohanan Ben Zakkai）躺在一口棺材中，由他的门徒抬着逃出耶路撒冷，来到提图斯的营帐。这位拉比请提图斯允许他在以色列地中海沿岸的亚布内（Yabneh）城建立一所学院来讨论犹太教的未来。提图斯同意了这个请求，本·札凯将以色列的拉比聚集在他的周围就犹太教的未来进行讨论和争论。神圣托拉中的书籍的权威性和启示等问题也在讨论之列。律法书（从《创世记》到《申命记》）被广泛接受下来，大多数先知书也是如此。① 具有重大争议的书籍被称为"圣卷"，其中包括《诗篇》《约伯记》《以斯帖记》《路得记》《多俾亚书》《犹滴传》和《马加比传》（上、下）。

《密西拿》

在亚布内居留了数年之后，犹太教的领导人迁往加利利（Galilee）地区。在此，关于律法之含义的争论持续了数年。公元2世纪犹太人最伟大的领袖是犹大·哈-纳西（Judah ha-Nasi，犹大亲王）。犹大对犹太教的最大贡献是将自以斯拉时代就收集起来的所有律法注释汇集在一起。他将这些注释与人们进行的争论收集在被分为六部

---

① 公元1世纪，《希伯来圣经》被认定为"律法书和先知书"。

分的一个论文集中。这个由犹大编成的文集被称为《密西拿》(即"反复修习"之意)，而且它成了犹太教历史上伟大的文学里程碑之一。

在《密西拿》的文本中，读者能够读到公元2世纪的犹太人试图依照神之律法生活的努力。当时并不存在一个犹太国家；公元135年之后，也没有任何重建圣殿或重建祭司制度的希望了。剩下的只有律法。一个人如何能够严守律法呢？通过建立一个额外的、补充性的律法系统，将其作为原始律法的附加条款，于是人们在遵守后来加上去的法律的时候，并不会违背原始律法。例如，十诫说："当记念安息日，守为圣日。"人们绝不能在安息日工作，但是，这其中的含义是什么？在《圣经》中，受到明确禁止的唯一工作形式是点火。一些依照字面意思的解经者将会认为，遵守律法的犹太人需要在安息日整天坐在寒冷阴暗的房屋里。

撰写《密西拿》这个文集的拉比试图阐释《托拉》中奉守安息日这一规则的真正意义。他们试图通过解释经文、制定次级律法，使安息日成为一个敬拜和欢乐的日子。《密西拿》中有一个完整的部分来记载与安息日有关的见解，这些见解认为，安息日的目的在于使整个家庭更为欢乐。他们可在第七天借由外邦人点燃或熄灭灶火。

> **文献摘选**
>
> 如果一位异教徒点亮了一盏灯，一位以色列人可以用它的亮光，但是，如果他是为这位以色列人的缘故点亮这盏灯，那这是不允许的。如果他往一个水槽里倒满水饮他的家畜，那么一位以色列人在他之后也可以饮他自己的家畜，但是，如果这位异教徒为以色列人饮家畜，那这是不允许的。如果他搭了一个舷梯，凭借着这个舷梯，他从船上走下来，那么一位以色列人可以跟随其后走下来，但是，如果他为这位以色列人做这件事情，那这是不允许的。一次拉班迦玛列(Rabban Gamaliel)与老人一起乘坐一艘船旅行，一位异教徒搭了一个舷梯，凭借着这个舷梯，他从船上走下来，拉班迦玛列和老人也凭借这个舷梯走下来。①

根据《密西拿》的观点，安息日应该是一个快乐的日子。餐桌上会摆放家庭能负担起的最好的食品，人们要穿最好的衣服，拉比会来处理可能发生的紧急情况。人们一方面尽其所能保持律法的神圣性，另一方面也努力让在律法之下的生活尽可能舒适和惬意。

---

① Herbert Danby, trans., *The Mishnah*, (Oxford: Oxford University Press, 1933), p. 115.

《塔木德》

随着《密西拿》编纂完成，犹太人生活和学问的中心逐渐从加利利迁往巴比伦，自公元前586年起，犹太人就生活在这里。虽然这个地区的琐罗亚斯德教徒有时对犹太人进行迫害，但是对犹太人来说，在巴比伦的生活比在加利利的生活更为舒适富足。

公元323年，君士坦丁一世成为罗马帝国残余部分的唯一皇帝。因为他妻子和母亲的缘故，君士坦丁偏爱基督教，并采取措施使其成为帝国的官方宗教；在接近公元4世纪末的时候，这个过程最终完成。基督教的兴起在加利利和罗马帝国的所有其他地区都带来了对犹太人的压迫和敌视。

基督教开始只是犹太教的一个宗派，耶稣和他本人的所有门徒也是身体力行的犹太教徒。基督教直接从犹太教中吸取了它的经典、敬拜形式和末世论。事实上，在整个罗马帝国，基督教早期教会最初的聚会都是在犹太教会堂举行的。

《新约》记录了犹太教与基督教之间的首次分裂。公元1世纪中叶，彼得和保罗邀请非犹太人进入基督教。非犹太人不仅被纳入基督教，而且他们也可不受割礼或犹太教洁食法的限制。这些律法禁止犹太人吃猪肉和贝类动物。他们不必皈依犹太教或严守它的律法。我们不清楚，最初是犹太教首先远离了基督教还是相反，但是，分裂确实发生并日益加深了。公元70年之后，耶稣是否就是弥赛亚毫无疑问是产生分裂的问题之一，但它并不是唯一的问题。犹太人完全愿意接受可能的弥赛亚，如公元2世纪的西蒙·巴尔·科赫巴（Simon Bar Kochba）和17世纪的沙贝塔伊·泽维（Shabbatai Zevi）。最大的问题应该是基督教接受了无须严守犹太教律法的外邦人。

基督教对犹太教的敌视集中在犹太人拒绝接受耶稣是救世主这个问题上，他们还认为所有犹太人都对耶稣的死负有责任。住在基督教占统治地位的地区的信仰犹太教的少数人开始感觉到来自多数人的敌视。拜占庭的基督教很快使在巴勒斯坦的犹太人的生活变得比在异教的罗马统治之下的生活更加痛苦，相比之下，在琐罗亚斯德教占统治地位的巴比伦的生活就更有吸引力和更可接受了。

在巴比伦的犹太教社团中，关于神的律法的讨论仍在继续。在《革马拉》（Gemara）这个标题下，附加的解释、例证和讲道的材料被汇集在一起。《革马拉》不仅仅是关于《密西拿》和《托拉》的附加注释；它还涉及犹太人生活的每一个领域。《革马拉》在巴勒斯坦的社团和巴比伦的社团中同时发展起来的，当《革马拉》被附加在《密西拿》之上的时候，这一结合被称为《塔木德》。

大约公元425年，巴勒斯坦的《塔木德》的编纂工作完成了。这部《塔木德》

的篇幅大约是巴比伦《塔木德》篇幅的三分之一。这两部《塔木德》都主要是用亚兰语写成的，里面掺有一些希伯来文，而《密西拿》的经文完全是用希伯来文写成的。相比之下，巴比伦《塔木德》篇幅更长（它有250万个单词）、更具有影响力；它完成于公元500年左右。这两部《塔木德》都包含两种类型的资料：一种是哈拉卡（Halachah，正道），它是由关于律法的资料、讨论和决定构成的；一种是哈加达（Haggadah，传说、故事），它是由关于历史、民间故事和布道的几个部分组成的。巴比伦《塔木德》中大约30%的内容是哈加达。以下故事是在《塔木德》中发现的哈加达资料的范例。

文献摘选

> 皇帝又一次对约书亚·哈纳尼亚（R. Joshua B. Hananiah）说："我希望看到你的神。"他回答说："你不能看他。"皇帝说："我确实想看到他。"在夏至这一天，他来到皇帝跟前，将他置于面对太阳的方向并对他说："抬头看它吧。"他回答说："我不能看它。"约书亚说："如果连只是侍候唯一真神又受唯一真神保佑的一个仆人你都不能看，那么你怎么能相信你能仰望神呢？"[①]

作为口传律法的储存库，《塔木德》成了犹太教中最重要的非圣经资料。自从它们被编纂完成，它们就是所有时代的犹太人进行诸多注释和无休止的研究的对象。

公元6世纪初，随着巴比伦《塔木德》的编纂完成，犹太教生命的一部分就终结了。紧随编纂《塔木德》的那些学者之后，是创建并管理研究《塔木德》的学院的学者。这些学院的院长被称为加昂（Gaon，卓越），而公元600—1000年这段历史时期被称为加昂时期。加昂们主要生活在巴比伦，并且在那一历史时期是犹太教的主要宗教权威。最后一位大加昂是萨阿迪亚·本·约瑟（Saadiah ben Joseph，公元882—942年），他成为巴比伦苏拉学院的加昂。萨阿迪亚作为与卡拉派（Karaites）为敌的、以《塔木德》为经典的犹太教的主要发言人而闻名，卡拉派是犹太教内部一个否认《塔木德》的权威性，并要求完全依据《希伯来圣经》内的律法资料来生活的群体。随着萨阿迪亚的去世，巴比伦伟大的犹太教学院逐渐衰落。

[①] B. Talmud, Hullin 60a.

11.8 中世纪的犹太教

犹太教与伊斯兰教

公元7世纪，从阿拉伯沙漠中发展出一个新宗教和新文化，这个宗教就是伊斯兰教。伊斯兰教的创建者和先知穆罕默德（公元570—632年）曾通过在阿拉伯的犹太人部落与犹太教发生接触。他知晓了犹太教《圣经》中的故事，并知晓犹太教敬奉一位永恒的神且谴责偶像崇拜。

在穆罕默德去世之后的岁月里，伊斯兰教从阿拉伯地区爆发式传播开来，进入整个新月沃地并传遍了北非。截至7世纪末8世纪初，生活在巴比伦、巴勒斯坦、埃及、土耳其、北非和西班牙的犹太人都处在穆斯林统治者的控制之下。穆斯林对待犹太人和基督徒比对待在他们统治下的其他非穆斯林要好一些。穆斯林将犹太教和基督教视为神赋予的信仰。犹太人和基督徒并不是多神论者，他们有神圣书卷（《圣经》），穆斯林接受他们的《圣经》也是来自神的启示。然而，穆斯林对犹太人的宽容有时不太稳定。

> **宗教与暴力**
>
> 第一个穆斯林王朝（公元640—750年）——倭马亚王朝偶尔会对犹太人进行迫害，在这之后又对他们比较宽容。

在倭马亚王朝之后的阿巴斯王朝以宗教宽容而闻名。它的首都位于巴格达，是中东世界的科学、哲学和医学中心。犹太人成为这个黄金社会的一部分。阿拉伯语成为他们的语言，《圣经》被译成阿拉伯语。犹太教和伊斯兰教的学者一起合作，将使用希腊语和拉丁语写作的哲学家的著作译成阿拉伯文。这样，这些作品就被保存了下来，没有遭受在这段历史时期发生在欧洲大多数地区的对古典文献的漠视和破坏。后来，当亚里士多德和其他古典哲学家的著作被从阿拉伯文译回拉丁文时，欧洲学者才重新发现了它们。正是在这个宽容的伊斯兰教世界中，犹太教学院兴旺发达起来，在这个历史时期，巴格达成了犹太教宗教权威的中心。

然而，这个黄金时代并不长。公元847年，官方对非穆斯林课以较重的税收，一些犹太教会堂变成了清真寺。犹太教世界的内部也发生了分裂。被称为埃克斯拉克（Exilarch）的犹太教领袖团体与学院领袖加昂展开斗争。卡拉派的异端对《塔木德》的权威提出挑战，并耗尽了犹太教社团的精力。除了萨阿迪亚之外，没有出现能够领导学院的其他杰出思想家。这些学院逐渐衰落并关闭。犹太人生活和思想的领导地位渐渐转移到了地中海对岸的西班牙。

西班牙的犹太教

早在公元1世纪,犹太人就来到了西班牙,圣保罗曾提及他希望访问那里的犹太社团。[①] 当公元4世纪后期罗马帝国皈依基督教的时候,在西班牙的犹太人曾面临一个选择:要么皈依基督教,要么被驱逐。然而,这个法令明显没有在全境内彻底贯彻实施;犹太人以犹太人的身份在西班牙生活。犹太教可能欢迎穆斯林在711年对西班牙的征服。随着穆斯林征服西班牙,犹太人获得自由和宽容的一个黄金时代开始了。他们可自由地进入政治、科学、医学、哲学和文学诸领域。随着巴比伦犹太社团的衰落,西班牙犹太人成了全世界犹太教的领袖。

在中世纪早期的西班牙有许多杰出的犹太人。撒母耳·伊本·纳格德拉(Samuel Ibn Nagdela)是格拉纳达的维齐尔,他撰写了一篇对《塔木德》的介绍。犹大·哈列维(Judah ha-Levi)是一位医生和希伯来诗人。摩西·伊本·季卡特拉(Moses Ibn Gikatella)是一位发展了《圣经》批判理论的《圣经》学者,在近一千年的时间里,基督教学者都不赞同这种理论。摩西·本·纳赫曼(Nachmannides,1195—1270年)是一位研究《塔木德》的权威,在1263年,有人向他提出挑战,他在阿拉贡国王面前为捍卫犹太教而与基督教修道士辩论。他的论证是如此有道理,对基督徒的观点驳斥得如此明确,以至于他得到国王的奖赏。即使如此,他在1267年还是被流放,并在耶路撒冷度过余生。

宗教与暴力

在13世纪初,穆斯林统治的西班牙开始衰落。随后的基督教统治的兴起意味着犹太人艰苦生活的到来。迫害和强迫改信的情况越来越多。1391年,数以千计的犹太人被屠杀。许多犹太人接受了皈依基督教的要求而不是继续忍受迫害,而与此同时,也有其他犹太人表面上皈依了基督教,但在私下里继续信仰犹太教。这些人被称为改教者(los conversos)。这个压迫一直持续到1492年,当时国王费迪南德(Ferdinand)和他的王后伊莎贝拉(Isabella)不仅派出了哥伦布去完成他的历史使命,还把犹太人和穆斯林从西班牙驱逐出去。成千上万的犹太人从他们曾经的家园逃往意大利、摩洛哥、巴尔干半岛和土耳其。

出自西班牙犹太教的最伟大的人物是在西班牙以外度过他的大半生的。他就是

[①]《罗马书》15:24,28。

摩西·本·迈蒙（迈蒙尼德，1135—1204年）。和他那个时代的其他犹太教学者一样，迈蒙尼德在几个领域里都是专家。他是一位杰出的哲学家、一位研究《塔木德》的权威和一位医生。当他13岁的时候，他和家人一起逃离了西班牙的宗教迫害。在游历了许多国家之后，他们最终在埃及定居下来，在此，迈蒙尼德成了埃及苏丹萨拉丁（Saladin）的私人医生。迈蒙尼德的两部最著名的作品是《密西拿托拉》（*Mishneh Torah*）和《迷途指津》（*Guide to the Perplexed*）。《密西拿托拉》包含14卷，是对《塔木德》律法的总结。《迷途指津》在1190年完成，它是一次将犹太教与亚里士多德的哲学协调在一起的尝试。这本书在那一时代的犹太人中引起了一场激烈的争论。

其他欧洲国家的犹太教

虽然从罗马帝国时代起犹太人就居住在欧洲的大部分地区，但是在中世纪早期，巴比伦和西班牙是犹太人生活最繁荣的地方。随着这两个地区的衰落，犹太人开始大量移居到欧洲各个地区。人们可在意大利、德国、葡萄牙和英国找到他们。在印度和中国也有一些比较小但却具有影响力的犹太教社团。在一些情况下，犹太人得到良好的待遇，而且实际上很富裕。[①] 然而，在总体上，穆斯林领土上的犹太人的生活状况比在基督教欧洲的犹太人的生活状况要好得多。

十字军东征

宗教与暴力

基督教的十字军对在欧洲的犹太人展开广泛的进攻。十字军是由教皇乌尔班二世（Urban Ⅱ）于1095年首次发起的。他催促基督教国家的统治者对穆斯林发动进攻并夺回在巴勒斯坦的圣地。基督教的君王和他们的骑士出于各种宗教、经济和政治原因接受了这个要求。然而，进攻生活在欧洲的毫无还手之力的犹太人要比战胜在巴勒斯坦的穆斯林军队要容易得多。遍布在整个欧洲的犹太教社团，尤其是那些在莱茵兰地区的犹太教社团都受到十字军的蹂躏和劫掠。许多犹太人被屠杀，其他人被迫皈依了基督教，还有一些人自杀了。少数犹太人被具有同情心的基督教主教隐藏起来。截至1286年，由十字军发动的对犹太人的迫害已经极其严重，致使许多犹太人逃到波兰或伊斯兰国家，在那里，当局对犹太人更为宽容。

---

① 在12世纪，据说约克的亚伦（Aaron of York）是英国最富有的人。

卡巴拉

犹太人的神秘主义如同犹太教一样古老。我们可在《圣经》《塔木德》和许多犹太教领袖的作品中找到犹太教的神秘要素。人们将关于天使、魔鬼、咒语、魔法、妖术、食尸鬼、对梦的解释、弥赛亚到来的时日、命理学和神的名字等内容汇集在"卡巴拉"（Kabbalah，传统）这个概念之下。犹太教中的这些要素的编纂和整理过程可能在大约公元500—900年开始于巴比伦，当时，一些对这些领域进行思索的书籍出现了。诞生于这个历史时期的杰出著作是《创世之书》（Sefer Yetzirch），这本书出自巴比伦的犹太教社团。在这个历史时期之后，卡巴拉运动移往西班牙、意大利、德国和波兰。

编纂和整理得最杰出的卡巴拉文献是《光辉之书》（Sefer Hazohar），人们也将其简称为《佐哈尔》（Zohar）。这本书的编纂者被认为是坦拿·西缅·本·约哈伊（Tanna Simeon Ben Yohai），他是公元2世纪的一位犹太教领袖。通过分析文本内部得到的证据，现代的学者将《光辉之书》的编纂归功于摩西·德·里昂（Moses de Leon），他是来自科尔多瓦的一位13世纪的西班牙神秘主义者。德·里昂可能曾试图让人相信这本书出自1000年前的人物之手，以赋予它更多的权威。无论它的作者是谁，《光辉之书》很快成为读者面最广的犹太教书籍，甚至在一段时间里取代了《塔木德》的地位。

《光辉之书》关注下列主题，如神的本性、神性的流出的理论、宇宙的产生、人类和天使的创造、恶的存在、天使在世界中的作用。和一些诺斯替教徒一样，卡巴拉主义者也关心这个问题：一个在本质上是善的和精神化的神是如何创造这个感性世界的。使他们最为满意的答案是，神的本性对人类来说确实是不可理解的。因此，神通过十个映象向世界显示他自己，这十个映象以神的各种属性命名，如"智慧""力量"和"美"。正是通过这十种力量的作用，感性世界才被创造出来。人类是所有创造中最高级的创造，并被赋予三种灵魂。这些灵魂是先存的和不朽的。卡巴拉主义者还宣称，恶是不存在的。那个被称为邪恶的东西只是善的否定方面。凭借着这个教义，卡巴拉主义与正统犹太教显著地区分开来。

为了论证其非正统的教义，卡巴拉的追随者使用独特的和牵强附会的解释系统。例如，在阅读亚伯拉罕和天使——这些天使在幔利橡树那里拜访他——的故事（《创世记》18：2a）时，卡巴拉主义者发现下列句子："举目观看，见有三个人在对面站着。"在《圣经》文本从未提及这几位天使的名字，但是，卡巴拉主义者却确信他们一定是米迦勒（Michael）、加百列（Gabriel）和拉法尔（Raphael）。他们是通过将这句话中的字母所代表的数字相加来得到这个知识的。与拉丁文和希腊文一样，希伯来文也使用它的字母表中的字母来表示数字。因此，凭借着将希伯来语句子"举目观看，见有三个人在对面站着"中使用的字母的数值加在一起，解释者计算出701这个数字。米迦勒、加百列和拉法尔这几个名字的数值加起来也是701。因此，卡巴拉主义者推论出这三位必定就是拜访亚伯拉罕的天使。

一个杰出的卡巴拉主义组织是公元16世纪由从西班牙逃出的犹太人在上加利利的萨费德村（Safed）建立的。他们由以撒·卢里亚（Isaac Luria, 1534—1572年）领导。卢里亚和他的朋友建立了一个包括护身符、话语和数字在内的完整的系统来战胜邪恶。据说卢里亚自己相信他是弥赛亚的前驱——以利亚。在这些动荡的年代里，无论犹太人走到哪里，他们都研习卡巴拉主义的文献，梦寐以求弥赛亚的到来。

在犹太人的处境非常困难的时期，卡巴拉主义的文献在犹太人中流传普及开来。在中世纪终结的时候，大多数欧洲国家官方都颁布了驱逐犹太人的法令。巴比伦的犹太教社团也崩溃了。全世界的犹太教进入了一个受迫害、被流放、穷困和受压抑的时代。《塔木德》是那些在相对正常的环境下生活得有理性的人读的书。卡巴拉主义的作品则是为那些希望渺茫的受压迫、受鄙视的人写的。犹太人从西班牙逃离出来，从欧洲的一个犹太人聚集区逃往另一个犹太人聚集区，他们比以往更需要一个弥赛亚来拯救他们。因此，他们研读《光辉之书》以寻求一条将他们引向弥赛亚和拯救的神秘线索。

11.9 犹太教和现代世界

宗教与暴力

截至15世纪末，犹太人几乎从每一个欧洲国家都被正式驱逐，或遭受歧视性待遇。其中最具有破坏性的一次是1492年西班牙对犹太人的驱逐。其他国家在较早的时候就正式采取了这一行动：英国的爱德华一世（Edward Ⅰ）在1290年就将他们驱逐出境；法国的腓力四世（Philip the Fair）在1306年将所有犹太人从他的国家驱逐；德意志地区在14世纪也驱逐了犹太人。葡萄牙效法西班牙：在1498年之后，在这个国家就再也没有公开露面的犹太人了。许多犹太人逃离了基督教政权的迫害，并在奥斯曼帝国的伊斯兰国家安了家。在奥斯曼世界，来自西班牙和葡萄牙的难民被称为塞法迪人（Sephardim），并发展了他们自己的通用语（*lingua franca*），这种语言主要是西班牙语，掺杂一些希伯来文词汇。

塞法迪人还发展了他们自己的礼拜仪式和具有特色的希伯来语发音。其他难民逃往东欧。波兰尤其吸引被迫害的犹太人，因为波兰当局允许犹太人进入许多在其他国家对他们封闭的职业。许多犹太人成了地主，或为长期不在国内的波兰贵族的代理收税。截至16世纪末，据估计，在波兰有50多万犹太人，这是世界上最大的犹太人聚集中心。在东欧的犹太人被称为德系犹太人（Ashkenazim）。他们的语言是意第绪语，这是一种中古高地德语和希伯来语的结合，是用希伯来字母书写的。

在16世纪，基督教内发生了一场革命，这场革命被称为新教改革。在德国，这场运动的领袖是马丁·路德。路德是一位研究《圣经》的学者，他通晓希伯来语，并强调对《旧约》和《新约》的研究，以它们作为信仰的真实基础。在他的早期作品中，他痛斥了天主教会对犹太人的虐待。然而，当以下事实变得显而易见的时候，即犹太人对皈依他的基督新教并不比对皈依天主教信仰更感兴趣，路德又转过头来攻击他们，并在他的后期作品中发表了猛烈抨击犹太教的言论。在16世纪，天主教会抵制新教改革的反改革运动重建了宗教裁判所（the Inquisition），犹太人再次成为它的牺牲品。

罗马的反宗教改革的另一个特征是犹太人聚集区（Ghetto）的形成。人们强迫罗马城内的犹太人迁入一个特殊的城区，这个城区被称为犹太人聚集区，他们被限制在这片区域。此后在整个欧洲，凡有犹太人生活的地方都建起了犹太人聚集区。一开始，他们可能是自愿进入这些聚集区，因为这里能够更好地保护自己，还因为它是一个他们能够在此保存文化的地方；但是后来，他们就别无选择了。这些犹太人聚集区位于这些城市中非常糟糕的地区，它们成为拥挤、暗无天日的地方。这些聚集区四周建有围墙，在每天开放数小时之后，人们要将它们的大门锁上，对其中的居民实行宵禁。为了确保犹太人能与非犹太人区分开来，1215年召开的第四次拉特兰公会议发布命令，犹太人必须佩戴黄色的徽章。除此之外，许多欧洲的社团要求犹太人戴特殊的有边或无边的帽子。

在17世纪，居住在波兰的犹太人的被保护的生活终结了。在1648年，哥萨克和乌克兰的农民起义反抗波兰贵族。曾为波兰贵族服务的犹太人成了被屠杀和迫害的对象，发生了残酷的虐待、抢劫、强奸和屠杀案件。在1648年至1656年，大约有30万到50万名犹太人被屠杀。那些活下来的人中有许多都逃往了西欧。

11.10 对现代化的回应

沙贝塔伊·泽维

因为在犹太人聚集区的犹太人的悲惨境遇，所以在犹太人中产生了对弥赛亚的强烈希望。在 17 世纪，这个希望的对象是一位名叫沙贝塔伊·泽维的具有超凡魅力的人物，他于 1626 年在士麦那（Smyrna，现在的伊兹密尔）出生。当他年轻的时候，他就研究卡巴拉神秘主义，并最终在他周围聚集起一帮学生。沙贝塔伊·泽维及其追随者在中东四处漫游。在埃及，他娶了一位名叫萨拉（Sarah）的年轻妇女，她声称她命中注定是弥赛亚的新娘；沙贝塔伊·泽维最终被他的弟子宣布为弥赛亚。这些宣称唤起了全世界犹太人的希望。犹太人在许多欧洲城市的大街上欣然起舞；人们为猜测沙贝塔伊·泽维进入耶路撒冷的确切日期而在伦敦的劳合社打赌。在 1665 年，这位弥赛亚及其党羽为了推翻土耳其苏丹而进入君士坦丁堡。土耳其的统治者将他逮捕，并让他在皈依伊斯兰教和死亡之间做出抉择。沙贝塔伊·泽维皈依了伊斯兰教，于是，各地犹太人的希望被残酷地粉碎了。

门德尔松

当沙贝塔伊·泽维失败的时候（在他皈依伊斯兰教之后），德国又出现了另外一个人物，他的生活和影响对于将犹太人从他们的悲惨境遇中拯救出来起了很大作用。在 1743 年，一个瘦弱的驼背男孩出现在犹太人能够进入柏林的唯一一座大门口。当被问到他入城的目的时，他回答说他是来学习的。这就是德绍的门德尔（Mendel）之子摩西。他生于 1729 年，读书学习确实就是他的热忱所在。贫寒条件下长时间的刻苦读书毁坏了他的健康并使他的背部弯曲。在到达柏林之后，他将全部时间都花在刻苦读书上，并很快开始用德文撰写论文，这些论文得到 18 世纪德国的诗人和哲学家及弗里德里希二世（Frederick the Great）的宫廷的广泛接受。摩西将他的名字改成德文的门德尔松（Mendelssohn）。

一位能用德文写论文并被那个国家的学者接受下来的犹太人是非凡的。门德尔松成为德国批评家和戏剧家 G. E. 莱辛的朋友，而且人们相信他是后者的戏剧《智者纳坦》（*Nathan the Wise*）的主人公。门德尔松鼓励犹太人离开犹太人聚集区并进入现代世界，用德文而非意第绪语写作和讲话。

美名大师

与此同时，另一个影响现代犹太教的运动在波兰发展起来了。大约在1750年，在波多利亚（Podolia），一位单纯、未受过教育的名叫以色列·本·以利撒（Israel ben Eliezer, 1699—1760年）的人开始向他的犹太教教友宣讲：在《圣经》或《塔木德》的学术研究中找不到神，但是在简单、真诚的信仰中可以找到神。他的追随者将他称为美名大师（Baal Shem Tov），人们将他的追随者称为哈西迪主义者（Hasidim）。以下是美名大师的教义的一个例子。

> **文献摘选**
>
> 我们经常观察到一位圣贤因为贫穷而向主哀叹，然而，还是无法改善他的境况。这也不应被解释为主不关心这位圣贤。不但如此，这却是神非常爱他的象征。可以用一个比喻来说明这个问题：一位年幼的王子用纸板为自己建了一个小房子。一位粗心的佣人无意间踢了一下这个小房子，这个脆弱的结构就塌落了。抹着眼泪的小孩向国王抱怨并恳求他惩罚这位佣人。然而，这位国王早已打算悄悄地为他建造一所以坚固美丽的材料筑成的小宫殿，为他的爱子带来惊喜。因此，由于他知道这位王子将会有一个珍贵的礼品，所以他没有按照这位王子的要求去做。
>
> 这对于圣贤——神的爱子来说也是一样的。主已在天堂为他准备了一个壮丽辉煌的住所。因此，他不太注意圣贤对在这个无意义的尘世上的暂时的不适的抱怨。①

尽管正统拉比强烈反对，东欧的犹太人还是广泛接受了哈西迪运动。再没有比18世纪的这两位犹太教主要人物——摩西·门德尔松和美名大师——之间的差异更大的了。

在18世纪末，人们将新的思想风潮带到欧洲和北美，这些新的思想风潮对犹太教也具有影响。在北美，发生了一场革命，随后又制定了一部宪法，这部宪法宣布法律面前人人平等。在现代史中，一个外邦人的国家宣布犹太人与其他人具有同等的权利还是第一次。在法国，随着1789年革命的爆发，《人权宣言》（Declaration of the Rights of Man）发表，其中明确陈述了犹太人和所有人一样具有人权。在之后的岁月里，无论法国军队走到哪里，他们都拆毁犹太人聚集区的围墙，并赋予犹太人公民权。在同一年，犹太人首次被允许进入欧洲大学。一方面，门德尔松鼓励西欧的犹太人走出犹太人聚集区，并与基督教社会共同参与到现代性的冒险中去。

---

① Louis I. Newman, trans., *The Hasidic Anthology* (New York: Charles Scribner's Sons, 1934), p. 3.

另一方面，美名大师及其在哈西迪运动中的追随者鼓励东欧的犹太人在他们自己的传统中进行探索，并在其中寻求能维持犹太教在基督教社会中的独立性的资源。

改革派犹太教

随着犹太人跟随门德尔松进入欧洲社会的各个层面，在犹太教内部进行改革的要求也变得显而易见了。许多人感到，犹太人要想成为西方文明的一部分，就应该改变那些过时的历史风俗。在1843年，一群德国犹太人领袖聚集在一起并发表了以下宣言：

> **文献摘选**
>
> 1. 犹太教的发展具有一种延续性。
> 2. 《塔木德》对于现代犹太人来说不具备权威性。
> 3. 我们不寻求弥赛亚，我们不知道祖国，我们只知道我们的出生地。

这份宣言成为改革派犹太教的基础。改革派犹太教徒在他们的敬拜中开始更多地使用本地语言，并减少了希伯来语的使用；他们的犹太教会堂被称为 Temple；犹太教洁食法的限制也被放宽了；他们还在敬拜中引入了唱诗班和风琴。事实上，在19世纪，改革派的敬拜活动在许多方面都与基督教新教的敬拜很类似。19世纪早期来到美国的许多犹太移民都是改革派犹太教徒。

> **宗教与暴力**
>
> 当19世纪西欧的犹太人享受新的自由和权利的时候，他们在东欧的许多同胞的处境在200年里几乎没有什么变化。沙皇俄国还允许残酷屠杀和抢劫犹太人。一再遭受袭扰和当二等公民就是他们的命运。在俄国，犹太人只能挤在被称作"栅栏居住区"（Pale of Settlement）的特定区域，即使是前往帝国内的其他区域也是被禁止的。1881年，即在亚历山大二世（Alexander Ⅱ）遭到暗杀之后，发生了对犹太人最残酷的屠杀和抢劫事件。结果导致东欧犹太人的大量出走。成千上万的犹太人逃到任何愿意收留他们的国家，在美国避难的犹太人最多。

宗教与暴力

犹太复国主义

在西欧，犹太人可能相信他们已作为社会的平等一员被接纳进了现代世界。的确，犹太人已经被赋予公民权，并在每个行业中都做出了重大贡献。但是，在基督教占统治地位的欧洲，反犹情绪仍潜藏在表层之下。德雷福斯（Dreyfus）案件将这些情绪公开化了。1894年，阿尔弗雷德·德雷福斯上尉被指控在普法战争期间出卖了法国的军事秘密。根据一个非常不充分的证据，德雷福斯被宣告有罪并被判处在魔鬼岛（Devil's Island）终身监禁。在审讯期间，法国人对信仰犹太教的德雷福斯和所有其他犹太人的敌意爆发了。1899年，德雷福斯上尉被特赦；7年之后，对他的判决被宣布是错误的。

德雷福斯案件对现代犹太教具有深远的影响，因为一位名叫西奥多·赫茨尔（Theodor Herzl）的奥地利年轻记者为他供职的报纸上报道了这个审讯过程。赫茨尔和其他人开始相信，不管欧洲国家表面上显得多么开明自由，只要犹太人没有他们自己的领土，他们就永远不会得到公正的待遇。在一场叫作犹太复国主义（Zionism）的运动中，赫茨尔和其他人以这一案件为理由请求建立一个犹太人的国家。他们试图在世界上的很多地方寻找犹太人可以建立他们自己国家的领土；但是在犹太人的心目中，任何其他地方都不可能与他们在几百年前离开的那片土地相比，自从公元2世纪以来，这片土地就被称为巴勒斯坦。

在20世纪初，犹太人开始在巴勒斯坦购买土地并发展居住区。赫茨尔的工作并没有产生直接的效果，但是他已为后来的以色列国的诞生播下了种子。在1909年，人们建立了特拉维夫犹太城；截至1920年，大约有5万名犹太人迁入巴勒斯坦。许多美国犹太人都对犹太复国主义的计划存有疑虑，因为他们感到这带来了他们是否忠于他们的祖国的问题。

随着第一次世界大战的结束，土耳其的战败和奥斯曼帝国的崩解，巴勒斯坦由英国政府托管。在1917年，哈伊姆·魏茨曼（Chaim Weizmann）——他是一位曾作为一名化学家为英国政府提供服务的拥护犹太复国运动者——劝说英国外交大臣贝尔弗（Balfour）发布一个宣言，这个宣言宣告："国王陛下的政府赞成在巴勒斯坦为犹太人建立一个民族国家。"随着这个同情犹太人、并统治着巴勒斯坦的政府发表了这份文件，犹太复国主义似乎起航了。然而，他们的目的很难达到。

巴勒斯坦的本土人——包括阿拉伯的基督徒和穆斯林——强烈反对犹太人向他

们的领土大量移民，并对英国政府施加压力，让他们限制移民数量。截至 1928 年，在巴勒斯坦约有 10 万名犹太人；截至 1931 年，约有 17.5 万名犹太人；截至 1933 年，约有 22 万名犹太人。阿拉伯人由于害怕这是一种新形式的欧洲殖民主义，害怕失去他们自己的土地，以骚乱和罢工反对他们。1939 年，英国政府发布了白皮书，它确定了一个限额，将以后五年里每年的犹太移民人数限制在 1.5 万人以内。这个限额公布时，欧洲的犹太人正在拼命寻找逃离纳粹的避难所。

反犹太主义与大屠杀

在 1933 年，阿道夫·希特勒成了德国元首。在此之后，这个国家很快变为反犹太人的、纳粹专政的国家。在德国的犹太人逐渐被剥夺了公民权。1935 年的《纽伦堡法案》（Nuremberg Laws）将犹太人的社会地位降为二等公民，他们不能参加选举，不能担任官职，不能从事大多数职业，不许与非犹太人结婚。察觉到灾难征兆的犹太人逃到他们能找到的任何避难所。美国的移民法阻挡住大量犹太人进入美国。1939 年英国白皮书导致的一个结果是，巴勒斯坦事实上也向犹太人关上了大门。

从 1939 年希特勒的军队开始横扫欧洲大陆起，直至第二次世界大战结束，几百万犹太人落入他们的手中。在许多情况中，被占领国家的非犹太公民觉得在"犹太人问题"上与纳粹合作真是再开心不过。人们又重新让犹太人戴上中世纪的黄色徽章，并重新建起中世纪的犹太人聚集区。对欧洲犹太人的灭绝是如何完成的呢？被困在欧洲的几百万犹太人落入纳粹的魔爪，他们的数量使"犹太人问题"的"解决"变得非常困难。第一个"解决方案"是，将在纳粹占领国中的所有犹太人都遣送到东欧的集中营。成千上万的犹太人被塞入运送牲畜的汽车中送往东欧，主要是波兰。在那里，纳粹强迫他们进行重体力劳动，直到累死。截至 1941 年，纳粹想出了他们的"最后解决方案"：他们将

波兰西南，纳粹的奥斯维辛集中营，铁网内的犹太孩子。

把犹太人在特设的"灭绝集中营"中消灭掉。纳粹试用过很多方法消灭犹太人,而最终被认为最经济和最有效,因而得到沿用的一个方法是用毒气使犹太人窒息而死。死亡集中营中的犹太人被有条不紊地逐批驱入毒气室并被窒息而死。他们的身体被剥去一切有价值的东西,其中包括头发和金牙。最残忍的纳粹甚至会利用犹太人的皮肤、骨头和体脂。此后没有任何用处的尸体则被在特殊的火化炉中火化。

关于在纳粹统治的年代里被屠杀的犹太人的数量,有各种不同的估计。人们一般认为这个数字是600万。在波兰一处,"二战"之前的犹太人口是350万。而到1945年,只剩下50万名犹太人。留在西欧的犹太人很少。

人们可能会问,在20世纪,在世界历史上最文明的国家之一怎么会发生这类事情。德国向世界贡献了伟大的音乐家、哲学家、神学家、科学家和在几乎所有行业、艺术与工艺领域里的领袖。这样一个国家如何会产生出这么邪恶的行为呢?有人为纳粹的大屠杀(Holocaust)提出了一些解释:

1. 德国的种族中心主义和种族歧视。当阿道夫·希特勒宣称所谓的雅利安人是优越种族,而其他种族,尤其是犹太人,是低劣种族的时候,他是在诉诸他的人民中的一种非常基本的情感。他同时判决吉卜赛人和精神肉体有残疾的人有罪,随后将他们处死。

2. 第一次世界大战后德国陷入了困境。在第一次世界大战中德国战败,随后签订的和平条约让他们感到屈辱。德国人的自尊心要求为战败找到原因。而最普遍的借口就是德国让人"在背后捅了一刀",人们怀疑是犹太人出卖了他们。战后,德国还遭遇了带来惨重经济损失的通货膨胀,人们认为这件事也是犹太人做的手脚。人们相信由俄国情报机关的军官撰写的具有欺诈性的《锡安长老会议纪要》(Protocols of the Elders of Zion)是个国际性的、犹太人破坏基督教国家经济的阴谋。许多美国人,包括亨利·福特(Henry Ford),也同意这些观点。许多德国人还相信,犹太人在推动一个国际共产主义阴谋。因此,德国人指控犹太人为破坏世界经济的国际银行家和金融家,与此同时,犹太人又被指控为资本主义经济的马克思主义敌人!没有什么比这更荒谬了。

3. 纳粹的疯狂。在某些情况下,对纳粹来说,似乎没有什么东西比毁灭犹太人更为重要了。有时,纳粹甚至会让本应将部队和武器送上前线的火车改变轨道,就为了运送犹太人去集中营。

4. 现代效率。在历史上的任何其他时期都不可能进行如此大规模的屠杀。无论是罗马人还是哥萨克人，都无法在如此短的时间里杀掉这么多的人。只有现代技术才能使这种大规模的屠杀成为可能。

5. 世界其他国家的沉默。 当犹太人最需要避难所的时候，全世界都对这些受害者关上了大门。许多基督教的领袖几乎没有做出任何努力营救这些受害者，他们也几乎没有提出任何抗议。盟军的轰炸机也没有试图炸毁屠杀犹太人的机器。似乎世界上其他地区完全愿意允许希特勒让不幸的犹太人陷入他的魔爪。

希特勒的大屠杀将全世界犹太人的数量减少了三分之一之多。当这些滔天罪行在 1946 年的纽伦堡审判和 1960 年对艾希曼（Eichmann）的审判中被公布的时候，它对犹太人的思想产生了深刻影响。这就是在第二次世界大战之后的岁月里以色列国家发展的主要原因之一。希特勒的大屠杀可能还对犹太教的神学产生了深远影响。至少有一位犹太思想家，即理查德·鲁宾斯坦（Richard Rubenstein）在他的《奥斯维辛之后》（*After Auschwitz*）一书中说，在希特勒进行大屠杀的时候，对犹太教来说，上帝死了。在纳粹统治的时代之前，无论何时，只要有对犹太人的严重威胁，无论这个威胁何等严重，上帝都以某种方式回应他的人民的呼唤。然而在奥斯维辛和其他死亡集中营，当犹太人被领向毒气室的时候，似乎没有人回应他们的祈求。犹太人大屠杀的完整历史及其对犹太教的影响还没有完全讲完。反犹主义（Anti-Semitism）并没有完全消失。在欧洲、拉丁美洲和美国仍存在反犹主义。在 20 世纪 60 年代，许多犹太人出于对暴力并且反犹的组织"三K党"的恐惧，逃离美国南部。新纳粹还在芝加哥郊区犹太人聚居的街区举行示威。

以色列国

在第二次世界大战之后不久，以色列国诞生了。到了 1947 年，显而易见，英国再也无法控制巴勒斯坦和它的两个相互斗争的部分。犹太复国主义者决定为数千名流离失所的犹太人建立一个家园，而巴勒斯坦的阿拉伯人同样坚决认为这个家园不能在巴勒斯坦建立，他们害怕自己会成为下一群背井离乡的人。1947 年，联合国投票表决将巴勒斯坦分割为一个犹太人的国家和一个阿拉伯人的国家。英国于 1948 年 5 月离开巴勒斯坦，以色列国立即宣布成立。具有讽刺意味的是，美国和苏联都争着第一个承认这个新国家。以色列立即受到 5 个邻近阿拉伯国家的进攻。它顶住了这些进攻和其他进攻，并至少在局部上实现了犹太复国主义的梦想：为犹太人建立一个家园。

不幸的是，随着以色列国家的发展，几千名巴勒斯坦的阿拉伯人被迫离开或者自己逃离了他们那已变成一个新国家的家园。自从1948年以来，他们中的许多人在各个难民营中勉强维持着悲惨的生活。在1967年的阿以战争期间，更多的阿拉伯领土被以色列占领，包括旧耶路撒冷城和对犹太人来说最神圣的圣地之一——哭墙（Wailing Wall），它是圣殿在公元70年的战争之后残存下来的部分。耶路撒冷城和约旦河西岸的主权归属与巴勒斯坦难民的背井离乡仍然是严重的问题。以色列与约旦之间签订的和平条约和在约旦河西岸及加沙地带的巴勒斯坦政权的建立是走向这些问题的解决的第一步，但是，在这个地区实现真正的和平之前，还有大量的事情需要做。穆斯林和犹太人都将耶路撒冷视为圣地，这一事实尤其使这些问题的解决变得更为困难——对于这个地区的所有人民的未来来说——更为紧要。

犹太教目前的变种

最近的统计数字估计，在全世界有1411.7万犹太人。[①] 居住在纽约城内的犹太人口超过180万以上，这使此地成为世界上最大的犹太人聚集区。正如前文所述，"犹太"一词涉及了大量多种多样的宗教实践和信念。全世界的犹太人在这些信仰和实践方面差异很大。

在犹太教中，正统派犹太教徒是最大的群体。正统派犹太教竭力保存传统的犹太文化和宗教，并抵制现代性的世俗化因素。正统派犹太教徒试图尽可能保留《圣经》和《塔木德》中犹太教的特性。他们注重犹太食品卫生法，而且严格遵守过安息日的习惯。在敬拜时，男女在犹太教会堂中分开就座，而且都必须蒙住头部。希伯来语是正统派犹太教徒进行敬拜时使用的语言。

改革派犹太教主要盛行于美国和欧洲。改革派的传统强调传统犹太教价值观的普世性、信仰之间的对话和社会行动主义。它试图使它的信仰和实践尽可能现代化。它的敬拜活动通常在星期五晚上举行，它的会堂被称为Temple。改革派犹太教徒男女坐在一起，不须蒙头。大多数宗教仪式都使用本国语，偶尔用到零星的希伯来语。这些宗教仪式普遍都配有风琴音乐和唱诗班。几乎没有改革派会堂的成员试图严守所有的犹太教洁食法或《塔木德》关于安息日的约束。改革派犹太教最重要的

---

① *1998 Encyclopedia Britannica Book of the Year* (Chicago: Encyclopedia Britannica, 1998), p. 298.

犹太人在耶路撒冷的哭墙前。

发展之一是允许授予妇女拉比的圣职。

在正统派犹太教与改革派犹太教之间的是保守派运动，它是在19世纪兴起的，由萨巴塔·摩莱斯（Sabata Morais）领导，作为对他们认为的极端改革运动的一个回应。在1885年于匹兹堡召开的美国拉比会议中，由于被改革派领袖过于激进的理念所震惊，萨巴塔·摩莱斯和其他人在纽约城组织起美国犹太教神学院。自这个神学院成立以来，它就一直在为美国保守派犹太教发声。保守派犹太教牢牢扎根于拉比的传统之中，但在宗教实践的问题上，它比正统运动稍微宽松一些。

保守派犹太教更关注对《圣经》和拉比材料进行科学研究，据此与正统派犹太教区分开来。在它的敬拜中，人们更多地使用当地语，而不是使用希伯来语。与改革派犹太教徒不同，保守派犹太教徒倾向于在星期六早晨敬拜。他们要求男教徒在敬拜期间戴传统的无边便帽（yarmulke）。许多保守派教徒试图遵守《圣经》和《塔木德》中关于食品和安息日的律法。

从保守派运动中又产生出重建主义的犹太教。莫迪凯·卡普兰（Mordecai M. Kaplan）——20世纪30年代犹太教神学院的一位布道教授——被看作重建主义的创始人。他认为犹太教并不仅仅是一个宗教，而且也是一种文化，具有它自己的历史、律法和艺术。因此，只把犹太教当作一个宗教是不够的；必须研究和体验整个犹太教文化。今天在美国一些城市里的很多犹太教社团中心，都是围绕普兰的理念

德系犹太人1725年使用的犹太教晨祷书,用墨水、水彩颜料、树胶水彩颜料和金色涂料作于羊皮纸上。

进行的组织性的尝试。自然,重建主义者对作为犹太教文化之家的以色列国表示完全支持。

无论是在美国还是在以色列,现在都有基要主义犹太教的派别,这个派别要求完全接受传统的犹太教律法,并公开敌视非犹太人和那些不接受他们的极端观点的犹太人。一些组织甚至计划摧毁耶路撒冷的穆斯林圣祠,并重建所罗门圣殿。他们当中的许多人积极从事建立犹太人定居点的运动,这个运动意图在约旦河西岸的穆斯林领土上建立犹太人的飞地。与其他大多数犹太人社团不同,这些组织中的许多人都将向那些不大热心遵循宗教实践的犹太人宣教当成他们日常工作的一部分。

还有大量世俗化的或不进行宗教实践的犹太人。许多人尊重他们的犹太文化和传统,但是并不分享犹太教社团的宗教信仰或实践。许多人庆祝传统的犹太教节日的方式,与基督教传统中的世俗之人庆祝圣诞节和复活节的方式相同。他们庆祝的是家庭、社团和传统,但与信仰无涉。

在全世界范围内还有很多较小的犹太教派别,这些派别因为地理位置与外界隔绝或在宗教实践上与其他教派不同而没有进入主流。埃塞俄比亚的贝塔以色列人(Beta Israel)是一群埃塞俄比亚黑人,人数在1.5万到2.5万之间,他们信仰的犹太教保留了从公元1世纪以来就存在的犹太教信仰和实践。在印度和中国也有其他各种规模很小的犹太教群体。

11.11 犹太教的节日

犹太教的信徒总是根据神的行为来定义和理解犹太教。因此，对神的这些行为的纪念活动就变得极为重要。纪念这些大事件的节日是一个统一性的要素，它们将信仰和实践程度深浅不同的犹太人聚集在一起。犹太教本身的存在就依赖于社团。因此，虽然在犹太教的年度节日中，有些部分是在犹太人的家中过的，但是绝大多数严重依赖犹太教会堂中的社团集会。由于这种对群体的依赖，犹太教社团中年轻人的成人礼（*Bar Mitzvah* 和 *Bat Mitzvah*）也构成了一个重要的节日。

安息日

在所有犹太教节日中，最重要和最具特色的节日是安息日（Sabbath 或 Shabbat）。犹太教向世界贡献了一周工作 6 天（第 7 天用作敬拜和休息）的习俗。安息日自星期五日落始，一直持续到星期六日落。在星期五晚上，人们以"吉都什"（Kiddush）宣告安息日的到来，这是一种伴着葡萄酒或饼进行祝福的仪式，家里的主妇点亮安息日的蜡烛并进行祈祷和祝福。根据传统，在星期五的晚餐上，人们享用这个星期最好的饭菜。保守派和正统派犹太教徒在星期六早晨到犹太教会堂举行敬拜，并读这个星期应读的那部分《托拉》。正统派犹太教徒在安息日所守的规则是，禁止点火或熄火，禁止点灯或熄灯，禁止驾驶或乘坐汽车，禁止吸烟，禁止携带金钱或进行其他任何一种劳动。

逾越节

犹太教中的另一个重要节日是逾越节（Passover 或 Pesach）。这个节日自希伯来的尼散月（Nisan，在公历的 3 月至 4 月）的第 15 天起，持续 8 天。① 该节日旨在纪念以色列人从在埃及的奴役状态中解放出来。在逾越节的前两个夜晚，犹太人的家庭会聚在一起，举行逾越节家宴（Seder）。当全家以仪式的形式回忆出埃及这一事件时，他们食用与之相关的食品（羔羊、无酵饼、苦菜等）。

五旬节

在逾越节之后 50 天——即息汪月（Sivan，在公历的 5 月至 6 月）的第 6 天和第

---

① 犹太教在确定它的宗教节日时依循一个古老的阴历历法，这一历法通过在每一个闰年中增加一个月份来与阳历取得一致。这一历法是从假定的创造日期开始纪年的，依据这种纪年方法，犹太人在公元 2000 年秋进入了他们的第 5760 年。

犹太人在耶路撒冷的哭墙前祈祷。

7天——就是五旬节（Shavuot）。在《新约》中，这个节日被称为圣灵降临节。五旬节原来是一个庆祝第一次粮食丰收的节日，但是后来它与出埃及这个事件联系在一起——被认为是纪念摩西在西奈山接受十诫的日子。这个节日期间，犹太教徒用植物和花朵装点他们的居室与犹太教会堂。

犹太新年

在提市黎月（Tishre，在公历的9月至10月）的第1天和第2天，人们庆祝犹太教的新年（Rosh Hashanah）。传统上认为新年的这两天也是创世的头两天。一个忏悔期从这个节日开始，并在下一个节日——赎罪日达到顶峰。人们进行特殊的祈祷、吃蜂蜜来庆祝新年，寄希望于来年是美好的一年。

赎罪日

在全部的犹太教节日中，最神圣的节日是赎罪日（Yom Kippur）。人们在提市黎月的第10天庆祝这个节日，这一天也是开始于新年的忏悔期的末尾。传统上，人们遵守在这一天不工作、不吃饭、不喝酒的禁令。人们必须在犹太教会堂中度过这一天，在此，人们为赎罪与和解而进行祈祷。这也是一个开展慈善活动的日子。

住棚节

在赎罪节之后第5天，即在提市黎月的第15天，人们庆祝住棚节（Sukkot）。起初这是一个庆祝秋收的节日。正如许多其他节日那样，住棚节后来也与出埃及这件事联系到了一起。现在人们庆祝这一节日以纪念那个年代，那时，以色列人在西奈山的旷野中游荡，并居住在临时搭建的帐篷里。无论为这两种原因中的哪一种，这都是一个欢乐喜庆的节日。

修殿节

犹太教徒在基色娄月（Kislev，在公历的11月至12月）的第25天庆祝修殿节（Chanukah），它是少数几个与出埃及这件事无关的节日之一。公元前165年，犹大·马加比（Judas Maccabaeus）从叙利亚的希腊人手中夺回圣殿并将它重新奉献给了上帝。当时人们只能得到一小瓶油来照亮圣殿。这盏灯本来只能燃烧一天。然而，这瓶油却奇迹般地持续燃烧了八天。为了纪念这件事，犹太人在连续八天中的每一天都点亮一根蜡烛。因此，它既是修殿节又是光明节。在犹太教中，修殿节一直是一个较为不重要的节日。直到最近，因为这个节日与圣诞节相近，它对美国的犹太人来说变得日益重要了。

普林节

另一个与出埃及这件事没有联系的节日是普林节（Purim），人们在阿达尔月（Adar，在公历的2月至3月）的第14天庆祝这个节日，以纪念犹太人对外邦敌人的挫败。《以斯帖记》说，当时是波斯王后的以斯帖得知了一个毁灭她的人民的恶谋。通过大胆地接近国王并向他揭露这个恶谋，以斯帖将她的人民从一场大屠杀中挽救出来，并将她的敌人挂在了他们为犹太人准备的木架上。因为敌人以掣签来决定毁灭犹太人的日期，所以这个节日以"普林"（签）为名。在这一天，人们阅读以斯帖的书卷，交换礼品，吃特殊的膳食。一般来说，这是一个非常欢乐喜庆的日子。

成年礼（戒律之子）

虽然成年礼（Bar Mitzvah）在犹太教历中不是一个每年一度的节日，但它在犹太

纽约布鲁克林庆祝普林节的场面。普林节是一个欢乐的犹太教节日，奖赏、喧闹、礼服、宴请宾客是这个节日的主要活动。普林节用来纪念犹太人反抗压迫的一次重大胜利，《以斯帖记》对此有记载。

教社团的生活中是一个重要事件。根据犹太教的规定，当一位男童满了 13 岁，他就是一位成年人了。他就可以是构成"法定男教徒人数"的十个成年人之一了。一般来说，这位男童之前已经有过几年的宗教实践和对希伯来文的研习，已经为这个场合做好了准备。在他 13 岁生日之后的那个安息日，他会在犹太教会堂读经并可以发表一次讲话。对于这个男孩和他的父母来说，这是一个欢乐喜庆的场合，这位年轻人可从他的朋友那里收到许多礼品。虽然 13 岁一直是犹太教的法定成年年龄，但是成年礼可能晚至 14 世纪才作为一个基督教坚信礼的对应物被引入犹太教。一个现代的新发明是女子成年礼（Bat Mitzvah，戒律之女），它是一个类似的为女孩子举行的仪式。举行女子成年礼的主要是改革派会众。

11.12　今天的犹太教

21 世纪初，犹太教的主要任务之一仍是解释对犹太人的大屠杀。在它的整个历史中，犹太教总是试图通过历史理解上帝。《圣经》的材料试图理解出埃及的经历。大流放之后的书卷试图理解巴比伦流放的意义。《密西拿》和《塔木德》试图重新

在犹太律法中，当一名犹太孩子达到年龄或成年时（女孩12岁，男孩13岁），这个孩子就得为自己负责了，女子成年礼或男子成年礼被用来庆祝成年这一事件。

解释圣殿被毁之后犹太人的生活。卡巴拉主义的文献是犹太教徒对在15世纪他们被从欧洲驱逐出来这件事的回应。在现代世界，对犹太教来说唯一的、最大的悲剧就是纳粹屠杀了600万犹太人。这件事是不是意味着对犹太人来说上帝死了？或者意味着上帝不理睬他们了？又或者意味着因为某些罪恶他们正受到上帝的惩罚？还是意味着所有基督徒都敌视犹太人，想要杀掉他们？这些，以及其他许多问题仍在为今天的犹太教思想家所追问。

正如在过去多次发生的情况那样，犹太教今天仍在就它在一个外邦人占统治地位的社会中的地位问题进行斗争。犹太教内部就以下这个问题存在长期的争论：犹太人是应向社会整体的价值观做出妥协，还是只应在历史的犹太教中寻找他们的价值观？一个让他们非常害怕的妥协和让步就是犹太人与外邦人的通婚和随之发生的犹太人子孙的减少。这种担心又促使人们对哈西迪主义这类正统形式犹太教的兴趣再次复活。许多这类运动对现代的年轻犹太人都有很大的吸引力。

宗教与暴力

正如我们已经指出的那样，对犹太人大屠杀的一个重要回应是以色列国的建立。虽然世界其他国家仅把以色列视为一个普通国家，但是它对犹太人来说却有更重要的意义。他们将以色列国视为一个避难所，以庇佑那些需要从全世界压迫他们的政府的统治下逃离出来的犹太人。以色列还被视为在流浪了 2000 年之后，犹太教对获得一个家园的渴望的顶点。许多犹太人几乎将它视为充当了上帝派来的弥赛亚的角色。因此，以色列的和平、安全和幸福就成了现代犹太教的核心关切。其他宗教里的任何人，若不理解这一事实，就无法理解现代犹太教。

经历了 1948、1956、1967 和 1973 年的战争之后，以色列仍旧存在着，这一事实得到了神学的解读。许多人将与埃及签订的 1978 年和约视为即将到来的与以色列所有邻国之间的和平的一个预报。与约旦签订的和约与自治权有限的巴勒斯坦政权在约旦河西岸和加沙地带的建立，则被视为这个过程的延伸。其他人则将这些发展视为对以色列的国家安全和对作为宗教社团的犹太教的安全的一个严重威胁。关于这些发生在以色列的问题，美国和欧洲的犹太人发生了尖锐的分歧。以色列总理拉宾（Yitzhak Rabin）在 1995 年被一名犹太教极端主义分子所刺杀这个事实——这个刺杀行为旨在制止这个和平进程——表现出这些分歧之深。在 2001 年开始的巴勒斯坦起义与以色列的严厉回击进一步加深了这些分歧。哈马斯军事组织只是使这个局面变得更为困难了。欧洲式反犹主义在伊斯兰世界中的传播也带来了进一步的困难。《锡安长老会议纪要》这类书籍的译本，现在即使在印度尼西亚和马来西亚这类没有犹太人的国家中也广泛流行。

需要研究的问题

1. 犹太教是一种宗教、一种文化、一个民族，还是别的什么东西？为你的答案陈述理由。
2. 利用出自《圣经》的资料来解释犹太教如何为大多数西方文化提供道德基础。
3. 从《圣经》意义的角度定义 prophet 一词。
4. 公元前 586 年的巴比伦流放如何改变了犹太人对上帝的理解？
5. 解释犹太教会堂对于四处流散的犹太人的价值。为什么一些现代犹太教会堂被称为 Temple？
6. 《塔木德》的发展过程都具备哪些因素？列出《塔木德》的各个组成部分。
7. 为什么卡巴拉主义文献对于 16 世纪的犹太人是重要的？
8. 列出现代犹太教中的四个主要分支。解释它们有何不同。
9. 解释纳粹对犹太人的大屠杀对于犹太人思想的重要性。将以色列国作为对纳粹大屠杀的一个回应加以讨论。

参考书目

1. Baron, Salo W. *A Social and Religious History of the Jews*, 3 vols. New York: Columbia University Press, 1952.
2. Bokser, Ben Zion. *The Jewish Mystical Tradition*. Long Island City, NY: Pilgrim Press, 1981.
3. Buber, Martin. *Tales of the Hasidim*, 2 vols. New York: Schocken Books, 1948.
4. Chabon, Michael. *The Yiddish Policemen's Union: A Novel*. San Francisco: Harper Collins, 2007.
5. Cohen, A., ed. *Everybody's Talmud*. New York: Schocken Books, 1975.
6. Hertzberg, Arthur, ed. *Judaism*. New York: George Braziller, 1961.
7. Küng, Hans. *Judaism: Between Yesterday and Tomorrow*. Translated by John Bowden. New York: Crossroads, 1992.
8. Lachs, Samuel T., and Saul P. Wachs. *Judaism*. Niles, IL: Argus Communications, 1979.
9. Neusner, Jacob. *The Way of the Torah. An Introduction to Judaism*. Belmont, CA: Wadsworth, 1988.
10. Plaskow, Judith. *Standing Again at Sinai. Judaism From a Feminist Perspective*. San Francisco: HarperCollins, 1990.
11. Trepp, Leo. *Judaism: Development and Life*. Encino, CA: Dickenson, 1966.

原始资料

出自《希伯来圣经》的选段

犹太教经典及注释范围宽广、内容丰富，很难选出一个真正具有代表性的文集。然而，以下材料至少可以对早期的犹太教思想做出阐释。虽然《旧约》的《申命记》声称自己是摩西的言论，但是，许多学者相信它是公元前8世纪先知的门徒的著作。还有人相信它是公元前6世纪在圣殿被毁后的遗迹中发现的书（参看《列王纪下》22）。《申命记》5里包含十诫的一个版本；第6章的第4节和第5节中包含《舍玛》（Shema，犹太教对上帝是唯一真神的教义上的肯定）。《诗篇》构成了早期以色列诗歌资料的绝大部分内容。《诗篇》1通过称赞"喜爱耶和华的律法"的人表现出以色列对经典的日益增长的关注。《弥迦》尤其由于其对社会正义的强调而成为以色列先知运动的代表。

《申命记》

5 摩西将以色列众人召了来，对他们说："以色列人哪，我今日晓谕你们的律例典章，你们要听，可以学习，谨守遵行。2 耶和华——我们的神在何烈山与我们立约。3 这约不是与我们列祖立的，乃是与我们今日在这里存活之人立的。4 耶和华在山上，从火中，面对面与你们说话——5 那时我站在耶和华和你们中间，要将耶和华的话传给你们；因为你们惧怕那火，没有上山——说：

6 "'我是耶和华——你的神，曾将你从埃及地为奴之家领出来。

7 "'除了我以外，你不可有别的神。

8 "'不可为自己雕刻偶像，也不可做什么形象，仿佛上天、下地和地底下、水中的百物。9 不可跪拜那些像，也不可事奉它，因为我耶和华——你的神是忌邪的神。恨我的，我必追讨他的罪，自父及子，直到三、四代；10 爱我、守我诫命的，我必向他们发慈爱，直到千代。

11 "'不可妄称耶和华——你神的名；因为妄称耶和华名的，耶和华必不以他为无罪。

12 "'当照耶和华——你神所吩咐的守安息日为圣日。13 六日要劳碌做你一切的工，14 但第七日是向耶和华——你神当守的安息日。这一日，你和你的儿女、仆婢、牛、驴、牲畜，并在你城里寄居的客旅，无论何工都不可做，使你的仆婢可以和你一样安息。15 你也要记念你在埃及地作过奴仆；耶和华——你神用大能的手和伸出来的膀臂将你从那里领出来。因此，耶和华——你的神吩咐你守安息日。

16 "'当照耶和华——你神所吩咐的孝敬父母，使你得福，并使你的日子在耶和华——你神所赐你的地上得以长久。

17 "'不可杀人。

18 "'不可奸淫。

19 "'不可偷盗。

20 "'不可作假见证陷害人。

21 "'不可贪恋人的妻子；也不可贪图人的房屋、田地、仆婢、牛、驴，并他一切所有的。'

22 "'这些话是耶和华在山上，从火中、云中、幽暗中，大声晓谕你们全会众的；此外并没有添别的话。他就把这话写在两块石版上，交给我了。……

6 "这是耶和华——你们神所吩咐教训你们的诫命、律例、典章，使你们在所要过去得为业的地上遵行，2 好叫你和你子子孙孙一生敬畏耶和华——你的神，谨守他的一切律例诫命，就是我所吩咐你的，使你的日子得以长久。3 以色列啊，你要听，要谨守遵行，使你可以在那流奶与蜜之地得以享福，人数极其增多，正如耶和华——你列祖的神所应许你的。

4 "以色列啊，你要听！耶和华——我们神是独一的主。5 你要尽心、尽性、尽力爱耶和华——你的神。6 我今日所吩咐你的话都要记在心上，7 也要殷勤教训你的儿女。无论你坐在家里，行在路上，躺下，起来，都要谈论。8 也要系在手上为记号，戴在额上为经文；9 又要写在你房屋的门框上，并你的城门上。"

10 "耶和华——你的神领你进他向你列祖亚伯拉罕、以撒、雅各起誓应许给你的地。那里有城邑，又大又美，非你所建造的；11 有房屋，装满各样美物，非你所装满的；有凿成的水井，非你所凿成的；还有葡萄园、橄榄园，非你所栽种的；你吃了而且饱足。12 那时你要谨慎，免得你忘记将你从埃及地、为奴之家领出来的耶和华。13 你要敬畏耶和华——你的神，事奉他，指着他的名起誓。14 不可随从别神，就是你们四围国民的神；15 因为在你们中间的耶和华——你神是忌邪的神，惟恐耶和华——你神的怒气向你发作，就把你从地上除灭。

16 "你们不可试探耶和华——你们的神，像你们在玛撒那样试探他。17 要留意遵守耶和华——你们神所吩咐的诫命、法度、律例。18 耶和华眼中看为正、看为善的，你都要遵行，使你可以享福，并可以进去得耶和华向你列祖起誓应许的那美地，19 照耶和华所说的，从你面前撵出你的一切仇敌。

20 "日后，你的儿子问你说：'耶和华——我们神吩咐你们的这些法度、律例、典章是什么意思呢？' 21 你就告诉你的儿子说：'我们在埃及作过法老的奴仆；耶和华用大能的手将我们从埃及领出来，22 在我们眼前，将重大可怕的神迹奇事施行在埃及地和法老并他全家的身上，23 将我们从那里领出来，要领我们进入他向我们列祖起誓应许之地，把这地赐给我们。24 耶和华又吩咐我们遵行这一切律例，要敬畏耶和华——我们的神，使我们常得好处，蒙他保全我们的生命，像今日一样。25 我们若照耶和华——我们神所吩咐的一切诫命谨守遵行，这就是我们的义了。'"

诗篇卷一

1 不从恶人的计谋，
不站罪人的道路，
不坐亵慢人的座位，
2 惟喜爱耶和华的律法，
昼夜思想，
这人便为有福！
3 他要像一棵树栽在溪水旁，
按时候结果子，
叶子也不枯干。
凡他所做的尽都顺利。
4 恶人并不是这样，
乃像糠秕被风吹散。
5 因此，当审判的时候、恶人必站立不住；
罪人在义人的会中也是如此。
6 因为耶和华知道义人的道路；
恶人的道路却必灭亡。

弥迦书

6 以色列人哪，当听耶和华的话！
要起来向山岭争辩，
使冈陵听你的话。
2 山岭和地永久的根基啊，
要听耶和华争辩的话！
因为耶和华要与他的百姓争辩，
与以色列争论。

3 我的百姓啊，我向你做了什么呢？

我在什么事上使你厌烦？

你可以对我证明。

4 我曾将你从埃及地领出来，

从作奴仆之家救赎你；

我也差遣摩西、亚伦，和米利暗在你前面行。

5 我的百姓啊，你们当追念摩押王巴勒所设的谋

和比珥的儿子巴兰回答他的话，

并你们从什亭到吉甲所遇见的事，

好使你们知道耶和华公义的作为。

6 我朝见耶和华，

在至高神面前跪拜，当献上什么呢？

岂可献一岁的牛犊为燔祭吗？

7 耶和华岂喜悦千千的公羊，

或是万万的油河吗？

我岂可为自己的罪过献我的长子吗？

为心中的罪恶献我身所生的吗？

8 世人哪，耶和华已指示你何为善。

他向你所要的是什么呢？

只要你行公义，好怜悯，

存谦卑的心，与你的神同行。

9 耶和华向这城呼叫，

智慧人必敬畏他的名。

你们当听是谁派定刑杖的惩罚。

10 恶人家中不仍有非义之财

和可恶的小升斗吗？

11 我若用不公道的天平和囊中诡诈的法码，

岂可算为清洁呢？

12 城里的富户满行强暴；

其中的居民也说谎言，

口中的舌头是诡诈的。

13 因此，我击打你，

使你的伤痕甚重，

使你因你的罪恶荒凉。

14 你要吃，却吃不饱；

你的虚弱必显在你中间。
你必挪去,却不得救护;
所救护的,我必交给刀剑。
15 你必撒种,却不得收割;
踹橄榄,却不得油抹身;
踹葡萄,却不得酒喝。
16 因为你守暗利的恶规,
行亚哈家一切所行的,
顺从他们的计谋;
因此,我必使你荒凉,
使你的居民令人嗤笑,
你们也必担当我民的羞辱。

《密西拿》:逾越节

《密西拿》是拉比文献的代表,它对后来的犹太教来说至关重要。它是关于如何严守上帝律法的拉比的意见文集。人们相信《密西拿》是公元 2 世纪完成收集和编纂的。以下选段取自论述如何严守逾越节之规定的部分。《出埃及记》12:19 严禁在逾越节 7 天之内在犹太人家中出现任何形式的发面饼或发酵物。但是,什么是发酵物(*hametz*)呢?人们在何处能找到它呢?人们要怎么做才能除酵呢?《密西拿》的这个部分试图回答这些问题。①

1. 在逾越节期间,这些东西必须被撤走,它们是巴比伦人的麦片粥、米底亚人的啤酒、以东人的醋、埃及人的大麦啤酒,还有染布工人的染浆、厨师的淀粉、写作者的糨糊。拉比以利以谢(R. Eliezer)说,还有妇女的化妆品。这是总体的规则:从任何一种谷物制成的任何一种东西,都必须在逾越节期间撤走。禁令中包含这些东西,但[违反此禁令的人]不会招致剪除(Extirpation)。

2. 如果生面团留在揉面槽的裂缝中,并且在某个地方有橄榄大小的生面团,它必须被清除掉。如果没有这么多,那么看在它们为数不多的份上,可忽略不计。所以,同样地,关于"不洁净"的面团也是如此②:对此小心谨慎的人必须做一个"分隔"③;如果他希望面团留在揉面槽里,那么可把它看作与揉面槽一体的东西。如果其他相类似的面团已经发酵,那么仍未

---

① Herbert Danby, trans., *The Mishnah*, (New York: Oxford University Press, 1933), pp. 139, 140.
② 赫伯特·丹比(Herbert Danby)注此:"一只死掉的爬虫是否接触了橄榄大小的面团。""不洁净"(uncleanness)在犹太教的律法中有着非常细致的规定,人的死尸、爬虫的尸体、腐肉等都属于不洁净物,碰触到这些东西的也被认为不洁净。——编者注
③ 犹太人认为有效的"分隔"(partition)可以将"洁净"与"不洁净"隔离开来。比如,如果在一个存放酵母的罐子中出现爬虫,但两者之间有一个"分隔",那么酵母被认为是洁净的。关于何物可用作"分隔",以及"分隔"应被摆在什么位置才算有效等问题,《密西拿》中有详细的论述。——编者注

发酵的面团也是要被撤走的。

3. 如果面团不洁净,那么节日这天如何分留举祭饼(dough-offering)①呢? 拉比以利以谢说,在它被烘烤之前,她不应指定它为举祭饼。拉比犹大(R. Judah b. Bathyra)说,她应把它扔进凉水中。拉比约书亚(R. Joshua)说,这块发酵物不包含在"不可见有酵的饼、也不可见发酵的物"和"不可有酵"的禁律中;而且相反,她应该将它分留出来,一直把它留到晚上,如果它发酵了,那它便发酵了。

4. 拉班迦玛列说,三位妇女可同时和面,然后可在同一座炉子上先后烘烤它。但是圣人说,三位妇女可同时处理这个面团,一位和面,一位擀面,一位烤饼。拉比阿吉巴(R. Akiba)说,不是所有女人、柴火和炉灶都是一样的。②这是总体的规则:如果这个面团发酵了,就请她用冷水拍打它。

5. 开始发酵的面团(si'ur)必须被烧掉;但是,吃它的人并不犯罪。完全发酵的面团(sidduk)必须被烧掉,吃它的人应被剪除。开始发酵的面团是什么样子呢? 它的表面出现似蝗虫触角的斑纹。那么完全发酵的呢? 面团表面的裂缝已完全纠缠在一起。拉比犹大如此说。但是圣人说,如果一个人吃了这两者中的任何一种,他都应被剪除。而开始发酵的面团是什么样子的呢? 它的表皮像一个人在受到惊吓时变得煞白的脸。

6. 如果14日刚好是安息日,那么在安息日之前所有发酵物都必须被清除掉。拉比梅厄(R. Meir)如此说。但是圣人说,直到指定的时间才能清除它。③拉比以利以谢·本·撒督(R. Eliezer b. R. Zadok)说,安息日之前,举祭(heave-offering)必须被除去,但普通食物要等到指定的时间。

7. 如果一个人要去屠宰用作逾越节祭品的牲畜、或给他的儿子进行割礼、或到他的岳父家吃订婚宴,并且已经在路上了,他忽然想起家里还有发酵物,如果他还有时间回家清除它并返回来履行他的宗教义务的话,那么就让他回去清除;但是,如果不是这样的话,那么他可以在心中清除它。如果他正要去帮助人们反抗进行踩躏劫掠的敌军、或去抗洪、或去灭火、或去挽救坍塌的房屋,并且已经在路上了,他可以在心中清除掉这个发酵物。但是如果他仅仅是去赴在某地点设的一场私人宴会,那他就必须立即返回去。

8. 同样地,如果一个人已经离开耶路撒冷,并想起他仍带着一块用来献祭的肉,这时他若已经过了斯科普斯山(Zofim)④,那么他可在当时当地焚烧它;但是,如果不是这样,那么他必须返回耶路撒冷,并在比拉(Birah)前用为祭坛的炉灶(Altar-hearth)准备的木头焚烧它。

---

① 犹太教中规定,人们在制饼时要将其中的一部分献给大祭司(kohen)。——编者注
② 赫伯特·丹比注此:"有些女人活慢,有些柴火发潮,有些炉灶加热慢,所以即使这样面团还是会因延迟而有发酵的危险。"
③ 赫伯特·丹比注此:"烧掉发酵物的做法会使安息日的某些规定无效。发酵的举祭可以提前被烧掉,因为它只影响少数人。但普通食物要是被烧掉,大多数人在安息日那天将没有食物可吃。"——编者注
④ 斯科普斯山(Mount Scopus)位于耶路撒冷东北方,在此可俯瞰耶路撒冷,有时作为耶路撒冷的边界在文献中出现。——编者注

到底有多少肉或发酵物他们才必须返回耶路撒冷呢？拉比梅厄说，在这两种情况中，都是一个鸡蛋大小的体积。拉比犹大说，在这两种情况中，都是一个橄榄大小的体积。但是圣人说，用来献祭的肉的体积是一个橄榄大小，发酵物的体积是一个鸡蛋大小。

第十二章

基督教

本章目的

- 在本章中，你将知晓耶稣的生平；理解基督教为何分裂为不同的教派；理解犹太教与基督教之间的关系；知晓几个世纪以来基督教教义是如何发展变化的。

关键词

福音书	传教士
使徒书信	普世教会
福音派	圣事
使徒	赎罪券

基督教大事年表

公元 1 年	耶稣诞生
29—33 年	耶稣被钉死于十字架
50—60 年	圣保罗的传教之旅
150 年	《新约》中的各个作品创作完成
313 年	在周期性迫害后,君士坦丁大帝发布使基督教合法化的《米兰敕令》
325 年	尼西亚公会议发布确认基督之神性的信经
379—395 年	狄奥多西大帝在位,他宣布基督教为罗马帝国的官方宗教
1054 年	东正教与罗马天主教会之间的分裂
1095—1291 年	十字军东征
1232 年	宗教裁判所的创立
1517 年	马丁·路德开始新教改革
1520 年至今	新教派别的数目激增
1562—1648 年	发生在新教徒与天主教徒之间的欧洲宗教战争
1648 年	《威斯特伐利亚和约》结束了宗教战争,为现代民族国家的政治秩序奠定了基础
1611 年	詹姆斯国王钦定本《圣经》出版
19 世纪 20 年代至今	新教传教活动的扩张
1830 年	约瑟夫·史密斯展示了《摩门经》并创立了耶稣基督后期圣徒教会
1830—1847 年	摩门教徒在美国遭到残酷迫害
1834 年	西班牙宗教裁判所关闭
1869 年	第一次梵蒂冈公会议
1870 年	罗马天主教会采纳了教皇永无谬误的教义
1895 年	新教基要主义在普林斯顿大学发源
1917 年	俄国共产主义革命引发了对基督徒的迫害
1945 年至今	殖民主义的终结促成了在非洲和亚洲的基督教本土化的新发展
1945 年至今	在欧洲和北美的世俗主义的迅速发展
1962—1965 年	第二次梵蒂冈公会议
1965 年至今	大多数基督教派展开关于妇女、男女同性恋者和变性人的角色的争论
1991 年至今	苏联和东欧共产主义解体,许多之前追求共产主义的国家中出现宗教复兴

本章提要

　　基督教是世界上最大的宗教。当今世界上有 20 多亿基督徒。[①]这意味着地球上大约有 1/3 的人口某种程度上认为自己是基督徒。自然，一个信徒人数如此之多的宗教一定包含各种不同的信仰和实践。一般来说，基督徒都信仰拿撒勒人耶稣的唯一性：耶稣以某种方式用他的死为人类赎罪，而他自己又从死里复活。基督徒一般还信仰圣餐和作为入教仪式的洗礼。他们持守这样一个理念：信仰者有一次生命，这一生决定他们死后的命运。他们通常认为，这种命运要么是在天堂永远享乐，要么是在地狱永远受苦。在基督教内部围绕这些基本主题有许多不同的表述。

[①] "Worldwide Adherents of All Religions by Six Continental Areas, Mid—2000," *Encyclopedia Britannica*, http://search.eb.com/eb/article?eu=371575, accessed November 1, 2002.

12.1 公元1世纪的世界

在罗马帝国处于顶峰的奥古斯都·恺撒（公元前63—公元14年）统治时期，基督教作为犹太教的一个宗派于公元1世纪诞生了。了解那个时代犹太教和罗马帝国的一些情况将有助于我们理解推动基督教创立的社会力量。

公元1世纪，绝大部分欧洲地区、北非和中东都在罗马帝国的统治之下。地中海是一个"罗马的内海"。罗马帝国的不同人民共享同样的语言和文化，这一文化结合了希腊、罗马的哲学和宗教的因素。在奥古斯都·恺撒及其后继者的统治之下，罗马军团几乎已征服了所能征服的一切。他们走到哪里，就将罗马文明、高效的行政官员和技艺精湛的工程师带到哪里。他们修建城市以及连接城市的道路。他们肃清了地中海上的海盗，使航海旅行十分安全。跨越这一广大地域的交流和旅行，从来没有这样安全和可靠。当基督教传教士——如使徒保罗——开始传播基督教福音时，罗马帝国为他们提供了道路。

除了以上提到的物质利益，罗马帝国还为其统治的地域带来了一种语言。当然，每一个被征服的民族都继续说自己的语言，但是，在罗马世界的任何地方，政府官员和商人头目除了本国语还应会说通用希腊语。[①]虽然罗马普通人的语言是拉丁语，但是，许多地位更高的人都接受过希腊奴隶和家庭教师的教育；他们发现希腊语是一种更美和更富有表现力的语言。而且，亚历山大大帝早已征服了后来成为罗马帝国的绝大部分地区，并在其军队所到的所有地区播下了希腊文化和希腊语的种子。因为古希腊曾是哲学的故乡，许多人认为美好而精确的希腊语是表述哲学和神学思想最好的工具之一。一位基督教传教士（例如保罗）可以在罗马帝国内到处行走，他肯定能够用通用希腊语与民众交谈。他还能用希腊语给基督教团体写信（使徒书信），而且知道他们能够读懂。

公元1世纪的罗马帝国是一个政治稳定的世界。罗马人以极其残暴的方式进行统治，但是他们却创造了一个相对和平的世界。奥古斯都及其后继人将罗马的和平（*pax*

---

① 通用希腊语（*Koine* Greek）是在整个希腊化世界使用的一种希腊语，它与古典希腊语略有不同。

romana）强加在被征服人民的头上；虽然它是严酷无情的，但它毕竟是和平的。当然，肯定发生过反对罗马政府的地方起义，如公元 66—70 年的犹太人起义；但是在这个时期，没有发生过大的国际战争。基督教就是在这样一个政治稳定、国际和平的时代中发展起来的。

公元 1 世纪的罗马世界并没有主流的宗教信仰。希腊人和罗马人有万神殿，但是大多数人已不再信仰诸神——至少在上层统治者中是这样。官方仍然为罗马诸神举行献祭仪式，但是民众却不支持这种仪式。帝国之内的各民族拥有自己的民族宗教，并且许多还很活跃。在犹太教中，最终将成为《密西拿》和《塔木德》的那些材料正在拉比手中不断生成。的确，犹太教在当时有许多来自其他宗教的皈依者。然而，在这段历史时期，帝国本身并不具有地位举足轻重的官方宗教，许多人正在寻找一种新的宗教来代替已死寂的或垂死的信仰。

许多人将占星术扒出来，作为解决人生问题的方案。其他人转向从各种东方宗教发展而来的新宗教。尼禄统治时期，密特拉教（Mithraism）——它从波斯思想发展而来——进入了罗马人的生活，而且很快在罗马士兵中成为一种十分受欢迎的崇拜。对奥西里斯（Osiris）的崇拜从埃及诸宗教传入罗马帝国。在希腊，对狄俄尼索斯的崇拜很普遍。这些宗教和其他所谓的神秘宗教，在罗马帝国的公民中赢得了大量的追随者。每一种宗教都向信仰者提供了某种形式的死后生活。许多教派都有秘仪，人们只邀请新入教者参加这种仪式。许多教派有圣餐和洗礼，这些仪式帮助信徒寻求永恒的生命。大多数神秘宗教在接纳信徒入教时，并不考虑他们的种族或社会地位。在罗马帝国——这里的很大一部分人口是奴隶——的均质化的生活中，这是一个重要的特征。

在公元 1 世纪，世界的另一个方面（在犹太教中，也可能在其他宗教中）是，在某些人中有这样一种预感，即世界正接近它的末日，或至少接近一个顶峰时刻；这个方面在今天正变得日益清晰。在巴勒斯坦的政治团体中有这样一种希望：将会有一位弥赛亚出现，领导人民推翻罗马可怖的统治。因此，在这个时代中，许多人会称自己为弥赛亚，或至少允许别人将他们称为弥赛亚。在生活于死海之滨库姆兰河畔的人中——这些人写出了人们普遍称之为死海古卷（Dead Sea Scrolls）的那些文献——有一种很快将接近时间终点的预感。这些人坚信世界末日快要到来，他们放弃正常的生活，来到空旷的原野，等待上帝的来临。拿撒勒人耶稣来到的就是这样一个悲惨又充满希望的世界。

12.2 耶稣的生平和教义

印度尼西亚雅加达国家大教堂的圣母马利亚圣坛

直到公元 1 世纪末,非基督教的文献中才开始提到拿撒勒的耶稣。即便此时,关于他的记录也十分模糊,对构建其生平事迹没有太大的裨益。非基督徒有时断言耶稣不是一位历史人物,因为直到 1 世纪末,他的生平只在基督教的故事中出现过。[①] 我们还不能证实这一点是否真实,但在公元 1 世纪关于他的生平的非基督教资料十分有限却是事实。我们知道的关于耶稣生平的唯一真实且客观的事实是,大约在公元 60—65 年,一群被称为基督徒的人开始在罗马帝国有了自己独立的身份,而且,在这个正常情况下会容忍各种宗教的帝国中,他们激起了人们的敌视和迫害。基督教成为许多官方和非官方团体迫害的对象,但是它仍在继续发展,直到公元 4 世纪,它成为罗马帝国当时残存部分的官方宗教。虽然现在研究基督教的学生可能不知道早期教会到底宣传什么,但是,这个组织的存在是不容置疑的。

宗教与暴力

对早期基督徒来说最为重要的是这样一个信念:彼拉多(Pontius Pilate)统治时期,拿撒勒人耶稣在耶路撒冷被钉死在十字架上,并从死里复活。在一些宗教中,对暴力行为的记载具有核心意义,基督教便是其中之一。基督徒在每年圣周期间纪念耶稣的死和复活。

[①] 非基督教文献中没有提到拿撒勒人耶稣的生平,这不能证明耶稣不存在,更可能是历史上的耶稣在其生前并没有被罗马作家严肃对待。这并不奇怪,因为在罗马的这段历史时期内,神秘宗教多如牛毛。

耶稣死后大约40年，这个组织的成员开始以他的死和复活为中心，撰写耶稣的生平传记。这些书籍（或福音）并不是一般意义上的传记，而是把大部分注意力放在耶稣一生的最后几个月上。书中只提了几句耶稣的童年或成年的早期，没有一卷福音书描述过耶稣的身体特征。即使是对耶稣最后几个月的具体细节的叙述，在四福音书中也有差异。如果最早的福音书是在耶稣死后40年写成的，如果所有的福音书都是由具有偏向性的、自称基督徒的人写成的，那么我们承认，它们可能不是客观资料的最可靠的来源。然而，尽管它们有这些不完美的地方，福音书仍是了解耶稣生平的最佳来源。

《马可福音》和《约翰福音》两部福音书以成年耶稣的布道为起始。只有《马太福音》和《路加福音》谈到他的诞生，并且只

一位非裔美国天主教神父为一个非裔美国女性施洗，旁边一名西班牙人见证洗礼过程。

有《路加福音》才包含了与耶稣童年相关的资料。读者必须做如下假设：对早期教会来说，在耶稣实际布道之前的岁月并不非常重要。在那些讲述他的诞生的福音书中，细节上也并不统一。然而，它们确实都认为耶稣诞生在大卫的故里——伯利恒（Bethlehem）。《马太福音》认为耶稣诞生的时间是在希律王（Herod the Great）去世（公元前4年）之前。① 无论是《马太福音》还是《路加福音》，都肯定耶稣的诞生之所以特殊，是因为他由童贞女马利亚所生。他们将这件事与公元前8世纪的一句话联系在一起。希伯来的先知以赛亚说："因此，主自己要给你们一个兆头，必有童女②怀孕生子，给他起名叫以马内利。"③

---

① 如果《马太福音》是正确的，那么耶稣生于公元前6—前4年。这是可能的，因为那些创建基督教历法、把时间标记为主前（B. C., before Christ）和主的年份（A. D., Anno Domini）的人生活在耶稣时代的几百年之后，他们可能只是将基督诞生的时间算错了几年。这个历法与所谓的公元（C. E., Common Era）相符。在这两个体系中都没有0年。
② 对希伯来文 almah 一词的翻译多年来一直是基督徒与犹太教徒之间争论的一个点。在其他语境中，这个词几乎一直指"年轻女子"。《马太福音》用希腊语词 parthenos 来翻译它，这个词的意思通常是"处女"。
③《以赛亚书》7：14。

所有福音书都同意，耶稣是加利利的拿撒勒居民。关于他的童年和成年早期，我们只在《路加福音》中被告知这样一件事：12岁的耶稣与他的父母一起到耶路撒冷过节，他沉浸在与律法师的讨论中，以致没有跟随同行的人返回拿撒勒。除了这件唯一的小事，耶稣13岁之前的生活再也没有被提及。自然而然，这个空白就导致了基督徒和非基督徒的各类推测。

所有福音书都将耶稣放在公元1世纪犹太教的历史背景中。他在他的教义中引用了《希伯来圣经》。每一位福音书的作者都将耶稣视为《希伯来圣经》之应许的实现。耶稣与他的使徒将犹太教会堂作为他们布道的起点。从《新约》中可看出，他们庆祝犹太教的节日，而且关注对犹太教律法的正确解释。耶稣经常表现出与公元1世纪犹太教的某些形式的差异，但是它们之间的相似性更为常见。

《路加福音》告诉它的读者，当耶稣开始布道的时候，他大约30岁。所有福音书都一致认为，他的第一次公开活动是在约旦河受施洗约翰的洗礼。约翰这个人物在福音书的叙述中也不清楚。《路加福音》说，他是耶稣的表兄弟。无论他们之间有什么关系，约翰在犹大是一个强大且有号召力的人物。当他宣讲悔改的福音时，一大群人来到约旦河畔听他布道。一批门徒跟从了他。多年之后，使徒保罗在以弗所遇到一些犹太人，他们只听说过约翰，没听说过耶稣。①

受洗之后，耶稣进入附近的犹大旷野，在此禁食40天，思考自己的事工的本质。根据四福音书的记载，在这期间，撒旦诱惑耶稣接受各种不同的通向荣华富贵的便捷道路。此后，耶稣回到加利利，并开始传道。他在加利利的村庄里选了一群追随者，他们就是之后耶稣的门徒。他们中的一些人原来是施洗约翰的门徒。四福音书列出了十二位门徒，但是，这个数字一定是发生过变化的。在耶稣布道期间，有时这群人中只有三四位门徒与他比较亲近，有时又似乎有几千门徒追随他。

我们并不知道耶稣公开布道的确切的时间长度。符类福音（《马太福音》《马可福音》和《路加福音》）中提到的布道中的事件可归置到一年中，从逾越节开始，到下一个逾越节结束。然而，《约翰福音》展现的耶稣的布道活动跨越了几个季节，似乎可填充三年的时间。传统上，基督徒接受《约翰福音》的框架，并称其为三年期布道。耶稣布道的地点也引起一些争论。符类福音展现的耶稣的布道活动主要在加利利，只在特殊情况下才出现在耶路撒冷。《约翰福音》说耶稣更多的布道发生在耶路撒冷附近的犹大。

---

① 《使徒行传》19：1—7。

所有福音书都一致同意，耶稣的公开事工包括传道和医病；无论对一小群门徒来说，还是对公共场合的大庭广众来说，他都是一位老师。在这个词语最确切的意思上，他的门徒把他称作拉比。无论是耶稣教义的形式还是内容，都被人们认同，并被认为与那些世界上最伟大的宗教导师的教诲相比也毫不逊色。[①] 耶稣有时会以直接和简单的陈述传播他的福音，如在登山宝训（Sermon on the Mount）中的八福：

> **文献摘选**
>
> 虚心的人有福了！
> 因为天国是他们的。
> 哀恸的人有福了！
> 因为他们必得安慰。
> 温柔的人有福了！
> 因为他们必承受地土。
> 饥渴慕义的人有福了！
> 因为他们必得饱足。
> 怜恤人的人有福了！
> 因为他们必蒙怜恤。
> 清心的人有福了！
> 因为他们必得见神。
> 使人和睦的人有福了！
> 因为他们必称为神的儿子。
> 为义受逼迫的人有福了！
> 因为天国是他们的。
> 人若因我辱骂你们，逼迫你们，捏造各样坏话毁谤你们，你们就有福了！
> 应当欢喜快乐，因为你们在天上的赏赐是大的。在你们以前的先知，人也是这样逼迫他们。[②]

然而，人们在想到耶稣时最常记起的是他所使用的那种比喻的传教方式。这里的比喻是指关于人性和人的事件的简短、易于辨识的故事。因为这些故事简短、美丽，耶稣的比喻是世界所有宗教中最为人们所牢记、被人们引用次数最多的教义之一。《路加福音》记载了数量尤其多的耶稣的比喻，读者能在其中找到浪子的故事、迷失的羔羊的故事和（可能是最著名的）善良的撒玛利亚人的比喻。

[①] 许多佛教、印度教和伊斯兰教的学者都对耶稣及其教义十分尊敬，尽管他们并不相信基督教信仰中所说的耶稣实际是上帝之子。
[②]《马太福音》5：3—12。

> **文献摘选**
>
> 有一个人从耶路撒冷下耶利哥去,落在强盗手中。他们剥去他的衣裳,把他打个半死,就丢下他走了。偶然有一个祭司从这条路下来,看见他就从那边过去了。又有一个利未人来到这地方,看见他,也照样从那边过去了。惟有一个撒玛利亚人行路来到那里,看见他就动了慈心,上前用油和酒倒在他的伤处,包裹好了,扶他骑上自己的牲口,带到店里去照应他。第二天拿出二钱银子来,交给店主说:"你且照应他;此外所费用的,我回来必还你。"①

要想在耶稣的全部教义中找到一个中心主题非常困难。基督教内部的不同群体倾向于将那些看上去支持他们立场的语句抽离出来,并声称这才是基督的主要教义。

耶稣的许多教义似乎是和平主义的。例如:

> **文献摘选**
>
> 你们听见有话说:"以眼还眼,以牙还牙。"只是我告诉你们,不要与恶人作对。有人打你的右脸,连左脸也转过来由他打;有人想要告你,要拿你的里衣,连外衣也由他拿去;有人强迫逼你走一里路,你就同他走二里。②

然而,如果说和平主义是耶稣对他那个时代的问题的全部答案,那也是错误的。在某一刻,他催促门徒拿起武器来(《路加福音》22∶36);在另一个时刻,他说他来到世间不是为了给世界带来和平,而是为了让世界动刀兵(《马太福音》10∶34)。

基督教内的其他群体主张,耶稣的核心教义是人民高于犹太教律法。的确,耶稣的许多行为和教义似乎暗示出对犹太教律法的漠不关心的态度。他在安息日为人治病,而且允许门徒在安息日走过田间时采摘谷物。他还说:

> **文献摘选**
>
> "入口的不能污秽人,出口的乃能污秽人。"③

这句话似乎将耶稣置于与犹太教关于洁净饮食的律法的冲突之中。然而,有时

---

① 《路加福音》10∶30—25。
② 《马太福音》5∶38—41。
③ 《马太福音》15∶11。

耶稣对犹太教律法是非常尊敬的：

> **文献摘选**
>
> 莫想我来要废掉律法和先知，我来不是要废掉，乃是要成全。我实在告诉你们，就是到天地都废去了，律法的一点一画也不能废去，都要成全。所以，无论何人废掉这诫命中最小的一条，又教训人这样做，他在天国要称为最小的。但无论何人遵行这诫命，又教训人遵行，他在天国要称为大的。[1]

的确，耶稣的许多教义与那一时代的大拉比的教义类似，这些大拉比的话被记录在《密西拿》中。

也有一些人选择从对即将来临的末日的压倒性关注这一角度，来看待耶稣的中心教义。阿尔伯特·施韦泽在他的经典《探寻历史上的耶稣》（*The Quest of the Historical Jesus*）中已指出耶稣言论中对末世论的强调。[2] 认同施韦泽观点的人，将耶稣视为一位相信世界已非常接近旧时代的末日和新时代的初生的领袖。许多人将这个新时代与耶稣返回人间、死人复活和死后审判联系在一起。

正如在福音书中发现的那样，耶稣的教义有许多方面。像所有伟大的宗教导师一样，耶稣关注人类的价值，警告人们财富的危险，并宣传在人类之间要有怜悯和同情。然而，他也是那个时代里的一个人，意识到罗马人对他的人民的沉重压迫，但是同样意识到以革命反抗罗马人可能将带来灾难。他已受到关于犹太律法的良好训练，而且在其中看到，如果正确运用它们，可能给人类带来巨大的好处；如果应用不当，那么也可能给人类造成沉重的压迫。耶稣还是一个在当时敏锐地意识到这个时代正接近一个顶峰的人，就像生活在死海附近的库姆兰河谷的艾塞尼（Essene）教团的修道士一样。因此，耶稣不能被轻易地塞入一个教条的模式中。

所有福音书都记载耶稣是一位神迹的施行者。不管现代的读者对这些神迹的本质可能持有什么态度，也不管当一些现代的基督徒试图为这些神迹寻找一个理性的解释时，这些神迹可能会给他们造成怎样的困惑和窘迫，福音书和早期基督徒的布道都是相当清楚的：耶稣施行神迹。他治愈了病人、盲人和瘸子；他给饥饿的人食物；他使死人复活；他赶逐污鬼；他在水面上行走并止住暴风。神迹是耶稣的世界里一个非常真实的部分，而且他经常行神迹，也从不夸耀。

---

[1] 《马太福音》5：17—19。
[2] Albert Schweitzer, *The Quest of the Historical Jesus*, trans. W. Montgomery (New York: Macmillan, 1964).

在公开布道一段时间之后，反对耶稣的敌对者开始发展起来。对他来说，远离人群——既离开朋友又离开敌人——并定期休息就成为必要的了。趁着这样一个机会，他向北来到凯撒利亚腓立比（Caesarea Philippi），与他最亲近的门徒单独在一起。在此，他问他的门徒：

> **文献摘选**
>
> 耶稣和门徒出去，往凯撒利亚腓立比村庄去；在路上问门徒说："人说我是谁？"他们说："有人说是施洗的约翰，有人说是以利亚，又有人说是先知里的一位。"又问他们说："你们说我是谁？"彼得回答说："你是基督。"①

这是耶稣的门徒和他自己将其身份确定为一个弥赛亚人物的最清晰的表述。在这个表述之后，他又提出这样一个警告：他很快将要到耶路撒冷，并被处死。

在这些事件之后，耶稣和他的追随者踏上了前往耶路撒冷的南方之旅。他们在庆祝逾越节期间到达耶路撒冷，当时，这座城市挤满了来自全世界的流散犹太人社团的朝圣者。这是一个充满巨大期望的时节，因为它纪念耶和华为了他的子民对历史进行的最伟大的干预。在他去世前的一个星期天，耶稣进入耶路撒冷城，并受到人们的广泛欢迎和称颂。在这一天和之后的时日里，耶稣的大部分时间在圣殿中度过，他在此布道并与他的对手辩论。每天下午，他离开这座城市并前往几英里之外一座名叫伯大尼（Bethany）的村庄，待在他的朋友马利亚（Mary）、马大（Martha）和拉撒路（Lazarus）的家中。

星期四夜晚，耶稣进入耶路撒冷并与他的门徒一起吃最后的晚餐。所有的福音书都没有说清楚这是逾越节的盛宴还是一顿普通的晚餐。他与他的门徒一起分享饼和葡萄酒。《路加福音》将这顿最后的晚餐描述如下：

> **文献摘选**
>
> 耶稣接过杯来，祝谢了，说："你们拿这个，大家分着喝。我告诉你们，从今以后，我不再喝这葡萄汁，直等神的国来到。"又拿起饼来，祝谢了，就擘开，递给他们，说："这是我的身体，为你们舍的，你们也应当如此行，为的是记念我。"饭后也照样拿起杯来，说："这杯是用我血所立的新约，是为你们流出来的。"②

---

① 《马可福音》8：27—29。
② 《路加福音》22：17—20。

对基督徒来说，这些话是整部《圣经》中最重要的言论之一。它们产生出最广泛和最普遍的基督教仪式——主的晚餐，但它们也引发了激烈的争论。一些基督徒，尤其是罗马天主教徒认为耶稣的这个论述支撑着以下教义：在这个仪式中，饼和葡萄酒变成了基督的肉和血。大多数新教徒相信，饼和葡萄酒是基督的象征，使人忆起他为人类的献祭，但是，它们并没有真正变成他的肉和血。这个争论似乎永远不会得到解决。

吃过晚餐后，耶稣与门徒一起出城，来到客西马尼园（Garden of Gethsemane），在此，耶稣进行了几个小时的祈祷。他最亲近的门徒之一犹大出卖了他，圣殿的门卫将他逮捕。第二天清晨，耶稣在犹太教公会（Sanhedrin）受审。之后，他又在罗马的犹太总督彼拉多面前受审，并遭到兵丁的殴打。加利利分封的王希律·安提帕（Herod Antipas）也见了他。

最后，大约在早晨9点，他被送出耶路撒冷城，并与两位重罪犯一起被钉死在十字架上。据福音书记载，当耶稣逝世时自然界发生了一系列的灾难性变化。到下午3点，他就死去了。人们将他从十字架上取下来，埋葬在附近一个借来的坟墓中。

福音书说，对耶稣的反对主要来自犹太人的领导集团，尤其是法利赛人的党派，而且他们要为耶稣的死负责。法利赛人是犹太教内部的一个主要由平民组成的群体，他们的神学观点是相当自由和进步的。他们相信死而复活，而且除了摩西五经，他们也接受其他经书进入圣经典籍中。《新约》将几位耶稣的门徒列为法利赛人，其

《最后的晚餐》（*The Last Supper*），哈伯特·鲁兰德（Hubert Ruland, 1854—1906）。

中包括早期教会最伟大的传教士保罗。事实上，在耶稣与法利赛人之间有更多的相似性，而不是有更多的差异。一些人暗示，耶稣本人就是一位法利赛人。

其他反对耶稣的势力是撒都该人，他们是一个控制耶路撒冷圣殿的贵族集团。从神学上说，他们是非常保守的，而且只把《圣经》的前五卷书作为上帝的话接受下来。福音书将撒都该人的领导者呈现为在耶路撒冷审判耶稣，并最终要对他的死负责的人。

毫无疑问，耶稣受到犹太教内的另一个党派，即奋锐党人的反对。奋锐党人在耶稣诞生之后不久产生于加利利，是一群利用每一个机会发动革命的反罗马的狂热爱国者。虽然耶稣最亲近的门徒之一也被列为奋锐党人，但是这个党派还是不喜欢耶稣，因为后者拒绝当反罗马的政治革命领袖。①

宗教与暴力

虽然福音书将耶稣的主要敌人说成是犹太教内部的这些群体，但是，最终的和致命的敌对势力却一定是来自罗马政府。因为奋锐党人和其他持不同政见者的组织，罗马人在犹太的统治从来都不轻松。从公元前63年庞培进入耶路撒冷的时代起，经过公元前1世纪希律王统治时期，再进入公元130—135年这个历史时期，对罗马人来说，犹太国从来没有平静过。福音书说，在逾越节期间，耶稣进入耶路撒冷城，由此开始了他一生的最后一个星期。他骑着一头驴，受到一大群人的欢迎，就好像他是一位征服这座城市的英雄一样。因为耶稣来自奋锐党人的家乡加利利，而且人们知道他的一些亲近的追随者带有武器，罗马当局自然会假定这是一位潜在的危险人物。

在福音书的记载中，犹太人的领袖和逾越节期间在耶路撒冷过节的人群应该为耶稣的死负责。这些记载为以后两千多年大部分的反犹情绪和对犹太人进行的迫害奠定了基础。②如果不是出于罗马当局的意图，耶稣肯定不会被处死。他是被一群罗马士兵按照罗马驻犹太地区的总督彼拉多的命令，依据罗马人的方式钉死在十字架上的。而且，福音书清楚地阐明，耶稣的死是为了把全人类从罪中拯救出来，这只能意味着所有人都对他的死负有责任。

耶稣是在星期五被钉死在十字架上的，在星期五晚上之前被放入坟墓。当一群妇女在这个星期天的早晨来照看他的遗体的时候，她们发现坟墓空了。四福音书对

---

① 不太知名的门徒之一西门（Simon）是奋锐党人。请参看《路加福音》6∶15。
② 第二次梵蒂冈公会议（The Second Vatican Council，1962—1964）发表了一个声明：虽然犹太教的权威要求处死耶稣，但是他的死不能要求所有犹太人负责。

接下来发生的事的记述不同:《马可福音》记录说,这群妇女发现这座坟墓是空的,她们与一位在那里的年轻人交谈,他告诉她们说,耶稣已经复活并去了加利利。其他福音书的记述更为详细。在这些记述中,在以后的40多天的时间里,耶稣在不同的时间、在耶路撒冷和加利利向不同的门徒显现。最后,他在耶路撒冷之外的橄榄山聚集他的朋友,并升天。然而,所有福音书都同意,这座坟墓是空的,而且耶稣战胜了死亡。大多数福音书都同意,在他复活之后,一些值得信赖的目击者看到了他。《路加福音》提到,一些使徒怀疑耶稣的复活,他就吃了一片烧鱼以证明他不是一个幽灵或灵魂,而是一个活人。① 耶稣死而复活这个事实成了早期基督教会和几乎所有后来的基督教团体和派别的核心内容。

12.3 早期基督教

耶路撒冷教会

在耶稣复活和升天之后,他的门徒在耶路撒冷聚集。他们可能出于对陷入与耶稣同样命运的恐惧而联合在一起。然而,在五旬节②(在逾越节之后50天),因为圣灵的降临,基督徒变得更加勇敢,他们走上耶路撒冷的大街,宣传自己的信仰。不可思议的是,他们能使用从前不知晓的语言传道,因此许多人加入他们。

耶路撒冷的这群最初的基督徒和那些后来在全世界兴起的基督徒群体,被他们自己和其他人视为犹太教的另一个宗派,指出这一点至关重要。从背景来说,这个群体的成员还是犹太人,他们的圣经是《希伯来圣经》,他们继续在耶路撒冷的圣殿进行敬拜。使他们与其他犹太人区分开来的唯一东西,是他们相信拿撒勒人耶稣在某些方面是独特的。这些早期基督徒的确切信仰是很难严格定义的。基督教神学的系统化是几个世纪之后的事情,而且是在长年的争论之后。

我们关于耶路撒冷教会的知识来自《新约》中《使徒行传》的记载。这个群体的领导权似乎主要由两个人掌握。第一位是西门·彼得(Simon Peter),他是耶稣门徒的核心成员之一。虽然这个组织在早期很松散,但彼得确实是教会的主要发言人。在《使徒行传》中也提到耶稣的其他门徒,但是,似乎没有任何人具有彼得的权威。

---

① 《路加福音》24:43。
② 基督徒以它的希腊名字Pentecost称呼这个节日。

在耶路撒冷越来越有影响的第二位领导人是耶稣的兄弟雅各（James）。据传说，在耶稣布道期间，雅各并不是耶稣的门徒，但是，在耶稣死而复活之后雅各就信了他。当彼得去其他团契时，雅各就承担起耶路撒冷教会的领导职务。除了这两位人物，似乎没有其他的正式领导人。

据《使徒行传》记载，人们选出七个人来为耶路撒冷的基督徒分发供给之物。其中一个人物是司提反（Stephen），他不仅服侍教会，而且还在大街上传道。他的布道激怒了耶路撒冷的权威，以致遭到官方的指控并被用乱石砸死。这样，司提反成了基督教信仰的第一位殉道者。他的死只是在耶路撒冷发生的迫害基督徒的一系列事件之一，因为人们对他们的敌视日益增加。这些迫害活动使许多基督徒离开耶路撒冷，并把他们的信仰带到犹太的其他地区和罗马帝国的其他中心城市。

保罗的生平

几乎《使徒行传》的一半内容都是在描述保罗的传教活动，而且传统上，人们把他视为《新约全书》14卷书的作者，所以保罗是最著名的早期基督徒。毫无疑问，在早期教会中的其他传教士也像保罗一样走得如此之远，并像他一样做了如此之多的事情，但是，《新约》并没有关注他们。保罗之所以重要，不仅因为他是早期信仰的一位传教士，而且因为他作为一位神学家做出了很大贡献。他是最早试图系统阐述基督教信仰的人之一。的确，保罗有时被称为"基督教的第二位创建者"。

根据在《使徒行传》中记载的传记资料和从他的书信中可收集到的传记资料，保罗是在小亚细亚的大数（Tarsus）的流散犹太人社团中被养大的。他既受到犹太教传统的教育，又受到希腊传统的教育。他师从大拉比迦玛列（Gamaliel）并且是法利赛党的成员。

宗教与暴力

保罗原来是一位反基督教的强硬分子，当耶路撒冷的反基督教情绪已演化为积极的迫害时，保罗成了一位领袖并看到司提反被人拿石头砸死。在去大马士革迫害基督徒的路上，他忽然被从天发的光击倒，并从基督徒的敌人转变成代言人。

经过一段时间的学习之后，保罗就开始传扬基督教。在不同的伙伴的陪伴下，他走遍了整个罗马帝国，一开始是在犹太教会堂传道，此后，又向外邦人传道。相比其他人，也许保罗更为有力地领导了这样一场运动，即允许外邦人在不首先成为

犹太人和遵循犹太教律法的情况下成为基督徒。这既成了基督教的优势，也成了它的劣势。它的优势在于，几乎任何背景的异教徒都可轻易地入教，无须像入犹太教那样做长期艰苦的准备。这使基督教有可能成为一个独立的普世宗教，而不再是犹太教的一个教派。它的劣势在于：它在教会与犹太教会堂之间打入一个楔子，这个楔子从此以后再也没有被取出过。

> **宗教与暴力**
>
> 　　保罗与他的同伴共有三次传教之行，《使徒行传》论述了这些传教之行。在这些传教之行中，他们到过小亚细亚和希腊的许多城市。在完成他的传教之旅后，保罗回到耶路撒冷，在此，他被罗马当局逮捕。他在凯撒利亚被监禁了几年，并最终被押解到罗马，他在此受到凯撒的审讯。《使徒行传》以保罗于公元60年左右进入罗马告终，关于他的余生，《圣经》中并没有资料可查。传说他在尼禄皇帝迫害基督教会期间（公元64年）关押于罗马并被处死。
>
> 　　传说彼得——他已成为罗马教会的主教——也大约在同一时间在此地被处决。罗马历史学家塔西陀在自己的《编年史》（*The Annals*）——写于尼禄皇帝迫害基督教之后大约50年——中认为，尼禄发动对基督徒的迫害运动，是为了推卸他纵火焚毁罗马城的责任。这是罗马当政者对基督徒的第一次正式迫害活动。

早期教会的敬拜

　　显而易见，基督教会根据在犹太教会堂使用的敬拜形式，如法炮制了自己的敬拜礼仪。耶路撒冷教会——直到这个教会与这座城市在公元70年一起被毁灭之前，它一直存在并行使它的权威——仍然将圣殿用作敬拜场所。它甚至可能继续举行在那时是圣殿敬拜的一部分的牲祭。无论保罗走到哪里，他都首先找出当地犹太教会堂，在其中传道。毫无疑问，在犹太教会堂的敬拜中占很大比重的祈祷、读经、唱赞美诗和简单的布道也是早期基督教敬拜的一部分。

　　除了这些形式的敬拜，基督徒还补充了其他形式的敬拜。从最早的时候开始，洗礼显然就是基督教敬拜的一部分。作为加入一个新的信仰的仪式，法利赛人在接纳改宗者入犹太教时举行洗礼。作为悔改的象征，施洗约翰在约旦河中为人们施洗。即使在耶稣布道期间，他的门徒也为加入基督教的人施洗，无论保罗走到哪里，他都为新入教的人施洗。

无论是基督教洗礼的形式还是意义，都是贯穿整个基督教会历史的争论的对象。baptize一词来自希腊语词汇 baptizein，意思为"使浸没"。约翰很可能是在约旦河中浸洗信徒。随着基督徒的数量日益增多，很难找到一片大得足以浸洗新教徒的水洼或河流，这可能导致了一种更为适度的洗礼形式。① 在入教者的头上倒水或洒水作为洗礼的适当形式被人们接受下来。但也有一些基督教的社团继续以浸没的方式为新入教会者施行洗礼。

我们并不清楚耶稣的门徒为什么施行洗礼，《新约》也没有清楚地告诉读者为什么早期教会一直在施行洗礼。最初它看上去是身份变化的一个外部标志，即从异教徒的生活变为基督徒的生活。在后来的岁月里，它有了更深刻的意义。最后，人们将洗礼理解为洗去原罪。在《新约》的记载中，接受洗礼的教徒都是成年人，而洗礼对于救恩变得越来越重要了；最后，人们也对婴儿施行洗礼，以尽快洗去原罪的污点。② 如果我们想想在开始为婴儿实施洗礼的那个时代里，婴儿的死亡率是如何之高，这一点就很容易理解了。无论洗礼的原初方式和意义可能是什么，不久之后，它演变为通过在一对基督徒父母的婴儿身上洒水来实施，并且，这成为教会的一件圣事。

早期基督徒的第二个补充是圣餐礼（Eucharist），或称圣餐（communion meal）。这可能是根据犹太教的逾越节家宴如法炮制的：当这个社团的成员在仪式中分享圣餐的时候，他们一起回忆神的历史。但具体来说，这一仪式借鉴的是耶稣在临死前的晚上与门徒共进晚餐的模式。在教会的早期历史中，对基督徒来说，聚集在一起享用圣餐并记念耶稣之死已成为惯例。可能它仅仅是一顿由饼和葡萄酒构成的晚餐，也可能包括其他食品。③ 无论是关于圣餐的方式还是意义，在教会内部一直有争论。最后，圣餐成为这样一个神圣的餐宴：在其中，饼和葡萄酒实际变成了耶稣的肉和血；吃掉它们的个人实际上是在吃耶稣的肉，饮耶稣的血，这样，他们的灵魂变得圣洁了，也有助于他们通往最终救赎的道路。

早期教会的领导人

早期教会并不是一个组织严密的结构。它非常小，而且对自身的存在没有明确

---

① 一些基督徒继续以浸没的方式进行洗礼，认为这种洗礼方式保留了最早的基督教社团的习惯。
② 这一习俗来自这样一个信仰，即只有那些受洗的人才能获得拯救。有鉴于在现代社会之前婴儿死亡率非常高，我们可以把这种风俗理解为出于仁慈。
③ 保罗对哥林多教会的警告说明，早期基督徒所吃的晚餐并不总是有节制的或简单的。请参看《哥林多前书》11。

的态度。无论是《使徒行传》还是保罗书信都指出，许多基督徒都觉得耶稣可能会在任何时间回到人间，因此，教会无须有一个严密的组织结构。随着时光的流逝，耶稣不会立即返回人间已是显而易见的事情了。由于基督徒数量的增多和关于基督教的各种解释的增多，对教会来说具有一个更为完整的组织就成为必要的了。在教会中总是有杰出的领袖，如彼得、保罗和雅各；显而易见，他们没有头衔，他们从与耶稣的关系和他们的人格力量中获得权威。罗马天主教会认为，耶稣意在使彼得成为教会的基石。这个观点基于以下《圣经》中的段落：

> **文献摘选**
>
> 西门·彼得回答说："你是基督，是永生神的儿子。"耶稣对他说："西门·巴·约拿，你是有福的！因为这不是属血肉的指示你的，乃是我在天上的父指示的。我还告诉你，你是彼得，我要把我的教会建造在这磐石上；阴间的权柄不能胜过他。我要把天国的钥匙给你，凡你在地上所捆绑的，在天上也要捆绑；凡你在地上所释放的，在天上也要释放。"①

虽然在《新约》中没有提到这件事，但是，一个强大的传统认为，彼得来到了罗马并成为这座城市的教会领袖，作为他的继任者的主教成为罗马教会的教皇。

《新约》提到几类早期教会的领袖，但是，从来没有清晰地描述过他们的角色。其中一类领袖是主教（bishop，或称"监督"）。"主教"一词在希腊词中是 *episkopos*，它的字面意思是"牧羊人"。保罗在《提摩太前书》和《提多书》中确立了这个职分的资格标准，主教似乎要在一定的地理区域内管理教会。另一个职分是执事（deacon）。耶路撒冷教会选出的前七位神的仆人经常被当作执事，虽然《新约》从来没有这样称呼他们。正如 *diakonos*（仆人）一词所示，执事的职分是一种服侍。② 执事的资格标准和主教的资格标准一样严格。

在《新约》中，长老（*presbyteroi*）也被认为是教会的领袖。《使徒行传》在犹太教的长老与基督教会的长老之间建立了清晰的联系。显而易见，后者是被赋予权柄可以凭借他们的年龄和智慧断定宗教事务的长者。保罗的书信指出，长老也宣教和布道。除了这些职分，《新约》还提到传道人、先知、使徒、牧师（pastor）和教师。

---

① 《马太福音》16：16—19。
② 《新约》在几处列出了担任执事的妇女的名字（请参看《罗马书》16：1）。这可以证明，至少在教会的早期，领导会众的既可能是男性，又可能是女性。

然而，《新约》从来没有为读者列出这些领袖的功能的完整名目。

《新约》时代（大约公元30—150年）的基督教会，无论在信仰上还是在结构上都是不定型的。没有任何一个强大的组织将一个信条强加在基督徒的群体之上；因此，在他们的信仰和实践方面差异很大。保罗必须不断地纠正他认为罗马世界不同地区的基督徒所持有的错误教义。在接纳外邦人加入教会这个问题上，他与许多耶路撒冷的领导人有分歧。罗马帝国内的各个城市的教会似乎组织得比较松散，当犹太教会堂允许的时候，他们就在犹太教会堂聚会，当无法做出其他安排时，他们就在私人家庭中聚会。他们很快将敬拜日从星期六（犹太教的安息日）改为星期天——这是耶稣死而复活的日子。显而易见，基督教会的神职人员几乎没有任何官方身份，而且他们的布道一般没有酬劳。人们偶尔为基督教的传道人拿出一点奉献，但是在大多数时候，他们都凭借经商或靠自己的技能生活。

《新约》的产生

早期教会的圣经是《希伯来圣经》。基督徒阅读《以赛亚书》《弥迦书》和《撒迦利亚书》，并在它们之中看到了关于耶稣生命的预言。随着时光的流逝，特殊的基督教作品开始发展起来了。最早的基督教作品可能是保罗写给他建立起来的基督教会众的信（使徒书信）。在公元1世纪的50年代和60年代，他开始写这些信。《新约》27卷书中有14卷被认为是保罗所写，虽然现代学者怀疑这14卷书并不全出于他的手笔。[①] 这些书信是保罗思想的文选。它们包含就教义、领导人和敬拜问题向早期教会提出的劝告。除此之外，它们包含在其他地方无法找到的关于保罗和其他早期教会领导人的一些传记资料。尤其是在他致古罗马人和古加拉太人（Galatian）的书信中，保罗阐述了对耶稣的生命、死和复活的重要性的第一个系统的理解。

毫无疑问，在耶稣死后的岁月里，基督徒撰写了有关他的生平和言论的回忆录。我们可以猜测到，人们之所以编纂他的教义的文集，是为了教导归信基督教的人。然而，基督徒可能并未慎重地试图去撰写耶稣的历史，因为他们正期望他立即返回人间。随着时光的流逝，而且由于认识耶稣的人也开始离世（无论是死于年老还是死于迫害），能够非常确切地重述耶稣生平的基督徒越来越少了。

[①] 受到人们最普遍质疑的书卷是《以弗所书》《提摩太前书》《提摩太后书》和《提多书》。

> **宗教与暴力**
>
> 公元70年，罗马军队包围耶路撒冷，终结四年前开始的犹太人革命。到夏末，耶路撒冷及其圣殿就被毁灭了，与它们一起被毁灭的还有耶路撒冷教会和许多耶稣生平的见证人。可能正是这个事件促使一位基督徒去收集关于耶稣生平最后几个月中所发生事件的简单陈述，并写成《马可福音》。在接下来的十年，两部更为详尽的福音书（《马太福音》和《路加福音》）以《马可福音》为基础被撰写了出来。

在内容、年代顺序和所传达的信息方面，与其他福音书最为不同的是《约翰福音》。虽然我们无法确定这部著作的创作年代，但是，据推测这部书是于公元90年至100年之间写成的。《使徒行传》（对耶路撒冷早期教会的记载）可能是由《路加福音》的作者为这个福音写出来的续篇。[①]

其他无名作者的书信可能撰写于公元90年至150年，它们构成了目前《新约》中的8卷书。除了这些书，还有其他许多书信、福音书和历史书创作于最初几个世纪，并在基督徒中传阅。但是，它们并不足够普及或具有权威性，所以未能被保存下来。《新约》所含的确切书卷和书卷的数量可能在教会生活的最初几个世纪里仍处在不停的变动中。直到公元4世纪，亚历山大的亚大纳西（Athanasius）以其权威确立了构成《新约》的27卷书。尽管这一经典得到官方的认可，但是晚至16世纪，人们对像《希伯来书》《雅各书》和《启示录》这类书卷仍有诸多质疑。

早期神学争论

正如我们已经指出的那样，因为早期基督教并不是一个严密组织的团体，没有一个确定的信条，而且它包含各种不同的成员，所以早期基督徒也持有许多不同的信仰。在接下来的岁月里，教会确立起教义并支持正统的神学。后来的基督徒把那些不符合这些教义内容的早期信徒称为异端。

早期教会中最著名的争论主要围绕着诺斯替教派（Gnostics[②]）这个分布广泛并且信仰多样化的组织。现在Gnostic一词包括了早期基督徒中很多纷杂的信仰和实践，

[①] 这段文字陈述了福音书发展的缘由，此处给出的创作顺序和创作年代是人们最广泛接受的说法。然而，这一说法并不为所有基督教学者所接受。

[②] 这个名字衍生于gnosis一词，它是一个希腊语词，意思是"知识"。诺斯替主义者声称拥有大多数凡人所不可能知道的某些神秘知识。

很难对它做出精确的定义。然而，大多数权威似乎都同意诺斯替教徒共有一个信仰，即所有人都有一种神圣的火花。这个火花是永生的，而且来自一位人们不知道的神。诺斯替教徒还相信正如我们知道的那样，这个宇宙是被邪恶力量控制的。因此，必须有一位拯救者从这位我们不认识的神那里来到人间，并为人类提供关于神的知识，借此，这个在人类中的神圣火花能够与它的创造者再次结合。一些诺斯替教徒似乎相信精神是善的，肉体是邪恶的。因此纯粹精神的至高神不可能创造这个肉体世界，一定是某个次要的神创造了这个肉体世界。

诺斯替教对正统基督教的主要攻击是，诺斯替教否认作为神的基督能与作为人的耶稣完全等同。许多诺斯替教徒说，耶稣只是显现为人，但实际上却是纯粹的精神；因此，他的生平、教义和死而复活是不太重要的。[①] 诺斯替教还是一个融合不同宗教思想和哲学思想的运动，它的教义借鉴了晚期犹太教、基督教、希腊和波斯及埃及宗教、希腊哲学和密教的思想。虽然人们将诺斯替教徒指为异端，早期教会议会也谴责他们的教义，但他们的"肉体是邪恶的、精神是神圣的"这个信仰对基督教具有长期的影响。从历史上看，比之耶稣的人性，教会更为注重他的神性，它鼓励基督徒否定肉体，荣耀精神。

1945年，人们在埃及的纳格哈马迪（Nag Hammadi）发现了早期基督教诺斯替教文献的一系列代表书卷。在对它进行多年的研究、编纂和翻译之后，人们可用英语来研究这些诺斯替教的书卷了。[②] 诺斯替教的研究人员第一次能够依赖第一手的诺斯替教派的资料，来尽力理解这个具有魅力的异端教派。

另一个早期争论关系到马西昂教（Marcionism）。本都主教的儿子马西昂于公元140年来到罗马，谋求一个教职。我们并不清楚马西昂是否是一位真正的诺斯替教徒，但是，他信仰他们的许多教义。显而易见，他信仰二元论。他教导人们说，有两位神，一位是世界的正义之神，他创造了世界；一位是善良之神，他是耶稣基督的父神。他说，全人类从本性上说是正义之神的儿子。耶稣来到世上把我们从这位神的统治下拯救出来。马西昂相信，作为创造者的神是在《旧约》中宣讲的神。因此，基督徒的《圣经》中不应包含《旧约》。马西昂和他的门徒认为创造的秩序毫无价值，所以他们是禁欲主义者和独身主义者。

虽然这个神学吸引了许多追随者，但是公元144年，马西昂被开除教籍。他于公元160年去世，但他的教义仍在某些圈子内受到欢迎。即使在今天，人们仍然能

---

① 诺斯替教的这一方面被称作幻影说（Docetism）。
② 请参看James M. Robinson, gen. ed., *The Nag Hammadi Library* (New York: Harper & Row, 1977).

够听到基督徒说，《旧约》的神是易怒的和执行审判的神，而《新约》的神是一个爱人的神。

早期基督教的另一个争论是关于孟他努主义（Montanism）。公元2世纪中叶，孟他努教导人们说，圣灵——三位一体（圣父、圣子和圣灵）的第三位格——不应被教条所抑制，而应自由地在基督徒中运行，促使他们说方言和预言。他还教导人们说，世界的末日很快就要到来了，那时基督也会回到人间。虽然孟他努具有一群狂热的门徒，但是，到公元4世纪，他的运动就几乎消失了。在基督教会的整个历史中，偶尔地，仍有类似于孟他努主义的灵恩运动。

为了抵制这些以及其他"异端"组织，正统基督徒很有必要做出一个关于信仰的陈述。这个陈述必须非常简单，以便于人们记忆和定期使用；与此同时，它还必须足够透彻，以便有效地打击异端。于是产生了所谓的《使徒信经》（Apostles' Creed）。虽然这部信经的确具有早期权威的语气，但是，具有批判精神的人不可能相信这部信经是由彼得、雅各和约翰撰写的。这部信经的以下陈述出自约公元340年：

文献摘选

我信上帝，全能的父，创造天地的主。
我信我主耶稣基督，上帝独生的子；
因圣灵感孕，为童贞女马利亚所生；
在本丢彼拉多手下受难，被钉于十字架，受死，埋葬；（降在阴间；）
第三天从死人中复活；
升天，坐在全能父上帝的右边；
将来必从那里降临，审判活人死人。
我信圣灵。
我信圣而公之教会；（我信圣徒相通；）
我信罪得赦免；
我信身体复活；
我信永生。[①]

[①] Martin E. Marty, *A Short History of Christianity* (New York: World Publishing Company, 1958), p. 75.

12.4 罗马教会的发展

在基督教早期，耶路撒冷执掌教会的领导权。公元70年之后，其他城市，如亚历山大和安提阿接管了领导权。这些城市产生了许多杰出的思想家，人们将他们称为教父，他们的作品影响了所有时代的基督教。罗马帝国的每一座大城市都有一位主教；哪座城市更大更有影响，它的主教的权力就越大。人们将亚历山大、安提阿、凯撒利亚和罗马的主教都视为早期教会的领袖。最后，罗马教会的主教成为所有主教中最重要的主教，而且被人们称作教皇（Pope）。这个高升是有几个原因的。

首先是彼得——耶稣将他挑选出来，作为建立教会的基石——已成为罗马教会的第一任主教，并将自己的权力传递给接替他的主教。这样，罗马教会就拥有一个非常强大的传统。

第二，第一位支持基督教的罗马皇帝君士坦丁，于公元330年将他的政治首都从罗马迁往拜占庭，而罗马城内没有任何强大的政治领袖。罗马教会的一系列强大的主教填补了这个空缺，西方的统治者将他们看作极为重要的人物。

第三，各种教义争论使得东方教会四分五裂，没有任何一位主教能为所有东方基督徒说话。然而，西方相对来说与这些争论没有多大关系，罗马主教可代表一个被广泛接受的正统发言。

这样，通过偶然事件与有能力的领导人的结合，罗马教会在基督教世界中逐渐成为占主导地位的教会，它的主教成为基督教的教皇。

基督教成为罗马帝国的国教

宗教与暴力

公元64—330年，基督教经历了受罗马帝国迫害和被其接受的几个阶段。从官方的角度说，罗马帝国容忍所有宗教。然而，基督徒也偶尔遇到麻烦，因为他们拒绝接受罗马的官方神并在正式场合敬拜他们。犹太人也为此产生骚乱。除此之外，罗马人还控告基督教派有各种邪恶行为。基督徒有很多都来自奴隶阶级，他们经常秘密聚会，所以罗马人控告他们举行邪恶的神秘仪式，在其中吃人肉和喝人血。罗马人还控告他们有不道德的性行为。

随着基督徒人数的增加，因为他们拒绝首先忠于罗马皇帝，还因为他们有时拒绝服兵役，罗马对他们的敌意逐渐加深。这经常演变成对基督徒的迫害。尼禄对基督徒的迫害是局部的和短暂的。图密善皇帝（Domitian，在公元81—96年统治罗马）坚持认为，帝国的公民应敬拜他个人，紧接着就发起第一次对拒绝敬拜他的基督徒的广泛的迫害活动。这种迫害可能形成了约翰《启示录》的写作背景。早期对基督徒的迫害还导致了殉道的神圣性这一传统的发展，这一传统一直持续到今天。

公元2世纪，经过一段平静的时期之后，又发生了对基督徒的严重迫害。在罗马帝国，基督徒的合法地位从来没有得到保证；地方官员随时可以开始迫害他们。在哈德良（Hadrian，公元117—138年的罗马皇帝）和马可·奥勒留（Marcus Aurelius，公元161—180年的罗马皇帝）的统治之下爆发了一场广泛的针对基督徒的迫害活动。在这个时代，由于内部力量与外部力量的纷争，古老的罗马帝国分裂了。罗马帝国的皇帝们经常将基督徒视为对古老罗马帝国的统一和力量的威胁。他们之所以迫害基督徒，是因为他们希望恢复在基督教产生之前的罗马时代。

对基督徒的时断时续的迫害活动在公元303年，即在戴克里先（Diocletian，公元284—305年的罗马皇帝）的统治下，在一场持续十多年的全帝国范围的运动中达到它的顶峰。在这个历史时期之后，就是君士坦丁大帝的统治。君士坦丁并不是基督徒，但受到作为基督徒的妻子和母亲的强烈影响。公元313年，君士坦丁发布了《米兰敕令》，这个敕令赋予基督教和其他宗教一样的特权。官方对基督徒进行的迫害活动从此告终。公元325年，君士坦丁召集尼西亚公会议（Church Council of Nicaea）以结束基督教各宗派间关于基督本质的争论。12年之后，当君士坦丁临死的时候，他最终接受了洗礼并成为一名基督徒。

君士坦丁之后的几个皇帝试图使这个潮流逆转，并返回到旧的罗马宗教中去。但是，在罗马皇帝狄奥多西（Theodosius，公元379—395年在位）的统治之下，基督教正式成为罗马帝国的宗教，其他所有宗教都被压制下去了。

奥古斯丁

在保罗和君士坦丁之后，可能没有任何其他基督徒像奥古斯丁（Augustine，公元354—430年）那样，如此深刻地影响基督教的生活和方向。正如早期教会的其他许多领袖，奥古斯丁生于北非。他的母亲是一位虔诚的基督徒，他的父亲却是一位异教徒。虽然他在幼时就接受了基督教的教育，但是，他直到后来才接受了这个信仰。年轻的时候，他有一位情妇，而且还和她生了一个孩子。在一段时间里，他对摩尼教（Manichaeism）感兴趣，这是一个融合了基督教与琐罗亚斯德教思想的宗教。在信了几年摩尼教之后，奥古斯丁信仰了新柏拉图主义的教义，但是，他对这两个宗教都不完全满意。

在意大利的米兰，奥古斯丁受到基督教主教安布罗斯（Ambrose）的影响。一次非常具有戏剧性的经历改变了奥古斯丁的信仰，他从此成了一位基督徒。他回到北非，成了一位作家，最终做上希波（Hippo）的主教。他的两部作品，即自传体作品《忏悔录》（*Confessions*）和他的《上帝之城》（*City of God*），成为基督教文学中的经典，后一部作品是对历史的解释，旨在回应那些责备基督徒，要他们为哥特人攻陷罗马负责的人。

奥古斯丁还因他对原罪、人的堕落和预定论的教义的系统阐述而广为人知。他以保罗致罗马人的书信为支撑，相信最初的男人和女人故意选择犯罪而不愿服从上帝，因此，所有的后代都承袭了这一有罪的本性。故而，全人类都是有罪和堕落的，并且人无法拯救自己。对奥古斯丁来说，上帝以他无限的慈爱和怜悯，让他的儿子为一小部分他预定要拯救的罪人的罪而死。其余的人注定要受到永恒的刑罚。修道士佩拉纠（Pelagius）对奥古斯丁的这些观点提出挑战，他相信人类可凭借自由意志行动。因此，对于佩拉纠和他的门徒来说，拯救是某种主要由人的意志引起和实施的东西。上帝只需提供一点点帮助。

虽然正统的基督教指责佩拉纠主义者，奥古斯丁关于预定论的教义也从来没有成为正统的教义。直到加尔文（John Calvin）的时代，在16世纪新教改革运动中，奥古斯丁的教义才受到人们更为广泛的关注。

修道运动

在被早期中世纪教会引入之后，修道运动成为基督教的一个主要部分。在西方世界的所有主要宗教中，基督教是唯一一个鼓励修道的宗教。无论是犹太教还是伊斯兰教，都不曾鼓励它们的成员远离"邪恶"的世俗生活，过独身生活，虽然在这两个宗教中都有朝着这个方向的较小规模的运动。

直到公元3世纪，基督教中的修道运动才真正开始发展起来。在《新约》中确实有出自耶稣和保罗的一些陈述，支持某种形式的独身、禁食，以及与穷人共享财产。尽管如此，在基督教的前两个半世纪里，都没有广泛出现对这些教义的修道式的运用。直到公元4世纪末，西方教会才确立起主教、神父（priest）和执事过独身生活的传统。东方教会命令主教过独身生活，但是，神父和执事在被授神职之前是允许结婚的。

圣诞弥撒在梵蒂冈圣彼得大教堂内举行。

朝向禁欲主义和修道社团生活的运动明显开始于公元3世纪中叶的埃及。在埃及的基督徒可能受到埃及本土宗教的禁欲主义的影响，或者他们也可能受到不信任肉体这一基本教义的影响——摩尼教徒、诺斯替教徒和新柏拉图主义者宣传这一教义。埃及的沙漠和旷野，为那些想躲避世俗生活的问题，并在荒野之地寻求孤独的男女们提供了理想的场所。一些人变卖他们的财产，走出家门，到沙漠上过简朴的、献身于上帝的生活。他们中的一些人因其苦行生活的功绩而广为人知。例如柱头修士圣西门（Simeon Stylites，死于公元459年），据称他在叙利亚沙漠中的一个柱头上蹲坐了36年。其他一些人长期禁食、不眠不休、只吃最简单的食品、不洗澡，并穿刺激皮肤的衣服。还有一些人聚集在一起，形成修道社团。

第一座基督教修道院是帕科米乌斯（Pachomius）建立的，他于公元3世纪的最后10年里在埃及出生。因为各种原因，修道运动在整个基督教世界中很快普及开来。

从根本上说，修道院是一个与世隔绝的地方，在此，人们致力于过一种简朴的生活，包括从事艰苦的体力劳动、祈祷、禁食，有时也进行学习和研究。中世纪仅有的那些知识和学术就存在于修道院中。从历史上看，教会中一些最伟大的思想家就来自修道院。哲罗姆（Jerome，约公元345—420年）便产生于修道运动。他将希伯来文和希腊文《圣经》资料译成拉丁文（Latin Vulgate，武加大译本），在长达1500年的时间里，它一直是罗马天主教会的标准《圣经》。一些学者指出，在任何特定时期，修道院的活力和力量都可被用来准确衡量整个教会的活力。

12.5　中世纪基督教

在罗马帝国的衰落与现代欧洲国家的兴起之间的这段历史时期，通常被称为中世纪。在这个历史时期，基督教会是整个东西欧文化的主要力量。

东方基督教与西方基督教之间的分歧

从将君士坦丁堡城建为罗马帝国新都的时代起（公元330年），在东欧基督徒与西欧基督徒之间逐渐产生日益严重的分歧。这个基本分歧既是政治和地理方面的，又是神学方面的。当君士坦丁大帝在东方建都时，他在教会的发展和方向上发挥了积极的作用，并召集尼西亚公会议来解决神学分歧。他的后继者们遵循他的榜样，大体都在对宗教的引导方面发挥了积极的作用。在西方，罗马当时没有任何有影响的政治领袖。罗马教会中有能力的主教填充了这个真空，他们甚至摘取了古代恺撒的某些头衔。当蛮族集结在罗马城下时，正是教皇为了这座城市的安全与他们进行谈判。

东西方教会的神学分歧是根本性的。早期教会的大多数伟大的思想家和领袖都来自北非和小亚细亚。确立基督教教义的大多数早期宗教会议都是在东方举行的。东方的基督徒对神学的系统阐述更感兴趣，并渐渐在某些问题上产生了严重的分歧。西方基督徒的倾向更为实际，他们关注在一个敌对、衰败的世界中如何生存的问题。东方的神学家倾向于强调基督的神性，而西方的神学家却注重他的人性。

东西方基督徒的最大分歧在于对罗马教皇的权限看法不一致。东方的大城市有许多杰出的主教，他们后来成为牧首（patriarch）。虽然君士坦丁堡是首都，但是，它的主教从未获得高于其他大城市主教的权力。在西方只有罗马，罗马城的主教显然领导着西方教会。罗马主教逐渐声称自己是整个基督教世界的领袖，但是，东方的主教们拒绝承认他的权威。

这两个教会之间发展出许多微小的分歧，人们后来将它们分别称为东正教和罗马天主教。东方教会在他们的敬拜活动中使用圣像——耶稣、马利亚和圣徒的平面像，而西方教会允许使用塑像。东方教会以浸礼为婴儿施洗，而西方教会允许在婴儿头

希腊正教的神父们在伯利恒庆祝圣诞节。

上洒水。在举行圣餐的时候，东方教会发给信徒饼和葡萄酒，而在 10 世纪之后，西方教会只给他们饼。东方教会的神职人员在领受神职之前可以结婚，而西方教会却坚持神职人员必须独身。东方教会将希腊语用作它的敬拜语言，而西方教会在 20 世纪中叶以前一直在使用拉丁语。

在基督教世界的第一个千年里，它的这两大分支之间的分歧持续扩大。西方基督徒忙于击退各种蛮人的进攻，并把西欧建成现在的样子，与此同时，东正教在 7 世纪、8 世纪却眼见整个帝国几乎全部落入穆斯林入侵者的手中。这种对抗在 1054 年达到顶峰，当时，教皇利奥九世（Leo IX）派代表前往君士坦丁堡将牧首色路拉里乌斯（Cerularius）开除教籍。虽然这个裂缝可能已经弥合，但是 1204 年，从欧洲国家出发的基督教"十字军"在前往圣地途经君士坦丁堡时，仍在此停留并洗劫了这座城市。即使是在今天，基督教世界内的现代普世教会运动仍在寻求教会的这两大分支之间的合一。

中世纪的教皇统治

因为有力的传教活动和基督教自身的吸引力，到中世纪，基督教实际上已成为西欧的唯一宗教。"铁锤"查理（Charles Martel）在 732 年的图尔之战中挡住了穆斯林向西欧的挺进。虽然西班牙在接下来的 7 个世纪里处在穆斯林的统治之下，但是西欧的其他地区仍是基督教的王国。这件事对教皇的统治来说意义重大。对欧洲人来说，只有一个唯一的神圣天主教会，在它之外不存在拯救。这个教会有一个首领——

东正教徒在希腊的卡帕苏斯庆祝复活节。

基督——他通过代牧（Vicar）彼得及其在罗马教皇宝座上的继承人来统治。人们将从彼得到各位教皇的继承脉络说成是一个不可打破的权力链条。这个权力及其潜在的力量既使中世纪的教皇取得杰出成就，又为他们滥用权力提供了机会。

在罗马帝国衰落之后的混乱时期，罗马教皇经常是欧洲唯一可靠的领导者，基督教会的教皇行使着世俗统治者的大部分权力。事实上，他们是许多世俗统治者的权力授予人，教皇给那些将成为神圣罗马帝国皇帝的人加冕是一项惯例。自然而然地，这个权力被滥用了。教皇聚敛地产、财富和艺术品，并以与任何其他封建采邑相同的方式进行战争。教会的神职经常被教皇授予亲戚（裙带关系）或出售给最高的出价者（买卖神职），因为他们能带来巨大的潜在权力和财富。

教皇格列高利七世（Gregory Ⅶ，公元1073—1085年在位）与皇帝亨利四世（Henry Ⅳ，死于1106年）之间的冲突，最清晰地说明了教皇在欧洲政治中的统治力量。他们之间存在的问题是究竟由谁来任命德国主教，是教皇还是皇帝。出于显而易见的原因，这位皇帝希望由自己来任命主教；但是，当他这样做的时候，教皇开除了他的教籍。为了让教皇撤销这个决定，这位皇帝在1077年1月的严冬越过阿尔卑斯山，在教皇的宫殿前赤脚站立忏悔三天。最后，格列高利赦免了他。这就是那个时代高于世俗统治者的教会权力。

从道德领导权方面来说，教皇统治在1309—1377年跌到了最低点，这是一个被称为教会的巴比伦之囚的时期。在这段历史时期，教皇统治的指挥部从罗马迁往阿维尼翁（Avignon）。这个时代的所有教皇和大多数枢机主教（cardinal）都是法国人，教皇实际上是法国国王的囚徒，这削弱了教皇统治在与法国不友好的国家中的权力和威望。这是一个教皇积累财富、享受奢华生活、在道德上堕落和滥用权力的时代。结果就是天主教会的大分裂（Great Schism）。

在1378年，阿维尼翁的枢机主教选举了一位新教皇——乌尔班六世（Urban

Ⅵ），但他拒绝与他们一起返回阿维尼翁，与此相反，他要恢复罗马的教皇统治。这些主教宣布选举乌尔班为教皇的结果作废，并选出另一位愿意在阿维尼翁进行统治的教皇。因此，乌尔班选出了另一个主教团。这两位教皇都声称他们是圣彼得的继承人，欧洲国家则根据它们支持这两个人中的哪一位彼此划分开来。人们在1409年召开比萨公会议（Council of Pisa）来解决这个问题，但是相反，他们选出了第三位教皇——他也声称是基督在人间的代理人。最后，康斯坦茨公会议（Council of Constance）使这个大分裂得到和解，会议从1414年开到1418年，教皇的统治权又回到一位教皇的手中，他的首都定在罗马。

托马斯·阿奎那

如果不提教会曾产生的最伟大的思想家之一——如果不是最伟大的思想家——托马斯·阿奎那（Thomas Aquinas，于1274年去世），那么对中世纪基督教或基督教整体的讨论就是不完整的。

在西欧，10—14世纪是一个思想十分活跃的时代。在这个时期，人们建立了许多优秀的大学，他们对智慧的主要追求是在神学方面。阿拉伯的哲学家将柏拉图、亚里士多德和其他学者的作品保存下来，使其免遭毁坏；到中世纪晚期，在穆斯林与基督教学者之间有大量的和平接触，这使基督徒有机会阅读这些作品并将它们译成拉丁文。这些译作给了思想运动巨大的推动力。

基督教思想家最关心的问题是信仰与理性的关系问题。通过圣经和教会来传达的基督教信仰，是否与人们凭借着理性思维能力认为是真理的东西相一致呢？论述这个问题的最杰出的基督教学者是托马斯·阿奎那，一位多明我会（Dominican）修士，他毕生致力于学术研究。他在巴黎大学师从大阿尔伯特（Albertus Magnus）。虽然阿奎那写过许多赞美诗、注释作品和神学研究论文，他为人们所牢记却是因为另外两部重要著作。第一部是《反异教大全》（Summa Contra Gentiles），这是为捍卫基督教信仰、反对异教而作的一系列论证。第二部也是他最著名的一部作品是《神学大全》（Summa Theologiae），这是一部系统论述基督教信仰的大部头，它成为罗马天主教会标准的神学阐述。

阿奎那比其他任何人都更想使亚里士多德基督教化。为了证明一部分基督教的设想，阿奎那利用亚里士多德的观点（以理性为基础）证明了上帝的存在。然而，阿奎那认为，理性只能将基督徒带到这里了；要想走得更远，必须倚赖神圣的启示。因此，理性和神启对于基督教信仰都是必要的。

12.6 新教改革

16世纪西方教会被一场激烈的革命撕碎,从此,它再也没有完全恢复。这场革命被称为宗教改革,但是,它远远超出了改革基督教的范围;它撼动了西方教会,摧毁了教会对欧洲的一手统治,对它的权威提出挑战,使它在几个世纪的时间里处于分裂状态。这次革命的原因多种多样、错综复杂。然而,我们也许可以列出几个主要原因:欧洲民族主义的崛起、文艺复兴的新学术和教皇统治的衰落。

早期改革运动

新教改革运动通常被认为开始于1517年,当时马丁·路德在威登堡(Wittenberg,在现在的德国境内)教堂的大门上贴出了《九十五条论纲》(Ninety-five Theses);然而,在路德之前一百多年就有改革家和改革运动。

宗教与暴力

最早的改革家之一是英国的约翰·威克利夫(John Wycliffe,约1320—1384年)。威克利夫是牛津大学的一位学者,他最终所持的大多数观点正是后来新教改革运动的代表思想。他的最大贡献是将教会的标准拉丁语《圣经》译成英语。为了便于普通人阅读《圣经》,威克利夫组织了一群被称为罗拉德派(Lollard)的传道者四处游走,在乡村传道布教。

改革派在改革教会时遇到了强烈的抵抗。威克利夫在1384年平静地去世了,但是他却在1415年的康斯坦茨公会议上被判决有罪。在1428年,人们将他的遗体从地下掘出,并焚尸扬灰,以示谴责。虽然英国国王断断续续地迫害罗拉德运动,但是在威克利夫之后,它仍存在了很长时间。

约翰·胡斯(John Hus,1374—1415年)领导了波希米亚的早期宗教改革。作为布拉格大学的校长,胡斯受到威克利夫的作品的影响。胡斯痛斥当时教皇统治的邪恶,并从布拉格的市民中吸引了大批追随者。

出于各种目的,中世纪的教皇向人民搜刮钱财,并为此允许出售赎罪券(indulgence)。一位基督徒可以用一定的价格购买赎罪券,该赎罪券"提取"圣徒们积攒下的功德,以之为活人或在炼狱中的死人所犯的罪买单。胡斯尤其大胆地斥责这个行为(这自然导致了各种腐败行为)。在1415年,康斯坦茨公会议判决胡斯有罪,并对他施以火刑。

> 多明我会修士季罗拉摩·萨沃那罗拉（Girolamo Savonarola，1452—1498年）充满激情的讲道代表了早期意大利的宗教改革，他力劝人们进行个人的道德改良。萨沃那罗拉在15世纪90年代面向佛罗伦萨传道，他深信佛罗伦萨正面临一个动乱的时代，因为上帝正对这座城市的道德废弛进行审判。他的布道如此令人信服，以至于佛罗伦萨人改变了他们的生活方式，并公开焚烧了他们的色情出版物和各种消遣娱乐的物品。严厉的萨沃那罗拉很快与放荡的亚历山大六世发生冲突，并被后者开除教籍。最后，萨沃那罗拉与他的两位门徒被处以绞刑，他们的尸体被焚毁。

马丁·路德

宗教改革中最杰出的人物是萨克森（Saxony，在现在的德国境内）的马丁·路德（1483—1546年）。路德出身于当时德国社会中正迅速发展的中产阶级。虽然他在一个宗教气息非常浓厚的家庭中长大，但他并没有谋求宗教职位的意图。取得人文专业的硕士学位之后，他开始研究法律并计划从事律师职业。然而，1505年7月，路德被一个雷电击倒；在惊恐中，他宣誓要成为一名修道士。他违反父亲的意愿，进入奥古斯丁会（Augustinian monastery）并开始寻求灵魂的拯救。两年之后，他被授予教士的职位并做了第一个弥撒。他还通过禁食、夜间祈祷（vigil）、忏悔和禁欲来寻求拯救。

路德作为一位学者的天赋被注意到，他作为一位神学教师被派往威登堡大学。在此，他教学、传道并获得他的神学博士学位。在威登堡期间，他讲解保罗的《罗马书》和《加拉太书》。在这两部书中，"因信称义"这个短语跳入他的眼帘，并成为启示的来源。路德坚信，他和其他所有人都是不值得被拯救的，但是，通过无条件的信心，上帝将赐下救恩。

像其他许多人一样，路德开始号召在教会内部进行道德改革。他尤其被一位名叫台彻尔（Tetzel）的修士出售赎罪券的行为激怒。这位台彻尔修士允诺，人们一把钱投入钱箱，一个灵魂就会从炼狱中被拯救出来。基于反对出售赎罪券的立场，路德将他的《九十五条论纲》作为论辩的基础，并于1517年10月31日将其钉在威登堡教堂的大门上。这些论纲在整个德国得到人们的广泛阅读，并迅速引起了轰动。在这些论纲的发表和随后的讨论过程中，路德陷入与教皇越来越激烈的辩论中。他宣布，每一位基督徒都能解释《圣经》，而且教皇和神职阶级并不比一般信徒地位更高。他还对变体论（transubstantiation）的教义提出挑战，这个教义宣称，在做弥撒的时候，饼和葡萄酒的质体真的变成了耶稣的肉和血。路德关于这些以及其他许多具有争议的问题的作品凭借一种新技术——印刷术——得以广泛传播。

因为路德造成的争论，在1521年4月，神圣罗马帝国的皇帝查理五世（Charles V）于沃尔姆斯召开帝国议会（法庭）审判路德。路德在审问中承认被审查的作品是自己的，但是，他拒绝放弃或撤回其中的任何内容。据说他是这样回答他们的："这是我的立场。我不得不如此。"因为他在法庭中的行为，他必须服从于这样一条敕令：禁止印刷和出售他的书籍，并禁止任何人为他或他的朋友提供殷勤的款待或避难

传统上认为，马丁·路德是宗教改革运动的奠基人。

所。人们以为路德将遭遇与100年前的胡斯相同的命运，但是，皇帝正忙于其他事务。与人们的设想相反，路德的朋友将他绑架起来，并将他带到瓦特堡城堡（Wartburg Castle），在此，他在伪装的掩护下生活了将近一年。在这个时期，他撰写了将近12本书，并将《新约》译成德文。后来，他又翻译了《旧约》；他的《圣经》译文成为德文作品中的经典。

在1522年，路德回到威登堡，在此，他领导了迅速发展的宗教改革运动。他否定了激进改革家的行为，这些改革家想摧毁基督教会里没有在《圣经》中明确提到的所有东西。路德的观点是，只消除那些他认为与《圣经》相对立的东西。在以后的岁月里，路德忙于从事许多方面的事情。当然，他在德国组织起改革宗教会。他撰写赞美诗，如新教经典《上帝是我们的坚固保障》（"A Mighty Fortress Is Our God"）。他鼓励从前的教士和修女结婚。他自己娶了一位修女——卡特琳娜·冯·波拉（Katherine von Bora）——并成为一位父亲。

在他的晚年，路德变得更为保守。他的作品有时是强烈反犹太教的，因为犹太人并不像他们接受天主教那样接受改革后的基督教。他还转过身来反对正在举行起义的农民，并鼓励贵族屠杀他们。在一个许多改革者——如果不是大多数——遭遇暴力死亡的年代，马丁·路德在1546年2月平静地死去了。

在路德的有生之年和此后不久的时间里，在其他国家发生了宗教改革。在德国，是进行改革还是仍旧信奉天主教，取决于各个地区的君主。如果统治者信奉新教，那么这个地区就信奉新教；如果统治者选择仍是天主教徒，那么这个地区就仍被天主教统治。这样，德国的宗教信仰就成了一种拼拼补补的东西。斯堪的纳维亚国家——

瑞典、丹麦和挪威——在以后的几十年里成为信仰路德宗的国家。

茨温利

在瑞士，乌利希·茨温利（Ulrich Zwingli，1484—1531年）领导了宗教改革运动。茨温利与路德同时代，而且深受其作品的影响。一开始，在瑞士的改革派教会与路德的改革运动非常相近。然而，在一个关键问题上，茨温利与路德具有本质上的区分。虽然路德否定圣餐礼的饼和葡萄酒的质体变成了基督的肉和血，但是，他还是相信基督是以精神的方式呈现在各要素中。他相信耶稣在最后晚餐上的话——"这是我的身体"——必须按字面含义加以理解。茨温利则关注最后的晚餐上的另一句话："你们也应当如此行，为的是记念我。"因此，对这位瑞士改革家来说，圣餐是一个纪念仪式，是对耶稣之死的纪念。这个问题阻碍了瑞士新教徒与路德宗教徒之间的联合。

加尔文

宗教改革最伟大和最有影响的思想家可能是约翰·加尔文（John Calvin，1509—1564年）。加尔文生于法国，在巴黎大学接受古典教育。到1534年，他受到新教改革运动的影响，与罗马教会决裂。在他26岁时，他将自己聪明的头脑转向神学问题，并撰写出大部头的著作《基督教要义》（*The Institutes of the Christian Religion*），这部著作成为新教神学的经典。这部著作原来是用拉丁文撰写的，后来又被他译成法文，加尔文生前将其修订过4次。在这部书中，他阐明了在罗马教会侵蚀之前的基督教信仰的真正本质。他重申了奥古斯丁的许多教义，注重这样一些思想，如上帝的主权、原罪、人类的完全堕落、预定论和上帝的拣选。在他的教义中最重要的有这样一条：在创世之前，上帝就已决定谁上天堂，谁下地狱。

最后，加尔文担任瑞士日内瓦改革派教会的牧师（minister），在此之后，又去了德法边境上的斯特拉斯堡的教会。他在人们的邀请之下再次回到日内瓦，而且从1541年到其逝世的1564年，他都留在这里。虽然加尔文在日内瓦只是一位牧师，但他对整个城市生活的影响却是巨大的。尽管有来自神学和政治上的敌人的反对，他是日内瓦实际上的统治者。他个人献身于辛苦的工作和简朴的生活，并以此深深地影响了这座城市。他劝阻一切率性轻薄的行为。他鼓励工商业发展，以及以合理的利率借款。① 他鼓励教育事业并创建了日内瓦大学。在加尔文的领导下，日内瓦成了来自全

---

① 的确有一些学者，其中包括社会学家马克斯·韦伯（Max Weber），都曾经指出，加尔文的世俗禁欲主义的教义有助于现代资本主义精神的发展。

欧洲的被压迫的新教徒的家。

加尔文对改革派教会的重要性怎么强调也不为过。他的作品为后来的大部分新教神学奠定了思想基础。在500年之后，我们仍然可以从那些受加尔文宗神学牧养的人身上感受到，加尔文对于劳动和节俭（作为宗教的表现）之正当性的关注。

其他改革领袖和运动

虽然宗教改革运动起初是以路德和加尔文这些人的作品和教义为中心展开的，虽然它在整个欧洲吸引了大量对罗马天主教会不满的基督徒，但它很快变成了一个支离破碎的运动。在路德死后100年的时间里，改革派教会就产生了好几百个宗派（后来还有分支）。在以后的几个世纪里，分裂的过程仍在继续。这些分裂至少有两大原因。第一个原因是，新教从西欧16世纪的民族主义浪潮中获得了它的大部分力量和早期的发展。在中世纪的欧洲，皇帝由教皇加冕并统治整个欧洲社会，中世纪之后的欧洲开始要求君主统治单个民族，拒绝来自皇帝或罗马教会的外部干涉。因此，当一种经过全新阐释的基督教可以被用来表达自己脱离罗马掌控的诉求时，欧洲国家的领袖们都愿意抓住这个机会。

这种对自由的表达的最好范例是英国国教会（Church of England）的建立。虽然英国曾是威克利夫的故乡，在神学上与罗马有分歧，但是，这个国家的宗教改革主要出于政治方面的原因。英国的一位强硬的国王亨利八世（Henry VIII）想要一位能为他生个儿子的妻子。因为他的妻子凯瑟琳并没有为他生下一个儿子，亨利请求教皇废除这段婚姻，以便他能再娶一位妻子。当教皇拒绝他的要求时，亨利娶了安妮·博林（Anne Boleyn），建立英国国教会，并于1533年任命托马斯·克兰麦（Thomas Cranmer）为坎特伯雷大主教（Archbishop of Canterbury）。虽然罗马与英国分裂的表层原因是亨利的婚姻，但是，政治独立的渴望可能是导致英国国教会之确立背后更强大的动因。

导致新教内部的许多分裂的第二个原因是关于"信徒皆祭司"（priesthood of the believer）的争论，这个问题是路德教义的一个相当重要的组成部分。许多改革家认为，很多聆听忏悔、主持圣事、为未受过训练的信徒讲解《圣经》的教士——其实是教阶制度本身——腐败了。因此，这些改革家宣传说，根据《新约》的精神，每一位信徒都是一位有资格执行上述任务的教士。这些改革家非常赞成将《圣经》译成本国语，这样每一位基督徒都能阅读《圣经》。显而易见，如果所有基督徒都能够阅读《圣经》，并能自由解释它，那么必然会产生解释方面的分歧，这些分歧最终造成了新教内部

新西兰奥塔哥的诺克斯内省教堂。优雅简洁的教堂设计反映了清教徒"人神之间没有中介"的神学观念。

的分裂。

再洗礼派（Anabaptist）是这些分支中最激进的宗派之一。路德和加尔文只反对那些他们认为在《圣经》中被明确禁止的天主教中的要素，而再洗礼派却试图抛弃所有那些在《新约》中没有被明确提到的东西。路德和加尔文提倡为婴儿施洗，因为《新约》并不谴责这种做法；但是，再洗礼派反对这种做法，因为他们不能在《新约》中找到这种仪式。因此，他们为那些在婴儿时曾受过洗礼的成年人施洗——这样他们就有了"再洗礼派"这个绰号。因为这个运动内在的分裂性，所以存在许多持不同信仰的再洗礼派的分支。再洗礼派中既有和平主义者又有暴力革命者。许多再洗礼派的派别逐渐认为现代世界的科学技术发展是邪恶的。他们中的许多人不使用汽车或其他机械化的交通工具，并且大多穿着简朴的衣服，这些衣服通常没有拉链或纽扣。

宗教与暴力

因为再洗礼派内部有分歧，而且人数又少，所以他们既受到天主教徒的迫害，又受到其他新教徒的迫害，这种迫害已达到几乎使他们从欧洲大陆上被彻底消灭的程度。他们作为门诺宗教徒（Mennonites）和阿曼门诺派教徒（Amish）在德国南部、英国和美国继续存在。

大多数阿曼门诺派教徒居住在乡村，并继续以牛马来耕种。门诺宗教徒更能接受现代世界，许多人积极参与和平与人权运动。

> **宗教与暴力**
>
> 其他宗教改革组织几乎存在于每一个欧洲国家，并且许多都受到当地政府的镇压，他们或逃离家乡，或被彻底压迫致死。法国的胡格诺派（Huguenot）就是其中之一。法国人深受加尔文教义的影响，他的宗教改革运动鼓励了许多法国中产阶级甚至贵族信徒。1562—1594 年，信仰天主教的多数派与信仰新教的少数派之间的敌意，引发了一系列战争。之后，《南特敕令》（Edict of Nantes）的颁布确保了特定地区胡格诺派的敬拜自由。100 年之后，在 1685 年，法国王室正式撤销了这个敕令；成千上万的胡格诺派教徒逃往美国和欧洲的其他地区。在 17 世纪之后，只有极少数新教徒留在法国。宗教改革还产生了所谓的"宗教战争"，这场席卷了整个欧洲的战争一直持续到 1648 年。《威斯特伐利亚和约》（Peace of Westphalia）结束了这场战争，在这个条约的条文中有这样的内容：君主的宗教就是人民的宗教。

意大利——教皇统治和萨沃那罗拉的故乡——从未产生过任何重要的新教改革运动。捷克斯洛伐克（胡斯的家乡）、俄国和西班牙同样如此。一位加尔文主义者约翰·诺克斯（John Knox）领导了苏格兰的宗教改革运动，后者成为现代长老会（Presbyterian Church）的基础。

12.7 现代基督教

像所有其他主要宗教一样，基督教也不得不应对现代世界的问题与挑战。在进入现代社会时，基督教首先需要克服宗教改革运动带来的创伤。

天主教的反宗教改革运动

不是只有新教徒才看到 16 世纪天主教会内部的问题。其他一些人也意识到了促使路德和加尔文进行改革的针对天主教的怨愤，但是，他们希望在不建立另一种形式的基督教的情况下净化教会。他们想要改良天主教，而不是进行革命。这些人留在罗马天主教会内部并发起了反宗教改革运动，作为对新教改革的回应。

当明显有大量的基督徒离开天主教会并追随宗教改革家时，为了应对这种情况，天主教会于 1545 年召开了特兰托公会议（Council of Trent）。到会的一些人想进行改革以与新教徒和解。其他一些人希望清晰地表达天主教会的立场，不为和解提供任何基础。总体来说，特兰托公会议的决定倾向那些要走第二条道路的人。为了反对新教徒强调的《圣经》是上帝的唯一话语这一立场，特兰托公会议宣布：天主教传统作为基督徒之真理的来源，与《圣经》的地位完全平等。因此，当新教徒指出与《圣经》对立的天主教习俗时，天主教徒回答说，教会撰写了《圣经》，因此，它的传统如果不是高于《圣经》，至少也与《圣经》平等。

作为对威克利夫和路德这类新教徒——他们坚持要把《圣经》译成本国语——的回应，特兰托公会议宣布《武加大译本》是教会真正的圣经。这也与宗教改革家的这样一个信仰相

罗马圣彼得广场，来自东欧的天主教朝拜者。

反，他们想把在犹太人《圣经》中找不到的某些《旧约》篇章删除掉。特兰托公会议进一步宣布，只有罗马天主教会有权解释《圣经》。这也与"信徒皆祭司"这个新教教义完全相反。

大多数改革派教会反对除了洗礼和圣餐礼之外的所有圣事，但是，特兰托公会议重申了传统的七大圣事：

1. **洗礼** 为婴儿施洗对于洗清原罪的污点是必要的。严格来说，任何死去但没有受洗的婴儿都是注定要下地狱的。然而，后来人们普遍说，未受洗的婴儿要永远待在地狱的边缘地区（limbo）。
2. **坚振** 在成年之前的某个时间点，一般是在13岁左右，儿童必须接受坚振礼，作为他们的洗礼的延续。
3. **告解** 天主教徒必须定期私下向教士坦白他们的罪行并接受赦免。得到赦免或宽恕的条件是遵从教士规定的苦行。何种苦行则取决于所告解的罪行的严重程度。

4. 圣体 在整个基督教世界中，这个圣事被称为主的晚餐或圣餐。特兰托公会议不仅重申了这个圣事的重要性，而且重新拥护变体论的学说。根据这个学说，在做弥撒时，饼和葡萄酒实际变成了耶稣的肉和血。特兰托公会议认为，因为完整的基督既存在于饼中又存在于葡萄酒中，所以把葡萄酒给平信徒是不必要的。①

5. 终傅（Extreme Unction） 天主教徒临终时将受到教士的拜访。教士会为他敷油，然后听他做最后的忏悔。在接受这些临终圣事时，这位天主教徒为死亡做好了适当的准备。②

6. 婚姻 可能早在11世纪，人们就逐渐将基督徒的婚礼视为一件圣事。

7. 圣秩（Holy Orders） 对于一个选择独身并终身服侍神的基督徒来说，接受神职被视为一件圣事。

特兰托公会议还强烈支持圣物、圣徒和圣像崇拜——这一切都与大多数新教教义相左。作为对路德和其他宗教改革家之挑战的一个积极回应，特兰托公会议控制了赎罪券的出售，并纠正了中世纪教会其他滥用职权的行为。

天主教反宗教改革的另一个结果是耶稣会（Society of Jesus）的发展。耶稣会的创建者是依纳爵·罗耀拉（Ignatius Loyola，1491—1556年），一位西班牙的贵族，他的第一份职业是军人。罗耀拉在1521年的战斗中受伤。在康复期间，他阅读了基督和各位圣徒的生平传记，并被深深打动，以致痊愈之后，他就在修道院中修道。他发誓终身守贫穷、贞洁并服从上帝，将他的盔甲挂在圣母马利亚教堂中，一心一意要成为基督的士兵。在以后的几年里，罗耀拉撰写出一本《神操》（*Spiritual Exercises*），旨在将其作为审查良知的工具和沉思默想的指南。人们一般在一位精神导师的指导下进行操练，这种操练大约需要4个星期。

罗耀拉认识到自己需要接受教育，因此他回到学校，并最终在巴黎大学学习神学。他将其他学者聚集在他的周围，并向他们介绍《神操》。在这些早期的信徒中有方济各·沙勿略（Francis Xavier，1506—1552年），他成为一名赴印度、马来西亚和日本的基督教传教士。罗耀拉与他的朋友一起前往罗马；在1540年，教皇允许他们成立一个新修会——耶稣会。这个修会以其对教皇和修会总会长的绝对服从，还有它的学术和传教活动为特征。学术之所以受到重视，是因为罗耀拉和他的早期追

---

① 虽然这在罗马天主教会的大部分历史中是一项传统的惯例，但是，梵蒂冈第二次公会议还是鼓励在圣餐礼中让平信徒吃饼和喝葡萄酒。

② 在现代天主教会中，这个圣事叫作"病人傅油圣事"（Anointing of the Sick）。教会只对患重病的人和垂死的人施行这种礼仪。

随者都是大学生。在罗耀拉于1556年去世之前,他亲眼看到他的修会从仅仅几个朋友发展到1000多名成员。虽然耶稣会在新教徒和其他天主教徒中都引起了恐惧和怀疑,但是,它继续发展,并吸引了欧洲天主教会中最有能力的一些年轻人。

自反宗教改革以来的天主教义

到16世纪末,现代天主教

新西兰南岛郊外一处19世纪的天主教墓地。

会的核心教义得到确立。在这个时间与梵蒂冈第二次公会议(于1959年召开)之间,天主教神学没有发生重大的变化。在这个时期,天主教会确立了一系列教义,但是其中的很多在此前已经盛行了几个世纪。将它们确立为教义仅仅是给它们盖上了官方的认可印记。自从特兰托公会议以来,以下教义就作为天主教会的主要教条被人们接受下来。

1. **马利亚无罪成孕说** 在天主教徒中,人们长期持有这个信仰,即耶稣的母亲马利亚不仅是作为童贞女怀孕,而且是在没有原罪的污染的情况下生下耶稣。在1854年,庇护九世(Pius IX)正式宣布:马利亚无罪成孕是所有虔诚的天主教徒都应信奉的教义。

2. **教皇永无谬误的教义** 在特兰托公会议于1563年闭会之后,罗马天主教会再没有召开过大会,直到1869年的梵蒂冈会议。这次会议讨论教皇永无谬误这个敏感的问题。在经过多次争论之后,梵蒂冈会议宣布了此条教义:当教皇以教皇的权威(ex cathedra,"坐在教廷宝座上")发言的时候,他是绝对正确的。这就是说,他在信仰和道德这些问题上是所有基督徒的牧者(pastor)。当然,这个教义不仅加大了天主教会与东正教会的分歧,也加大了天主教会与新教的分歧。

3. **马利亚圣体升天的教义** 在1950年,庇护十二世(Pius XII)宣布了马利亚圣体升天这条教义。这意味着马利亚死后没有经历在坟墓中肉体的腐烂,而是直接被接到了天上。

美国亚利桑那州，一家罗马天主教徒的家庭圣坛。

第二次梵蒂冈公会议

1958年庇护十二世死后，约翰二十三世继任教皇。约翰决心复兴天主教会，并使其与20世纪的时代潮流相符。因此，他召开了第二次梵蒂冈公会议。自从特兰托公会议以来，这是最具有革命性的一次会议。应邀到会的有作为会议程序观察员的东正教与新教组织的代表。这个会议于1962—1965年举行，它在罗马天主教会中产生了某些从未发生过的最普遍、最深刻的变革。这个会议承认非天主教徒也是真正的基督徒，允许人们在弥撒的许多部分中使用本国语，废除了禁书目录，鼓励更多的会众参与敬拜，而且天主教会正式宣布犹太人不再为耶稣之死负责。会议还试图与其他宗教进行对话。总体来说，第二次梵蒂冈公会议试图使天主教会赶上时代潮流，并采取了许多措施以与东正教和新教和解。

12.8 现代运动

现代新教运动

由于前文已经讨论过的原因，在最近的普世教会运动之前，新教一直是一个宗派性质的运动。两个新教组织可能持在根本上相同的教义，但却在洗礼或教会治理方面产生分歧，并因此分属于不同的教派。

新教教派是如此之多，甚至最详尽的关于基督教史的文献都没有希望有效地将其全部涵盖。然而，从根本上说，存在四个新教的分支：一是路德宗（Lutheranism），其信徒一般是生活在德语国家和斯堪的纳维亚国家中的居民，以及来自这些国家的移民；二是归正宗（Reformed Church）和长老会，它们出自约翰·加尔文的教义；三是再洗礼派，它是出自激进改革家的第三个新教分支［这一群体包括浸礼宗（Baptist Church）、门诺宗和阿曼门诺派——虽然它们的世系我们并不清楚；在其他几个新教组织，如贵格会（Society of Friends）、基督会（Disciples of Christ）中，再洗礼派的影响也非常明显］；四是英国国教［及其衍生出的圣公会（Anglican Communion）］和循道宗（Methodists）。

我们已经考虑了所有这些组织，除了循道宗。在18世纪，作为对英国国教之情感的淡漠，和早期工业革命期间城市居民的困境的一个回应，人们创建起循道宗。循道宗的创建者是约翰·卫斯理（John Wesley，1703—1791年）。卫斯理是一个圣公会牧师家庭的第15个孩子，曾就读于牛津大学，并于1728年被授予圣公会牧师的神职。在牛津大学期间，他与他的兄弟查理为获得宗教方面的支持组织了一个小组。这个小组起初被称为圣社（Holy Club），但是，因为它循规蹈矩的方式，又被称为"循道宗"。

1735年，约翰和查理作为传教士被派往佐治亚州；在去往美国的路上，他们遇到了一个被称为摩拉维亚教会（Moravian Church）的新教组织，对方向他们说起宗教信仰的转变。卫斯理兄弟于1738年在伦敦经历了这种宗教信仰的转变。他们开始宣讲他们的经历，首先是在教堂内对宗教社团宣讲，后来又在田野和城市的广场上宣讲。一位雄辩且极具热情的传教士乔治·怀特菲尔德（George Whitefield）加入他们的行列。他们充满激情的布道主要对中下层人民有感召力，

美国俄克拉何马州塔尔萨市，新教基督徒祈祷活动现场。

特蕾莎修女，慈善传道会——隶属于罗马天主教的分会组织——的创立者，致力于救助穷困潦倒之人。

并且很快他们就获得了大量的循道宗信徒。约翰将循道宗的信徒组成编入巡回区的社团，从一个村社走到另一个村社的布道者看管这些社团。查理还创作赞美诗，他谱写的几百首诗歌至今仍被许多新教徒视为珍宝。

虽然约翰·卫斯理并不试图将自己从英国国教中分离出来并形成一个新的宗派，但是，在他去世时，这两个组织之间的分裂已经十分明显了。在 18 世纪末，英国有 7 万多循道宗的教徒，但是，这个教派的最大发展是在美国的殖民者中产生的。循道宗的聚会以及巡回区的骑马布道者在美国边疆地区十分常见；循道宗成为美国最大的新教宗派之一，仅次于各种洗礼派的组织。

工业化社会的肮脏、贫穷、绝望和酗酒导致了其他新教运动。在 19 世纪的英国，威廉姆·布思（William Booth）建立起救世军（Salvation Army），他不仅试图拯救在工业化城市的贫民区中衣衫褴褛的穷苦人的灵魂，而且还试图为他们的肉体提供衣食和温暖。1844 年，一种与此类似的对全体人类的关注在伦敦产生出基督教青年会（Young Men's Christian Association，简称"YMCA"）。

因为对居住在贫民窟的孩子的愚昧无知的关注，雷克斯（Robert Raikes）于 1780 年在英国的格洛斯特建立了第一座主日学校。雷克斯的第一个目的就是教授孩子阅读《圣经》。从那时起，新教各教派几乎普遍接受了主日学校，将之作为宗教教育的一个机构。

传教运动

从最早的时日起，基督徒就是传教士。早期教会伟大的神学家保罗就是一位远游四方、充满热情的传教士。基督教内存在一个根深蒂固的传统，认为曾经怀疑耶稣复活的门徒多马（Thomas）后来在印度传播基督教的福音。我们已经谈到天主教的传教士，如在日本传播基督教的方济各·沙勿略。在 16 世纪，天主教传教士和西班牙拓荒者一起走遍四海。卫斯理兄弟在美国充当圣公会传教士。而新教组织，尤其是那些曾受到约翰·加尔文影响的新教组织，则更缓慢地进入传教领域。他们可能受到加尔文预定论的阻碍，这个学说认为，拥有绝对主权的上帝只会拯救那些他所拣选的人，因此，向异教国家派遣传教士是愚蠢的。如果上帝愿拯救他们，那么没有传教士的帮助他们也会得到拯救；如果上帝不愿拯救他们，那么任何试图拯救他们的人都是在白费时间和金钱。然而，到 19 世纪，除了最严格的加尔文主义者，这个态度已发生了变化；大多数新教组织都开始支持某种形式的传教工作。

> **宗教与暴力**
>
> 有时，这种传教活动是针对拉丁美洲这类地区的罗马天主教徒，但是，它通常在非洲、亚洲和太平洋岛屿这些由非基督徒统治的地区进行的。近年来，在这些地区的许多国家中日益高涨的民族主义在许多地方引发了对传教活动的抵制。在一些情况下，人们甚至要求处死传教士和皈信基督教的人。甚至当地的传教士也经常受到暴力袭击。传教士的工作可能导致政治争论和冲突。在许多伊斯兰国家中，基督教传道团是非法的。传教士在印度经常受到印度教基要主义者的袭击，他们在缅甸经常受到信仰佛教的民族主义者的袭击。然而，在亚洲、非洲和拉丁美洲，仍存在许多积极布道的传教组织。苏联的解体也为传教士在一些地区开展传教工作创造了新的机会。

普世教会运动

在 20 世纪，基督徒中最显著的运动就是普世教会运动（Ecumenical Movement）。正如我们已经指出的那样，长期以来基督教就被分成两个主要的支派：东正教和西方天主教；自 16 世纪以来，西方教会又被分成新教和天主教。在 20 世纪，基督徒开始走上通向重新统一的漫长而又艰苦的征程。罗马天主教会对这个进程的贡献是第二次梵蒂冈公会议。还有人试图调和使新教各教派发生分裂的神学分歧。

致力于重新统一的最明显的尝试是 1948 年世界基督教协进会（World Council of Churches）在阿姆斯特丹的成立。这个组织得到许多新教教派和东正教的一些代表的支持。虽然世界基督教协进会被组织起来是为了促进教会的统一，但是，很少有实际的统一发生。事实上，在基督教世界中极少存在重新统一的具体实例。一个实例是新教诸宗派中没有重大神学分歧的少数派别之间的统一。其他更具有戏剧性的统一出于在印度这类国家的传教阵地的紧迫需要，因为基督教内部各教派之间的分歧会阻碍人们的归信。

要想达到基督教的重新统一，还有漫长的道路要走。东正教会仍与西方教会疏远。虽然第二次梵蒂冈公会议之后，罗马天主教会对不属于天主教的基督徒更为开放，但是，新教与天主教之间的对话——虽然一直在推进——仍有许多障碍需要清除。新教徒之间也仍然存在巨大的分歧。虽然一些人急于寻求教会的统一,并愿意为此付出任何代价,但是大多数人显然还是愿意独行。

12.9 基督教年历和节日

在一开始,基督教会是犹太教的一部分,并沿用它的历法,庆祝它的节日。随着这两个宗教之间的分歧日益扩大,基督教开始创制自己独特的历法。在教会的早期宗教生活中,人们就庆祝一些基督教的节日,如复活节和圣灵降临节。其他节日,如圣诞节,是在几个世纪之后才出现的。

随着基督教分裂成东西两大分支,这两大分支也创制出不同的教历。在西方教会中,人们在12月25日庆祝圣诞节,而许多东正教会在1月过这个节日。在基督教内,庆祝复活节的日期也各不相同。在历史上的不同时期,基督教的一些分支,如英国清教,完全拒绝庆祝圣诞节或其他主要节日,他们认为这种做法从本质上说是异教的。一般来说,今天的基督徒庆祝以下主要节日。

主日

显而易见,最早的基督徒继续在星期六——犹太教的安息日——敬拜。然而,在公元1世纪50年代后期,关于"七日的第一日"——主日——进行奉献的文字开始出现在保罗的作品中。人们相信,早期基督徒之所以选择在这一天进行敬拜,是为了纪念耶稣的复活。除了极少的例外情况,基督徒都在主日休息和敬拜。一些人甚至将它称为"安息日"。

基督降临节、圣诞节和主显节

基督教的新年以基督降临节(Advent)为起始,它是圣诞节之前的4个星期。在这个时期,基督徒阅读《旧约》中的《先知书》,并为圣诞节的到来做好准备。

西欧基督教在12月25日、东正教徒在1月庆祝标志着耶稣诞生的圣诞节。虽然圣诞节是最后被人们接受下来的几个主要节日之一,但它却成为最广为人知的基督教节日。甚至基督徒人数不足全国人口3%的日本也在庆祝圣诞节。人们互赠礼品、参与家庭聚会和特殊的敬拜活动,并举行宴会以庆祝这一节日。

在圣诞节之后12天(1月6日),西方基督徒庆祝主显节(Epiphany),以纪念来伯利恒寻找婴儿耶稣的"东方博士"。

复活节

在基督教历中最古老、受到人们最普遍欢迎的节日是复活节（Easter）。人们根据阴历来确定复活节的日期，而且该日期在不同的年份可能存在几个星期的时间差。一般来说，复活节的日期随春分变动。

在复活节前40天，基督徒过大斋首日（Ash Wednesday）。传统上，人们在这一天以对罪之重负的严肃醒察，来开始这一通向复活节的节日。一些基督徒在大斋首日仪式中，用灰在他们的前额画一个标记。在之后的40天里，基督徒过大斋节（Lent）。在这个时期，为了更深地意识到悔改的必要性，人们通常会禁戒某些食物、嗜好，或在一定的日期内禁食。

大斋节是以圣周（Holy Week）告终的。这个周的第一天被称为棕枝主日（Palm Sunday），在这一天，基督徒纪念耶稣胜利进入耶路撒冷。在这周的星期四，基督徒过濯足节（Maundy）。据传说，这是耶稣与门徒共进最后的晚餐的日子。一些基督教团体在这个晚上共进圣餐，也有一些行濯足礼。接下来的一天被称为受难节（Good Friday）。在这一天，基督徒纪念耶稣受审、被钉死在十字架上和被埋葬的事件。人们举行特殊的宗教仪式来重述耶稣在十字架上所说的最后的话。

受难节之后的星期天被称为复活节。在这一天，基督徒纪念耶稣的复活。这是一段欢庆的时光。早期教会在复活节为新的信徒施洗，并给他们穿上新礼服。在复活节穿新衣服这个传统，在许多现代基督教团体中被延续下来。人们还会在复活节举行家庭聚会和特殊的餐宴。

复活节之后40天是耶稣升天节（Ascension Day），这一天，基督徒纪念基督在复活并与门徒度过一段时光之后升天。

圣灵降临节

另一个古老的基督教节日是圣灵降临节。Pentecost一词是犹太教五旬节的希腊文名字。五旬节的日期被确定在逾越节之后的第50天，以纪念在出埃及之后耶和华在西奈山赐给犹太人律法这个历史事件。根据《使徒行传》，这一天是耶稣复活之后第50天：圣灵降临到聚集在耶路撒冷的门徒中间，并派他们到街上去宣传他们的新信仰。许多现代基督徒都将圣灵降临节视为教会的生日，并以极大的欢乐庆祝这个节日。

在全年的时间里，各个基督教团体也会开展其他的庆祝活动。一些基督教团体会在特殊的节日纪念某些圣徒。许多基督徒将 11 月 1 日视为万圣节（All Saints' Day），在这一天，人们纪念所有最近去世的人，并给他们极大的荣耀。

12.10 今天的基督教

基督教是世界上最大的宗教，而且其传播地域比其他任何宗教都要广大。据估计，有大约 3.4 万个基督教教派。因为有如此之多的教派，所以将教会作为一个整体加以归纳和概括几乎是不可能的。我们只能进行最一般的论述，并根据例证或个案研究来说明总的趋势。

尽管有普世教会运动，基督教还是被分成东、西两部分。东正教的分支——每一个分支都与特殊的族群或语群相联系——在东欧、中东和东北非的一些地区继续占统治地位。在东欧的部分地区，在东正教会与东仪天主教徒（Uniate Catholic）——他们使用东正教风格的礼拜仪式，但是却接受了罗马天主教的权威——之间存在着严重的冲突。西方教会又被分成天主教和新教。主要因为路德"信徒皆祭司"的教义，和被翻译成各种语言版本的《圣经》，新教教派的数量一直保持较高的增长速度。

在 21 世纪初，基督教呈现出许多不同的方面。在欧洲国家中，虽然有国家教会的体系，但是随着世俗主义的影响不断加大，基督教正处在衰落之中。在一些欧洲国家，进教堂做礼拜的人数下降到全国人口的 2%。在美国，由于其教派数量极其众多，所以进教堂做礼拜的人数仍然很多。罗马天主教会仍然很健康，但是，在寻找足够的教士和修女来为平信徒团体服务方面却遇到严重困难。一些天主教修会在国外招募教士和修女。其他一些修会利用互联网上的弹出式广告鼓励人们从事这个职业。

在现代基督教中最普遍和最有争议的问题之一是解放神学（Liberation Theology），这个神学产生于拉丁美洲穷人的需求，和以革命的观点看待宗教的倾向。解放神学部分是基于《福音书》和《使徒行传》的内容，这些内容提到社会正义和经济平等，并将其作为耶稣和早期基督教的基本教义。[①] 它旨在从穷苦人和被压迫者的角度阅读《圣经》，并将《圣经》传达的信息应用于当代问题的解决。持解放神学的人认为，基督教的正确角色是在政治上认同穷人的革命斗争。解放神学的反对者认为它十分接近马克思主义者的学说。解放神学主要是由罗马天主教的神父主张，

---

① 根据《使徒行传》4∶32—37，早期基督教徒拥有共同的财产，而且以其他方式强调社会和经济的平等。

但是，它也有新教的支持者。

在当代基督教中，基要主义（Christian fundamentalism）也是一支强大的力量。基要主义起源于19世纪末，它致力于反对现代科学和哲学思想，以捍卫《圣经》的教导正确无误。[①]基要主义者相信，人们必须既把《圣经》当作道德和宗教文本来阅读，又把它当作历史和科学文本来阅读。因此，他们反对进化论的学说和人们对《旧约》和《新约》所做的历史性批判。近年来，他们将注意力转向与美国文化中的自由化倾向进行斗争，包括堕胎合法化、女权主义、同性恋的合法化，他们认为这些倾向与《圣经》的道德相矛盾。2001年9月11日的袭击事件之后，一些美国基要主义者将这次恐怖袭击描述为神对美国的不道德行为的惩罚，故而卷入一场争论之中。

近年来，美国基督教中最大的发展发生在福音派新教组织和"新基督徒"（New Christianities）这个阶层中，尤其是在耶稣基督后期圣徒教会（Church of Jesus Christ of Latter-day Saints）即——如人们经常称呼的——摩门教（Mormon）中。

福音派教徒掌握了现代大众传播的技术。他们的"超大型教会"（mega-churches）有几千名成员。除了宣传福音，他们还向人们提供各种各样的社会服务，从"职业库"（job bank）到看护孩子、法律咨询甚至约会服务，应有尽有。他们对生活在日益复杂化和陌生化的环境中的美国市区和近郊居民，具有很强的吸引力。许多更为传统的教派或"主流新教"（Mainline Protestant）[②]正努力维持其教会成员的数量，其中一部分原因是，他们并没有足够关注现代美国人处在变化中的社会和宗教需求。

耶稣基督后期圣徒教会（也被称为摩门教）是约瑟夫·史密斯（Joseph Smith）在经历了一系列异象之后创建的，在这些异象中，他从天父上帝、耶稣基督、施洗约翰、使徒彼得、雅各、约翰和一位被教会成员称为莫罗尼（Moroni）的天使那里接受了精神指示。这位天使告诉他一组金片的地理位置，并赋予他将其译成英文的能力。这就是《摩门经》（*Book of Mormon*），它重述了尼腓（Nephite）诸先知的历史和教义。这个教会教导人们说，尼腓人是迁移到美洲的以色列人的一个分支。摩门教的使命是重建他们所认为的原始基督教。史密斯继续接受关于教义和礼仪的启示。这些启示记录在《教义和圣约》（*Doctrines and Covenants*）中。第三部摩门教经典是《无价珍珠》（*Pearl of Great Price*），它是一部在启示之下，从埃及莎草纸文稿翻

[①] 请参看 Bruce Lawrence, *Defenders of God, The Fundamentalist Revolt Against the Modern World* (San Francisco: HarperCollins, 1989), pp. 153-88.

[②] Mainline 一词指费城的高级住宅区（Main Line，即通勤铁路旁的富裕郊区），因此，它倾向于代表富裕的和受过教育的人群，而不是代表人民大众。

译而来的作品。

摩门教徒骄傲地称自己为基督徒，但是，他们的信仰和教义在本质上与其他基督教社团不同。这个教会最重要的教义中有以下几条：

1. 我们在天上的父和我们在天上的母是实体的存在。他们具有属灵的孩子，这些孩子后来以人的形式诞生在地球上。
2. 如果婚姻在摩门教的教会仪式中得到确认，那么这个婚姻就是永恒的。
3. 死后生活是一个人可通过它最终成为神的转变过程。
4. 在耶稣被钉死在十字架上与复活之间这段时间里，他在美洲传教。
5. 这个教会由继续接受上帝启示的先知领导。

宗教与暴力

因为这些教义和一夫多妻的风俗，摩门教徒受到严重的迫害。他们曾被从俄亥俄州、密苏里州和伊利诺伊州驱逐出去，直到 1847 年才定居犹他州。[①]

尽管许多其他基督教教派迫害和敌视摩门教，但是，这个教会还是获得了迅速的发展。摩门教徒都是热心的传教士。这个教会要求年轻人从事两年的传教活动。其结果是教会人数的大量增长。1900 年，全世界大概有 24 万摩门教徒；今天，这个数字超过了 1100 万。在 20 世纪 90 年代末，皈依摩门教会的信徒在基督教会每年增长的信徒中占比超过 80%。[②]

虽然基督教可能在欧洲日趋衰落，在美国相对稳定，但是，它在世界的其他地区仍是发展最为迅速的宗教之一。在非洲，现在基督徒的人数比穆斯林的人数还要多。在韩国——从传统上说，它是一个佛教和儒家占统治地位的国家——基督徒的人数仍以每年 10% 的比例在增长。这个发展似乎并不主要因为西方基督徒的传教工作，而应归因于民众运动。人们可以记住 20 世纪的最后 10 年是基督教发展的伟大时代之一。尤其是在非洲，基督教的发展促进了新教派的发展，这些新教派利用当地文化和象征的要素来传达基督教的信息。在过去的西方殖民主义时期，基督教与西方文化紧密联系在一起。传教士经常既是宗教变革的动因，又是文化变革的动因。殖民主义的结束意味着，非洲人和其他从前臣服于殖民统治的人，开始掌握自己的宗教命运。

---

① 教会在 1890 年禁止一夫多妻制。
② *Desert News 1999—2000 Church Almanac*, Salt Lake City; Desert News 1988, p. 111

这个变革的结果之一是,这些地区产生了与欧美基督教派非常不同的基督教神学和敬拜模式。

在由当地人控制教会的一些亚洲地区,我们也能看到同样的趋势。

宗教与暴力

> 印度东北部和缅甸的那加族是一个重要的例证。他们从前信仰一种基本宗教,在其中,牲畜祭献、祖先敬拜和猎取人头(head-hunting)——人们将其理解为偷取其他人祖先的一种方式——是关键要素。自19世纪70年代中叶以来,他们几乎都成了美国的浸信会成员。传福音是那加基督教会非常重要的组成部分。许多人骄傲地将"我们曾经猎取人头,现在我们积聚灵魂"这个表述用作座右铭。他们已宣布了要组织起一个万人传教团体以在整个印度传福音的计划。印度教基要主义者认为这是一个扰乱社会的发展,并将其作为"基督教恐怖主义"的一个例证加以谴责。那加的基督徒将自己称为"浸信会的民族主义者"。

需要研究的问题

1. 将基督教作为公元1世纪犹太教和希腊罗马世界的一个产物加以讨论。
2. 在什么意义上耶稣充当了犹太教的弥赛亚的角色?在什么意义上他没有充当这个角色?
3. 根据《新约》,什么是早期基督教的两个基本礼仪?
4. 在《新约》的撰写过程中,哪一部分像是首先被撰写出来的?福音书是何时写成的?
5. 讨论君士坦丁大帝对于基督教之存续的重要性。为什么阿育王被称为"佛教的君士坦丁大帝"?
6. 在东正教与西方基督教之间存在什么主要的分歧?
7. 列出宗教改革的几条原因。
8. 列出特兰托公会议确定的罗马天主教会的七件圣事。
9. 讨论梵蒂冈第二次公会议并阐述它对普世运动的作用。
10. 将解放神学和基要主义作为现代基督教运动加以比较。

参考书目

1. Brown, Robert McAfee. *The Spirit of Protestantism*. New York: Oxford University Press, 1965.
2. Carmody, Denise Lardner, and John Tully Carmody. *Roman Catholicism: An Introduction*. New York: Macmillan, 1990.
3. Eco, Umberto. *In the Name of the Rose*. New York: Every Mans Library, 2006.
4. Filson, Floyd V. *Opening the New Testament*. Philadelphia: Westminster Press, 1952.

5. Hefner, Robert. *Conversion to Christianity. Historical and Anthropological Perspectives on a Great Transformation.* Berkeley: University of California Press, 1993.

6. Lawrence, Bruce. *Defenders of God, The Fundamentalist Revolt Against the Modern World.* San Francisco: HarperCollins, 1989.

7. Linberg, Carter. *The European Reformations.* Oxford: Blackwell, 1999.

8. Reynolds, Stephen. *The Christian Religious Tradition.* Encino, CA: Dickenson, 1977.

9. Vermes, Geza. *Jesus the Jew.* London: Fontana, 1976.

10. Walker, Williston, et al. *A History of the Christian Church*, 4th ed. New York: Charles Scribner's Sons, 1985.

原始资料

以下出自《新约》的选段说明了早期基督教的一些关键问题和主题。《马太福音》5—7章包含耶稣在山上的布道。在这个布道中，人们会发现许多独特的基督教的原始资料，如八福（《马太福音》5：3—12）和主祷文（《马太福音》6：9—13）。《罗马书》第3章作为基督徒理解人的罪的基础之一被挑选出来。《哥林多前书》第13章可能是《新约》中最美的一段文字，因为它描述了人类和神的爱。《哥林多前书》第15章是早期基督徒对耶稣复活之理解的最好阐述之一。最后，《启示录》第20—22章是关于基督教末世论最清晰的表述。

登山宝训

《马太福音》5—7

5 耶稣看见这许多的人，就上了山，既已坐下，门徒到他跟前来，2 他就开口教训他们，说：

3 "虚心的人有福了！因为天国是他们的。

4 哀恸的人有福了！因为他们必得安慰。

5 温柔的人有福了！因为他们必承受地土。

6 饥渴慕义的人有福了！因为他们必得饱足。

7 怜恤人的人有福了！因为他们必蒙怜恤。

8 清心的人有福了！因为他们必得见神。

9 使人和睦的人有福了！因为他们必称为神的儿子。

10 为义受逼迫的人有福了！因为天国是他们的。"

11 "人若因我辱骂你们，逼迫你们，捏造各样坏话毁谤你们，你们就有福了！12 应当欢喜快乐，因为你们在天上的赏赐是大的。在你们以前的先知，人也是这样逼迫他们。"

13 "你们是世上的盐。盐若失了味，怎能叫它再咸呢？以后无用，不过丢在外面，被人践踏了。14 你们是世上的光。城造在山上是不能隐藏的。15 人点灯，不放在斗底下，是放在灯台上，就照亮一家的人。16 你们的光也当这样照在人前，叫他们看见你们的好行为，便将荣耀归给你们在天上的父。"

17"莫想我来要废掉律法和先知。我来不是要废掉，乃是要成全。18 我实在告诉你们，就是到天地都废去了，律法的一点一画也不能废去，都要成全。19 所以，无论何人废掉这诫命中最小的一条，又教训人这样做，他在天国要称为最小的。但无论何人遵行这诫命，又教训人遵行，他在天国要称为大的。20 我告诉你们，你们的义若不胜于文士和法利赛人的义，断不能进天国。"

21"你们听见有吩咐古人的话，说：'不可杀人'；又说：'凡杀人的难免受审判。'22 只是我告诉你们，凡向弟兄动怒的，难免受审断；凡骂弟兄是拉加的，难免公会的审断；凡骂弟兄是魔利的，难免地狱的火。23 所以，你在祭坛上献礼物的时候，若想起弟兄向你怀怨，24 就把礼物留在坛前，先去同弟兄和好，然后来献礼物。25 你同告你的对头还在路上，就赶紧与他和息，恐怕他把你送给审判官，审判官交付衙役，你就下在监里了。26 我实在告诉你，若有一文钱没有还清，你断不能从那里出来。"

27"你们听见有话说：'不可奸淫。'28 只是我告诉你们，凡看见妇女就动淫念的，这人心里已经与她犯奸淫了。29 若是你的右眼叫你跌倒，就剜出来丢掉，宁可失去百体中的一体，不叫全身丢在地狱里。30 若是右手叫你跌倒，就砍下来丢掉，宁可失去百体中的一体，不叫全身下入地狱。"

31"又有话说：'人若休妻，就当给她休书。'32 只是我告诉你们，凡休妻的，若不是为淫乱的缘故，就是叫她作淫妇了；人若娶这被休的妇人，也是犯奸淫了。"

33"你们又听见有吩咐古人的话，说：'不可背誓，所起的誓总要向主谨守。'34 只是我告诉你们，什么誓都不可起。不可指着天起誓，因为天是神的座位；35 不可指着地起誓，因为地是他的脚凳；也不可指着耶路撒冷起誓，因为耶路撒冷是大君的京城；36 又不可指着你的头起誓，因为你不能使一根头发变黑变白了。37 你们的话，是，就说是；不是，就说不是；若再多说就是出于那恶者。"

38"你们听见有话说：'以眼还眼，以牙还牙。'39 只是我告诉你们，不要与恶人作对。有人打你的右脸，连左脸也转过来由他打；40 有人想要告你，要拿你的里衣，连外衣也由他拿去；41 有人强逼你走一里路，你就同他走二里；42 有求你的，就给他；有向你借贷的，不可推辞。"

43"你们听见有话说：'当爱你的邻舍，恨你的仇敌。'44 只是我告诉你们，要爱你们的仇敌，为那逼迫你们的祷告。45 这样就可以作你们天父的儿子；因为他叫日头照好人，也照歹人；降雨给义人，也给不义的人。46 你们若单爱那爱你们的人，有什么赏赐呢？就是税吏不也是这样行吗？47 你们若单请你弟兄的安，比人有什么长处呢？就是外邦人不也是这样行吗？48 所以，你们要完全，像你们的天父完全一样。"

6"你们要小心，不可将善事行在人的面前，故意叫他们看见，若是这样，就不能得你们天父的赏赐了。2 所以，你施舍的时候，不可在你前面吹号，像那假冒为善的人在会堂里和街道上所行的，故意要得人的荣耀。我实在告诉你们，他们已经得了他们的赏赐。3 你施舍的时候，不要叫左手知道右手所做的，4 要叫你施舍的事行在暗中。你父在暗中察看，必然报答你。"

5"你们祷告的时候，不可像那假冒为善的人，爱站在会堂里和十字路口上祷告，故意叫人看见。我实在告诉你们,他们已经得了他们的赏赐。6 你祷告的时候,要进你的内屋,关上门,祷告你在暗中的父;你父在暗中察看,必然报答你。7 你们祷告,不可像外邦人,用许多重复话,他们以为话多了必蒙垂听。8 你们不可效法他们;因为你们没有祈求以先,你们所需用的,你们的父早已知道了。9 所以,你们祷告要这样说:

我们在天上的父:

愿人都尊你的名为圣。

10 愿你的国降临;

愿你的旨意行在地上,

如同行在天上。

11 我们日用的饮食,今日赐给我们。

12 免我们的债,

如同我们免了人的债。

13 不叫我们遇见试探;

救我们脱离凶恶。

因为国度、权柄、荣耀,全是你的,

直到永远。阿们!"

14 "你们饶恕人的过犯,你们的天父也必饶恕你们的过犯;15 你们不饶恕人的过犯,你们的天父也必不饶恕你们的过犯。"

16 "你们禁食的时候,不可像那假冒为善的人,脸上带着愁容;因为他们把脸弄得难看,故意叫人看出他们是禁食。我实在告诉你们,他们已经得了他们的赏赐。17 你禁食的时候,要梳头洗脸,18 不叫人看出你禁食来,只叫你暗中的父看见;你父在暗中察看,必然报答你。"

19 "不要为自己积攒财宝在地上;地上有虫子咬,能锈坏,也有贼挖窟窿来偷。20 只要积攒财宝在天上;天上没有虫子咬,不能锈坏,也没有贼挖窟窿来偷。21 因为你的财宝在哪里,你的心也在那里。"

22 "眼睛就是身上的灯。你的眼睛若了亮,全身就光明;23 你的眼睛若昏花,全身就黑暗。你里头的光若黑暗了,那黑暗是何等大呢!"

24 "一个人不能事奉两个主;不是恶这个、爱那个,就是重这个、轻那个。你们不能又事奉神,又事奉玛门。"

25 "所以我告诉你们,不要为生命忧虑吃什么,喝什么;为身体忧虑穿什么。生命不胜于饮食吗?身体不胜于衣裳吗?26 你们看那天上的飞鸟,也不种,也不收,也不积蓄在仓里,你们的天父尚且养活它。你们不比飞鸟贵重得多吗?27 你们哪一个能用思虑使寿数多加一刻呢?28 何必为衣裳忧虑呢?你想野地里的百合花怎么长起来;它也不劳苦,也不纺线。29 然而我告诉你们,就是所罗门极荣华的时候,他所穿戴的,还不如这花一朵呢!30 你们这小信的人哪!野地里的草今天还在,明天就丢在炉里,神还给它这样的妆饰,何况你们呢!31 所以,不要忧虑说,吃什么?喝什么?穿什么?32 这都是外邦人所求的。你们需用的这一切东西,你们的天父是知道的。33 你们要先求他的国和他的义，这些东西都要加给你们了。34 所以，不要为明天忧虑，因为明天自有明天的忧虑；一天的难处一天当就够了。"

7 "你们不要论断人，免得你们被论断。2 因为你们怎样论断人，也必怎样被论断；你们用什么量器量给人，也必用什么量器量给你们。3 为什么看见你弟兄眼中有刺，却不想自己眼中有梁木呢？4 你自己眼中有梁木，怎能对你弟兄说：'容我去掉你眼中的刺'呢？5 你这假冒为善的人！先去掉自己眼中的梁木，然后才能看得清楚，去掉你弟兄眼中的刺。6 不要把圣物给狗，也不要把你们的珍珠丢在猪前，恐怕它践踏了珍珠，转过来咬你们。"

7 "你们祈求，就给你们；寻找，就寻见；叩门，就给你们开门。8 因为凡祈求的，就得着；寻找的，就寻见；叩门的，就给他开门。9 你们中间谁有儿子求饼，反给他石头呢？10 求鱼，反给他蛇呢？11 你们虽然不好，尚且知道拿好东西给儿女，何况你们在天上的父，岂不更把好东西给求他的人吗？12 所以，无论何事，你们愿意人怎样待你们，你们也要怎样待人，因为这就是律法和先知的道理。"

13 "你们要进窄门。因为引到灭亡，那门是宽的，路是大的，进去的人也多；14 引到永生，那门是窄的，路是小的，找着的人也少。"

15 "你们要防备假先知。他们到你们这里来，外面披着羊皮，里面却是残暴的狼。16 凭着他们的果子，就可以认出他们来。荆棘上岂能摘葡萄呢？蒺藜里岂能摘无花果呢？17 这样，凡好树都结好果子，惟独坏树结坏果子。18 好树不能结坏果子；坏树不能结好果子。19 凡不结好果子的树就砍下来，丢在火里。20 所以，凭着他们的果子就可以认出他们来。"

21 "凡称呼我'主啊，主啊'的人不能都进天国；惟独遵行我天父旨意的人才能进去。22 当那日必有许多人对我说：'主啊，主啊，我们不是奉你的名传道，奉你的名赶鬼，奉你的名行许多异能吗？'23 我就明明地告诉他们说：'我从来不认识你们，你们这些作恶的人，离开我去吧！'"

24 "所以，凡听见我这话就去行的，好比一个聪明人，把房子盖在磐石上；25 雨淋，水冲，风吹，撞着那房子，房子总不倒塌，因为根基立在磐石上。26 凡听见我这话不去行的，好比一个无知的人，把房子盖在沙土上；27 雨淋，水冲，风吹，撞着那房子，房子就倒塌了，并且倒塌得很大。"

28 耶稣讲完了这些话，众人都希奇他的教训；29 因为他教训他们，正像有权柄的人，不像他们的文士。

《罗马书》

3 这样说来，犹太人有什么长处？割礼有什么益处呢？2 凡事大有好处：第一是神的圣言交托他们。3 即便有不信的，这有何妨呢？难道他们的不信就废掉神的信吗？4 断乎不能！不如说，神是真实的，人都是虚谎的。如经上所记：

你责备人的时候，显为公义；

被人议论的时候，可以得胜。

5 我且照着人的常话说，我们的不义若显出神的义来，我们可以怎么说呢？神降怒，是他不义吗？ **6** 断乎不是！若是这样，神怎能审判世界呢？ **7** 若神的真实，因我的虚谎越发显出他的荣耀，为什么我还受审判，好像罪人呢？ **8** 为什么不说，我们可以作恶以成善呢？这是毁谤我们的人说我们有这话。这等人定罪是该当的。

9 这却怎么样呢？我们比他们强吗？决不是的！因我们已经证明：犹太人和希腊人都在罪恶之下。**10** 就如经上所记：

没有义人，连一个也没有。

11 没有明白的；

没有寻求神的；

12 都是偏离正路，

一同变为无用。

没有行善的，连一个也没有。

13 他们的喉咙是敞开的坟墓；

他们用舌头弄诡诈，

嘴唇里有虺蛇的毒气，

14 满口是咒骂苦毒。

15 杀人流血，

他们的脚飞跑，

16 所经过的路便行残害暴虐的事。

17 平安的路，他们未曾知道；

18 他们眼中不怕神。

19 我们晓得律法上的话都是对律法以下之人说的，好塞住各人的口，叫普世的人都伏在神审判之下。**20** 所以凡有血气的，没有一个因行律法能在神面前称义，因为律法本是叫人知罪。

21 但如今，神的义在律法以外已经显明出来，有律法和先知为证：**22** 就是神的义，因信耶稣基督加给一切相信的人，并没有分别。**23** 因为世人都犯了罪，亏缺了神的荣耀；**24** 如今却蒙神的恩典，因基督耶稣的救赎，就白白地称义。**25** 神设立耶稣作挽回祭，是凭着耶稣的血，借着人的信，要显明神的义；因为他用忍耐的心宽容人先时所犯的罪，**26** 好在今时显明他的义，使人知道他自己为义，也称信耶稣的人为义。**27** 既是这样，哪里能夸口呢？没有可夸的了。用何法没有的呢？是用立功之法吗？不是，乃用信主之法。**28** 所以我们看定了：人称义是因着信，不在乎遵行律法。**29** 难道神只作犹太人的神吗？不也是作外邦人的神吗？是的，也作外邦人的神。**30** 神既是一位，他就要因信称那受割礼的为义，也要因信称那未受割礼的为义。**31** 这样，我们因信废了律法吗？断乎不是！更是坚固律法。

《哥林多前书》

13 我若能说万人的方言，并天使的话语，却没有爱，我就成了鸣的锣，响的钹一般。2

我若有先知讲道之能，也明白各样的奥秘，各样的知识，而且有全备的信，叫我能够移山，却没有爱，我就算不得什么。3 我若将所有的周济穷人，又舍己身叫人焚烧，却没有爱，仍然与我无益。

4 爱是恒久忍耐，又有恩慈；爱是不嫉妒；爱是不自夸，不张狂，5 不做害羞的事，不求自己的益处，不轻易发怒，不计算人的恶，6 不喜欢不义，只喜欢真理；7 凡事包容，凡事相信，凡事盼望，凡事忍耐。

8 爱是永不止息。先知讲道之能终必归于无有；说方言之能终必停止；知识也终必归于无有。9 我们现在所知道的有限，先知所讲的也有限，10 等那完全的来到，这有限的必归于无有了。11 我作孩子的时候，话语像孩子，心思像孩子，意念像孩子，既成了人，就把孩子的事丢弃了。12 我们如今仿佛对着镜子观看，模糊不清，到那时就要面对面了。我如今所知道的有限，到那时就全知道，如同主知道我一样。

13 如今常存的有信，有望，有爱这三样，其中最大的是爱。

15 弟兄们，我如今把先前所传给你们的福音告诉你们知道；这福音你们也领受了，又靠着站立得住，2 并且你们若不是徒然相信，能以持守我所传给你们的，就必因这福音得救。3 我当日所领受又传给你们的：第一，就是基督照圣经所说，为我们的罪死了，4 而且埋葬了；又照圣经所说，第三天复活了，5 并且显给矶法看，然后显给十二使徒看；6 后来一时显给五百多弟兄看，其中一大半到如今还在，却也有已经睡了的。7 以后显给雅各看，再显给众使徒看，8 末了也显给我看；我如同未到产期而生的人一般。9 我原是使徒中最小的，不配称为使徒，因为我从前逼迫神的教会。10 然而，我今日成了何等人，是蒙神的恩才成的，并且他所赐我的恩不是徒然的。我比众使徒格外劳苦；这原不是我，乃是神的恩与我同在。11 不拘是我，是众使徒，我们如此传，你们也如此信了。

12 既传基督是从死里复活了，怎么在你们中间有人说没有死人复活的事呢？13 若没有死人复活的事，基督也就没有复活了。14 若基督没有复活，我们所传的便是枉然，你们所信的也是枉然；15 并且明显我们是为神妄作见证的，因我们见证神是叫基督复活了。若死人真不复活，神也就没有叫基督复活了。16 因为死人若不复活，基督也就没有复活了。17 基督若没有复活，你们的信便是徒然，你们仍在罪里。18 就是在基督里睡了的人也灭亡了。19 我们若靠基督只在今生有指望，就算比众人更可怜。

20 但基督已经从死里复活，成为睡了之人初熟的果子。21 死既是因一人而来，死人复活也是因一人而来。22 在亚当里众人都死了；照样，在基督里众人也都要复活。23 但各人是按着自己的次序复活：初熟的果子是基督；以后，在他来的时候，是那些属基督的。24 再后，末期到了，那时基督既将一切执政的、掌权的、有能的都毁灭了，就把国交与父神。25 因为基督必要作王，等神把一切仇敌都放在他的脚下。26 尽末了所毁灭的仇敌就是死。27 因为经上说："神叫万物都服在他的脚下。"既说万物都服了他，明显那叫万物服他的，不在其内了。28 万物既服了他，那时子也要自己服那叫万物服他的，叫神在万物之上，为万物之主。

29 不然，那些为死人受洗的，将来怎样呢？若死人总不复活，因何为他们受洗呢？30 我们又因何时刻冒险呢？31 弟兄们，我在我主基督耶稣里，指着你们所夸的口极力地说，我是天天冒死。32 我若当日像寻常人，在以弗所同野兽战斗，那于我有什么益处呢？若死人不复活，

我们就吃吃喝喝吧！

因为明天要死了。

33 你们不要自欺；滥交是败坏善行。34 你们要醒悟为善，不要犯罪，因为有人不认识神。我说这话是要叫你们羞愧。

35 或有人问："死人怎样复活，带着什么身体来呢？"36 无知的人哪，你所种的，若不死就不能生。37 并且你所种的不是那将来的形体，不过是子粒，即如麦子，或是别样的谷。38 但神随自己的意思给他一个形体，并叫各等子粒各有自己的形体。39 凡肉体各有不同：人是一样，兽又是一样，鸟又是一样，鱼又是一样。40 有天上的形体，也有地上的形体；但天上形体的荣光是一样，地上形体的荣光又是一样。41 日有日的荣光，月有月的荣光，星有星的荣光；这星和那星的荣光也有分别。

42 死人复活也是这样：所种的是必朽坏的，复活的是不朽坏的；43 所种的是羞辱的，复活的是荣耀的；所种的是软弱的，复活的是强壮的；44 所种的是血气的身体，复活的是灵性的身体。若有血气的身体，也必有灵性的身体。45 经上也是这样记着说："首先的人亚当成了有灵的活人"；末后的亚当成了叫人活的灵。46 但属灵的不在先，属血气的在先，以后才有属灵的。47 头一个人是出于地，乃属土；第二个人是出于天。48 那属土的怎样，凡属土的也就怎样；属天的怎样，凡属天的也就怎样。49 我们既有属土的形状，将来也必有属天的形状。

50 弟兄们，我告诉你们说，血肉之体不能承受神的国，必朽坏的不能承受不朽坏的。51 我如今把一件奥秘的事告诉你们：我们不是都要睡觉，乃是都要改变，52 就在一霎时，眨眼之间，号筒末次吹响的时候。因号筒要响，死人要复活成为不朽坏的，我们也要改变。53 这必朽坏的总要变成不朽坏的，这必死的总要变成不死的。54 这必朽坏的既变成不朽坏的，这必死的既变成不死的，那时经上所记"死被得胜吞灭"的话就应验了。

55 死啊！你得胜的权势在哪里？

死啊！你的毒钩在哪里？

56 死的毒钩就是罪，罪的权势就是律法。57 感谢神，使我们借着我们的主耶稣基督得胜。58 所以，我亲爱的弟兄们，你们务要坚固，不可摇动，常常竭力多做主工；因为知道，你们的劳苦在主里面不是徒然的。

《启示录》

20 我又看见一位天使从天降下，手里拿着无底坑的钥匙和一条大链子。2 他捉住那龙，就是古蛇，又叫魔鬼，也叫撒但，把它捆绑一千年，3 扔在无底坑里，将无底坑关闭，用印封上，使它不得再迷惑列国。等到那一千年完了，以后必须暂时释放它。

4 我又看见几个宝座，也有坐在上面的，并有审判的权柄赐给他们。我又看见那些因为给耶稣作见证，并为神之道被斩者的灵魂，和那没有拜过兽与兽像，也没有在额上和手上受过

他印记之人的灵魂，他们都复活了，与基督一同作王一千年。5 这是头一次的复活。（其余的死人还没有复活，直等那一千年完了。）6 在头一次复活有分的有福了，圣洁了！第二次的死在他们身上没有权柄。他们必作神和基督的祭司，并要与基督一同作王一千年。

7 那一千年完了，撒但必从监牢里被释放，8 出来要迷惑地上四方的列国，就是歌革和玛各，叫他们聚集争战。他们的人数多如海沙。9 他们上来遍满了全地，围住圣徒的营与蒙爱的城，就有火从天降下，烧灭了他们。10 那迷惑他们的魔鬼被扔在硫磺的火湖里，就是兽和假先知所在的地方。他们必昼夜受痛苦，直到永永远远。

11 我又看见一个白色的大宝座与坐在上面的；从他面前天地都逃避，再无可见之处了。12 我又看见死了的人，无论大小，都站在宝座前。案卷展开了，并且另有一卷展开，就是生命册。死了的人都凭着这些案卷所记载的，照他们所行的受审判。13 于是海交出其中的死人；死亡和阴间也交出其中的死人；他们都照各人所行的受审判。14 死亡和阴间也被扔在火湖里；这火湖就是第二次的死。15 若有人名字没记在生命册上，他就被扔在火湖里。

《佩尔培图阿与费里西塔斯殉教记》

在基督教存在的前 300 年中，它受到罗马政府时断时续的迫害。在某些时期，在罗马帝国的一些地区基督教是被容许的；在另一些时期，基督徒又遭到严重的迫害。他们被如此特殊对待，是因为他们拒绝向皇帝献祭。因此，他们被指控是无神论者和不爱国的人。许多殉道者的故事就出自这个时代。并且，没有比佩尔培图阿（Perpetua）与费里西塔斯（Felicitas）的殉道故事更动人或更有说服力的了。

在 2 世纪末，一位迦太基年轻贵妇佩尔培图阿和她的仆人费里西塔斯，因皈信基督教而被捕。这个故事的第一部分是由佩尔培图阿讲述的。她去世的实况是由另一位基督徒讲述的。

当佩尔培图阿被捕入狱时，她刚刚产下一个婴儿。家庭的需要促使她的父亲乞求她放弃自己的信仰。①

II 1. "在数日之后，有传言说我们会被审讯。在此之后，我的父亲从城里来到我跟前，他焦急万分。他走上前来，试图让我放弃，他这样说：'我的女儿，如果我还配让你叫声父亲，请你可怜可怜我的满头白发吧。如果我用我的双手把你养到这般如花的年纪，如果比起你的所有兄弟来，我更疼爱你，就请不要让我受世人嘲笑和蔑视吧。请考虑一下你的几个兄弟吧，请考虑一下你的母亲和你的姨妈吧，请考虑一下你的儿子吧，在你死后，他是没法活的。请把你的勇气抛到一边吧，免得使我们全都毁灭掉；因为如果你遭遇不测，我们中的所有人以后都要小心说话了。'我的父亲以无限的慈爱说了这些话，他吻我的手，并跪倒在我的脚下；他老泪纵横，不是叫我女儿，而是叫我小姐。我为我父亲的满头白发悲伤不已，在我们全家中，他是唯一一个对我信仰上的热情感到不高兴的人。我安慰他说：'在那个审讯台上将发生的事，

---

① Alexander Roberts and James Donaldson, eds., *The Ante-Nicene Fathers* vol. III (Buffalo, NY: The Christian Literature Publishing Co., 1885), pp. 699–706.

是上帝所意愿的。要知道，我们并不掌握自己的命运，而是上帝掌握着我们的命运。'这样，他在悲痛之中与我诀别。"

2. "在另一天，正当我们吃饭的时候，我们突然被带走去听候审判，这样，我们到了市镇上的集会所。这个消息立刻传遍了集会所附近的地区，无数人聚集在周围。我们登上审判台。其他人受到审问，并全部坦承了自己的信仰。在此之后，他们来到我的面前，我的父亲立即带着我的孩子出现在我的面前，他把我从台阶上拉下来，并以哀求的口气对我说：'可怜可怜你的孩子吧。'行省代理希拉里阿努斯（Hilarianus）——他刚刚从已故的总督米努西乌斯·提米尼亚努斯（Minucius Timinianus）手中接过生杀予夺的大权——说：'怜惜你满头白发的老父亲吧，怜惜你年幼的孩子吧，就请为皇帝献上你的祭品吧。'我回答说：'我决不这样做。'希拉里阿努斯说：'你是基督徒吗？'我回答说：'我是基督徒。'当我的父亲站在那里还在劝我放弃我的信仰时，希拉里阿努斯命令士兵将他推倒，并鞭打他。我父亲的不幸使我大为悲伤，其痛苦就像我自己挨打一样，我为他悲惨的晚年而悲痛万分。在此之后，行省代理宣读了对我们所有人的判决，并宣布将我们投喂野兽，而我们却欣然走入地牢。"

佩尔培图阿、费里西塔斯和其他基督徒要在皇帝的生日那天成为祭品。当时，费里西塔斯已有 8 个月的身孕。因为处决一位有身孕的妇女是犯法的，所以费里西塔斯害怕她不能为教会殉难。然而，在指定的行刑日期之前，她在狱中生下了她的孩子。

Ⅵ 1. 他们胜利的日子露出了曙光，他们从监狱走入竞技场，就好像去参加聚会一样，兴高采烈，脸色明朗；偶尔他们的身体有所蜷缩，那也是出于欢乐，而不是出于惧怕。佩尔培图阿跟在大家后面，表情异常镇静，她走起路来像上帝爱子基督的一位受人尊敬的女会监；在众人的注视下，她低头掩住眼中的神采。此外，费里西塔斯对她已经安全地生下孩子，所以能够与野兽搏斗感到非常高兴；自接生婆那里浴血诞子之后，她将在角斗士这里浴血接受第二次洗礼。当他们被带到大门口，人们命令他们穿上衣服的时候——男人必须穿上农神萨图恩（Saturn）的祭司的衣服，妇女必须穿上献身给谷物女神刻瑞斯（Ceres）的人的衣服——这位具有崇高心灵的妇女仍然坚贞不屈，抗争到底。因为她说："为了这个原因，即我们的自由不应受到限制，我们已自觉自愿地来到这里。我们已做出让步，为的便是我们不会做任何这类事情——这是之前说好的。"非正义承认了正义；这位保民官做出让步，同意他们穿得像平时一样简朴。佩尔培图阿唱着赞美诗，她的双脚已经踩踏了埃及人的头颅[①]；雷沃卡图斯（Revocatus）、萨图尔尼努斯（Saturninus）和萨图鲁斯（Saturus）对围观这个殉教场面的人发出威胁与恫吓。当他们进入希拉里阿努斯的视线的时候，凭借着手势和点头示意，他们开始向希拉里阿努斯发话，他们说："你审判了我们，但是，上帝将审判你。"人们对此非常愤怒，要求他们在通过猎手那一排的时候受到鞭笞。后者则因自己正在遭受主曾经经历的受难的一部分而感到非常高兴。

---

① 佩尔培图阿在行刑前一日所见的异象：在竞技场中，她变成男人与一个相貌凶恶的埃及人决斗；埃及人最终伏倒在地，佩尔培图阿的双脚踏在他的头颅之上。——编者注

3. 此外，魔鬼为这些年轻妇女准备了一只非常凶猛的母牛，这一违反常规的做法是为了使她们与野兽在性别上可以相匹敌。这样，她们被剥光衣服，并被套上罗网，领上前来。围观人群在看到一位身材优美的妙龄少女和另一位因最近生了孩子乳房仍在滴奶的年轻妇女时不寒而栗。因此，在被召回之后，人们就摘去她们身上的罗网（给她们穿上宽衫）。佩尔培图阿是被第一个带入场地的。她被抛在地上，腰部着地；当她看到身侧的宽衫破掉时，她拽了拽宽衫遮挡住自己的腰腹，她更在乎她的端庄淑静，而不在乎她受了多少痛苦。在此之后，她被再次召回，她束起她凌乱的头发；因为对于一位殉道者来说，带着凌乱的头发殉难是不合适的。她束起头发，以免自己在自身的荣耀时刻呈现出悲痛的样貌。这样，她站起身来；当她看到费里西塔斯被压倒的时候，她走上前来向她伸出手，并把她拽起来。她们两人站在一起；平民百姓的野蛮行为被平息了，她们被叫到萨那威瓦里安门（Sanavivarian gate）……

4. ……当围观人群要求他们进到场地中间的时候——这样做是为了当剑子手的剑刺穿他们的身躯的时候，他们能亲眼看到这个杀人的场景——他们自觉自愿地站起身来，走到人们想要他们站立的位置上；但是，首先他们相互接吻，这样做是为了能以平静的接吻完成他们殉教的壮举。其他人确实是坚定不移的和异常镇静的，他们面不改色地接受了刀剑的屠戮；萨图鲁斯更为坚定镇静，他曾第一个登上阶梯，第一个放弃了他的生命——因为他当时还正在等着佩尔培图阿。① 但是，佩尔培图阿——她可能已尝到一些痛苦——因为被刀剑在两肋之间刺穿，惨叫一声，可她自己却把年轻的角斗士的颤抖的右手放在她自己的喉咙之上。除非她自己愿意，这样一位妇女可能是不会被杀害的，因为她使不纯洁的灵魂感到害怕。

---

① 佩尔培图阿所见的第一个异象：萨图鲁斯第一个爬上了几乎通天的黄金梯——梯子周边是竖起的枪剑等武器，底部蜷缩着一条令攀爬者畏惧的巨龙——并在顶部等待着佩尔培图阿的到来。——编者注

第十三章
伊斯兰教

本章目的

■ 在这一章中,你将熟悉犹太教、基督教和伊斯兰教之间的关系;了解先知穆罕默德的生平;逐步理解逊尼派与什叶派之间的差异;研究伊斯兰教的发展;知晓伊斯兰教在现代世界中的地位。

关键词

《古兰经》

斋月

克尔白

哈底斯

瓦哈比教派

哈吉

伊斯兰教大事年表	
公元 570 年	先知穆罕默德诞生
610 年	穆罕默德首次接受天启
622 年	穆斯林社团从麦加迁往麦地那
630 年	穆罕默德与穆斯林社团回到麦加；阿拉伯人中的伊斯兰教迅速发展
632 年	先知穆罕默德去世
633—642 年	征服异教的战争；伊斯兰教传遍中东、北非；非阿拉伯人大批皈依伊斯兰教
680 年	先知穆罕默德的外孙侯赛因去世，导致逊尼派与什叶派之间的分裂
691 年	圆顶清真寺在耶路撒冷建立
700—900 年	苏菲主义出现
711 年	征服西班牙
732 年	图尔之战；穆斯林在西欧的挺进终止
750—1258 年	阿巴斯王朝；巴格达成为西方文明的文化中心
922 年	哈拉智被处死
1095—1291 年	十字军东征
1258 年	蒙古人征服巴格达；穆斯林遭到严重的迫害
1281—1324 年	奥斯曼帝国的创建者奥斯曼在位
13 世纪	伊斯兰教向东南亚传播
1453 年	在被奥斯曼帝国征服之后，君士坦丁堡被重新命名为伊斯坦布尔
1492 年	基督徒重新占领西班牙，穆斯林被驱逐出去
1502 年	伊斯兰教什叶派成为波斯（伊朗）的官方宗教
16 世纪	奥斯曼帝国在阿拉伯、北非和欧洲的扩张
1556 年	印度莫卧儿帝国建立
1700 年	英国成为印度的主要努力
1744 年	伊斯兰瓦哈比教派在阿拉伯建立
19 世纪	奥斯曼帝国衰落
1857 年	印度大起义；英国的基督徒，印度的印度教徒、穆斯林和锡克教徒以宗教的名义犯下暴行
1882 年	英国人占领埃及
1918 年	奥斯曼帝国终结；英国和法国占领了中东大部分地区
20 世纪初	民族主义运动在伊斯兰世界兴起
1945 年至今	伊斯兰教在欧洲和北美发展

1945—1960 年	穆斯林在殖民地重新获得独立
1947 年	英属印度被划分为印度和巴基斯坦，造成印度教徒、穆斯林和锡克教徒之间大规模的暴力冲突
1979 年	伊朗爆发革命并建立了伊斯兰共和国
20 世纪 90 年代	伊斯兰教极端主义发展。塔利班统治阿富汗；对什叶派教徒、自由逊尼派教徒和妇女实行严厉的压迫
1996—2001 年	塔利班统治阿富汗
2001 年 9 月 11 日	极端主义分子袭击了美国
2001 年至今	美国和盟国军队占领阿富汗
2003—2011 年	美国和盟国军队占领伊拉克

本章提要

世界上的几大宗教里面最年轻的一个就是伊斯兰教，但它也是规模最大的几个宗教之一，其信徒数量超过十亿。在中东、非洲和亚洲的许多国家当中，伊斯兰教是占据主导地位的宗教。这些因素使得伊斯兰教成为最有趣且最重要的宗教之一。

伊斯兰教最基本的一个信仰是，世上只有一位真主，他的名字叫安拉。这位神同时受到犹太人和基督徒的敬拜。他是宇宙中唯一且至高的统治者。安拉在其他的时代里曾在许多先知面前显露自己的存在，但他在公元 7 世纪向先知穆罕默德传授启示是最后一次。伊斯兰教的教义称，人只能有一次生命。一个人度过这一生的方式决定了他将怎样度过他的永恒存在。在这一生中，信徒必须服从安拉的意志，因此伊斯兰教的信徒被称为穆斯林（服从神的那些人）。[①]

[①] 将这个宗教称为"穆罕默德教"，将它的信徒称为"穆罕默德的信徒"是不准确的，而且这种说法是对这个宗教的侮辱，因为他们只敬真主为唯一的神。

13.1 伊斯兰教兴起前的阿拉伯宗教

公元 7 世纪,伊斯兰教开始在阿拉伯沙漠中的人群中传播。它并不是从一个完全不存在宗教的环境中产生出来的。在过去的几百年里,这个地区的人民已经发展出了他们自己的宗教形式,也受到了其他各种宗教的影响。拜占庭基督教一直是这些人生活当中的一个要素,虽然它带来的影响没有那么强烈。基督教的故乡犹大离阿拉伯也不远。大马士革、凯撒利亚、安提阿和亚历山大这些城市离麦加和雅兹里布(麦地那)很近。基督教的王公从这些城市发出他们的命令,许多早期教父都在这里著书立说,传教授业。

阿拉伯人也熟悉犹太教。有几个沙漠部落就是犹太人。虽然我们并不清楚这些部落的起源,但是许多历史学家相信,他们是罗马人在公元 70 年和 135 年分别镇压了犹大地区的起义之后逃离此地的犹太人的后裔。当伊斯兰教的先知穆罕默德于公元 622 年进入麦地那的时候,这个城市里有许多犹太居民。

另一个可能影响伊斯兰教形成的宗教是琐罗亚斯德教。虽然它对伊斯兰教的影响不像犹太教和基督教那么大,但是,穆罕默德和他的某些弟子与波斯的琐罗亚斯德教徒也可能有一定的接触。

伊斯兰教由其产生并对其做出反应的主要宗教力量可能是阿拉伯人的本土宗教。我们对这些人的基本宗教知之甚少,因为我们所拥有的关于它们的唯一资料是穆斯林的原始文献,包括《古兰经》①,这些文献对更早的本土宗教自然是抱持着一种批判的态度。显而易见,前伊斯兰教的人们敬拜许多的神祇。他们只承认一个至高神,这位神独立于其他任何事物,是人类不可接近的,他的名字是安拉(Allah,字面含义是"上帝")。

苏腊卡尔塔市大清真寺内的庭院。

---

① "古兰"(*Qur'an*)一词在英语语境下经常被译作 Koran。

最受人们敬拜和关注的神祇是本土的部落神。人们雕刻并珍重地对待这些神的像，并向他们献上血祭。除了这些数目众多的天神地祇，还有一些低位的神圣存在。存在一些天使和仙女，他们是慈善且有益的神灵，也存在一些魔鬼生物，它们经常试图伤害人类。

前伊斯兰教的宗教最明显的特征可能就是它的万物有灵论。人们可在岩石、树木、水井和动物身上发现神灵的存在。人们必须安抚这些神灵，并请求他们帮助人类。麦加城①便因为这种万物有灵的观念而成为一个圣地。麦加位于阿拉伯半岛的中西部海岸，而且在很早的时代就处在主要的南北商道之上。它的名声来自几个世纪之前落在此处的陨石。这块陨石成为信仰万物有灵论的人群的敬拜对象。到了穆罕默德的时代，信徒们已经围绕它建造了一个被称为"克尔白"的圈形建筑物。

渐渐地，克尔白里有了越来越多的塑像、遗物和画作，甚至有资料声称这里曾摆放有耶稣和马利亚的画像。在伊斯兰教的传说中，这块黑石头是在阿丹（亚当）和哈娃（夏娃）的时代从天上掉下来的，后来易卜拉欣（亚伯拉罕）和他的儿子易司马仪（以实玛利）建造了克尔白。交战部落每年都会有几个月休战，以便信徒能够安全地前往麦加朝拜这个圣地。自然，这块黑色的石头对麦加人来说既是荣耀之物，又是有益之物，麦加的各个氏族部落为控制克尔白而展开了持久不断的斗争。

13.2 穆罕默德的生平

伊斯兰教是世界宗教中最年轻的宗教之一，所以相比其他宗教的创始人，伊斯兰教创教者的生平细节更易获得。没有任何人对这个事实提出严肃的质疑，即穆罕默德是一位历史人物，并生活在公元7世纪。大约公元570年，他出生在古来氏部落的哈希姆家族中，这个部落群控制着在麦加的克尔白。穆罕默德的父亲阿博都拉（Abd-Allah）在他出生之前就去世了，他的母亲在他6岁之前也去世了。在此之后，穆罕默德由他的伯父、古来氏部落的首领阿布·塔里布（Abu-Talib）抚养成人。在当时，对一个孤儿来说，生活非常困难。他没有任何受正式教育的机会。而且，伊斯兰教也在促成这样一个事实：穆罕默德是不识字的。因此，他所接受的《古兰经》的天启就更是一种神迹。②

---

① "麦加"这个名字可能衍生自一个意思为"圣殿"的古老的阿拉伯语词。
② 一些穆斯林将穆罕默德不识字这件事与耶稣生于童贞女相比。正如基督徒相信耶稣没有父亲一样，穆斯林也相信《古兰经》是一个只能直接来自真主的奇迹。人们将它视为阿拉伯语的最完美的诗作，然而，它却是由一个从未受过教育的人第一个说出来的。

西非马里莫普提清真寺前的穆斯林在做周五祷告。

公元6世纪，麦加的商人控制了在印度洋与地中海之间行走的商队。这个事实与克尔白一起给麦加城带来巨大的财富，而且为年轻的穆罕默德提供了一个与诸商队一起工作、一起旅行的机会。似乎就是在这些旅行期间，穆罕默德接触到了典型的中东的宗教和文化。他的足迹遍布整个阿拉伯半岛，并曾步行至大马士革这类拜占庭的城市。毫无疑问，他在此遇到过基督徒、犹太教徒，可能还有琐罗亚斯德教徒。这些宗教有一些共同的特征，而且这种相似性必定已经影响到了穆罕默德。它们全都信仰一位上帝。它们全都具有一部被人们信以为是上帝的话语的经典。它们的末世论都宣告：世界终有一天要结束，正义的人将受到奖赏，而邪恶的人将在地狱中受到惩罚。穆罕默德似乎特别受到末世论的影响，而且他开始关心起他那仍在敬拜众多神祇和偶像的人民的未来。

在商队工作的这些岁月还使穆罕默德有机会接触到一位女性，即商队的主人——赫蒂彻（Khadija），她后来成了穆罕默德的妻子。赫蒂彻是一位富有的寡妇，嫁给25岁的穆罕默德的时候，她已大约40岁了。虽然允许娶好几个妻子，但是在赫蒂彻在世的时候，穆罕默德只以赫蒂彻为妻。在他们25年的婚姻生活中，她为他生了2个儿子和4个女儿。儿子们在幼年就死去了，只有一个女儿法蒂玛（Fatima）在她父亲死后仍然活着。赫蒂彻为穆罕默德提供了他作为孤儿从来不曾拥有过的财富和爱。她成为他的最强大的支持者，她也是第一批皈依伊斯兰教的人。她的财富给了他思考神学问题的自由。

在他与赫蒂彻结婚之后的那些年，穆罕默德走入麦加周围的山区，思考他的人民的命运。他尤其担心人们的偶像崇拜，以及在世界末日到来、进行末日审判时他们将面临的命运。在沉思期间，他受到一位天使的访问，后来，他将这个天使认作吉卜利里（加百列，犹太教和基督教的圣经都提到过他）。传说在斋月的时候，在希拉山的一个山洞里，吉卜利里从真主那里给他带来了以下命令：

> **文献摘选**
>
> 你应当奉你的创造主的名义而宣读，他曾用血块创造人。你应当宣读，你的主是最尊严的，他曾教人用笔写字，他曾教人知道自己所不知道的东西。①

在穆罕默德的余生里，他就频繁以这种方式间断性地接受来自神的启示。根据伊斯兰教的传说，神的启示就像一座大钟的令人痛苦的钟声那样从远方传来，穆罕默德的额头上满是汗水。异象不时进入他的梦境。穆罕默德记住了这些神启的内容，并把这些内容传授给他的伙伴。最后，他委托他们将这些神启的内容撰写出来，作为伊斯兰教的经典，名为《古兰经》。

受到一系列的启示之后，穆罕默德深信，只有一位真神，他的人民将他称为安拉，而其他宗教把他叫作别的名字。他还深信，自己是神的一系列先知中的最后一位，之前的那些先知有易卜拉欣、穆萨（摩西）、尔萨（耶稣），还有其他一些人。这些以前的先知只得到了安拉的不完整的启示，但是他却得到了安拉的完整的终极启示。因此，伊斯兰教在一开始就不否定其他宗教的合法性，而是把自己视为肇始自其他宗教的这一启示过程的完成和终结。还有一个值得注意的地方：穆罕默德只是把他自己视为一个先知，而不视为任何别的东西。他不是神，他像其他任何人一样有生有死。他的使命与传统希伯来先知的使命非常相像：把神的话说给人们听。

作为神的先知，穆罕默德开始向麦加居民宣传他对宗教的新的理解。他很少从他的邻人那里得到鼓励和支持，事实上，人们反对他并与他公开为敌。他当时宣称，只有一位真神，人们不能将他与偶像放到一起来敬拜。这种说法自然威胁到了许多麦加人的生计，他们是依赖来麦加的克尔白敬拜偶像的信徒为生的。

穆罕默德的第一位信徒就是他的妻子赫蒂彻。关于谁是第一位男性信徒，在传统上存在争议：或是阿里（Ali）——穆罕默德的一个堂弟，或是宰德（Zayd）——穆罕默德的释奴和义子。第三位皈信者是一位朋友——阿布·伯克尔（Abu Bakr）。在以后的岁月里，其他皈信者加入了穆斯林的运动。他们主要是麦加的年轻群体或来自比较贫困的阶层。随着年长者、富人和地位已被确立起来的城市氏族领袖反对他的呼声日益高涨，穆罕默德得到了他的伯父——阿布·塔里布和他的氏族中其他成员的保护，甚至还有那些不是穆斯林的人的保护。尽管如此，随着人们的敌视和迫害日甚一日，穆罕默德最后不得不催促他的一些追随者离开这个国度。

---

① 《古兰经》第96章，第1—5节。(《古兰经》经文均来自马坚译，《古兰经》，北京：中国社会科学出版社，1981年。)

公元615年，大约有15个穆斯林家族逃出麦加，并在阿比西尼亚（今天的埃塞俄比亚）的基督教王国避难。这位先知和其他的穆斯林留在麦加，继续宣传伊斯兰教，并直面人们的迫害。其余麦加人对穆罕默德及其整个氏族采取了断绝来往和联合抵制的迫害形式，但是它被证明为无效的。

公元619年，穆罕默德痛失两大恩人——他的伯父阿布·塔里布和爱妻赫蒂彻。妻子死后，这位先知娶了他余生中将会拥有的众多妻子中的第一位妻子。阿布·塔里布的死使他失去了氏族的保护，穆斯林的生活变得非常困难。穆罕默德试图逃出麦加城到附近的城镇去，但是他被那里的人拒绝，不得不返回麦加城。

宗教与暴力

伊斯兰教历史上最重要的事件之一发生在公元620年，当时，由6人组成的一个群体从位于麦加以北250英里处的雅兹里布城（后来，人们为了纪念这位先知，将这座城市重新命名为麦地那）来到麦加与穆罕默德进行协商。穆罕默德的诚实善良、正义感和人格魅力都给他们留下了深刻的印象。雅兹里布是一座因氏族之间的战争和内部冲突而分裂的城市。它需要一位公正的法官来解决内部的争端，而这个代表团相信，穆罕默德可以担任这个法官。在接下来的一年，有12位代表从雅兹里布出发来拜见这位先知。这12位代表中的10人来自犹太人部落，他们中的一些人相信，穆罕默德可能就是弥赛亚。人们向他发出邀请，让他当这座城市的统治者。

直到公元622年穆罕默德才离开麦加，当时有一群刺客发誓要除掉他，他必须加倍小心，躲避他们。他的追随者三三两两地分批离开这座城市，最后，这位先知动身了。公元622年9月24日，穆罕默德到达雅兹里布城，并成为这个城市的法官。从麦加到雅兹里布的这趟行程被人们称为希吉拉（*Hijrah*，迁徙），而且迁徙的这一年成为伊斯兰教历的元年。日期被记作A.H（*anno hegirae*，希吉拉历XX年）。

在雅兹里布，穆斯林作为众多氏族中的一个被确立起来。穆罕默德虽然作为一位仲裁者被带到这个城市，但是他的宗教并没有被人们广泛接受。一个名为"麦地那社团章程"的协定将政治权力给予了穆罕默德，但同时规定其他社团的成员享有宗教信仰和实践的自由。在雅兹里布的部落中，有三个部落是犹太人的部落。这里还有一个基督教社团。在这之前，穆罕默德只需与麦加的多神论主义者周旋，但在雅兹里布，他却遇到来自犹太教一神论主义者的抵抗。最后，这位先知与犹太人产生了分歧。一开始，穆罕默德命令穆斯林面向耶路撒冷祷告，但之后他命令他的门徒面向麦加祷告。尽管如此，在麦加和麦地那之后，耶路撒冷仍保有第三圣城的地位。

宗教与暴力

在公元623年，穆罕默德娶了他的朋友阿布·伯克尔的女儿阿以莎（Aishah）。就在同一年还发生了在穆罕默德领导下的麦地那人与麦加人之间的第一次冲突。穆罕默德的麦地那之行（希吉拉）无疑加剧了这两座城市之间本来就存在的竞争。一开始，这种冲突只是对麦加商队的分散袭击和劫掠，但是，后来它们发展成了完全的军事斗争。

在这个时代，阿拉伯人并不把劫掠商旅视为不光彩的事情。通过这种抢劫活动，穆斯林不仅可以报复麦加人，还可以获得金钱和财富。这些早期的对抗中，最成功的一场战斗是公元624年的白德尔之战（battle of Badr）。在这场战斗中，穆斯林打败了麦加人，杀敌多达70人，抓了许多俘虏，并抢得大量战利品。据传说，这场战斗之所以成功，是因为这位先知亲临前线为他的部队祈祷。这样一次胜利对穆斯林来说是一个巨大的刺激，它使他们变得更加忠于这位先知和他的事业，并把其他许多人吸引到伊斯兰教中来。翌年发生了与麦加人的另一场战斗。在这场战斗中，穆斯林的伤亡人数比麦加人还要多，穆罕默德本人也受伤了。尽管如此，由于麦加的军事力量并没有完全消灭穆斯林，对这位先知来说，它仍被视为一场胜利。

在这个时期，这个地区的穆斯林与犹太人部落之间的冲突也日益激烈起来。犹太人明显拒斥任何有关穆罕默德是弥赛亚的说法，并经常公开讥笑他。有时，他们支持麦加人反对这位先知的活动。结果，穆罕默德向犹太人的部落提供了两种选择：要么改信伊斯兰教，要么从这座城市中被驱逐出去。根据穆斯林的传说，最后的决裂发生在这样一个时候：当时，一位来自犹太教社团的主妇宰奈卜（Zainab）邀请这位先知和他的朋友吃晚餐，并给他们有毒的羔羊肉吃。虽然穆罕默德只吃了一小块羊肉，但他在余生里一直受到这种毒药的折磨。

在公元627年，有一支一万人的麦加军队进攻麦地那，但是他们在攻城失败之后就撤退了。伊斯兰教的历史学家将这视为穆罕默德的一个巨大胜利和伊斯兰教社团历史上的一个重要转折点。翌年，穆罕默德试图与他的追随者前往麦加朝觐，但是麦加人挡住了他的道路。在他们之间达成了一个和平协定，这个协定允许穆斯林在翌年前往麦加朝觐。到公元629年，伊斯兰教已发展得非常强大，当穆斯林进入麦加朝觐的时候，没有人敢阻挡他们。在公元630年，穆罕默德率领一万人的军队征服了麦加。虽然他敬重那块黑石头及围绕它建起的建筑，但是他来到克尔白，毁坏了所有的偶像。伴随着这个象征性的行动，这位先知实际上成了阿拉伯人唯一的领袖。

在以后的几年里，伊斯兰教日益强大。人们派遣《古兰经》的诵读人去向阿拉伯沙漠中的贝都因人传教。穆罕默德将口信送到周围的国家，邀请他们加入伊斯兰教社团。他的追随者从阿比西尼亚回来加入了他的社团。他娶了几房妻室，她们中许多人是战死的穆斯林的遗孀。其他一些婚姻则巩固了与其他部族的政治关系。

在公元 632 年，穆罕默德带领穆斯林再一次朝拜麦加。这时他已 62 岁，而且体弱多病，他从未从几年前服毒造成的病痛中恢复过来。回到麦地那之后，他向穆斯林告别，并在他的妻子阿以莎的怀抱中与世长辞。因为他没有就继承人的问题做出任何安排，在一段时间内，穆斯林就领导权的问题发生了争执。最后，人们一致同意，阿布·伯克尔应是哈里发，即继承人。① 在穆罕默德的葬礼上，据说阿布·伯克尔讲过如下话语，这些话总结了穆斯林对这位先知的理解："你们这些人听着，如果任何人敬拜穆罕默德，那么穆罕默德已经死了；但是，如果任何人敬拜真主，真主是活的，而且永远不死。"②

13.3 《古兰经》

伊斯兰教的经典被称为《古兰经》。"古兰"（Qur'an）一词的字面意思是"诵读"或"背诵"。因此，这个书名指出了关于此经典穆斯林所持的基本信仰，即它是一部将永恒经典背诵出来的作品。这部经典在天上写成，而且被逐章揭示给穆罕默德。这个名称还呼应了被揭示的第一个苏拉（surah，即章节）的话："你应当奉你的创造主的名义而宣读。"③

《古兰经》作为一部宗教经典给其人民带来的影响可能是前所未有的。的确，没有任何其他一部宗教经典像《古兰经》那样经常被人们阅读或背诵。虽然基督徒和犹太教徒也十分看重他们的圣经，但是，他们还是承认其创作者是人类，虽然人是受到神的启发的。而伊斯兰教并不是这种情况，《古兰经》是神的话语：它是永恒的、绝对的、不能改变和废止的。穆斯林相信《古兰经》是神对人类说的最后的话。穆斯林尊重犹太教徒和基督徒的经典，但是他们把《古兰经》理解为神的最后的启示。

---

① 什叶派不接受这一对伊斯兰教历史的解释。他们的观点是：穆罕默德将他的堂弟和女婿阿里指定为他的继承人。
② W. Montgomery Watt, *Muhammad: Prophet and Statesman* (New York: Oxford University Galaxy Press, 1961), p. 228.
③ 《古兰经》第96章，第1节。与犹太教和基督教的圣经不同，《古兰经》并不是按照年代顺序编排的。除了起始的那一章，章节的顺序是按照长度从长到短排列的。

它被逐字地展现给穆罕默德，而穆罕默德只作为安拉的速记员和扩音器行事。自先知的时代起，这些神的话语实际上就在一字不变地四处传播。背诵《古兰经》是一项重要的宗教礼仪，而且是安拉之神恩的来源之一，因为它再现了安拉的神圣话语。尽管《古兰经》的含义可被表述为其他语言，但它是不可译的。阅读或听别人朗诵非阿拉伯语的《古兰经》并不能获得阿拉伯原文所能传达的神的祝福。

穆斯林出生时，他们首先听见的便是出自《古兰经》的选段。为了装饰房屋，人们将选自《古兰经》的诗句镌刻在穆斯林家中的墙上；一个人离世前听到的最后一句话也常常是《古兰经》中的句子。在穆斯林中，人们把背诵整部《古兰经》视为最高的虔敬行为。任何能背诵整部《古兰经》的人都被赋予哈菲兹（*hafiz*）的荣誉称号。

据说，《古兰经》包含了从穆罕默德接受第一个神启到去世期间安拉向这位先知传达的言语。因为穆罕默德是不识字的，所以他把这些神启背诵下来，并把它们传达给他的秘书宰德，宰德又将这些神启书写在树叶、石头、兽骨或羊皮纸上。在穆罕默德死后，这些资料被收集起来。据传说，第三任哈里发奥斯曼与宰德等人一起工作，撰写出一部《古兰经》的权威版本，这个版本替代了之前的不同版本。

构成《古兰经》的神启被编为114个章节，这些章节又称为苏拉。苏拉之下包含大约6000个叫作阿耶哈（*ayah*）的诗节。整部经典比基督教的《新约》体量要稍微小一些。除了一段简短的介绍性的内容，整部经典是根据苏拉的长度、从长到短顺序编排的。因此，非穆斯林读者有时会感到丈二和尚摸不着头脑，因为它没有根据主题或按照年代顺序进行编排。这些启示很像人们在《希伯来圣经》的先知书中发现的资料，它们是未经编排的先知资料文集。最长的苏拉包含287个诗节，最短的苏拉只有3个诗节。

神的本质

《古兰经》是神的话语，所以在关于神、神对人类生活的期待和人类的永恒命运这些问题上，它的启示对所有穆斯林来说便是权威。它揭示出安拉是整个宇宙的唯一主宰神。伊斯兰教主张严格的一神论，而且要求它的追随者每天都宣读："除安拉以外别无真神，穆罕默德是'安拉的信使'。"与麦加的多神论主义者和讨论耶稣在三位一体中的地位的拜占庭基督徒形成鲜明对比的是，穆斯林阐明，只有一位神，他是完整的、永恒的和不可分割的。在所有其他宗教中，只有犹太教坚持这种绝对的一神论。

> **文献摘选**
>
> 圣洁哉真主！他降示准则给他的仆人，以便他做全世界的警告者。天地的国土是他的；他没有收养儿子，在国土中没有伙伴。①
>
> 你说：他是真主，是独一的主，真主是万物所仰赖的；他没有生产，也没有被生产；没有任何物可以做他的匹敌。②

安拉作为无所不在、无所不知和无所不能的宇宙创造者的角色在《古兰经》中得到了充分的强调。

> **文献摘选**
>
> 你们的主确是真主，他在六日内创造了天地，然后，升上宝座，他使黑夜追求白昼，而遮蔽它；他把日月和星宿造成顺从他的命令的。真的，创造和命令只归他主持。多福哉真主——全世界的主！③

根据穆斯林的传统，安拉具有 99 个尊名，如至洁者、至仁者、圣慈者、护佑者和创造者。虔诚的穆斯林反复吟诵这些名字，颇似罗马天主教徒吟诵《玫瑰经》。

虽然安拉有无上权力、无限主权和无与伦比的神圣庄严，但他也是正义和慈悲的。他以正义制裁邪恶，以怜悯慈悲回报正直。

> **文献摘选**
>
> 天地万物，都是真主的。他创造万物，以便他依作恶者的行为而报酬他们，并以至善的品级报酬行善者。远离大罪和丑事，但犯小罪者，你的主确是宽宥的。当他从大地创造你们的时候，当你们是在母腹中的胎儿的时候，他是全知你们的；所以你们不要自称清白，他是全知敬畏者的。④

在穆斯林的敬拜和实践中，人们经常强调安拉的慈悲。在传统上，一位穆斯林要发言或写作的时候，总会以"奉至仁至慈的真主之名"这样一句话为开篇。

虽然安拉是伊斯兰教中唯一的真神，但是在安拉的周围也存在其他一些生活于天堂中的生物，他们会为安拉提供帮助。安拉的天使作为他的信使行事，就像吉卜

---

① 《古兰经》第 25 章，第 1 节。
② 《古兰经》第 112 章。
③ 《古兰经》第 7 章，第 54 节。
④ 《古兰经》第 53 章，第 31—32 节。

利里向穆罕默德揭示《古兰经》一样；他的武士站在穆斯林一边与异教徒作战。在人类与天使中间的另一个创造物叫作镇尼（jinn）。镇尼来自无烟之火。一些镇尼是对人类有益的生物，他们承担着保卫人类的使命；另外一些则是魔鬼。人们相信善的镇尼是穆斯林，恶的镇尼是异教徒。恶的镇尼的领袖是一位叫作伊布里斯（Iblis）①的堕落天使。伊布里斯的所作所为非常像《圣经·约伯记》中的撒旦。他并不像琐罗亚斯德教中的安格拉·迈纽一样是一个居次要地位的恶神，他是作为针对人类的一个诱惑者和检察官行事的。根据穆斯林的传统，伊布里斯为阿丹的堕落负责。

宿命论

《古兰经》启示人们说：人类是安拉的创造物，人必须服从安拉。正直的人将得到真主的偏爱，他们必须服从安拉的意志。因为这种对真主的无上权能的强调，人们在描述伊斯兰教的时候使用了"宿命论"和"命定论"这些词汇。就像在一些伊斯兰教派、加尔文主义和早期希腊哲学中一样，只要这种理论走向极端，对统治宇宙的安拉的全知全能的信仰就会使人们相信人的一生别无选择。一个人是行善还是为恶、是享受成功还是遭遇失败，都完全由统治世界并已事先计划好每一件事的真主掌握。当这个思想走向极端时，人们就失去了选择的自由。因此，他们不为自己的行为负责。

有人将伊斯兰教称为宿命论的宗教，这是不准确的。最普遍的神学立场可能是人类具有从一系列真主创立的行为中进行选择的能力。一些穆斯林神学家，尤其是那些穆尔太齐赖学派的神学家和许多现代主义的思想家认为，真主赋予人类理智，通过这种理智，人能够区分善恶，并在它们之间进行选择。穆尔太齐赖学派还相信，人们既可通过启示又可通过理性的运用来认识神。大多数穆斯林并不接受穆尔太齐赖学派的观点，虽然他们确实相信人对他们所做的恶事要负某种责任，而且要为这些恶事受到审判。一个有关的观点是，尽管真主最终决定了我们的命运，但人类还是有宗教义务去尽力追求共同的善。

末世论

在时间终结时，安拉会对人类进行审判，这是伊斯兰教的基本信仰之一。《古兰经》

---

① 人们相信这个词是希腊语词 *diabolos*（魔鬼）的阿拉伯译文。

说，当一个人死去的时候，他的遗体会回到泥土之中，灵魂进入睡眠状态，直到复活的那一天。在复活日，安拉的天使将吹响他的喇叭，土地将裂开，身体将与它们的灵魂重新结合在一起。① 复活的人就要受到安拉的审判。那些虔诚并有美好道德的人将受到奖赏，那些邪恶的人将受到惩罚。所有人都必须根据在一本书中保存的行为记录而受到审判。

> **文献摘选**
>
> 功过簿将展现出来，所以你将会看到罪人们畏惧其中的记录。他们说："啊呀！这个功过簿怎么啦，不论小罪大罪，都毫不遗漏，一切都加以记录。"他们将发现自己所做的事都一一记录在本子上。你的主不亏枉任何人。②

穆斯林关于天堂和地狱的信仰与琐罗亚斯德教、犹太教和基督教的末世论系统中的那些信仰类似。唯一的区分是穆斯林的信仰中具备一些特征，它们对沙漠居民具有特别的吸引力，或令沙漠居民特别讨厌。天堂坐落在一个具有喷泉流水、绿树成荫的美丽花园中。正直的人可以享用葡萄美酒———一般穆斯林是禁止饮酒的———这种美酒并不使人的理性发生混乱，也不会给饮酒者留下头疼等疾患。地狱是一个充满火热的风、黑烟和盐水的可怕的地方。

13.4 宗教制度

从《古兰经》和伊斯兰教生活的早期岁月中产生出几乎被穆斯林普遍承认的某些宗教制度。

清真寺

伊斯兰教并不是一个倾向于建立寺庙的宗教。虽然穆斯林会敬拜某些地方，但是要求他们在某种寺庙中举行敬拜活动并不适于阿拉伯人民的游牧生活。他们生活的特性要求他们每天都可自由地敬拜安拉，无论他们在什么地方。一般来说，穆斯林的敬拜活动在各个不同的地方举行。正像星期六是犹太教徒的安息日、星期天是基督徒的安息日一样，穆罕默德指定星期五是穆斯林做礼拜的特殊日子。然而与犹

---

① 《古兰经》第82章。
② 《古兰经》第18章，第49节。

太教和基督教的安息日不同，在伊斯兰教中，星期五并不是休息的日子；与此相反，它是一周中唯一一天要求穆斯林与同伴去清真寺进行祷告的日子。在寺里，伊玛目（Imam）带领信徒进行祷告。伊玛目并不是教士，而是一位社团成员，因为他学识渊博、信教虔诚而为人尊敬，所以被选出带领人们祈祷。星期五的礼拜仪式还包括一个布道，人们可以用阿拉伯语或会众的语言发表演说。穆斯林的其余宗教义务可在清真寺之外的地点履行，也无须伊玛目的指导。

清真寺还可用作学校和图书馆。在伊斯兰教的大部分历史上，麦加和麦地那的清真寺都属于伊斯兰教最重要的学术中心。名叫马德拉沙（madrasha）的教育机构与大城市的清真寺共同发展起来。这些学校教授《古兰经》的背诵和解释、哈底斯（"圣训"）的知识，并在神学和律法方面为人们提供教育和指导，有时还向人们传授神秘学的知识和实践方法。在伊斯兰教学术的主要中心有许多马德拉沙。一些马德拉沙已经发展成规模庞大的伊斯兰教大学，这些大学吸引了来自世界各地的学生。这些大学中最著名的可能是开罗的爱资哈尔清真寺。爱资哈尔清真寺是世界上最古老的大学之一，而且长期以来就被视为伊斯兰教逊尼派最重要的神学院。伊朗库姆城的马德拉沙是可与爱资哈尔清真寺相比肩的什叶派学术中心。

位于伊斯兰教的第三圣地——耶路撒冷的金顶清真寺。

五 功

为了成为一位优秀的穆斯林，一个人必须做的那些事情一般被称为"伊斯兰教五功"。这五功或五项义务是反复背诵教义（念功）、每日礼拜（拜功）、施舍（课功）、在斋月禁食（斋功）、到麦加去朝拜（朝功）。

1. 念功（*Shahadah*） 穆斯林最常见的宗教行为就是反复背诵伊斯兰教的教义：万物非主，唯有真主；穆罕默德是主的使者。念诵这句话被称为念功（信仰的表白）。它们是穆斯林婴儿听到的第一段话，也可能是临终穆斯林说的最后一段话。虔诚的穆斯林每天尽可能频繁地说这段话，单纯地重复这段话本身就能使这位背诵者成为一位穆斯林。

2. 拜功（*salaht*） 除了反复背诵教义，穆斯林被要求每天进行 5 次礼拜。被人们广泛接受的礼拜时间是黎明、中午、中午与日落之间、日落、夜幕降临时。在许多穆斯林社团中，被叫作穆安津（*muezzin*，宣礼员）的男人一天 5 次攀上美丽的宣礼塔，高声提醒人们做礼拜。在其他社团中，宣礼员在清真寺的大门口提醒人们做礼拜。无论穆斯林身在何处，他们都必须停下手中的活计，按照规定进行礼拜。然而，在礼拜之前，他们必须洗净自己，清洗掉所有污秽的东西。清真寺里经常建有供人们礼拜前洗手、洗脚和洗脸的水池。如果弄不到水，穆斯林可以使用沙土。在清洗完毕之后，礼拜者俯下身来，面对麦加礼拜。因为害怕可能发生不适宜的身体接触，所以男女不能在一起礼拜。在许多中东国家，只有男子可以在清真寺做礼拜。在大多数亚洲国家，清真寺被分为男子区和女子区。

3. 课功（*zakaht*） 伊斯兰教希望穆斯林将他们的财产分给穷人、寡妇和孤儿。所捐钱物还可被用于资助宗教机构、学者和学生。根据伊斯兰教律法，施济是穆斯林必尽的义务，并被确定为一项税收，其金额是个人财富的 2.5% 到 10%。因为注重课功，伊斯兰教从来不把乞讨行为视为不名誉的事情。接受施舍像给予施舍一样，都被视为是在接受真主的恩典。

4. 斋功（*sawm*） 许多宗教要求人们每年进行某种形式的戒斋，但是一般来说斋戒的时间非常短。例如，犹太人在赎罪日斋戒。其他宗教在某些特殊的日子里限制人们吃某些食物；例如，罗马天主教徒被要求在大斋节期间禁食一段时日，并禁止食肉。然而，伊斯兰教所要求的斋戒期是所有宗教中最长的，所要求的斋戒也是所有宗教中最严格的。在每年的斋月，伊斯兰教要求穆斯林在白天禁食、禁酒、禁止吸烟、禁止任何性行为。斋戒是为了纪念先知第一次接受启示时所处的那个月份。因为穆斯林使用阴历，所以每年斋月所处的时间也不同。某些年份它可能处在夏季，这时，在白天不喝水是非常困难的。根据穆斯林的传统，在天亮得足以区分昼夜的黎明时分，人们就必须停止吃喝和所有性行为。当太阳落山，夜幕降临，已经不能区分昼夜的时候，人们才可以进食。免除这种斋戒的穆斯林只能是患者、旅客、喂养婴儿的母亲和小孩。斋月结束时，穆斯林会以一场盛礼庆祝开斋节，这场盛礼将持续3天之久。人们相信，安拉将宽恕所有那些完成了这场斋戒的信徒的罪过。

5. 朝功（*hajj*）　去麦加朝拜是前伊斯兰教的阿拉伯宗教的一部分。它在伊斯兰教的早期历史中扮演着重要的角色，并作为一种必须要完成的仪式在《古兰经》中被提及。先知穆罕默德清除掉克尔白中的偶像，而且——根据穆斯林的传统——将它重新建为只敬拜一位真神的圣地。能付得起旅费的每一位穆斯林都应在他的一生中去麦加朝觐一次。朝觐的日子落在伊斯兰教历中的都尔黑哲月（dhul-Hijah）。在这个月份中，来自全世界的朝觐者都会到达麦加。穷人有时将他们的毕生积蓄用作旅费。在航空旅行的时代到来之前，踏上旅途的老人和病人就几乎没有回家的希望了。但是，没有任何一位穆斯林能够要求比死在去麦加朝觐的路上更幸福的死法了。在麦加城外，朝觐者必须放弃用于旅行的交通工具，步行走完剩余的路程。他们必须穿简朴的不蒙头的朝觐服装，只穿最简朴的便鞋，这样人们便不能凭穿戴区分富人和穷人。

美国亚利桑那州坦佩市的伊斯兰教文化中心与清真寺。这栋建筑的样式模仿了耶路撒冷的那座圆顶清真寺。

在朝觐的大部分时间里，朝觐者必须在白天不吃不喝，不行房事，并且决不能修剪头发和指甲。

在朝觐期间，来麦加的朝拜者要拜谒渗渗泉，人们相信这眼泉水是由哈哲尔（夏甲）和易司马仪开挖的。① 他们围克尔白绕行7周，并亲吻神圣的黑石。在朝觐活动的第10天，他们向真主献上一只绵羊或山羊，以纪念易卜拉欣为了服从神的命令甚至愿意牺牲自己儿子的行为。在完成这些义务之后，他们可能访问麦地那，拜谒先知穆罕默德的陵墓，并参拜他的清真寺。当这些朝觐者回到家乡的时候，他们的名字可以带上"哈吉"这个头衔，这样，他们完成朝功这件事便能为众人所周知。

伊斯兰教与女性

在前伊斯兰教的阿拉伯世界，女性的地位是非常低的。显而易见，作为控制女性人口的一种方式，杀害女婴的行为是非常普遍的。人们将女性视为财产，归她的父亲、丈夫或哥哥所有。如果她让丈夫感到不快，丈夫就可以在不对她进行任何赔偿的情况下休掉她。像赫蒂彻（先知的第一位妻子）一样能够控制自己的财富和命运的女性是极少的。虽然穆罕默德没有把女性的地位提到和男人的地位一样高，但是他确实带来了显著的提升。

宗教与暴力

伊斯兰教禁止杀害女婴。穆罕默德虽然允许一夫多妻制继续存在，他自己也娶了许多女子为妻，但他将一位穆斯林能够娶的妻子数量限定为4个，且前提是这个男性穆斯林能供养得起这些女子并能平等地对待她们。在一个男子频繁战死、女性只有在婚后其身份和地位才为人们所接受的社会中，一夫多妻制可能对女性来说是有利的。先知的许多妻子就是死于战争的穆斯林的遗孀。

与现代西方社会的程序相比，一位穆斯林想休掉他的妻子是一件非常容易的事情。只要丈夫说："我休了你，我休了你，我休了你。"离婚就被确定了。然而，穆斯林女性不会被抛弃在贫穷的处境中。丈夫在刚订婚时付给她的嫁资是她的所有物。如果

---

① 在犹太教和伊斯兰教的传统上，哈哲尔（夏甲）是易卜拉欣（亚伯拉罕）的第二个妻子，易司马仪（以实玛利）是他们的儿子。《创世记》21说，亚伯拉罕的第一个妻子、妒忌的撒拉将夏甲和以实玛利从亚伯拉罕的家中赶出去。人们还相信，易司马仪是所有阿拉伯人的祖先。

印度尼西亚沃诺索博的穆斯林学校的女学生，该校同时教授宗教和世俗课程。

发生了离异，嫁资仍是妻子的。① 在现代化程度最高的伊斯兰社会中，如果女性的丈夫对待她们不公平或很残酷，她们就具有要求离婚的合法权利。

尽管有这些要求自由的主题，但是显而易见，正像许多其他宗教一样，伊斯兰教也要求女性从属于她们的父亲、兄弟和丈夫。在不同的伊斯兰社会中，女性的实际地位差异很大，因为社会地位既是宗教信仰的产物，又是文化的产物。例如，在沙特阿拉伯、伊朗和阿富汗，女性被要求遵守有关着装和公共行为的严格规定。一般来说，不允许女性与男性在一起工作或学习。在沙特阿拉伯，女性不被允许开车。② 在塔利班政权倒台之前，如果女性不遵守着装规定，人们可以用石头打她们。更为开放的穆斯林学者已放弃了这些限制，而且主张强加限制者犯了禁止安拉并未禁止的东西的罪。在许多亚洲和非洲的伊斯兰社会中，女性在公共生活中已经开始扮演更为重要的角色。尽管女性被要求穿朴素的服装，但是在印度尼西亚和马来西亚，

---

① 尽管对于现代人来说这些规定可能显得过于拘束，但是伊斯兰教毕竟允许离婚，这一事实还是可被理解为伊斯兰教有着承认人类及其选择的不完美的自由主义的教义。在许多现代伊斯兰国家中，国家已采取法律手段限制离婚行为，而且女性的权力已受到保护。一夫多妻制的风俗习惯在土耳其和突尼斯已被禁止；在印度尼西亚，丈夫只有在得到第一位妻子允许的情况下，才能娶第二位妻子。据估计，一些伊斯兰国家的大学中女教员所占的比例要高于欧亚国家大学中女教员的比例。

② 2017年9月，沙特阿拉伯国王下令解除女性驾车的禁令。——编者注

头巾的色彩经常是非常艳丽的,而且是"时尚宣言"的重要组成部分。即使是选择戴这种头巾以显示自己虔诚信仰伊斯兰教的女性也积极地在几乎所有方面参与公共生活。在印度尼西亚和巴基斯坦,女性已经可以担任总统和总理。

伊斯兰教的禁忌

《古兰经》和穆斯林的传统确立了一系列禁忌,它在许多方面与《希伯来圣经》描述的那些禁忌相类似。其中许多禁忌与合法食品(halal)和禁食食品(haram)有关。像犹太人一样,伊斯兰教也要求穆斯林以割断牲畜喉咙的方式屠宰牲畜,而且在屠宰时必须呼求安拉的名字。伊斯兰教不允许穆斯林吃猪肉,他们将猪肉视为所有肉类中最不洁净的一种。狗肉也被视为不洁净的。人们不能吃狗肉,除非是为了保护羊群和其他财产,人们才能养狗。猛禽、猛兽、驴肉、骡子肉也是禁食的。当伊斯兰教传播到城市的时候,当穆斯林与基督徒发生接触的时候,这些禁忌变得日益重要。伊斯兰教还禁止穆斯林饮用任何酒类和参与赌博。①

宗教与暴力

圣战 伊斯兰教最富争议的一面是关于吉哈德(jihad)的,许多人经常将其译为"圣战"。事实上,吉哈德与圣战还是有所不同。"吉哈德"一词的真实含义是"走在神的道路上的斗争"。它既可意谓物质意义上的斗争,如建立清真寺、为传播伊斯兰教或为躲避宗教迫害而离开家门、进行军事斗争;还可意谓抵制人的激情和本能的斗争,这些激情和本能使人们不能按照信仰的戒律行事。穆斯林的传统宣传说,安拉对这两种斗争都给予奖励。②

在历史上,伊斯兰国家既曾为了推行穆斯林的统治而发动战争,也曾为了更清晰的政治和经济意图而发动战争。伊斯兰的学者教导人们说,只有防御性的战争才是真正的吉哈德。因为人们将穆斯林抵抗基督教十字军的战争视为保卫伊斯兰教的战争,所以,将这种战争称为吉哈德是正确的。在第一次世界大战中,一位土耳其的穆斯林领袖号召举行吉哈德以抵抗协约国的军队。他的呼吁并没有受到全世界穆斯林的广泛注意。事实上,一些伊斯兰参加了协约国反对土耳其的战争。在阿尔及利亚、埃及、印度尼西亚和其他一些穆斯林社会中,人们经常把第二次世界大战后

---

① 对生活在非伊斯兰社会的穆斯林来说,寻找清真食品可能是一个问题。当不能找到各种清真食品时,许多穆斯林就买符合犹太教教规的肉吃。今天的美国市场上出现了越来越多标有"100%清真"的预制食品。
② 许多现代穆斯林神学家认为争取经济公平和发展也是一种吉哈德。

争取民族独立的斗争视为吉哈德，但是这种斗争只发生在这些国家的边界以内。一些阿拉伯国家的穆斯林将反对现代以色列国的斗争称为吉哈德，而其他人却将其视为争取土地、水源和阿拉伯民族自决权的政治斗争。大多数穆斯林相信，攻击非战斗人员，尤其是妇女和儿童，是破坏伊斯兰教战争法的。大多数穆斯林学者认为，使用《古兰经》来为2001年"9·11"事件辩护的做法是过分简化的、不正确的和自我开脱的。

13.5 伊斯兰教的传播

伊斯兰教在历史上产生和发展起来的时间非常有利于扩张。当时，阿拉伯人正希望出现一个能够统一他们的力量；拜占庭帝国在中东的统治由于内部的腐败和统治不力正处在崩溃的边缘；波斯帝国也是脆弱不堪。公元7世纪初，波斯人侵入巴勒斯坦，占领耶路撒冷和凯撒利亚。拜占庭的统治者杀了回来，并重新占领这个地区。但是，这场战争使这两大帝国都疲软不堪。

在先知去世之后的100年时间里，伊斯兰教已经成了将阿拉伯人统一起来的一支力量。穆斯林军队征服了巴勒斯坦、叙利亚、波斯和埃及，横扫了整个北非，并一路杀入西班牙。在之后的几个世纪里，伊斯兰教传遍整个中东，并进入印度、中国、中亚和东南亚。[①] 这种迅速的、大规模的扩张背后有几个原因：

1. 伊斯兰教是一个普世性的宗教。虽然它在阿拉伯世界中产生，但是它不承认国界，对各个种族一视同仁。所有人都是被安拉创造的，所有人都当被视作穆斯林。

2. 伊斯兰教是一个具有广泛号召力的宗教。与那些要求高深的学问、静心沉思或做出巨大牺牲的宗教不同，伊斯兰教在其最基本的层面上是一个简单的、易于实践的宗教。一位重复背诵信条的人就是一位穆斯林。一位坚持完成伊斯兰教五功的人就是一位好穆斯林。

3. 早期穆斯林身处的世界是混乱而腐败的。拜占庭的基督教统治者虐待犹太人和阿拉伯的基督徒，因此胜利的穆斯林经常不是作为侵略军，而是作为解放者受到人们的欢迎。

[①] 今天，东南亚国家印度尼西亚具有世界上最多的穆斯林人口。

西非马里廷巴克图地区一处古兰经学校。

穆罕默德去世之前，伊斯兰教已开始征服和统一整个阿拉伯半岛。随着伊斯兰教征服战的每一次胜利，以及伊斯兰教统辖区域的每一次扩张，其他地区的人也受到鼓动，纷纷加入伊斯兰教并从胜利中分得一杯羹。这位先知去世后，这一运动将力量集中起来冲出了阿拉伯半岛。他们在公元635年占领了大马士革，在636年占领了波斯，在638年占领了耶路撒冷。凯撒利亚在经过顽强抵抗之后，于640年被征服，埃及也在640年被占领。在接下来的数十年里，伊斯兰教巩固了它的胜利成果。到7世纪末，大多数北非人都变成了穆斯林。

公元711年，穆斯林进入西班牙，在此，他们的统治延续了7个世纪。公元732年，他们在欧洲进行进一步的征服，但却在图尔之战中被"铁锤"查理阻挡回来。在地中海东岸，伊斯兰教的侵略扩张势头也减弱了。拜占庭帝国的首都君士坦丁堡直到1453年都在抵抗穆斯林的进攻。公元9世纪，西西里岛落入穆斯林手中，而且在一段时期之内，它是穆斯林入侵意大利的基地。

在11世纪，巴格达的哈里发将他们的兵锋对准印度和中国。今天，像巴基斯坦和孟加拉国这些南亚国家的人口几乎都是穆斯林。在印度和中国也有大量的穆斯林人口。公元15世纪，现在构成印度尼西亚和马来西亚的大多数岛屿都皈依了伊斯兰教。伊斯兰世界一直维持在这些边界之内，直到19世纪末，传教活动在非洲开始取得迅速的新进展。今天，伊斯兰教在欧洲和北美洲正迅速扩张。

13.6 哈里发制度

伊斯兰教并不像罗马天主教那样具有严密的组织结构。其中一个原因是，人们可以私下完成伊斯兰教的宗教实践。一位虔敬的穆斯林可以在没有神职人员的情况下在家中完成大多数的宗教义务。缺乏严密的组织结构的另一个原因是，穆罕默德从来没有明确地留下一份指定继承人的遗嘱或继承他的领导权的计划。他的孩子里只有法蒂玛在这位先知死后仍然活着，而穆罕默德从来没有明确地指定她为继承他的伊斯兰教的领袖。这位先知就继承人问题所做的唯一一点暗示就是，他指定他的朋友——阿布·伯克尔带领社团进行祈祷。穆罕默德过世之后，穆斯林中出现了严重的混乱。但过了一段时间后，人们一致同意阿布·伯克尔应是哈里发（caliph，这个词来自 khalifa，意思为"代理人"或"代表"），这位哈里发将在世俗问题上对穆斯林实行统治。人们认为，精神统治只应留给《古兰经》。

在伊斯兰教的历史中，哈里发制度是一个实行中央统一领导的政制形式。一开始，哈里发是先知的朋友，他们在虔诚的信徒中扮演虔诚领袖的角色。他们或通过选举产生，或通过大家的一致同意产生。到后来，哈里发成为世袭的，这个职权也变得更像国王的权位了。前四位哈里发经常被称为正统哈里发，因为他们是从先知的朋友中选出的，而且在阿拉伯推行他们的统治。他们分别是阿布·伯克尔（公元632—634年在位）、欧麦尔（公元634—644年在位）、奥斯曼（公元644—656年在位）和阿里（公元656—661年在位），阿里是先知女儿法蒂玛的丈夫。这些哈里发的生平都不怎么顺利：阿布·伯克尔不得不镇压叛乱并试着统一先知已经建立的国家；奥斯曼遭到刺杀；阿里在公元661年丢了哈里发的职位，抢走职位的那些人建立了第一个伊斯兰教的王朝——倭马亚王朝。

在公元661年—750年期间，倭马亚王朝的哈里发管辖着伊斯兰教，他们在叙利亚的大马士革建立了总部。倭马亚王朝的统治者对作为国王进行统治、开拓疆土、分享战利品更感兴趣，而对当宗教社团的领袖不感兴趣。后来，阿巴斯王朝接替了他们的统治地位，这个王朝在公元750年—1258年期间在巴格达推行它的统治。阿巴斯王朝在规模和成就方面远远超过了倭马亚王朝，它极为辉煌壮丽，《一千零一夜》描述了这个社会的生活方式。正是在这一历史时期，犹太教徒、基督徒和穆斯林共同工作，研究和保存古希腊哲学家和科学家的文献。这些工作为意大利文艺复兴时代的欧洲学术复兴做出了直接贡献。

然而在10世纪之后，穆斯林文明的黄金时代开始衰落，哈里发政权也开始终结。阿巴斯王朝被马穆鲁克土耳其代替，后者在埃及统治整个穆斯林帝国。在16世纪，奥斯曼土耳其代替了马穆鲁克，奥斯曼土耳其使"哈里发"这个头衔与土耳其的"苏丹"同义。在第一次世界大战之后，奥斯曼帝国瓦解了，哈里发制度也终告亡。然而在告亡之前，它便只是一个头衔了，也早已不具有阿巴斯哈里发时代曾具有的光荣和权力。

曾经有人不时试图恢复哈里发制度。一些伊斯兰教的组织认为它是伊斯兰社会中唯一合法的政府组织形式。黑兹布尔·塔里尔（Hizbul Tahrir）是一个20世纪50年代于耶路撒冷建立的组织，现在的中心在伦敦，它试图通过和平的劝说活动重新恢复哈里发制度。

13.7 伊斯兰教内部的教派分歧

和大多数信徒众多的宗教一样，伊斯兰教也并非铁板一块。虽然大多数穆斯林赞同伊斯兰教的基本原则，但他们在信仰和实践方面还是有许多差异。

逊尼派

85%的穆斯林是逊尼派（传统主义者）。逊尼派穆斯林将自己视为伊斯兰教正统和传统的捍卫者。他们将自己的伊斯兰教宗教实践建立在《古兰经》和早期穆斯林社团传统的基础之上。在逊尼派中，宗教和律法权威的来源是《古兰经》和被称为"哈底斯"（圣训）的传统。"圣训"是关于先知穆罕默德及其亲密伙伴的言行的记录，同时涉及"类比"和"公议"这些伊斯兰教法学的内容。"圣训"有几千条，他们是对《古兰经》基本教义的阐述。穆斯林学者既用它们回答律法问题，又用它们阐明伊斯兰教礼仪方面的义务。对《古兰经》和"圣训"的学习和研究仍继续构成逊尼派穆斯林社会宗教教育的基础。人们用"类比"和"公议"获得在《古兰经》和"圣训"中没有提到的问题的解决方案。对于正努力寻找现代问题的伊斯兰教解决方案的穆斯林学者来说，它们尤为重要。

随着伊斯兰教的发展以及它对传入地区民族特性的不断吸纳，不同的解释学派产生了。这些学派在解释伊斯兰教的生活时，给予了《古兰经》、"圣训"和人类理性不同的比重。这样的思想学派有四个，每一位逊尼派穆斯林都属于这四个学派之一。一般来说，这四个学派代表了不同的地理区域。第一个学派是哈乃斐学派（Hanifites），他们遵从阿布·哈尼法（Abu Hanifah，卒于公元767年）的教义。今天，哈乃斐学派存在于西亚、印度和下埃及。第二个学派是马立克学派（Malikites），他们遵从马立克·伊本－阿纳斯（Malik ibn-Anas，卒于公元795年）的教导，居住在西非、北非和上埃及。第三个学派是沙斐仪学派（Shafi'ites），他们遵从由阿尔－沙斐仪（al-Shafi'i，卒于公元820年）确立的教法模式，居住在下埃及、东非、叙利亚、印度、马来西亚和印度尼西亚。最后一个学派是罕百里学派（Hanbalites），他们遵从艾哈迈德·伊本－罕百里（Ahmad ibn-Hanbal，卒于公元855年）的教导，今天居住在沙特阿拉伯和受他们影响的其他国家的社团中。一般来说，罕百里学派是四个学派中最保守的学派。沙斐仪学派一般来说是最自由和最愿意在伊斯兰教经典与当地文化之间取得平衡的一派。可能是因为这个原因，他们成为这四个律法学派中最大的一派。

什叶派

在伊斯兰教中，什叶派的存在显现出这个宗教主体内的一个基本分裂。在一开始，它是作为关于伊斯兰教领导权的政治分歧出现的，但到后来，它具有了神学的意义。因为穆罕默德就继承者的问题没有留下任何明确的指示，在他之后领导穆斯林社团的是他的三位密友。然而，一些穆斯林相信，穆罕默德实际上让他的堂弟和女婿阿里当他的继承人。在公元656年，阿里最终被确认为哈里发，但是他逐渐失去了对伊斯兰世界的控制。661年，阿里被刺杀，倭马亚王朝掌握了哈里发的职位。阿里的小儿子侯赛因在680年向倭马亚王朝的哈里发提出挑战，但是在伊拉克的卡尔巴拉战役（Battle of Karbala）中战败。侯赛因和他的大多数家人在这场战役中被杀害。什叶派将他们视为殉道者。

在伊斯兰教的整个历史中，一直存在一个相信这个宗教的领袖应由阿里及其后裔担任的群体。在早期，这些人是Alids，但是后来，他们逐渐被称为阿里党（Shia Ali），最后被称为什叶派。什叶派与逊尼派穆斯林的不同之处有以下几点：

1. 什叶派相信，尽管随着穆罕默德去世和《古兰经》问世，神启已经告终，但是在以后的世代中还是有被称为伊玛目的接受神启的人物。对于逊尼派来说，伊玛目是穆斯林集体礼拜时站在前面的领拜人，但是什叶派中的伊玛目要重要得多。对于他们来说，伊玛目是以神的权威在说话。

2. 什叶派相信，在公元680年的灾难之后，下一位伊玛目是阿里的另一位儿子。一些人相信，在阿里之后有其他六位伊玛目。这些什叶派信徒被称为七伊玛目派，因为他们相信，在历史中总共有七位伊玛目。还有一些人相信，在阿里之后有其他十一位伊玛目，他们被称为十二伊玛目派。无论是七伊玛目派还是十二伊玛目派,他们都相信,有些伊玛目并没有死,而是隐藏了起来,他们现在正等待回到人间。

3. 从传统上说,什叶派还相信马赫迪(Mahdi,被领上正路的人)的存在,他是一位弥赛亚式的人物,有一天他将出现在人间,并领导世界进入公正的时代。[①]

4. 因为侯赛因殉难的重要性,什叶派倾向于奖赏殉难。每年,在穆哈兰姆月的第十天,人们都会将侯赛因的殉难进行再次展示。对于什叶派穆斯林来说,侯赛因的殉难地和其他一些他生平中的重要地点都是意义非凡的朝圣地。

5. 什叶派不相信逊尼派对《古兰经》的传统解读。他们的理由是,因为目前的《古兰经》版本并没有提到阿里是穆罕默德的继承人,所以这个版本一定是被阿里的敌人篡改了。《古兰经》一定具有某种隐藏的含义,只有用譬喻等方法加以解释,隐藏的奥义才得以显明。

公元1502年,伊斯兰教什叶派成为波斯的官方宗教,而且在今天的伊朗仍居于主导地位。其邻国伊拉克的人口中大约有60%是什叶派穆斯林。在沙特阿拉伯、印度、巴基斯坦、也门和东非的一些地区也存在什叶派穆斯林的少数群体。伊朗革命之后,穆斯林温和派成群出走,所以今天在美国和欧洲有大量的穆斯林人口。据估计,全世界的穆斯林中有10%到15%属于什叶派。

宗教与暴力

什叶派与逊尼派之间的关系经常是剑拔弩张的。在一些逊尼派占统治地位的国家,一些人想方设法将什叶派成员依法宣布为非穆斯林。伊拉克战争,尤其是逊尼派叛乱者对重要的什叶派圣地的破坏已加深了这两大教派之间的不和。

神秘主义派别

和犹太教一样,伊斯兰教也一直是一个强调在当下服从神的意志的宗教。因此,它从来不鼓励人们过禁欲主义的生活,而这种禁欲主义的生活却是印度宗教和基督教的某些形式的明显特征。不过,在每一个宗教中都有一种追求神秘体验的渴望。而且,伊斯兰教是在一片由拜占庭基督教统治的土地上兴起的,拜占庭帝国的基督教对禁欲主义的生活给予了高度的赞赏。之后,伊斯兰教在印度发展起来,这也是一片极为关注通过禁欲主义的生活与神交流的土地。

---

① 国王统治期间的伊朗宪法中有这样一句话:如果马赫迪到来,统治者将禅位。

在伊斯兰教中，关注与神进行神秘结合的那群人被称为苏菲主义者。"苏菲"（sufi）一词的意思是"穿羊毛衣者"，它指早期穆斯林神秘主义者所穿的粗毛衣，这些神秘主义者将之视为守贫和对尘世欢乐之拒斥的象征。苏菲主义者声称，他们一直都是伊斯兰教的一部分，并将他们的起源上溯至先知和《古兰经》。他们教导人们说，在伊斯兰教的早期，穆斯林比后来更虔诚，也更关注真正的精神问题。这点可能是真的：伊斯兰教扩张为一个世界帝国，这使穆斯林变得比在先知穆罕默德时代更加看重物质方面。随着阿巴斯王朝及其在巴格达的辉煌统治的发展，一些人发出了要求更简朴、更艰苦地生活的呼吁。因此，公元9世纪可能是苏菲运动最初兴起的时代。

宗教与暴力

早期最著名的苏菲主义者之一是哈拉智（Mansur al-Hallaj）。他对与神合一的神秘体验的追求最终导致他宣布："我就是真理。"因为这种观念是僭越的，且哈拉智没有履行正统伊斯兰教所规定的礼仪义务，他在公元922年被处死。他赴死时请求真主安拉原谅迫害他的人。哈拉智的殉难和之后几年里的其他类似迫害，迫使苏菲运动中更为极端的分子转入地下。正统穆斯林的导师日益注重伊斯兰教的形式和律法，苏菲主义者则注重情感和神秘主义，因此，他们吸引到了很多普通信徒。

巴格达尼札弥雅学院（Nizamiyah School）的神学教授安萨里（Abu-Hamid al-Ghazali）试图统一伊斯兰教的律法学派和神秘主义学派。安萨里是一位杰出的神学

伊斯兰教最神圣的地方——麦加大清真寺广场内部的克尔白神庙，50多万穆斯林在神庙前虔诚祈祷。

印度尼西亚绒网县，两个穆斯林男孩在哈希姆·阿沙力的墓前诵读《古兰经》。哈希姆·阿沙力是19世纪的苏菲派圣徒。

家和律法学家。然而，随着他年岁的增长，他对正统穆斯林的教义和礼仪越来越不满。他放弃了他的职位和家庭，像基督教的圣徒阿西西的方济各一样，走出家门，通过体验贫穷和神秘的感觉来寻找真神。他在苏菲主义者中得到了满足。他的著作——《圣学复苏》（*The Revivification of the Religious Sciences*）、《哲学家的愚蠢》（*The Folly of the Philosophers*）和《光源》（*Niche of the Lights*）对伊斯兰教具有重要影响，并力图将神秘主义引入正统教义当中。他将苏菲主义确定为治疗精神疾病的良药，但是他教导人们说，即使是走得最远的神秘主义都要履行正统信仰所规定的礼仪义务。

在12世纪，苏菲主义者开始将他们自己组织成神圣的兄弟会，它们经常以一位苏菲圣人为中心。当一位信徒加入这个修会时，他被称为托钵僧（fakir 或 dervish）①。根据传统，新来的信徒住在修会中，与导师一起学习和研究，直到他们自己成为导师。苏菲派内部有着不同的实践，但是一般来说，他们强调遵守戒律、守贫和戒除尘世的欢乐。有时会出现一些禁欲主义和情感主义的极端情况——西方人将这种极端的禁欲主义和情感主义与托钵僧联系在起来。有苏菲主义者踩踏燃烧的煤块、吞蛇等事件的记录，当然也有关于各类土耳其的托钵僧的记录，这些托钵

---

① faqir（fakir）一词的字面意思是"一个穷人"，darwish（dervish）一词意谓"一个来到门前的人"（即一位乞丐）。因此，这两个词都泛指贫穷和乞讨的苦修。

僧在一段时间里于一处旋转数小时，寻求与真神合一。然而，这些只是苏菲运动的极端情况，在任何意义上它们都无法代表整体的状况。苏菲主义者对伊斯兰教思想的真正贡献是他们对通过神秘体验认识真神的可能性的坚持。

13.8 现代世界的伊斯兰教

在巴格达哈里发的光荣岁月之后，伊斯兰教开始进入相对平稳的发展轨道。在12世纪和13世纪，就巴勒斯坦圣地的归属问题，他们与进行东征的基督教十字军开展了一系列的战斗，在这些战斗中产生出自古至今最杰出的穆斯林领袖之一——萨拉丁（Saladin）。伊斯兰教也向东传播，进入印度、中国、中亚和东南亚。16世纪则见证了奥斯曼帝国的发展。但是，从总体上说，伊斯兰教从来没有重新获得它在阿巴斯哈里发的黄金时代所享有的财富、权力和政治统一。

当欧洲国家走出中世纪的阴影并进入工业时代的时候，许多信仰伊斯兰教的国家仍旧生活在前工业化的社会中。人们给出了几个原因来解释为何伊斯兰世界在这一时代毫无动静。最明显的原因之一是这个宗教本身的保守性。大多数宗教在本质上都是保守的，但是伊斯兰教尤其如此。穆斯林相信，穆罕默德是最后一位神的先知，《古兰经》是神传给人类的最后的伟大启示。为了获得拯救，所有必要的事情就是通晓《古兰经》并知晓如何将它应用于自己的生活。这导致保守的穆斯林学者得出这样的结论：寻求新知识或因变革而产生疑虑是没有什么意义的，尤其是当新知识起源于穆斯林社会之外的时候。面对来自西方工业化社会的不断攀升的压力，一些保守的穆斯林学者和社团退入自我隔离的状态。

在穆斯林中，缺少变革的另一个，而且可能是更重要的原因，或许是他们面对欧洲国家时的自我满足感。穆斯林曾彻底打败了入侵其领土的基督教十字军。后来，他们从基督教守卫者的手中夺取了人们眼中的不可战胜的城市——君士坦丁堡。因此，伊斯兰世界在面对基督教国家时抱有一种军事和文化上的优越感。在16世纪，航海和军事技术的发展，以及伴随而来的来自美洲的财富，使世界力量的天平发生了有利于欧洲人的变化。尤其是中东的穆斯林，他们在理解或意识到这些发展的性质一事上尤为迟钝。一些学者已经指出，直到19世纪初拿破仑征服埃及，伊斯兰国家才开始意识到欧洲人可能在任何方面都超过了他们。

伊斯兰国家进入现代社会如此缓慢的第三个原因是伊斯兰教内部的极端保守集团的发展，这些集团积极主动地领导所有抵抗变革的斗争。随着瓦哈比运动的兴

新加坡带有南亚特色的清真寺。

起，反对变革的最强大的力量产生了。这个运动是由瓦哈布（Muhammad ibn-Abd al-Wahhab）于 1744 年发起的。瓦哈比派是反对一切形式的变革的传统主义者。自然，他们也反对内部的改革，比如那些由苏菲主义者提出的改革。瓦哈比运动逐渐依附于沙特家族的王朝，当沙特家族逐渐控制阿拉伯地区的时候，这个纯净严格的宗教运动与他们一起传遍阿拉伯。19 世纪，瓦哈比派镇压了苏菲派和其他一些教派。在他们看来，这些教派脱离了他们眼中的先知穆罕默德及其密友的伊斯兰教。今天，瓦哈比运动在沙特阿拉伯最为强大。沙特人的巨大财富使他们能够将传教士派到整个伊斯兰世界去。穆斯林社会中的清教运动几乎都是瓦哈比派发起的。

伊斯兰世界与现代世界的隔绝终止在 20 世纪初。到这一时期，交通运输的发展已使欧洲人可以轻松抵达伊斯兰世界。第一次世界大战使奥斯曼帝国卷入战争，与德国和奥地利并肩作战。战争结束时，获胜的协约国（英国、法国和美国）瓜分了奥斯曼帝国。欧洲列强占领了中东的大部分地区。第一次世界大战之后，在曾是奥斯曼帝国一部分的穆斯林领土上发展出许多独立的国家。大多数现代中东国家的边界都是以第一次世界大战之后的这些划分为基础的。它们反映了殖民主义列强的一时兴致，而不是基于自然地理或文化的实况。

人们发现中东的阿拉伯国家能够为世界提供最多的石油。世界对石油的需求日益增加，美国和欧洲境内的石油产量再也不能满足需求，所以，阿拉伯国家的财富和政治实力迅速增长。无论是在伊斯兰世界之内还是之外，这些因素都促使人们重新关注伊斯兰教。人们再也不能忽视中东地区的伊斯兰国家。对工业化世界来说，它们是极为重要的。印度尼西亚同样如此，它有两亿人口和巨大的石油储量，必定在21世纪的亚洲和伊斯兰世界中扮演一个非常重要的角色。

伊斯兰教内部对自身兴趣的复苏体现为许多种方式。首先是来自内部的改革运动。一些穆斯林已经提出并实践了对《古兰经》经文的文本考证，其做法与基督徒和犹太教徒考证圣经的方法类似。他们的目的是发现巴基斯坦学者法兹鲁尔·拉赫曼（Fazlur Rahman，公元1919—1988年）所说的"《古兰经》的重大主题"，并利用这些主题来给出现代世界之政治经济问题的系统解决方案。[①] 其他人已将传统的伊斯兰教学术重心转向这类问题：系统阐述一种以伊斯兰教伦理概念为基础的科学的哲学，并寻找印度尼西亚改革家努尔科里士·马吉（Nurcholish Madjid）所说的"现代多元性中的伊斯兰教根源"[②]。伊斯兰教的女权主义者已经将《古兰经》和"圣训"中关于公正对待女性的部分用作论证的基础，以使女性在现代伊斯兰世界的宗教、社会和经济领域发挥更重要的作用。许多人现在强烈反对一夫多妻制。[③]

在20世纪，伊斯兰教复兴最显著的结果之一是它在非洲极为积极的传教运动。穆斯林传教士在撒哈拉沙漠以南的传教运动开始于19世纪末，当时奴隶贸易已经终结，非洲人皈信伊斯兰教已成为可能。不过，自从7世纪以来，伊斯兰教就已经存在于非洲的部分地区了。北非是第一批被穆斯林征服并皈信伊斯兰教的地区之一。内地的一些地方，尤其是各大城市，长期以来已经受到穆斯林的影响。穆斯林的商人在非洲大陆的许多地区经商。然而，18世纪和19世纪的欧洲殖民势力使在内地的穆斯林传教活动成为可能。殖民势力以地图、现代交通运输工具打开了非洲的大门，基督教和伊斯兰教的传教士都可以进来了。

殖民主义列强对非洲人的虐待也使非洲的大门向伊斯兰教开放。在非洲国家争取并赢得独立的过程中，对欧洲白人及其宗教的敌视也可通过皈依伊斯兰教而表达

[①] Rahman Fazlur, *Major Themes of the Qur'an* (Minneapolis: Bibliotheca Islam, 1989).

[②] Nurcholish Madjid, "In Search of Islamic Roots for Modern Pluralism: The Indonesian Experiences," in *Toward a New Paradigm. Recent Developments in Indonesian Islamic Thought*, ed. Mark R. Woodward (Tempe: Arizona State University, 1996).

[③] Leila Ahmed, *Women and Gender in Islam: Historical Roots of a Modern Debate* (New Haven: Yale University Press, 1992).

出来。因为伊斯兰教中没有对有色人种或种族的偏见，所以人们经常将其视为欧洲殖民主义者所信仰的基督教的替代物。对非洲、亚洲和中东的众多人民来说，伊斯兰教已与争取社会正义和民族自决的斗争联系在了一起。①

13.9 伊斯兰教历和节日

伊斯兰教具有它自己独特的历法，一年由 12 个太阴月组成，每月有 29 天或 30 天，每年总共 354 天。为了调解阴历年与阳历年之间的一些差距，每 30 年中要有 11 年在最后那个月增补 1 天。然而，即使进行了这种纠正，依旧是 103 个穆斯林年等于 100 个太阳年。穆斯林将先知迁徙那年定为元年，所以先知去世的日子并不记作公元 632 年，而是记作希吉拉历 10 年。

在伊斯兰教五功中，穆斯林必须每日礼拜，在斋月进行斋戒，在他们一生中至少到麦加朝觐一次。这些神圣时刻被确立为穆斯林所信仰的宗教的基础。除了这些，穆斯林还需庆祝两个每年一度的节日。

开斋节

开斋节在斋月之后的闪瓦鲁月（Shawwal）的第 1 天举办，在长时间的斋戒之后，人们庆祝回归常规的生活。他们在此时举行节庆，这场节庆可能持续 3 天之久。在许多穆斯林社团中，人们在这个时候交换礼品、走访朋友和亲戚，并凭吊死者。如今对于穆斯林来说，送开斋节贺卡已是常事，就像基督徒送圣诞贺卡一样。

宰牲节

宰牲节在都尔黑哲月（朝觐月）的第 10 天举行。这一节庆是朝觐麦加的要求之一，但是，整个伊斯兰世界都过这个节日。它纪念的是这样一件事情：神命令易卜拉欣将他的儿子易司马仪作为祭品献给他；② 当易卜拉欣表现出对神的忠诚时，神提供了一只羊作为替代品。在这一天，每个家庭的家长都要屠宰一头牲畜，并设一桌宴席。人们还要把一些食物施舍给社团中的穷人。

---

① 在伊斯兰世界的许多地区，对基督徒和基督教的敌视更多是与基督徒的殖民主义行为有关，而不是与基督教本身的教义有关。
② 在《旧约》和犹太教的传统中，神命令亚伯拉罕把他的儿子以撒献为燔祭。在穆斯林的传统中，要被献祭的儿子是易司马仪（以实玛利）。穆斯林的传统还说，易卜拉欣将易司马仪带到麦加的黑石前举行献祭。

新　年

穆哈兰姆月（Muharram）是穆斯林年的开始。人们在这个月份开展庆祝活动，还因为这个月被认为是希吉拉发生的月份。在逊尼派社团中，穆哈兰姆月的第10天是斋戒日，它被称为阿舒拉日（Ashura）。在什叶派中，穆哈兰姆月的第10天是卡尔巴拉之战纪念日。

穆罕默德诞辰纪念日

传统的穆罕默德诞辰纪念日定在希吉拉历3月12日。背诵先知的生平传记和为他祈祷是人们在这个节日中最普遍要做的事情。在许多地方还要举行游行，开办盛宴和进行特殊的集体礼拜。阿拉伯的极端保守主义者瓦哈比派并不纪念这个生日，因为他们将它视为一个现代的发明。穆斯林的圣贤——尤其是苏菲修会的那些创建者——在他们的诞辰日受到许多穆斯林社团的纪念。

13.10　今天的伊斯兰教

在最近几十年的时间里，伊斯兰教在世界政治中已成为一支日益重要的力量。第三世界中的许多新兴国家是伊斯兰国家。其中一些国家对于世界经济来说是非常重要的，因为它们控制着重要的自然资源，如石油、天然气和矿产。

目前，伊斯兰教再次成为一个发展中的宗教。我们已经提到穆斯林在非洲的传教活动。在世界的其他地区，伊斯兰教也同样在发展。因为来自伊斯兰国家的劳动者的大量移民以及他们高于非穆斯林欧洲人口的出生率，西欧国家的穆斯林人口一直在不断增长。在美国的穆斯林人口增长中，移民也是一个因素。在美国，有许多人皈依了伊斯兰教，尤其是一些非裔美国人。现在，伊斯兰教在美国和许多欧洲国家是第二大宗教。

政治制度以古代宗教习俗为基础的伊朗或任何其他伊斯兰国家，在现代世界中是否能长期存在还需进一步观察。伊斯兰教基要主义的梦想对于生活在非伊斯兰世界中的穆斯林来说尤其难以实现。然而，这并没有阻止美国和许多欧洲国家中的好战团体的产生。在中东、非洲和亚洲的大多数伊斯兰国家中，大多数穆斯林及其政府都是强烈反对基要主义的。在大多数伊斯兰社会中，宗教学者正从事着这样一场斗争，即确定一个既基于伊斯兰教价值观念又与当代的人权和民主理念相一致的现代观。1999年，即伊朗革命之后20年，此种伊斯兰教观念最明确的支持者和辩护者之一阿卜杜勒拉赫曼·瓦希德（Abdurrahman Wahid），当选为世界上穆斯林人口最多的国家印度尼西亚的总统。巴基斯坦、马来西亚和印度尼西亚都有强大的拥护民主的运动。未来几十年，拥护现代化的力量和固守基要主义的力量之间的斗争似乎还将持续下去。

宗教与暴力

欧洲的穆斯林面临着如何融入人数庞大的世俗欧洲社会的问题，在法国尤其如此。在法国，年轻女性还未被允许在公学中戴头巾，在贫穷的社区中还有年轻的穆斯林与警察发生暴力冲突。

今天，在伊斯兰教中发生的最剧烈的变化是伊斯兰教基要主义的出现。在20世纪60年代和70年代，伊朗和其他几个伊斯兰国家因出口石油而致富。在许多情况下，这些国家中的一些派别会转向西方社会，将之作为一个模仿的范例。有时，西方大学教育体制和风俗习惯（如女性越来越多地参与公共生活）的引入被某些保守的穆斯林视为一种威胁。虔诚的穆斯林对他们眼中西方基督教国家的性犯罪和不道德行为感到震惊。他们相信，西方社会的世俗化已造成这些国家的道德败坏。

这种危机感促生了回到古老的生活方式中去、回到由历史上的伊斯兰文化控制的国家中去的呼吁。我们可以在伊朗清晰地看到这个运动，但是在某种程度上，我们在整个伊斯兰教中都可发现这个运动。伊朗代表了伊斯兰教基要主义的"左翼"，并已爆发了一场革命。1979年，伊朗的什叶派穆斯林废除了国王，并接受霍梅尼（Ayatollah Ruhollah Khomeini）作为他们的领袖。这个新政府将它自己称为伊斯兰共和国，并以对什叶派伊斯兰教法的严谨解释为基础。从那时起，伊朗支持许多伊斯兰国家的反西方的基要主义运动。沙特阿拉伯代表了伊斯兰教基要主义更为保守的一派，或称"右翼"。沙特政府试图将它的人民与外国的影响隔绝开来，并在国内强化瓦哈比教派的社会和宗教规范，与此同时维持与美国和其他西方强国之间密切的经济和外交关系。沙特的持不同政见者提倡废除君主制，建立一个更为严格的伊斯兰社会。

需要研究的问题

1. 将穆罕默德作为伊斯兰教创建者的角色与耶稣作为基督教创建者的角色加以对比。他们在哪些方面类似？
2. 追溯伊斯兰教在犹太教、基督教和传统阿拉伯宗教中的起源。

3. 是什么因素使伊斯兰教在它起始的 200 年中为如此众多、如此不同的人民所广泛接受？
4. 列出虔诚的穆斯林所要行的五功。
5. 指出现代世界中穆斯林占多数的地区。
6. 区分逊尼派穆斯林与什叶派穆斯林。什叶派占多数的地区在哪里？

参考书目

1. Ahmed, Leila. *Women and Gender in Islam: Historical Roots of a Modern Debate.* New Haven, CT: Yale University Press, 1992.

2. Arberry, A. J., trans. *The Koran Interpreted.* New York: Macmillan, 1973.

3. Bodansky, Yossef. *Bin Laden: The Man Who Declared War on America.* New York: Random House, 2001.

4. Denny, F. M. *An Introduction to Islam.* New York: Macmillan, 1985.

5. Esposito, John L. *Islam the Straight Path.* New York: Oxford University Press, 1991.

6. Madjid, Nurcholish, "In Search of Islamic Roots for Modern Pluralism: The Indonesian Experiences." In *Toward a New Paradigm. Recent Developments in Indonesian Islamic Thought,* edited by Mark Woodward. Tempe: Arizona State University, 1996.

7. Martin, Richard. *Islamic Studies. A History of Religions Approach.* Englewood Cliffs, NJ: Prentice Hall, 1995.

8. Martin, Richard, Woodward, Mark, and Atmaja, Dwi. *Defenders of Reason in Islam. Mu'tazilism from Medieval School to Modern Symbol.* Oxford: One World, 1997.

9. Mottaheden, Roy. *The Mantle of the Prophet. Religion and Politics in Iran.* New York: Pantheon Books, 1985.

10. Rahman, Fazlur. *Islam,* 2nd ed. Chicago: University of Chicago Press, 1979.

11. ———. *Major Themes of the Qur'an.* Minneapolis: Bibliotheca Islam, 1989.

12. Watt, W. Montgomery. *Muhammad, Prophet and Statesmen.* New York: Oxford University Galaxy Press, 1974.

原始资料

穆斯林眼中的神

下列出自《古兰经》的选段显示出安拉作为绝对创造者、统治者和唯一真神的品质。

第 2 章　255—257 节

真主，除他外绝无应受崇拜的；他是永生不灭的，是维护万物的；瞌睡不能侵犯他，睡眠不能克服他；天地万物都是他的；不经他的许可，谁能在他那里替人说情呢？他知道他们面前的事，和他们身后的事；除他所启示的外，他们绝不能窥测他的玄妙；他的知觉，包罗天地。天地的维持，不能使他疲倦。他确是至尊的，确是至大的。对于宗教，绝无强迫；因为正邪确已分明了。谁不信恶魔而信真主，谁确已把握住坚实的、绝不断折的把柄。真主是全聪的，是全知的。真主是信道的人的保佑者，使他们从重重黑暗走入光明；不信道的人的保佑者是恶魔，使他们从光明走入重重黑暗。这等人，是火狱的居民，他们将永居其中。

第 6 章　102—103 节

这是真主，你们的主，除他外，绝无应受崇拜的。他是万物的创造者，故你们当崇拜他。他是万物的监护者。众目不能见他，他却能见众目。他是精明的，是彻知的。

第 27 章　60—64 节

是那天地的创造者（更好），他为你们从云中降下雨水，以培植美丽的园圃，而你们不能使园圃中的树木生长。除真主外，难道还有应受崇拜的吗？不然，他们是悖谬的民众。还是以大地为安居之所，使诸河流贯其间，使诸山镇压其上，并在两海之间设一个屏障者呢？除真主外，难道还有应受崇拜的吗？不然，他们大半不知道。还是那答应受难者的祈祷，而解除其灾害，且以你们为大地的代治者呢？除真主外，难道还有应受崇拜的吗？你们很少觉悟。还是那在陆海的重重黑暗中引导你们，在降其恩惠之前，使风为传佳音者呢？除真主外，难道还有应受崇拜的吗？真主超乎他们用来配他的。还是那创造万物，然后加以复造，并从天上地下供你们给养者呢？除真主外，难道还有应受崇拜的吗？

第 30 章　48—54 节

真主派风去兴起云来，然后，任意地使云散布在天空，并且把云分成碎片，你就看见雨从云中落下。当他使雨落在他所意欲的仆人上的时候，他们立刻欢乐，即使在降雨之前，他们确是沮丧的。你看真主的恩惠的效果吧！他怎样使已死的大地复活，那确是能起死回生的。他对于万事是全能的。如果我使一阵风吹去，而他们看见禾苗变成萎黄的，此后，他们就必定变成孤恩者。你必不能使死人听（你讲道），你必不能使退避的聋子听你呼唤。你必不能引导瞎子离开迷误。你只能使确信我的迹象的人听你（讲道），他们是归顺者。真主从懦弱创造你们，在懦弱之后，又创造强壮，在强壮之后又创造懦弱和白发，他要创造什么，就创造什么。他确是全知的，确是全能的。

第 35 章　38—41 节

真主确是全知天地的幽玄的，他确是全知心事的。他使你们为大地上的代治者。不信道者自受其不信的报酬；不信道者的不信，只使他们在他们的主那里受痛恨；不信道者的不信，只使他们更蒙亏折。你说："你们告诉我吧，他们舍真主而祈祷的那些配主，怎么应受崇拜呢？你们告诉我吧！他们曾独自创造了大地的哪一部分呢？还是他们曾与真主共同创造诸天呢？还是真主曾授予他们一本经典，而他们是依据那本经典中的许多明证呢？"不然，不义者仅以欺骗互相应许。真主的确维持天地，以免毁灭；如果天地要毁灭，则除真主外，任何人不能维持它。他确是至容的，确是至赦的。

第 57 章　1—6 节

天地万物，都赞颂真主超绝万物，他确是万能的，确是至睿的。天地的国权，归他所有；他能使人生，能使人死；他对于万事，是全能的。他是前无始后无终的，是极显著极隐微的，他是全知万物的。他是在六日内创造天地，然后升上宝座的。他知道潜入地中的，和从地中生出的，与从天空降下的，和升上天空的。无论你们在哪里，他是与你们同在的；他是鉴察你们的行为的。天地的国权，归他所有；万事只归于真主。他使黑夜侵入白昼，使白昼侵入黑夜；他是全知心事的。

第 58 章　7 节

难道你不知道真主是全知天地万物的吗？凡有三个人密谈，他就是第四个参与者；凡有五个人密谈，他就是第六个参与者；凡有比那更少或更多的人密谈，无论他们在哪里，他总是与他们同在的；然后在复活日，他要把他们的行为告诉他们。真主确是全知万物的。

第 59 章　22—24 节

他是真主，除他外，绝无应受崇拜的。他是全知幽玄的，他是至仁的，是至慈的。他是真主，除他外，绝无应受崇拜的。他是君主。他是至洁的，是健全的，是保佑的，是见证的，是万能的，是尊严的，是尊大的。赞颂真主，超绝万物，他是超乎他们所用以配他的。他是真主，是创造者，是造化者，是赋形者，他有许多极美的称号，凡在天地间的，都赞颂他，他是万能的，是至睿的。

伊斯兰教的规定

选自《古兰经》的以下段落详细描述了一位虔诚的穆斯林应履行的许多义务。

第 2 章　172—179 节，183—185 节，187 节，190—196 节

信道的人们啊！你们可以吃我所供给你们的佳美的食物，你们当感谢真主，如果你们只崇拜他。他只禁戒你们吃自死物、血液、猪肉，以及诵非真主之名而宰的动物；凡为势所迫，非出自愿，且不过分的人，（虽吃禁物），毫无罪过。因为真主确是至赦的，确是至慈的。隐讳真主所降示的经典，而以廉价出卖它的人，只是把火吞到肚子里去，在复活日，真主既不和他们说话，又不涤除他们的罪恶，他们将受痛苦的刑罚。这等人，以正道换取迷误，以赦宥换取刑罚，他们真能忍受火刑！这是因为真主已降示包含真理的经典，违背经典的人，确已陷于长远的反对中。你们把自己的脸转向东方和西方，都不是正义。正义是信真主，信末日，信天神，信天经，信先知，并将所爱的财产施济亲戚、孤儿、贫民、旅客、乞丐和赎取奴隶，并谨守拜功，完纳天课，履行约言，忍受穷困、患难和战争。这等人，确是忠贞的；这等人，确是敬畏的。信道的人们啊！今以杀人者抵罪为你们的定制，公民抵偿公民，奴隶抵偿奴隶，妇女抵偿妇女。如果尸亲有所宽赦，那么，一方应依例提出要求，一方应依礼给

予赔偿，这是你们的主所降示的减轻和慈恩。事后，过分的人，将受痛苦的刑罚。有理智的人们啊！你们在抵罪律中获得生命，（以此为制），以便你们敬畏。

信道的人们啊！斋戒已成为你们的定制，犹如它曾为前人的定制一样，以便你们敬畏。故你们当斋戒有数的若干日。你们中有害病或旅行的人，当依所缺的日数补斋。难以斋戒者，当纳罚赎，即以一餐饭，施给一个贫民。自愿行善者，必获更多的善报。斋戒对于你们是更好的，如果你们知道。赖买丹月中，开始降示《古兰经》，指导世人，昭示明证，以便遵循正道，分别真伪，故在此月中，你们应当斋戒；害病或旅行的人，当依所缺的日数补斋。真主要你们便利，不要你们困难，以便你们补足所缺的日数，以便你们赞颂真主引导你们的恩德，以便你们感谢他。

斋戒的夜间，准你们和妻室交接。她们是你们的衣服，你们是她们的衣服。真主已知道你们自欺，而恕饶你们，赦免你们；现在，你们可以和她们交接，可以求真主为你们注定的（子女），可以吃，可以饮，至黎明时天边的黑线和白线对你们截然划分。然后整日斋戒，至于夜间。你们在清真寺里幽居的时候，不要和她们交接。这是真主的法度，你们不要临近它。真主这样为世人阐明他的迹象，以便他们敬畏。

你们当为主道而抵抗进攻你们的人，你们不要过分，因为真主必定不喜爱过分者。你们在哪里发现他们，就在哪里杀戮他们；并将他们逐出境外，犹如他们从前驱逐你们一样，迫害是比杀戮还残酷的。你们不要在禁寺附近和他们战斗，直到他们在那里进攻你们；如果他们进攻你们，你们就应当杀戮他们。不信道者的报酬是这样的。如果他们停战，那么，真主确是至赦的，确是至慈的。你们当反抗他们，直到迫害消除，而宗教专为真主；如果他们停战，那么，除不义者外，你们绝不要侵犯任何人。禁月抵偿禁月，凡应当尊敬的事物，都是互相抵偿的。谁侵犯你们，你们可以同样的方法报复谁；你们当敬畏真主，当知道真主是与敬畏者同在的。你们当为主道而施舍，你们不要自投于灭亡。你们应当行善；真主的确喜爱行善的人。你们当为真主而完成大朝和小朝。如果你们被困于中途，那么，应当献一只易得的牺牲。你们不要剃发，直到牺牲到达其定所。你们当中谁为生病或头部有疾而剃发，谁当以斋戒，或施舍，或献牲，作为罚赎。当你们平安的时候，凡在小朝后享受到大朝的人，都应当献一只易得的牺牲。凡不能献牲的，都应当在大朝期间斋戒三日，归家后斋戒七日，共计十日。这是家眷不在禁寺区域内的人所应尽的义务。你们当敬畏真主，你们当知道真主的刑罚是严厉的。

在审判日

以下段落描述了伊斯兰教对在审判日那一天的真主的终极正义的理解。

第56章　1—26节

当那件大事发生的时候，没有任何人否认其发生。那件大事将是能使人降级，能使人升级的；当大地震荡，山峦粉碎，化为散漫的尘埃，而你们分为三等的时候。幸福者，幸福者是何等的人？薄命者，薄命者是何等的人？最先行善者，是最先入乐园的人。这等人，确是蒙主眷顾的。他们将在恩泽的乐园中。许多前人和少数后人，在珠宝镶成的床榻上，彼此相对地靠在上面。长生不老的童仆,轮流着服侍他们,捧着盏和壶,与满杯的醴泉;他们不因那醴泉而头痛,也不酩酊。他们有自己所选择的水果,和自己所爱好的鸟肉。还有白皙的、美目的妻子,好像藏在蚌壳里的珍珠一样。那是为了报酬他们的善行。他们在乐园里,听不到恶言和谎话,但听到说:"祝你们平安!祝你们平安!"

第十四章

巴哈伊教

本章目的

- 在这一章中,你将了解巴哈伊教的起源、成长和发展历程;研究巴哈伊教徒在伊朗和中东其他地区遭受迫害的方式;了解一个很小的派别组织是如何变成一个全球性的宗教社团的。

关键词

巴孛

巴孛信徒

巴哈欧拉

雷兹万花园

巴哈伊教大事年表	
公元 1844 年	阿里·穆罕默德宣布自己是第 12 位伊玛目
1850 年	阿里·穆罕默德被处死,他的追随者遭到迫害
1863 年	侯赛因·阿里创立巴哈伊教
1892 年	侯赛因·阿里去世;阿巴斯·埃芬迪担任巴哈伊教领袖
1863—1908 年	巴哈伊教在中东地区遭到镇压
1908 年至今	巴哈伊教徒开始在全球传教
1963 年	世界正义院被建立起来
1979 年至今	巴哈伊教徒在伊朗遭到残酷严厉的镇压

本章提要

巴哈伊教最初是伊斯兰教什叶派的一个分支,但是它的发展已远远超出了伊斯兰教的范畴,以至于现在人们完全将它视为一个独立的宗教。巴哈伊教有几个中心主题。巴哈伊教认为,世界上的所有宗教都有着同一个来源,所有宗教真理在根本上是一致的,所有先知是从同一个上帝那里领受了部分的启示和教训。巴哈伊教还进一步认为,宗教必须与科学和教育共同努力,以提供一个和平的世界秩序。巴哈伊教还相信,不同种族和性别之间的机会是平等的。通过强调这些主题,巴哈伊教吸引了来自许多国家的信徒。

14.1 巴哈伊教的起源和发展

伊斯兰教的什叶派——尤其是在波斯的伊斯兰教的什叶派——总是教导人们说，穆罕默德的地位是由他的女婿和合法继承人阿里及其后裔共 12 人继承的。这 12 位伊玛目经常被视为门径，信徒通过这些门径逐步接近真正的信仰。这些继任者中的第 12 位在公元 9 世纪消失了，而且什叶派穆斯林一直相信有一天他将作为一位救世主重新出现。

宗教与暴力

在 1844 年，一位叫阿里·穆罕默德的什叶派穆斯林宣布他是得到承认的第 12 位伊玛目，而且将他自己称为 Bab-ud-Din（信仰之门）。他提倡全面彻底的宗教和社会改革，如提高妇女的社会地位等。这样，巴孛（Bab）在他自己周围集合起一群门徒，这些门徒自称他们是巴孛信徒（Babis）。这个运动只是昙花一现，因为波斯的宗教和政治力量采取行动将它压倒了。巴孛在 1850 年被公开处死，他的许多门徒被捕入狱或被处死。然而，在他死前，巴孛断言自己已经为一位迟早到来的人铺平了道路，这个人将创建一个普世的宗教。巴孛的一些门徒救出他的遗体，并将其保存了数年之久。最后，人们将它运往巴勒斯坦的海法城，最终将他葬于此地。

被捕入狱的巴孛的门徒之一侯赛因·阿里（Husayn Ali）是波斯某个显贵的家族中的儿子。正是由于他的家族，侯赛因·阿里没有与巴孛一起被处死，而是被关押在德黑兰。1852 年，巴孛的另一位追随者企图刺杀波斯国王，该宗教组织因此遭到进一步的残酷迫害。波斯政府将侯赛因·阿里流放到巴格达，在此他度过了生命中接下来的 10 年。在被囚禁和流放期间，侯赛因·阿里接受启示，即他就是巴孛预告的那个人。1863 年，侯赛因·阿里与留下的巴孛教徒一起被从巴格达流放到君士坦丁堡；在他们离开巴格达的前夜，侯赛因·阿里向这些巴孛教徒透露，他就是巴孛向人们承诺的那个即将到来的人。他是在巴格达附近的雷兹万花园（Ridvan）透露这件事情的，今天，巴哈伊教徒每年都以一场节会纪念这个历史事件。侯赛因·阿里给自己取名为巴哈欧拉（Bahaullah，主的荣耀），那些接受他为领袖并遵从他的教义的巴孛教徒被称为巴哈伊教徒。

在后来的岁月里，巴哈欧拉和巴哈伊教徒被人们从中东的一个首府驱赶到另一个首府。他们从君士坦丁堡来到埃迪尔内（从前的亚得里亚堡）。最后，他们被流放到阿克湾，它原来是土耳其关押囚犯的阿卡城，但是现在是在以色列境内。巴哈欧拉和他的大约80名追随者先是在一座军营中被监禁了两年，在此，他们忍饥挨饿，饱受疾病折磨。此后，他们被转移到其他地方，那里多多少少舒适一些。最终，人们给了巴哈欧拉更多的自由，但是，他还是作为土耳其政府的一名囚犯在阿克湾度过了余生。

虽然在这些年月里巴哈欧拉被关押在阿克湾，但是，他能够派出传教士并接待客人，通过这种方式，他向外传播他的各宗教具有一致性与世界和平的教义。在这个时期，他写下了许多书信和著作。巴哈欧拉将一系列书信寄给教皇和各个国家的统治者，向他们宣布他的使命并呼吁他们帮助他促进世界和平。他撰写了这样一些著作，如《亚格达斯经》（*Kitab-i-Aqdas*，至圣经书）、《意纲经》（*Kitab-i-Iqan*，确实之书）和《隐言经》（*The Hidden Words*）等。他于1892年在阿克湾去世，享年75岁。

运动的领导权传到巴哈欧拉的儿子——阿巴斯·埃芬迪（Abbas Effendi）的手中，他被称为阿博都·巴哈（Abdul Baha，巴哈的仆人）。阿博都·巴哈继续完成他父亲的写作计划；1908年，土耳其政府释放了他。他在余生中走遍欧洲和北美，宣传巴哈伊教的教义，并在许多国家建立了巴哈伊教的灵体会。1920年，由于阿博都·巴哈为世界和平所做的工作，英国政府将大英帝国的勋章授予了他。

在阿博都·巴哈于1921年去世之后，这个运动的领导权传到他的孙子守基·埃芬迪（Shoghi Effendi）的手中，他继续在许多国家建立地方和全国灵体会，直到1957年去世。到此时，巴哈伊教不再由巴哈欧拉的后裔领导，而是由从全世界巴哈伊教徒中选出的一个团体来领导。

14.2 巴哈伊教的教义

虽然巴哈伊教起源于伊斯兰教的什叶派，但是，它发展得很快，并与伊斯兰教

印度新德里的巴哈伊教堂。

的什叶派从根本上区别开来。巴哈伊教徒并不像穆斯林那样尊敬《古兰经》。巴哈伊教徒将《古兰经》的大部分内容视为是寓言性的或象征性的。巴哈伊教徒抛弃了对天使和恶魔的信仰，而天堂和地狱也被他们视为是象征性的。《古兰经》与基督教和希伯来人的《圣经》及其他宗教的经典一起成为巴哈伊崇拜的神圣经典和来源。

巴哈伊教的基本信仰是，所有宗教都同出一源。巴哈欧拉教导人们，神启是一个持续不断和循序渐进的过程，上帝的信使（其中包括摩西、琐罗亚斯德、耶稣、穆罕默德、佛陀、巴孛和巴哈欧拉）的传教代表了人类精神发展的连续阶段。巴哈伊教徒相信，巴哈欧拉是最近到来的上帝的信使，他为今天的人类带来上帝的启示。巴哈欧拉教导人们说，未来还会出现上帝的其他信使。

巴哈伊教徒相信，巴哈欧拉证明了上帝的过去几次显现的预言是真的，而且他的到来宣告了宗教的完成和实现的时代的到来。① 巴哈欧拉最伟大的启示和教诲就是人类一体。全人类、所有民族、所有性别、所有宗教真理都是一个上帝的创造。用巴哈欧拉的话说：

---

① Anonymous, *Baha'u'llah: God's Messenger to Humanity* (Wilmette, IL: The National Spiritual Assembly of the Baha'is of the United States, 1994), p. 4.

文献摘选

　　毫无疑问，世界各国人民，不论是何种族或信仰何宗教，都由同一神圣之源获取灵感，都是同一上苍的子民。[①]

　　以这些在巴哈欧拉的作品中发现的宗教真理为基础，阿博都·巴哈离开阿克湾，向全世界宣传下面的巴哈伊教教义。

文献摘选

　　1. 人类是一体的。这是信仰的关键原则和基本教义，也是巴哈伊信仰的核心。它是巴哈伊教的大部分教义和宗教实践的基础。

　　2. 必须要不受迷信或传统的束缚，独立寻求真理。任何希望成为巴哈伊教徒的人都必须自愿地在不依赖各位先知和过去的传统的情况下寻求上帝的真理。"从迷信和模仿中解放出来，以便以一体的眼光观看上帝的显现，并以敏锐的目光看待所有事物……"[②]是巴哈伊教的基本教义之一。

　　3. 所有宗教都包含在某种基本的统一当中。巴哈伊教教导人们，所有宗教都在根本上宣传同一种教义。这并不是说在世界各大宗教之间不存在差异，但是，巴哈伊教的教义说，所有宗教的基本教义是相同的，所有微小的差异都应忽略不计。在与来访者的对话中，巴哈欧拉说："所有国家和民族都应在信仰方面一致，所有人都是兄弟；人类子孙之间的感情纽带和团结一致应得到巩固和加强；宗教之间的差异应当消弭，种族之间的分歧应当消解……这些冲突、流血、纷争必须停止，全人类都应该亲如一家。"[③]

　　4. 所有形式的偏见，无论是宗教的、种族的、阶级的还是国家的，都该受到谴责。在巴黎发表的一篇讲话中，阿博都·巴哈说："宗教应把所有的心灵都团结在一起，并促使战争和分歧从地球上消失；它应带来灵性，并给每一个灵魂带来光明和生命。如果宗教成了憎恶、仇恨与分裂的原因，那么还不如没有宗教……任何不能促使人们相互热爱和团结一致的宗教都不是宗教。"[④]

[①] 巴哈欧拉：《巴哈欧拉圣典选集》，澳门：新纪元国际出版社。
[②] J. E. Esslemont, *Baha'llah and the New Era* (Wilmette, IL: Baha'i Books, 1976), p. 6.
[③] Ibid., p. 126.
[④] Ibid., p. 165.

5. 在宗教与科学之间必定存在着和谐。巴哈伊教产生于 19 世纪，当时，在已经确立起来的宗教与新出现的科学之间正进行着大规模的斗争。这两支力量必须相互和解。根据巴哈伊教的教义，穆罕默德的女婿阿里说："与科学相符的东西也一定与宗教相符。人的智慧所不能理解的东西，宗教也不应接受。宗教与科学携手并进，与科学不相容的任何宗教都不是真理。"①

6. 男女平等。巴哈伊教可能是世界上唯一一个在一开始就主张男女平等的宗教。"人类像一只具有两翼的鸟——一翼是男性，另一翼是女性。除非这两翼都强壮起来并受到某种相同的力量的驱动，否则这只鸟就不可能飞上天。根据今日的时代精神，女性必须在生活的各个方面发展，完成她们的使命，实现与男人的平等。"②

7. 必须实行普遍的义务教育。虽然无论是巴哈欧拉还是阿博都·巴哈都没有机会接受正式的教育，但是两者都倡导普及性教育是世界和平稳定的必要条件。

8. 应当有一种普世的语言。巴哈欧拉说："我们命令世界正义院的理事或是从现有的语言中选出一种语言，或是创造一种新的语言，并以同样的方式采用一种共同的书面文字，教会世界上所有学校的孩子使用这些文字，以便使全世界都成为一国一家。"③

9. 应当消灭贫富两极分化。巴哈欧拉出身名门贵族，又在狱中度过了一生中的大部分时间，他敏锐地意识到世界的贫富两极分化。由于相信这两极都是不健康的和不正常的，所以他敦促世界消灭两极分化。他并没有提出一个精心制订的计划以实现这种变化，而是向世界上的富人建议，他们应向穷人敞开胸怀，并向穷人捐钱。他还向世界各国政府倡议，通过法律来制止贫富两极分化。

10. 为了裁决各国之间的争端，应当建立一个世界法庭。在国际联盟（League of Nations）成立 40 年之前，巴哈欧拉就在阿克湾的囚室中敦促世界各国政府成立这样一个组织。然而，在第一次世界大战之后，当国际联盟成立的时候，阿博都·巴哈认为它因过于软弱而毫无效用。

11. 以服务的精神完成的工作应被提升到敬拜的层面。根据巴哈伊教的观点，在一个良好的社会中，每一个人都为完成某些任务而工作。在这个社会中，没有无业游民和懒汉。"人从事某种职业——某些技艺、商贸或类似的营生——是你们每

---

① J. E. Esslemont, *Baha'llah and the New Era*, p. 202.
② Ibid., p. 154.
③ Ibid., p. 170. 阿博都·巴哈提倡将世界语（Esperanto）采纳为世界通用语言。

一个人都被嘱咐要去做的事情。我们视此——你的职业——完全等同于对唯一真神上帝的敬拜。"① 因此，和加尔文及古代犹太的法利赛人一样，巴哈欧拉也相信劳动的宗教效能。

12. 为了保卫所有的人民和国家，正义应作为人类社会和宗教的主导原则而受到赞美和颂扬。

13. 永恒的和全球的和平的确立应是全人类的最高目标。② 这是巴哈伊教的全部教义的拱心石。与伊斯兰教和基督教不同，巴哈伊教认为，天堂和地狱不是指场所，而是指灵魂的处境。作为人类之实在的灵魂是永恒的，而且是不断发展前进的。当灵魂接近上帝和上帝的目的时，这就是天堂；当灵魂远离上帝时，这就是地狱。因此，在其他宗教中发现的对天堂和地狱的描述被视为是象征性的，而不是真实的。

当巴哈伊教徒谈到人类一体的时候，他们的意思不仅仅是人类在此生的同一，而且还意味着活人和死人的同一。因此，活人和死人之间的交流也是可能的。阿博都·巴哈相信，这种联系可以解释先知和圣贤洞察其他世界并与其他世界相互交流时所使用的特殊力量。

根据巴哈伊教对上帝的绝对统一的信仰，不可能存在实在的恶这类东西。如果上帝是唯一的，而且无所不包、无所不在，那么在宇宙中就不可能存在撒旦这类形象。正像黑暗仅仅是光明的不在场一样，人们眼中的恶也仅仅是善的不在场。根据阿博都·巴哈的观点：

> **文献摘选**
>
> 在创造界中没有恶，一切都是善。一些人身上与生俱来的某些品质和天性看起来该受谴责，实际上并非如此。③

14.3 巴哈伊教的宗教实践

巴哈伊教徒的日常生活受到许多规则的制约。这些规则要求巴哈伊教徒每天都

---

① Bahaullah, *Glad Tidings*.
② 这十三条原则取自全国巴哈伊教总部公共信息部（伊利诺伊州，威尔梅特，林登路112号，邮编60091）提供的信息。
③ 阿博都·巴哈：《已答之问》，176页，澳门：新纪元国际出版社。

进行祈祷。事实上，一位巴哈伊教徒的全部生活被认为是一场祈祷。一个人的工作、思想和行为都应以祈祷的精神来完成。这是巴哈伊教徒之生活的最重要的方面之一。巴哈欧拉在《亚格达斯经》中强调了这个方面。

> **文献摘选**
>
> 在每一天的早晚都要吟唱（或背诵）上帝的话。忽视这一点的人就是不忠于上帝的盟约和他的协定，背离盟约的那些人，今日已加入了背离上帝的人群的行列。[①]

一位巴哈伊教徒可能在每天的祈祷中背诵许多正式的祈祷文，但是巴哈欧拉确定了三篇义务祷文。巴哈伊教徒可自由选择其中的任何一篇来背诵以作为他们沉思默想的一部分。

对于巴哈伊教徒来说，一夫一妻制是婚姻的规则。巴哈伊教徒只有在获得双方父母一致同意的情况下才能结婚。巴哈欧拉教导人们：

> **文献摘选**
>
> 《巴扬经》已规定，结婚应取决于双方同意。我希望我的仆人们能够建立友爱、团结与和谐，为此我设定如下条件：一旦双方表明结婚意愿，就要征得各自父母的许可，以免他们之间产生敌意与怨恨。[②]

巴哈伊教徒允许离婚，但是，只有在极为不和的情况下才能离婚。到了这种地步，夫妻双方必须等待一年，并努力重建关系。如果关系没有得到重建，人们才允许他们离婚。如果一对巴哈伊教的夫妻生了小孩，他们就有责任为孩子提供尽可能好的教育。巴哈伊教徒是不许喝酒和吸食毒品的。

巴哈伊教在敬拜方式方面与其他许多宗教区别开来。人们在巴哈伊教成员的家中或在特意指定的其他建筑中举行敬拜仪式，但是，一般来说并不存在特殊的敬拜场所。也不存在主持敬拜活动的特殊的神职人员。巴哈伊教徒的敬拜活动趋向于简化，形式越少越好，几乎没有什么礼仪。在敬拜活动中，人们阅读巴哈欧拉的作品和其他宗教的经典。社团的几个成员带领教徒进行阅读和祈祷。没有任何一个人被指定为教会的领导人。巴哈伊教社团的敬拜形式十分简单，它甚至拒斥基督教和其他宗

[①] Esslemont, *Baha'llah and the New Era*, p. 103.
[②] 巴哈欧拉：《亚格达斯经》，17页，澳门：新纪元国际出版社。

教中的两个基本要素：布道和献祭。虽然巴哈伊教徒被要求资助他们的宗教，但是，他们拒绝从非巴哈伊教徒手中接受供奉。

巴哈伊教徒是在 3 个层面上被组织起来的。最基础的组织是已经提到的地方灵体会。在拥有 9 个或更多数目的成年巴哈伊教徒的社团中，在每年的 4 月 21 日都要选出一个九人团体来管理他们的事务。截至 1993 年，大约有两万个这样的灵体会。管理机构的第二层是国家灵体会。这也是一个九人团体，每年由参加全国巴哈伊会议的代表选出。在 1993 年，全世界有 165 个国家灵体会。最高的一层是世界正义院（Universal House of Justice），这是一个由全世界的国家灵体会成员选出的九人团体。这些代表的任期是 5 年。

巴哈伊教徒已经在世界上的一些重要地区建起了富丽堂皇的礼拜堂。在德国的美因河畔法兰克福、澳大利亚的悉尼、乌干达的坎帕拉、伊利诺伊州的威尔梅特、巴拿马的巴拿马城、印度的新德里、西萨摩亚的阿皮亚，人们都能发现这种礼拜堂。这些建筑所表现出的建筑风格都略微有所不同，但是，所有建筑都是九边形的，而且上方盖有一个圆屋顶。数字"9"对巴哈伊教来说具有象征意义，因为它是最大的个位数，所以它代表了巴哈伊教所试图追求的世界统一。除了这些庙宇，巴哈伊教的世界中心是在以色列海法的卡尔迈勒山（Mount Carmel）上，这里靠近阿克湾——巴哈欧拉度过其余生的地方。在美丽花园的中心坐落着金色屋顶的巴孛祠堂和档案馆。

14.4 巴哈伊教的教历和节日

和其他宗教一样，巴哈伊教也确立了它自己的历法和节日。它的太阳历是由 19 个月组成的，每个月包含 19 天。为了补足 365 天，每年的最后一个月都要再加上 4 天（在闰年要加上 5 天）。新年开始于 3 月 21 日，这是春天到来的日子。和希伯来历法一样，新的一天从日落开始。

巴哈伊教鼓励教徒在他们的 19 个月中的其中一个月举行斋戒。在崇月（month of Ala，大约开始于公历的 3 月 1 日），巴哈伊教徒将进行为期 19 天的斋戒。巴哈伊教并不要求教徒进行彻底的斋戒，即完全禁食；巴哈伊教徒只是在白天禁食。斋戒在每年的早春举行，所以巴哈伊教徒大约在早 6 点到晚 6 点之间不吃不喝。根据阿博都·巴哈的观点：

北美的巴哈伊教中心。每个巴哈伊教中心都有 9 个面。因为"9"是最大的单数,它象征着巴哈伊教希望带给人类的"一体"。

> **文献摘选**
>
> 斋戒是一种象征。斋戒意味着戒除欲望。物质的斋戒是这种戒除的一个象征,而且一种提醒;正像一个人戒除物质欲望一样,他也将戒除自私的欲望和自私的情欲。但是,单纯的禁食对精神毫无效用。它只是一个象征,一种提醒。不然的话,它就无足轻重。①

在一年的其他时间里,巴哈伊教徒举行一些节庆来纪念巴哈伊教历史上的各种事件。这些节庆包括新年(在 3 月 21 日举行)和雷兹万节(Ridvan,在 4 月 21 日和 5 月 2 日之间举行)。雷兹万节纪念巴哈欧拉宣布自己就是应许之人这件事。人们于 11 月 12 日纪念巴哈欧拉的诞辰。

---

① Abdul Baha, cited by J. E. Esslemont, *Baha'llah and the New Era*, p. 189.

14.5　今天的巴哈伊教

> **宗教与暴力**
>
> 　　从一开始，巴哈伊教就受到人们的迫害。在伊朗，即它的诞生地，巴哈伊教徒被视为异教徒。许多穆斯林对巴哈伊教的排斥是基于后者的这样一个信仰：在穆罕默德之后又出现了一个神启。
>
> 　　在1979年的伊斯兰教革命之后，巴哈伊教徒在伊朗遭到的迫害变得尤为残酷。当时官方宣布巴哈伊教为非法，许多巴哈伊教徒被逮捕关押，他们无法工作，个人财产也被夺走。现在，人们禁止巴哈伊教在伊朗结社，而且所有教会财产，其中包括墓地和圣地，都在政府的控制之下。当有消息透露说伊朗已有计划要用法律迫害巴哈伊教徒的时候，全世界都将注意力集中到这个问题上。这个计划的目的似乎是要把巴哈伊教从伊朗抹除。①

　　虽然还没有得到精确的统计数字，但是据估计，全世界大约有610.4万名巴哈伊教徒。②虽然这个宗教的信徒人数还比较少，但是它似乎正在发展中。和基督教与伊斯兰教一样，巴哈伊教也是一个传教型的宗教。它已在218个独立的国家、地区和岛屿上建立起了社团，在亚洲和非洲的信徒人数最多。在中南美洲，巴哈伊教的传教士在当地人中特别积极地展开传教活动。

需要研究的问题

1. 巴哈伊教的起源与伊斯兰教什叶派对救世主的企盼有何联系？
2. 为什么一些人将巴哈伊教视为最适合现代世界的宗教？
3. 巴哈伊教徒如何看待其他宗教的经典？

参考书目

1. 巴哈欧拉：《亚格达斯经》，澳门：新纪元国际出版社。
2. 巴哈欧拉：《巴哈欧拉圣典选集》，澳门：新纪元国际出版社。
3. Effendi, Shoghi. *God Passes By*. Wilmette, IL: Baha'i Publishing Trust, 1970.
4. Esslemont, J. E. *Baha'u'llah and the New Era*. Wilmette, IL: Baha'i Books, 1976.

---

① "Iran's Nuremberg Laws" (editorial). *New York Times*, 27 February 1993, sect. 1, p. 18, col. 1.
② *1996 Encyclopedia Britannica Book of the Year* (Chicago: Encyclopedia Britannica, 1996), p. 298.

5. 威廉·S.哈彻、J.道格拉斯·马丁：《巴哈伊信仰：新兴的世界宗教》，澳门：新纪元国际出版社。
6. Lee, Anthony A., Ed. *Circle of Unity: Baha'i Approaches to Current Social Issues.* Los Angeles: Kalimat Press, 1984.

原始资料

巴哈欧拉圣典选集

虽然巴哈伊教认为世界上的所有经典都包含上帝的神圣启示，但是，它仍为它的创建者——巴哈欧拉的作品保留了一个令人尊敬的特殊位置。

今日，每个人都必须坚持促进各国和正义的政府的利益与提高其地位的事物。通过至高者的圣笔所启示的每一句经文，爱与团结之门已经在人类面前打开。我们刚才已经宣示："与所有宗教的信徒友善交往吧。"——我们的圣言是真理——通过这圣言的启示，任何使人类之子互相背离、造成分裂不和的事物已被废除。为了使有生灵的世界获得尊容，提高世人的心智灵性，一种教育全人类的最有效力的方法，已由上苍的圣意天国降示。通过这万钧的启示，古代各族人民所讲述、所记载下来的最高级的精华、最完美的言词，已由永在者、全有者的圣意天国遣送下来。以往的圣典曾启示道："爱自己的国家是上苍的信仰的一种要素。"然而，宏伟之舌则在他显示之日宣告道："夸耀爱自己的国家不是上苍的信仰的要素，爱全世界才是。"通过这些崇高的启示所释放出的力量，他已赋予人类的心灵之鸟一种新的推动力，给人们设定了一个新方向，并抹掉了上苍的神圣经书上一切限制和局限的痕迹。

…………

世界各国的君王啊！莫把敬畏上苍之心置诸一旁，并留意莫超越了全能者所定的界限。遵守圣典对你们的禁戒，要慎重，莫超越其限制。警惕自己，莫以稍微的不公平对任何人。你们须走公正之道，因为这的确是正直的路。

消除你们之间的分歧，削减你们的军备，这样才能减轻你们的负担，你们的心灵才能获得安宁。克服分裂你们的歧见，这样，除了保卫城市和领土所需的军备以外，不再需要额外的军备。你们须敬畏上苍。莫超越中庸之道的界限，以免成为放肆越轨的人。

我们获悉，你们的花费逐年增加，而把重负加诸百姓。这的确超越了人们的负担能力，这是严重的不公平。公正地下判断吧，愿你们做人们中公正的象征。倘若你们须公正地明辨是非曲直，你们就会发现这是你们应该做的事，也符合你们的地位。

当心，切莫不公正地对待任何进入你们的荫庇下恳求保护的人。你们须行敬畏上苍之道，过圣洁的生活，不可依赖自己的权力、军队或财富。你们须完全依赖上苍，他是你们的创造者，在所有的事务中，你们都须寻求他的协助，救助来自他，他依自己的旨意，用天上地下的军队，救助他想要救助的人。

须知，穷苦者是你们之中上苍所信赖的人。小心谨慎，切莫出卖了他对你们的依赖，切莫不公平地对待他们,切莫行背信弃义之道。当公正的天秤被架起之时,也就是每一个人将得到他应得的东西的日子,是所有人——无论贫富——的所作所为都要放在它上面加以衡量的日子,你们也必将被召集到他面前,就他的信赖作出答复。

词汇表

A

《阿达婆吠陀》（Atharva-Veda） 吠陀文献中的第四部书，记录对雅利安神的敬拜中使用的礼仪和祈祷文。

《阿含经》（Agamas） 耆那教经典；一些人相信阿含经是筏驮摩那传给弟子的真正教诲或训诫。

阿胡拉·马兹达（Ahura Mazda） 琐罗亚斯德教徒承认的唯一真神。他的标志是圣火。

阿基瓦卡（Ajwaka） 非洲的宗教专职人员，他们的主要目的是通过驱逐那些被认为会造成疾病的恶灵，以给人们治病。

阿罗汉（Arhat） （除佛陀外）达到涅槃的个人。

阿耆尼（Agni） 雅利安人的火神。

阿周那（Arjuna） 《薄伽梵歌》中的主要人物。

艾赛尼派（Essenes） 犹太教修会，其主要领导机构可能是在死海附近的库姆兰河谷。他们主要存在于公元前1世纪至公元1世纪，对末世论极有兴趣。

安格拉·迈纽/撒旦（Angra Mainyu, Shaitan, Satan） 琐罗亚斯德教徒眼中的恶灵。

安拉（Allah） 字面意思是"上帝"；阿拉伯人的神名，穆斯林和阿拉伯裔基督徒使用这个名字。

唵嘛呢叭咪吽（Om mani padmi hum） 藏传佛教中的一句真言，它的意思是："呕，莲花中的宝石，唉。"

安息日（Sabbath, Shabbat） 一周的第七天，犹太教将其作为休息和敬拜的一天。

奥瑞莎（Orisha） 非洲神话中参与创世的较小的神。

《奥义书》（Upanishads） 吠陀文献中的哲学资料。

B

巴孛信徒（Babis） 宗教组织，巴哈伊教的前身。

八福（Beatitudes） 耶稣登山宝训中的前十句。

巴哈欧拉（Bahaullah） 巴哈伊教的创建者。

巴力（Baalim） 古代迦南人敬拜的丰产神。

白衣派（Svetambara） 字面意思是"穿白色衣服"；耆那教中相对开放的派别。

苯教（Bon） 佛教传入之前的西藏的本土宗教。

比喻（Parable） 耶稣的主要教导方法之一，它们是一些简短而富于意味的故事。

变体论（Transubstantiation） 根据罗马天主教和东正教的教义，圣餐中的饼和葡萄酒在祝圣的仪式上，其质体变成了耶稣的肉和血，它们仅仅保持了面包和葡萄酒的外观。

《薄伽梵歌》（Bhagavad Gita） "世尊歌"。印度文化和宗教史诗。

不害（Ahimsa） 不伤害生物。这个出现在许多印度宗教中的术语是由耆那教徒引入的。不害论的信徒尽一切努力关照所有形式的生命，力求避免伤害或杀死任何生物。

不可知论者（Agnostic） 字面意思是"一个不知道的人"，指那些声称不能肯定知道上帝的本质或真实存在的人。这与无神论者形成对比，无神论者否认神的存在。

C

刹帝利（Kshatriya） 印度社会的武士阶层。

禅宗（Zen，Ch'an Buddhism） 大乘佛教的一种形式，主张关于生命的真理来自直观的顿悟的闪念。

朝功（Hajj） 每个穆斯林在其一生中都必须践行的一次前往麦加的朝觐，他们会到麦加城内的圣地进行敬拜。

持斋节（Paijusana） 在新年之前八天就开始的耆那教节日；这是一个举行斋戒和进行沉思的时期。

出埃及（Exodus） 犹太人从埃及的奴役中逃离出来。

D

大乘（Mahayana） 字面意思是"大的车辆"，它是佛教中更大和更开放的一个分支。

大流散（Diaspora） 以色列人离开他们的家乡流散到全世界的过程，这个过程开始于公元前 721 年亚述人毁灭以色列的时候。

达摩（dharma） 根据种姓制度和在生活中的地位，在传统印度人的生活中一个人应承担的义务。在佛教中，它指佛陀的教诲。

大屠杀（Holocaust） 指在第二次世界大战期间纳粹对 600 万犹太人的大屠杀。

《道德经》 字面意思是"道及其力量或美德的经典"；成为道教哲学之基础的一部书。

德系犹太人（Ashkenazim） 生活在欧洲，尤其是生活在东欧的犹太人。

第二次梵蒂冈公会议（Vatican II） 由罗马天主教会于 1962 年召开的会议；为了使教会现代化，改善与犹太人、东正教会教徒和新教徒的关系，这次会议采取了重大步骤。

迪弗（Daeva） 前琐罗亚斯德教的雅利安人敬拜的一种神祇。

地母（Mother Earth） 美洲本土宗教中的女性的大地之神和大自然之化身。

杜尔迦女神节（Dasehra） 印度教敬拜难近母的庆祝活动。

《度亡经》（Bardo Thodol） 西藏的死亡之书。

对观福音（Synoptic Gospels） 《新约》中的《马太福音》《马可福音》和《路加福音》，这三部福音书有着相同的基本轮廓和年代顺序（剩余的一部福音书是《约翰福音》）。

顿悟（Satori） 人们在禅宗中能够获得的一种觉悟状态。

多神教（Polytheism） 对不止一个神的信仰。

E

阿弥陀佛（Amitabha） 统治被称为"西天净土"的天堂的禅佛。

谒师所（Gurdwara） 锡克教祖师圣地，锡克教的圣殿和聚会处。

二十四祖（Tirthankaras） 即"渡津者"；耆那教的二十四位祖师；他们在此生与涅槃之间建造桥梁。这二十四位祖师的最后一位是筏驮摩那。

F

法拉沙人（Falasha） 埃塞俄比亚的犹太教形式。

梵（Brahman） 在《奥义书》中被视为完全真实的非人格的神。

《梵书》（Brahmana） 吠陀文献中关于礼仪的指导。

梵天（Brahma）印度教崇拜中的三位重要神明之一，一般被视为世界的创造者。

反犹主义（Anti-Semitism） 为宗教原因反对犹太人的偏见。

吠舍（Vaishya）印度社会的平民和商人的种姓。

吠檀多（Vedanta） 字面意思是"吠陀的终结"；这个印度教哲学体系的主要材料来自《奥义书》，并且认为世界上只有一个真正的实在——梵。

《吠陀》（Veda） 主要指献给雅利安人的神的古典赞歌集，另一方面也指印度教神圣经典的完整文集，包括《吠陀本集》《梵书》《森林书》和《奥义书》。

佛陀（Buddha） 在他自己的努力的基础之上获得涅槃的人。

伏都教 将非洲和基督教的要素结合在一起的非洲裔美国人的宗教。

福音（Gospel） 字面意思是"好消息"；这个消息是关于基督、上帝的王国和救恩的消息；《新约》前四书（《马太福音》《马可福音》《路加福音》和《约翰福音》）讲述了耶稣布道的故事，它们被称为《福音书》。

福音派新教（Evangelical） 遵循马丁·路德传统的基督教会。

G

告解(Penance)（罗马天主教会、东正教会和一些圣公会的）圣事，在这个圣事中，基督徒坦白自己的罪过，并接受神父的赦免；也是一种对所犯罪过表示遗憾或懊悔的行为。

《格兰特》（Granth） 锡克教的经典。

《革马拉》（Gemara）在巴勒斯坦和巴比伦，由拉比主持的学院编纂的关于《密西拿》的注释，也包含大量与《密西拿》无关的资料。有两种《革马拉》：巴勒斯坦的《革马拉》和巴比伦的《革马拉》。

公案 被禅师用来启发学生顿悟的谜语、故事或简短的话语。

《古兰经》（Qur'an，Koran）字面意思是"诵读""背诵"；穆斯林的经典。

古鲁（Guru）在印度教中，这个词的含义是"教师"；在锡克教中，它指宗教领袖。

《古事记》 日本神话的原始资料。

《光辉之书》（Sefer Hazohar） 犹太教卡巴拉主义中最杰出的作品。

鬼 早期中国宗教眼中的恶神。

过渡礼仪（Rite of passage） 标志一个人从生命的一个阶段向另一个阶段过渡的各种礼仪（如洗礼、割礼、成人礼、婚礼、葬礼）。

H

哈底斯（Hadith） 关于先知穆罕默德之生平和言论的传说集。

哈加达（Haggadah） 字面意思是"记叙"；《塔木德》中关于历史、民间故事和布道的部分。

哈拉卡（Halachah，Halakhah） 《塔木德》中关于律法的资料、讨论和拉比做出的决定。

哈里发（Caliph） 来自 *khalifa*（字面意思是"代理人"或"代表"）；他们是在穆罕默德之后伊斯兰教的继任领导者。一开始，担任哈里发的仅仅是穆罕默德的同伴，但是随着伊斯兰教的发展，哈里发扮演了王朝政治领袖的角色。

哈西迪主义（Hasidism） 在18世纪的波兰由以色列·本·以利撒发起的运动，以利撒教导人们，不要在《圣经》或《塔木德》的学术研究中寻找上帝，而要在简单、真诚的信仰中寻找上帝。

黑石（Black stone） 麦加的陨石；在前伊斯兰教的阿拉伯，这块陨石是人们敬拜的对象。

黑天/克里希那（Krishna） 印度教神毗湿奴的化身，他是《薄伽梵歌》中的主要角色。

化身/降凡（Avatar） 神的化身。在印度教中，人们相信毗湿奴神多次化身为人或其他生物。

幻影说（Docetism） 一些诺斯替教徒所持的信仰，即耶稣只是显现为人，但实际上却是纯粹的精神。

霍利节（Holi） 印度教纪念黑天的节日。

J

《基督教要义》（The Institutes of the Christian Religion） 约翰·加尔文关于基督教神学的论述，它成为新教神学的经典。

吉哈德（Jihad） 阿拉伯语词，意思是"为了真主的事业而发动的战争"；从传教到武装冲突都可被视为吉哈德。

寂殁塔（Dakhma） 一个圆形的露天结构，琐罗亚斯德教徒将他们的死者置于其中，以喂食秃鹰的方式处置尸身。

加昂（Gaon） 中世纪早期犹太教学院的院长（复数是 geonim）。

伽罕巴尔（Gahambar） 琐罗亚斯德教中庆祝天空、江河、大地、植物、动物和人类之创造的节日。

《伽萨》（Gatha） 成为琐罗亚斯德教经典的颂歌。

交感巫术或模拟巫术（Sympathetic or imitative magic） 在相像之物将发挥实际作用的基本概念之上进行操作的巫术，比如伏都教的偶像、当中包含洒水动作和模拟雷声的各种求雨舞蹈。

教会的巴比伦之囚（Babylonian Captivity of the Church） 指公元1309—1377年，罗马天主教会的教皇在法国的阿维尼翁的时期。

解脱（Moksha） 在印度宗教中，指从生死轮回中解脱出来。

禁忌（Taboo，Tabu） 必须避免的行为，触犯禁忌会对某人或他所在的群体产生有害的影响（如在一架梯子下行走、打破一面镜子、在违反文化规定的情况下结婚）。

禁欲主义／苦行（Asceticism） 为达到某种精神性的目的，通过各种方式进行自我克制的行为。

净土宗（Pure Land Buddhism） 在日本非常普及的一个大乘佛教的支派；它教导人们，虔诚的信徒可以往生"西天净土"，在此，他们可获得觉悟。

《九十五条论纲》（Ninety-five Theses） 由马丁·路德提出的作为1517年论辩的基础的95个论点。

巨石（Megalith） 明显与宗教实践相关而被人们竖立起来的巨石纪念碑（例如圆形石林、复活节岛上的雕像、布列塔尼田野上的巨石群）。

K

卡巴拉（Kabbalah，Cabala） 泛指犹太教中的神秘主义要素。

卡拉派（Karaites） 中世纪的犹太教群体，该群体否定《塔木德》的权威性，并试图完全依据《希伯来圣经》内的律法资料来生活。

开斋节（'Id al-Fitr） 穆斯林结束斋戒的节日。在长时间的斋月的斋戒之后，人们庆祝回归常规的生活。

渴爱（Tanha） 欲望和渴爱；佛陀认为是渴爱产生了"业"。

克尔白（Ka'ba） 位于麦加的围绕黑石建立的方形石殿；在伊斯兰教之前的阿拉伯，这块石头是朝觐者敬拜的对象。

克罗马农人（Cro-Magnon） 早期人类；克罗马农人大约生活在公元前2.5万年到前7000年之间。

库斯提（Kusti） 所有琐罗亚斯德教徒都会系的神圣腰带。

L

拉比（Rabbi） 字面意思是"我的老师"；与犹太教会堂联系在一起的教师。

礼 儒教用词，"礼仪""仪式""礼节"或"规矩"，可能意味着"本应如此的生活道路"。

《梨俱吠陀》（Rig-Veda） 吠陀文献中的基本部分，它是由献给雅利安人万神殿的诸神的1000多首赞歌和其他的神话成分构成的。

两部神道（Ryobu） 两部神道试图对神道教与佛教进行某种综合。

六大从神（Amesha-Spenta） 字面意思是"神圣的不朽者"；琐罗亚斯德教中阿胡拉·马兹达向人类显示他自己的六种样式。

轮回（Samsara） 在《奥义书》和佛教中，它是所有人都经历的无穷无尽的生死轮回。

罗阇（Raja） 这个词原本是用来指雅利安人的酋长，后来用于描述一般意义上的印度统治者。

罗拉德派（Lollards） 四处游走的传道者；这个派别的运动是由约翰·威克利夫于公元14世纪在英国发起的。

M

马祭（Horse sacrifice） 古代印度社会中举行的一种持续时间长达一年的复杂仪式，数量上千的动物会在仪式中被献祭。

马利亚无罪成孕说（Immaculate Conception of Mary） 罗马天主教会的教义；这个教义坚持这样一个观点：马利亚（基督的母亲）是在没有沾染原罪的情况下出生的。

马西昂教（Marcionism） 因罗马的马西昂而命名的早期基督教异端。马西昂教拒斥《旧约》的神，也拒绝接受《旧约》中的神学或文学含义。

曼纳（Mana） 来自美拉尼西亚群岛本地语言的一个词，被用来描述决定大自然运行方式的神秘的、不可见的和非人格的力量。

美洲原住民教会（Native American Church） 将基督教的要素与美洲本土宗教的要素结合在一起的宗教运动。

密特拉（Mithra，Mithras） 前琐罗亚斯德时期的雅利安人敬拜的神，他在印度吠陀文献中作为密多罗（Mitra）出现，在琐罗亚斯德教中是死者的判官，在罗马神秘宗教中是一位主要的神明。

《密西拿》（Mishnah） 由犹大·哈-纳西（约生于公元135年）收集的口传律法集；《密西拿》包含大量可上溯至公元2世纪的《圣经》以外的犹太教律法资料。

命（Jiva）和非命（Ajiva） 耆那教哲学中的灵魂和物质。

摩奴（Manu） 印度的大洪水故事中奇迹般地存活下来的人。

《摩奴法典》（Law of Manu） 描述公元前300年至公元300年的印度人生活的古典印度文献。

末世论（Eschatology） 关于世界之终结的学说。

莫卧儿帝国（Mughal Empire） 公元16世纪至18世纪穆斯林对印度之一部分的统治。

摩耶（Maya） 错误的、虚假的知识；在《奥义书》中指在全知全能、无所不在的梵之外的一切。

穆安津/宣礼员（Muezzin） 召集穆斯林社团一天礼拜5次的人。

穆斯林（Muslim） 字面意思是"服从者"（服从真主意志的人）；一个人通过做念功，反复念诵"万物非主，唯有真主；穆罕默德是主的使者"而成为一名穆斯林。

N

难近母/杜尔迦（Durga） 湿婆的配偶。见词条"时母"。

男子成人礼（Bar Mitzvah）和女子成人礼（Bat Mitzvah） 犹太教礼仪，行过此礼仪的青年男女被分别正式承认为成熟的社团成员。

尼安德特人（Neanderthal） 智人的祖先；尼安德特人大约生活公元前12.5万到前3万年之间。

念功（Shahadah） 伊斯兰教的信条："万物非主，唯有真主；穆罕默德是主的使者。"

涅槃（Nirvana） 字面意思是"熄灭的"；意识的休止。

努尔人（Nuer） 虔诚信仰至高神的东非的民族。

诺鲁孜节（NoRuz） 琐罗亚斯德教徒庆祝新年的节日。

诺斯替派（Gnostic） 早期基督教中具有某些共同特质的异端，它声称知晓宇宙的秘密，因此被视为高于正统基督教。

P

帕西人（Parsi，Parsee） 印度的琐罗亚斯德教徒的专有名称。

排灯节（Divali） 印度迎接新年的点亮灯火的节日；耆那教徒也庆祝这个节日。

毗湿奴（Vishnu） 古典时代之后的印度教中三个最受大众喜爱的神之一。

婆罗门（Brahmin） 印度社会的祭司阶层。

普林节（Purim） 犹太教的节日，旨在庆祝犹太人从意欲毁灭他们的波斯人手中解放出来。

菩萨（Bodhisattva） 一种将在未来变成佛的存在。

普世教会运动（Ecumenical Movement） 现代基督教教派中的一种运动，旨在尽量缩小各个基督教团体之间的差异，以取得某种形式的统一。

菩提达摩（Bodhidharma） 公元6世纪将佛教禅宗从印度带入中国的著名僧侣。

Q

《启示录》（Apocalypse） 字面意思是"被揭示的东西"；这个名字被用来指称从公元前2世纪到公元2世纪存在于基督教、犹太教和琐罗亚斯德教中的某种常见的文学形式。这种作品经常以一种神秘的或暗语式的语言被撰写出来，展现某种颇为戏剧性的世界末日的场面。

前弥曼差派（Purva Mimamsa） 一个教导人们通过遵行《吠陀》的律法来避免生死轮回的印度哲学体系。

虔信（Bhakti） 对印度教诸神的忠诚。

虔信的道路（Bhakti-marga） 在古典时期之后的印度教中，通过对特定的神的忠诚获得的拯救。

切腹自杀（Seppuku, Hara-kiri） 通过切腹而进行的仪式性自杀（hara-kiri一词的意思是"切开腹部"）；拒绝受辱以及犯下罪状的武士需以这种方式自杀。

钦瓦特桥（Chinvat Bridge） 在琐罗亚斯德教中，它是将审判地点与奖赏区域或惩罚区域连接起来的桥梁。

清真寺（Mosque） 穆斯林在其中做礼拜的建筑。

R

仁 孔子的原则，在英文中常被译为love（爱）、goodness（好意）或human-heartedness（恻隐之心）。

日莲宗（Nichiren） 首先创建于日本的大乘佛教的社会政治派别。

S

萨哈达里斯（Sahajdhari） 锡克教的保守派。

萨满（Shaman） "萨满"一词来自西伯利亚东部的一种当地语言，指被神灵支配并因此可预报未来的人。

塞法迪人/西班牙系犹太人（Sephardim） 从西班牙和葡萄牙逃出，并在奥斯曼帝国避难的犹太人。

三相神（Trimurti） 三位最重要的印度神：湿婆、毗湿奴和梵天。

《森林书》（Aranyaka） 吠陀文献中供隐居者学习的内容。

僧伽（Sangha） 佛教的僧团组织。

上帝 被古代中国的周朝承认的最高神。

上座部（Theravada） 字面意思是"长者的传统"；佛教中较小和较为保守的一翼。

舍玛（Shema） 《申命记》6：4—5；"以色列啊，你要听！耶和华——我们神是独一的主。你要尽心、尽性、尽力爱耶和华——你的神。"

神道教（Shinto，Shen Tao） 字面意思是"神的道路"（日语的对应词是 *Kami-no-michi*）；日本的本土宗教。

神话（Myth，Mythology） 大多数文化传统中都具有的宗教故事。

神棚（Kami-dana） 日本家庭中的家庭神道教中心。神棚上放置有神圣的物品，人们每天都面向神棚祈祷。

《神学大全》（Summa Theologiae） 由托马斯·阿奎那撰写的系统论述基督教神学的大部头作品，它成为罗马天主教会标准的神学阐述。

圣餐礼/圣体圣事（Eucharist） 字面意思是"谢恩"；基督教中的一种纪念性会餐，人们在会餐中以饼和葡萄酒纪念耶稣的牺牲。

圣灵降临节（Pentecost） 在逾越节之后的第50天举行的基督教的节日，旨在庆祝圣灵降临教会。

胜论派（Vaisheshika） 印度教哲学体系，它教导人们，宇宙是由9种性质不同的、自存的元素构成的。

时母/迦利（Kali） 湿婆的配偶；她还被指认为难近母。

湿婆 古典时代之后的印度教中最受大众欢迎的神，被人们视为死亡和毁灭之神，但是也被视为再生和再出产之神。

使徒（Apostles） 耶稣最初的十二位门徒。

使徒书信（Epistles） 保罗致早期基督教会的书信。

什叶派（Shi'ite） 字面意思是"党派"。这个穆斯林团体的成员大约占所有穆斯林人口的14%，最初是作为"阿里党"出现的。他们相信穆罕默德的合法继承人是他的堂弟兼女婿阿里。

首陀罗（Shudra） 印度社会中奴隶或仆人的种姓。

恕 儒家的互惠法则。

数论（Samkhya） 古典时代之后的印度教中的二元论哲学体系。

赎罪券（Indulgences） 为了回报忏悔之人的金钱或其他捐献而开具的赦免字据。

赎罪日（Yom Kippur） 犹太教的赎罪日。

斯潘塔·迈纽（Spenta Mainyu） 琐罗亚斯德教中的善灵。

苏菲（Sufi） 字面意思是"穿羊毛衣者"；寻求对真主的直接体验和认识的穆斯林神秘主义兄弟会。

苏拉（Surah） 《古兰经》中划分的章节。

苏摩（Soma） 一种神圣的植物，人们用它的汁液来祭献印度教的诸神。辨认苏摩的确切方法现在已经失传。

苏什扬特（Saoshyant） 前琐罗亚斯德时期的雅利安人相信会来恢复宗教之纯洁性的先知或改革家。

《娑摩吠陀》（Sama-Veda） 吠陀文献中的第三部书，它是由献给雅利安人万神殿的诸神的赞歌中的诗句构成的。

T

《塔木德》（Talmud） 由《密西拿》和《革马拉》构成的百科全书式的文集，《圣经》之后的犹太教的文学资料。有两种《塔木德》：巴勒斯坦的《塔木德》和巴比伦的《塔木德》。

太阳舞（Sun Dance） 大平原的美洲原住民在夏天举行的庆祝活动。

《怛特罗》/《密续》（Tantra） 教授各种咒语的指南，人们首先在藏传佛教中发现了它们，但是它们也出现在其他佛教派别和印度教中；怛特罗宗教通过过度体验激情来寻求觉悟。

天理教（Tenrikyo） 注重信仰治疗的一个神道教派别。

天台宗 大乘佛教中注重理性的一个派别。

天衣派（Digambara） 字面意思是"以天为衣"；它是相对保守的耆那教派别，认为裸体是僧侣的理想状态。

天照大神（Amaterasu） 日本神话中的太阳女神。

特兰托公会议（Council of Trent） 由罗马天主教会于1545年召开，旨在改革教会并抵制新教徒的活动。

图腾崇拜（Totemism） 来自奥吉布瓦语的 *ototeman* 一词；它指的是承认某种特定的动物（图腾）和特定的人群之间的关系。图腾对于这个人群来说是神圣的，除了在某些仪式性的情景下，该群体成员不能屠杀作为图腾的动物。

托钵僧（Dervish，Fakir，Faqir） Dervish的字面意思是"一个来到门前的人"，Fakir（Faqir）的字面意思是"一个穷人"；两者均指穆斯林神秘主义兄弟会的成员。

《托拉》（Torah） 通常译为"律法"；《希伯来圣经》中用以指称神的律法和教诲的用词，但是也可以指《圣经》的前五部书或一般的启示。

W

瓦尔那（Varna） 印度种姓制度中的四种主要类别。

瓦哈比（Wahabi） 18世纪发起的极端保守的穆斯林运动，它反对在宗教和文化内部进行的所有形式的变革。

万灵节（Muktad） 琐罗亚斯德教中敬拜祖先的节日。

万物有灵论（Animism） 相信整个自然世界充满了看不见的、可被敬拜或抚慰的众多精灵的理论。万物有灵论者认为在树林、山岩、河流和天体中都存在着一个灵魂或自我。

沃胡·马纳（Vohu Mana） 大天使之一，是他向琐罗亚斯德揭示了阿胡拉·马兹达的特性。

无边便帽（Yarmulke） 犹太教的男信徒在敬拜时戴的便帽。

乌达斯派（Udasis） 锡克教中的圣人修会。

武加大译本（Vulgate） 由哲罗姆完成的拉丁文《圣经》译本。

无明（Avidya） 在《奥义书》中，这个词的意思是"无知"。

物神（Fetish） 任何一种被用来以巫术的方式控制自然的物体（如幸运币、兔脚、宗教护身符）。

无神论者（Atheist） 否认神的存在的人。

武士（Samurai） 中古时期的日本"骑士"。

武士道（Bushido） 武士的道德规范。

巫术（Magic） 试图通过特别的实践、舞蹈、礼仪和咒语影响自然的行为。巫师们相信，如果他们能够正确地完成礼仪程式，他们就可以使自然做出对他们有利的回应。

无为 道教中不侵犯他人与和平主义的原则。

无我（Anatma，anatta） 根据佛陀的观点，没有灵魂的状态是人类的自然状态。

五旬节（Shavuot） 也被称为"Feast of Weeks"；纪念十诫颁发的犹太教节日。

巫医（Medicine man） 美洲本土的宗教神职人员，他们的首要任务是运用宗教手段给人们治病。

五智如来（Dhyani Buddhas） 居于天堂、可以在人类毕生的挣扎中帮助他们的佛教神祇。

X

希吉拉（Hijrah） 字面意思是"迁徙"，指公元622年穆罕默德和他的社团从麦加迁徙到麦地那。

锡克（Sikh） 字面意思是"门徒、弟子"；锡克教的信徒。

锡克教（Sikhism） 一个将印度教与伊斯兰教的某些要素结合在一起的印度宗教。

锡克教宝座（Tahkt） 阿姆利则的锡克教宝座，锡克教徒的一处朝圣地。

洗礼（Baptism） 基督教的入教仪式。

先知（Prophet） 讲神的话语的人。

孝悌 东亚宗教中的尊敬老者的概念。

新尝祭（Niiname-sai） 日本庆祝丰收的国家节日。

辛格（Singhs） 锡克教中的一个武士团体。

新石器时代（Neolithic） 石器时代晚期；人类史前的一个时代，大约在公元前7000年到前3000年之间。当时，大多数工具、武器等都是石制的。

修殿节（Chanukah，Hanukkah） 庆祝公元前165年马加比重新献祭圣殿的犹太教节日。

殉夫（Suttee） 在印度，将一位活寡妇烧死在其亡夫火葬的柴堆上，或将她活埋在丈夫坟墓中的风俗。在基督徒和印度教徒的强烈要求之下，英国政府在1829年宣布这种习俗非法。

逊尼派穆斯林（Sunni Muslims） 大多数穆斯林是逊尼派（传统主义者），他们接受正统的伊斯兰教神学和传统的哈里发世系。

寻求幻象（Vision Quest） 美洲本土居民的一种习俗，旨在寻求与灵界的接触。

Y

雅利安（Aryan） 梵文词，意思是"高贵的人"；指公元前 2 千纪从波斯移入印度河流域的移民。

亚扎塔（Yazatan） 字面意思是"那值得崇拜的"；琐罗亚斯德教中围绕阿胡拉·马兹达之宝座的众多天使。

阳 早期中国宗教中的正面和积极的力量。

业（Karma） 在印度人的思想中，这是一种把一个人束缚在生死的无尽轮回中的东西。

耶和华（YHWH） 在摩西面前显现自己，并成为以色列人的上帝的神。

《夜柔吠陀》（Yajur-Veda） 吠陀文集中的第二部书；它是一部人们在祭神期间要吟诵的文集。

伊布里斯（Iblis） 堕落天使，伊斯兰教中的撒旦的形象。

意第绪语（Yiddish） 德系犹太人的语言。它基本上是用希伯来字母书写的中古高地德语。

《易经》 古代中国的占卜之书。

伊玛目（Imam） 对逊尼派穆斯林来说，伊玛目是穆斯林集体礼拜时站在前面的领拜人；对什叶派穆斯林来说，伊玛目是阿里的合法继承人。

一神论（Monotheism） 对一个单一的至高神的信仰。

伊邪那歧命（Izanagi）和伊邪那美命（Izanami） 参与日本诸岛之创造的神话中的男女。

阴 早期中国宗教中大自然的负面和消极的力量。

印度的托钵僧（Sannyasi） 托钵乞食的漫游僧人；在传统的印度人的生活中，它是一个上层种姓的印度男人之理想生活的第四阶段。

因陀罗（Indra） 雅利安人的雷雨之神，而且是天界的统治者。

犹太复国主义（Zionism） 19 世纪末，由西奥多·赫茨尔发起的运动；犹太复国主义试图为散居在全世界的犹太人建立一个民族国家。

犹太教会堂（Synagogue） 字面意思是"集会"；大流散时期的犹太人聚集在一起进行学习和祈祷的地方。

犹太教洁食（Kosher） 字面意思是"适合的""适当的、合乎体统的"；在犹太教中，按照礼仪和教规，它们是清洁的或可接受的东西；通常指食品或食品的加工。

犹太人聚集区（Ghetto） 某些欧洲城市中犹太人被迫居住的地区。

瑜伽（Yoga） 古典时代之后印度教中的哲学体系，它宣传一种二元论的世界观。

盂兰盆节 鬼节，在中国和日本庆祝的一个佛教节日；祖先被认为会来到地面上游荡，家庭则为他们的灵魂献上祭品。

逾越节（Passover，Pesach） 在春天庆祝的犹太教节日，旨在纪念以色列人从埃及的奴役状态中解放出来。

约克（Jok） 乌干达的阿乔利人中的邪灵的名字。

约鲁巴人（Yoruba） 一个西非的民族，他们的宗教深刻地影响了非裔美洲人宗教的发展。

Z

宰牲节（'Id al-Adha） 穆斯林举行祭献的节日。

再洗礼派（Anabaptist） 字面意思是"再次举行洗礼的人"；它是新教改革者的一个激进组织，坚持认为洗礼只能为成年信徒举行。

斋月（Ramadan） 虔诚的穆斯林在日出和日落之间不进食、不饮水的月份。这场斋戒旨在纪念先知接受《古兰经》的月份。

占卜（Divination） 通过各种巫术手段（如塔罗牌、《易经》、对茶渣的解读）预报未来。

镇尼（Jinn） 在伊斯兰教之前的阿拉伯得到承认的精灵。有一些对人类可能是友好的，其他对人类是不友好的和邪恶的。

正理（Nyaya） 印度的哲学体系，这个哲学体系使用逻辑分析来获得关于世界的真理。

至高神（High God） 有些基本宗教信仰一位在创造了世界之后又从对它的积极参与中撤出的至高神。虽然人们常常会承认且象征性地崇拜这个神，但是人们更热衷参与的敬拜大部分还是献给较小的诸多神灵的，这些神灵更充分地参与人类世界的活动。

执事/助祭（Deacon） 字面意思是"仆人""侍者""神职人员"；基督教会中的一种正式的专职人员。

知识之路（Jnana-marga） 通过研习印度圣书中的哲学内涵而获得的拯救。

终傅（Extreme unction） 罗马天主教会在信徒临终时为其举行的最后的礼仪。

种姓（Caste） 来自葡萄牙文 *casta*（种族）。传统印度社会中分化出的许多等级。

住棚节（Sukkot） 犹太教秋天的感恩的节日。

祖先崇拜（Ancestor veneration） 对家庭已故成员的崇拜。它经常包含维护和照看死者的坟墓，记住逝去祖先的姓名，向过世的人祈祷和献祭。

出版后记

继《体验宗教：传统、挑战与嬗变》的出版之后，大学堂系列又引入这本《世界宗教》，同样旨在为大众读者提供关于宗教的一般知识，打开了解世界的另一个面向。

为什么要了解宗教呢？作者在本书中曾清晰地给出研究宗教的几个理由：一，对世界史感兴趣、并对自身文化的经历感兴趣的任何人，一定会发现研究世界宗教是绝对必要的；二，了解宗教知识是应对这个联系日益紧密的世界，从而成为这一时代中知识渊博的公民的必要条件；三，我们只有了解和尊重不同宗教之间的差异，才能真正在世界的各民族之间、各文化之间和各宗教之间实现和平。宗教与过去的历史和文化，也与我们当下的生活息息相关。它可能越来越被认为是个人的私事，但它从未真正在公共生活中退场。

因此，本书的作者试图向人们普及宗教知识，并专为那些在宗教研究领域仅有一点或毫无基础的读者写作了此书，旨在提供最基本的宗教知识，既不刻意剪短或简化各个宗教，也不会过深探讨专业的细节。全书分为"基本宗教""起源于印度的宗教""起源于中国和日本的宗教""起源于中东的宗教"四个部分，广泛地覆盖了世界范围内的主要宗教。每一部分之下的各章分别介绍各个宗教的诞生、演变过程，及其在与现代性的碰撞中产生的问题。除此之外，每章节末作者都为读者准备了原始资料，在阅读这些原始经典的过程中，读者可以更深一步感受各个宗教的气质，并且也许可以在这些文字的引领下，找到自己最感兴趣的宗教。

此外，本书的作者马克·R.伍德沃德、刘易斯·M.霍普费均为宗教研究领域的专业学者，他们有着多年的教学经验，以及与各种宗教群体相处的经验，因此在知识的层面上，我们可以将自己的信赖托付给他们。

服务热线：133-6631-2326　188-1142-1266
服务信箱：reader@hinabook.com

后浪出版公司
2018年12月

图书在版编目（CIP）数据

世界宗教 /（美）刘易斯·M.霍普费，（美）马克·R.伍德沃德著；辛岩译. -- 北京：北京联合出版公司，2018.12（2025.7重印）
ISBN 978-7-5596-0343-2

Ⅰ.①世… Ⅱ.①刘…②马…③辛… Ⅲ.①宗教—通俗读物 Ⅳ.①B9-49

中国版本图书馆CIP数据核字(2017)第107512号

Authorized translation from the English language edition, entitled RELIGIONS OF THE WORLD, 11th Edition, ISBN 013606177X by HOPFE, LEWIS M. and WOODWARD, MARK R., published by Pearson Education, Inc, Copyright © 2009 by Pearson Education, Inc., Upper Saddle River, New Jersey, 07458. This edition is authorized for sale and distribution in the People's Republic of China (excluding Hong Kong SAR, Macao SAR and Taiwan).
All rights reserved. No part of this book may be reproduced or transmitted in any form or by any means, electronic or mechanical, including photocopying, recording or by any information storage retrieval system, without permission from Pearson Education, Inc.
CHINESE SIMPLIFIED language edition published by POST WAVE PUBLISHING CONSULTING (BEIJING) CO., LTD., Copyright © 2018.

本书中文简体字版由培生集团授权后浪出版咨询（北京）有限责任公司出版。未经出版者书面许可，不得以任何方式复制或抄袭本书内容。本书经授权在中华人民共和国境内（不包括香港特别行政区、澳门特别行政区和台湾地区）销售和发行。

本书封面贴有Pearson Education激光防伪标签，无标签者不得销售。版权所有，侵权必究。

世界宗教

著　　者：[美]刘易斯·M.霍普费　[美]马克·R.伍德沃德
译　　者：辛　岩
出 品 人：赵红仕
选题策划：后浪出版公司
出版统筹：吴兴元
编辑统筹：张　鹏
责任编辑：李　征
特约编辑：吴　琼　汪　慧　刘　漪
营销推广：ONEBOOK
装帧制造：墨白空间·韩　凝

北京联合出版公司出版
（北京市西城区德外大街83号楼9层　100088）
天津中印联印务有限公司印刷　新华书店经销
字数527千字　787毫米×1092毫米　1/16　30印张　插页4
2018年12月第1版　2025年7月第14次印刷
ISBN 978-7-5596-0343-2
定价：99.80元

后浪出版咨询(北京)有限责任公司　版权所有，侵权必究
投诉信箱：editor@hinabook.com　fawu@hinabook.com
未经书面许可，不得以任何方式转载、复制、翻印本书部分或全部内容
本书若有印、装质量问题，请与本公司联系调换，电话010-64072833